国家出版基金项目
NATIONAL PUBLICATION FOUNDATION

| 李顿调查团档案文献集 |

主编 张 生

第三方的观察与见解（下）

编译 屈胜飞 曹文博 沈康悦

南京大学出版社

本书由

国家社会科学基金"抗日战争研究"专项工程
"国外有关中国抗日战争史料整理与研究之一：李顿调查团档案翻译与研究"（16KZD017）

国家社科基金项目
"国联调查团档案中关于中国共产党资料的整理、翻译与研究"（19BDJ066）

教育部人文社会科学重点研究基地"南京大学中华民国史研究中心"
重大项目"战时中国社会"（19JJD770006）

江苏省优势学科基金

资助

《李顿调查团档案文献集》编译者名单

主　编　张　生

副主编　郭昭昭　陈海懿　宋书强　屈胜飞　陈志刚　叶美兰

编译者　张　生　南京大学中华民国史研究中心教授
　　　　　叶美兰　南京邮电大学教授
　　　　　王希亮　黑龙江省社会科学院历史研究所研究员
　　　　　郭昭昭　江苏科技大学马克思主义学院研究员
　　　　　陈海懿　南京大学中华民国史研究中心副教授
　　　　　陈志刚　西南大学历史文化学院副教授
　　　　　宋书强　中国药科大学马克思主义学院讲师
　　　　　屈胜飞　浙江工业大学马克思主义学院讲师
　　　　　王　静　南京大学大学外语部副研究员
　　　　　翟意安　南京大学历史学院讲师
　　　　　徐一鸣　南京大学历史学院助理研究员
　　　　　向　明　江苏科技大学马克思主义学院副教授
　　　　　常国栋　南京邮电大学马克思主义学院讲师
　　　　　鄢海亮　华南师范大学马克思主义学院讲师
　　　　　万秋阳　南京晓庄学院外国语学院日语系讲师
　　　　　菅先锋　南京大学历史学院博士研究生
　　　　　吴佳佳　南京大学历史学院博士研究生
　　　　　马海天　南京大学历史学院博士研究生
　　　　　米惠华　南京大学历史学院博士研究生
　　　　　顾小伟　南京大学历史学院博士研究生
　　　　　林　坤　南京大学历史学院博士研究生
　　　　　夏黎明　南京大学历史学院博士研究生

王益华　南京大学历史学院博士研究生
孟祥斐　南京大学历史学院博士研究生
崇　哲　南京大学历史学院博士研究生
刘思燚　南京大学历史学院硕士研究生
肖钧哲　南京大学历史学院硕士研究生
刘涵之　南京大学历史学院硕士研究生
桂语琪　南京大学历史学院硕士研究生
黄家丽　南京大学历史学院硕士研究生
胡芊珣　南京大学历史学院本科生
刘俊甫　南京大学历史学院本科生
陈梦玲　内蒙古师范大学科学技术史研究院博士研究生
金　楠　浙江工业大学马克思主义学院硕士研究生
杨文秀　浙江工业大学马克思主义学院硕士研究生
曹文博　陕西师范大学历史文化学院博士研究生
沈康悦　浙江工业大学马克思主义学院硕士研究生
杨　越　西安电子科技大学密码学硕士
黎纹丹　西南大学外国语学院硕士研究生
朱心怡　西南大学外国语学院硕士研究生
杨　溢　西南大学外国语学院硕士研究生
郑学良　西南大学外国语学院硕士研究生
孙　莹　西南大学外国语学院硕士研究生
舒　婷　西南大学历史文化学院硕士研究生
徐丹丹　西南大学历史文化学院硕士研究生
牛　正　西南大学历史文化学院硕士研究生
金　典　西南大学历史文化学院硕士研究生
余松琦　西南大学含弘学院本科生

序　言

中国历史的奥秘,深藏于大兴安岭两侧的广袤原野。

明治维新以来,日本企图步老牌帝国主义后尘,争夺所谓"生存空间";俄国自彼得大帝新政,不断东进,寻找阳光地带和不冻港。日俄竞争于中国东北,流血漂杵;日本逐步占得上风,九一八事变发生,中国面临亡国灭种的新危机。

日本侵华之际,世界已进入全球化的新时代,民族国家成为国际社会的主体,以国际条约体系规范各国的行为,以政治和外交手段解决彼此的分歧,是国际社会付出重大代价以后得出的共识。而法西斯、军国主义国家如德、意、日,昧于世界大势,穷兵黩武,以求一逞。以故意制造的借口,发动侵华战争,霸占中国东北百余万平方公里土地、数千万人民,是日本昭显于世的侵略事实。

国际联盟(League of Nations)应中国方面之吁请,派出国联调查团处理此事。1932 年 1 月 21 日,国联调查团正式成立。调查团团长由英国人李顿爵士(The Rt. Hon. The Earl of Lytton)担任,故亦称李顿调查团(Lytton Commission)。除李顿外,美国代表为麦考益将军(Gen. McCoy),法国代表为亨利·克劳德将军(Gen. Claudel),德国代表为希尼博士(Dr. Schnee),意大利代表为马柯迪伯爵(H. E. Count Aldrovandi)。为显示在中日间不做左右袒,国联理事会还决定顾维钧作为顾问代表中国参加工作,吉田伊三郎代表日方。代表团秘书长为国联秘书处哈斯(Mr. Robert Haas)。代表团另有翻译、辅助人员。1932 年 9 月 4 日,代表团完成报告书,签署于中国北平。报告书确认:第一,九一八事变之责任,完全在于日本,而不在中国;第二,伪满洲国政权非由真正及自然之独立运动所产生;第三,申明东三省为中国领土。日本为此恼羞成怒,退出国联,自绝于国际社会。

《李顿调查团档案文献集》就是反映李顿调查团组建、调查过程、调查结论、各方反应和影响的中、日等国相关资料的汇编,对于研究九一八事变和李顿调查团,具有重要的参考价值。

如何看待李顿调查团来东亚调查的来龙去脉? 笔者认为应有三个维度的观照:

其一,在中国发现历史。

美国历史学家柯文提出的这一范式,相比"冲击—反应"模式,即从外部冲击观察中国历史的旧范式,自有其意义。近代以来,由条约体系加持的列强,对中国社会产生了巨大的影响。中国沿海通商口岸是中国最早接触西方世界的部分,在资本主义全球化的过程中得风气之先,所谓"西风东渐",对中国旧有典章制度的影响无远弗届。近代中国在西方裹挟下步履踉跄,蹒跚竭蹶,自为事实。但如果把中国近代历史仅仅看成西方列强冲击之结果,在理论、方法和事实上,均为重大缺陷。

主要从中国内部,探寻历史演进的机制和规律,是柯文提出的范式的意义所在。

事实上,九一八事变发生、国联调查团来华前后,中国社会内部对此作出了剧烈的反应。在瑞士日内瓦所藏国联巨量档案文献中,中国各界通过电报、快邮代电、信函等形式具名或匿名送达代表团的呈文引人注目,集中表达了国难当头之时中华民族谴责日本侵略、要求国际社会主持公道、收回东北主权、确保永久和平的诉求,对代表团、国联和整个国际社会形成了巨大影响,显示了近代中国社会演进的内在动力。

东北各界身受亡国之痛,电函尤多。基层民众虽文化程度不高,所怀民族国家大义却毫不含糊。东北某兵工厂机器匠张光明致信代表团称:"我是中华民国的公民,我不是'满洲国'人,我不拥护这国的伪组织。"高超尘说:"不少日子以前,'满洲国家'即已成立了,但那完全是日本人的主使,强迫我辽地居民承认。街上的行人,日人随便问'您是哪国人',你如说是'满洲人'便罢,如说是中国人,便行暴打以至死。"辽宁城西北大橡村国民小学校致函称:"逐出日本军,打到[倒]'满洲国',宁做战死鬼,不做亡国民。"陈子耕揭露说:"自事变以后，日本恶势力已伸张入全东北，如每县的政事皆由日人权势下所掌握，复又收买警察、军人、政客等，以假托民意来欺骗世界人的耳目，硬说建设'满洲国'是中华人民的意思，强迫人民全出去游行，打着欢迎建设'新国家'的旗号……我誓死不忘我的中华祖国，敢说华人莫非至心不跳时、血停时，不然一定于[与]他们周旋。"小学生何子明来信说："我小学生告诉您们'满洲国'成立我不赞成……有一天我在学校，日本人去了，教我们大家一齐说'大日本万岁'，我们要不说他就杀我们，把我迫不得已的就说了。其中有一位七岁的小孩，他说'大中华万岁！打倒小日本！'日本人听了就立刻把那个小同学杀了，真叫我想起来就愁啊。"

经济地位和文化水平较高者，则向代表团分析日本侵占中国东北的深远危害。哈尔滨商民代表函称："虽然，满洲吞并，恐不惟中国之不利。即各国之经济，亦将受其影响。世界二次大战，迫于眉睫矣。"中国国民党青年团哈尔滨市支部分析说："查日本军阀向有一贯之对外积极侵略政策，吾人细玩以前田中义一之满蒙大陆政策，及最近本庄繁等上日本天皇之奏折，可以看出其对外一贯之积极侵略政策，即第一步占领满蒙，第二步并吞中国，第三步征服世界是也。……以今日之日本蕞尔岛国，世界各国尚且畏之如虎，而况并有三省之后版图增大数倍，恐不数年后，即将向世界各国进攻，有孰敢撄其锋镝乎？……勿徒视为亚洲人之事，无关痛痒，失国联之威信，而贻噬脐之后悔也。"

不惟东北民众，民族危亡激起了全中国人的爱国心。清华大学自治会1932年4月12日用英文致函代表团指出：中国面临巨大的困难，好似1806年的德国和1871年的法国，但就像"青年意大利"党人一样，青年人对国家的重建充满信心。日本的侵略，不仅危害了中国，也对世界和平形成严重威胁，青年人愿意为国家流尽"最后一滴血"。而国联也面临着建立以来最大的危机，对九一八事变的处理，将考验它处理全球问题的能力。公平和正义能否实现，将影响到人类的命运。他们向代表团严正提出"五点要求"：1. 日本从中国撤军；2. 上海问题与东北问题一起解决；3. 不承认日本侵略和用武力改变的现状；4. 任何解决不得损害中国的领土和主权完整；5. 日本必须对此事件的后果负责。南京海外华侨协会1932年3月16日致电代表团：日本进兵东三省和淞沪地区，"违反了国联盟约和《白里安-凯洛格公约》，扰乱了远东地区和世界的和平。

同时,日本一直在做虚假的宣传,竭力蒙蔽整个世界。我们诚挚地请求你们到现场来,亲眼看看日军对中国人民的生命财产进行怎样的恣意破坏。希望你们按照国际法及司法原则,对其进行制裁。如果你们不能完成这一使命,那么世界上将无任何公平正义可言。在这种情况下,为了民族的生存,我们将采取一切手段自卫,决不会向武力屈服。"

除了档案,中国当时的杂志、报纸,大量地报道了九一八事变和国联调查团相关情况,其关切的细致程度,说明了各界的高度投入。那些浸透着时人忧虑、带着鲜明时代特色的文字表明:九一八事变的发生,对当时的中国社会是一场精神洗礼,每个人都从东北沦陷中感受到切肤之痛。这种舆论和思想的汇合,极大地改变了此后中国社会各界的主要诉求,抗日图存成为压倒性的任务,每一种政治力量都必须对此作出回应。

其二,在世界发现中国历史。

以中国为本位,探讨中国历史的内生力量,是题中应有之义。但全球化以来,中国历史已经成为世界历史的一部分。仅仅依靠中国方面的资料,不利于我们以更加广阔的视野看待中国历史和"九一八"的历史。

事实上,奔赴世界各地"动手动脚找东西",已经成为中国学者深化中国近现代史,特别是抗战史研究的不二法门。比如,在中日历史问题中占据核心地位的南京大屠杀问题。除中国各地档案馆、图书馆外,中国学者深入美、德、英、日、俄、法、西、意、丹等国相关机构,系统全面地整理了加害者日方、受害者中方和第三方档案文献,发现了大量珍贵文献、图像资料,出版《南京大屠杀史料集》72卷。不仅证明了日军进行大屠杀的残酷性、蓄意性和计划性,也证明南京大屠杀早在发生之时,就引起了各国政府和社会舆论的关注;南京和东京两场审判,进行了繁复的质证,确保了程序和判决的正义;日方细致的粉饰,在中国人民和全世界正义人士的揭露下真相毕露。全球性的资料,不仅深化了历史研究,也为文学、社会学、心理学、新闻传播学、艺术学等跨学科方法进入相关研究提供基础;不仅摧毁了右翼的各种谬论,也迫使日本政府不敢公然否认南京大屠杀的发生和战争犯罪性质。

国际抗战资料,展现了中国抗战史的丰富侧面。如美国驻中国各地使领馆的报告,具体生动地记录了战时中国各区域的社会、政治、军事等各方面情形,对战时国共关系亦有颇有见地的分析；俄、美、日等国档案馆的细菌战资料,揭示了战时日本违反国际法研制细菌武器的规模和使用情况,记录了中国各地民众遭遇的重大伤亡和中国军民在当时条件下的应对,以及暗示了战后美国掩饰"死亡工厂"实情的目的；英美等国档案所反映的重庆大轰炸和日军对中国大中小城市的普遍的无差别轰炸,不仅记录了日本战争犯罪的普遍性,也彰显了战时中国全国军民同仇敌忾、不畏强暴的英勇气概。哈佛大学所藏费吴生档案、得克萨斯州州立大学奥斯汀分校所藏辛德贝格档案、曼彻斯特档案馆所藏田伯烈档案等则从个人角度凸显了中国抗战在"第三方"眼中的图景。

对于李顿调查团的研究,自莫能外。比如,除了前述中国各界给国联的呈文,最近在日内瓦"国联和联合国档案馆"中发现:调查团在日本与日本政要的谈话记录,在中国各地特别是在北平和九一八事变直接相关人士如张学良、王以哲、荣臻等人的谈话记录,调查团在东北实地调查、询问日军高层的记录,中共在"九一八"前后的活动,中国各界的陈情书,日本官方和东北伪组织人员、汉奸的表态,世界各国、各界的反应等。特别是张学良等人反复向代表团说明的九一八事变前夕东北军高层力避冲突的态度,王以哲、荣臻在"九一八"当晚与张学良的联系,北大营遭受日军进攻以后东北军的反应等情况,对于厘清九一八事变真相,有着不可取代的意义。

我们通过初步努力发现,李顿调查团成立前后,中方向国联提交了论证东北主权属于中国的篇幅巨大的系统性说帖,顾维钧、孟治、徐道邻等还用英文、德文进行著述。日方相应地提交了由日本旅美"学者"起草的说帖,其主攻点是中国的抗日运动、东北在张氏父子治下的惨淡、东北的"匪患",避而不谈柳条沟事件的蓄意性。日方资料表明,即使在九一八事变发生数月后,其关于"九一八"当晚情形的说辞仍然漏洞百出、逻辑混乱,在李顿询问时不能自圆其说。而欧美学者则向国联提供了第三方意见,如 *The Verdict of the League: China and Japan in Manchuria*（《国联的裁决：中日在满洲》）,哈佛大学法学院教授曼利·哈德森（Manley O. Hudson）著；*Manchuria: Cradle of Conflict*（《满洲：冲突的策源地》）,欧文·拉铁摩尔（Owen Lattimore）著；*The Manchuria Arena: An Australian View of the Far Eastern Conflict*（《满洲竞技场：远东冲突的澳洲视角》），卡特拉克（F.M. Cutlack）著；*The Tinder Box of Asia*（《亚洲的火药桶》），乔治·索科尔斯基（George E. Sokolsky，中文名索克斯）著；*The World's Danger Zone*（《世界的危险地带》），舍伍德·艾迪（Sherwood Eddy）著；等等，为国联理解中国东北问题提供了有益的视角。另外，收藏在美国斯坦福大学胡佛研究所的蒋介石日记等也反映了当时国民政府高层的态度和举措。

这次出版的资料中，收集了中国台湾地区的"国史馆"藏档，日本外务省藏档，国联和联合国档案馆 S 系列藏档等多卷档案。丰沛的资料说明，即使是李顿调查团这样过去在大学教材中只是以一两段话提出的问题，其实仍有海量的各种海外文献可资研究。

可以说，世界各地抗日档案和各种资料，不仅补充了中国方面的抗日资料，也弥补了"在中国发现历史"范式的不足，体现了历史唯物主义对历史研究全面性、客观性的要求，自然地延伸推导出"在世界发现中国历史"的新命题。把"中国的"和"世界的"结合起来，才能更深广、入微地揭示抗日战争史的内涵。

其三，在中国发现世界历史。

中国历史，是世界历史的重要组成部分；中国抗战，构成了第二次世界大战的东亚主战场。离开中国历史谈世界历史注定是不周全的。只有充分发掘中国历史的世界意义，世界史才能获得真正的全球史意义。

过往的抗战史国际化，说明了中国抗战的世界意义。研究发现，东北抗联资料不仅呈现了十四年抗战的艰苦过程，也说明了战时东北亚复杂的国际关系。日方资料中的"华北治安战""清乡作战"资料，从反面反映了八路军、新四军的顽强，其牵制大量日军的事实，从另一面说明中共敌后游击战所发挥的中流砥柱作用。1937 年 12 月 12 日在南京江面制造"巴纳号事件"的日军航空兵官兵，后来是制造"珍珠港事件"的主力之一，说明了中国抗战与太平洋战争的联系。参与制造九一八事变、华北事变和南京大屠杀的许多日军部队，后来在太平洋战场上被美澳等盟国军队消灭，说明了太平洋战场和中国战场的相互支持。中国军队在滇缅战场的作战和在越南等地的受降，中国对朝鲜、马来亚、越南等地游击战和抗日斗争的介入和帮助，说明了中国抗战对东亚、东南亚解放的意义和价值。对大后方英美军人、"工合"人士、新闻界和其他各界人士的研究,彰显了抗日统一战线的多重维度,等等。这对我们的研究富有启发性意义。

李顿调查团的相关资料表明,九一八事变及其后续发展,具有深刻的世界史含义。

麦金德1902年在英国皇家地理学会发表文章,提出"世界岛"的概念。麦金德认为,地球由两部分构成:由欧洲、亚洲、非洲组成的世界岛,是世界上面积最大、人口最多、最富饶的陆地组合。在"世界岛"的中央,是自伏尔加河到长江,自喜马拉雅山脉到北极的心脏地带,在世界史的发展中具有重要意义。其实,就世界近现代史而言,中国东北具有极其重要的地缘战略意义,堪称"世界之砧"——美国、俄罗斯、日本等这些当今世界的顶级力量,无不在中国东北及其周边地区倾注心力,影响世界大局。

今天看来,李顿调查团的组建,是国际社会运用国际规约积极调解大国冲突、维护当时既存的凡尔赛—华盛顿体系的一次尝试。参与各国均为当时世界强国,即为明证。

英国作为列强中在华条约利益最丰的国家,积极投入国联调查团的建立。张伯伦、麦克米伦等知名政治家均极愿加入代表团,甚至跟外交部官员暗通款曲,询问排名情况。李顿在中日间多地奔波,主导调查和报告书的起草,正是这一背景的反映。

美国作为国联非成员国,积极介入调查团,说明了美国对远东局势的关切,其态度和不承认日本用武力改变当时中国领土主权现状的"史汀生主义"是一致的。日美之间的紧张关系,一直延续到珍珠港事变发生。在日美最终谈判中,中国的领土和主权,仍然是美方的先决条件。可以说,九一八事变,从大历史的角度看,是改变日本和美国国运的大事。

苏联在国联未能采取强力措施制止日本侵略后,默认了伪满洲国的存在,后甚至通过对日条约加以承认,其对日本的忍让和妥协,延续到它对日本宣战。但日本关东军主力在苏联牵制下不敢贸然南下,影响了中国抗日战争的形态。

日本侵占中国东北,却始终得不到中国和国际主流社会的承认,乃不断扩大侵略,不仅影响了对苏备战,也使得其在"重庆政权之所以不投降,是因为有英美支持"的判断下,不断南进,最终自取灭亡。2015 年 8 月 14 日,日本首相安倍晋三在战后 70 年讲话中承认:"日本迷失了世界大局。满洲事变以及退出国际联盟——日本逐渐变成国际社会经过巨大灾难而建立起来的新的国际秩序的挑战者,前进的方向有错误,而走上了战争的道路。其结果,70 年前,日本战败了。"从这个意义上说,九一八事变—李顿调查—退出国联,成为日本近代史的转折点。

亚马孙雨林的蝴蝶振动翅膀,可能在西太平洋引发一场风暴。发生在沈阳一个小地方的九一八事变,成为今天国际秩序的肇因。其故焉在? 马克思和恩格斯在《德意志意识形态》中指出:在历史演进的过程中,人的"普遍交往"逐步发展起来,"狭隘地域性的个人为世界历史性的、真正普遍的个人所代替"。近代以来中国人民的历史,与世界历史共构而存续。

回望李顿调查团的历史,我仿佛感受到了太平洋洋底的咆哮呼啸前来,如同雷鸣。

是为序。

张 生

2019 年 10 月

出版凡例

一、本文献集所选资料,原文中的人名、地名、别字、错字及不规范用字等,为尊重历史和文献原貌,均原文照录。因此而影响读者判断、引用之处,除个别需说明情况以脚注"译者按"或"编者按"形式标出外,别字、错字在其后以"〔 〕"注明正字;增补的字,以"【 】"标明之;因原文献漫漶不清而缺字处,用"□"标识。

二、凡采用民国纪年或日本天皇年号纪年者等,为尊重历史和文献原貌,均原文照录。台湾地区的文献中涉及政治人物头衔和机构名称者,按有关规定处理,在页下一并说明。

三、所选资料均在起始处说明来源,或在文后标注其详细来源信息。

四、外文文献译文中,日本人名从西文文献译出者,保留其西文拼法,以便核对;其余外国人名,均在某专题或文件中第一次出现时标其西文拼法。不同时期形成的中文文献中涉及的外国人名、地名翻译差异较大,为尊重历史和文献原貌,一般不作改动。

五、所选文献经过前人编辑而加脚注者,以"原编辑者注"保留在页下。

六、所选资料中原有污蔑中国人民、美化日本侵略之词,或基于立场表达其看法之处,为尊重历史和文献原貌,不改动原文,或在页下特别说明,请读者加以鉴别。

本册说明

　　本册文件集编纂收录的资料选自《美国对外关系文件》(*Papers Relating to the Foreign Relation of the United States*)，涉及以下几个分册：《日本：1931—1941》(*Japan: 1931 - 1941*)，《美洲共和国：1932》(*The American Republics: 1932*)，《一般情况：1932》(*General: 1932*)，《一般情况：1933》(*General: 1933*)，《远东：1932》(*The Far East: 1932*)，《远东：1933》(*The Far East: 1933*)等。这些文件主要是美国驻外使领馆、外交代表与美国国务院、国务卿之间的往来函电，中日英等国驻美使馆致美国国务院、国务卿的照会、声明等，中日英等国驻美外交人员与美国国务卿之间谈话的备忘录等。这些文件集中反映了美国对日本侵华事件的态度及其政策，说明了美国虽然不是国联成员国，但它面对中日冲突与国际纠纷时难以做到置身事外，凸显了美国在国际社会尤其是国联处理中日冲突时不可忽视的作用，而它参与其中往往会优先考虑自身利益。

　　为了方便读者，编者根据所涉事件的主题，将这些文件分为三部分：(1) 远东危机，日本对满洲的占领与美国的政策声明；(2) 远东危机，包括日本对山海关、热河的侵占及其退出国联；(3) 美国与国际裁军会议。其中远东危机部分因内容较多，故分为两部分进行编辑。第三部分主要反映的是美国参加国际裁军会议的情况，因为只有少数内容涉及李顿调查团，所以仅选取了12条文件。但也有部分文件的主题与其他事件的关系更紧密，故编入其他相关主题项下，而没有编在国际裁军会议项下。

　　本册是群策群力的成果，其中陕西师范大学历史文化学院博士生曹文博，浙江师范大学外国语学院研究生竺丽妮、戴瑶瑶翻译了全部内容，浙江师范大学人文学院研究生费凡协助校对了全书，在此一并致谢。

目　录

11

一、远东危机:日本对东北的
占领与美国的政策声明(1)

1. 国务卿备忘录(1931 年 11 月 21 日)

793.94/2865

[华盛顿],1931 年 11 月 21 日

日本大使请求就其政府的一些重要事务会面沟通。他来之后告诉我,他已经把我发出的信转达给了币原(Shidehara)男爵。我前几天的那封信中总结了齐齐哈尔被占领之后的情况。并且他已经告知币原,必须保留我现在可以公布已采取的措施的充分自由。大使说,币原紧急指示他告知我以下事项:

一、日本政府正尽最大的努力,争取接受美国政府就满洲问题提出的友好建议。

二、决定尽快撤出齐齐哈尔地区。而且大使告诉我,他已经收到郑家屯领事亲自发来的一手消息,可以确定,两个步兵营和一个炮兵连已经在从齐齐哈尔回来的路上并经过了郑家屯。

三、严命本庄将军不要干扰齐齐哈尔政府以及从东京派来今早抵达沈阳支援的重要人物日本陆军副参谋长。

四、币原男爵曾指示大使说,日本政府将严格遵守满洲政策框架,即大使 11 月 9 日回应我的 11 月 5 日备忘录中所述的内容,且无论我从巴黎收到什么相悖的消息,我都可以根据它这样做。(最后这句话涉及芳泽两天前在巴黎的发言,关于这一点我 11 月 19 日已替币原向出渊胜次报告过。)

大使接着告诉我他本人从巴黎了解到的情况。他说,他的做法没有得到政府的指示,但他与巴黎保持着频繁的联系,而且巴黎和东京之间也在不断联

系。他问我是否听说过松平①的提议。我告诉他，几天前，陶斯（Dawes）将军告诉我，松平曾提出过一项在我看来完全不满意的建议。我说，这个提议实质上是在即使没有任何中立观察员在场的情况下，建议日本和中国应就有关撤离和条约的各种事项进行谈判，换句话说，日本在世界面前处于守势。然而他又建议中立调查团应该调查中日双方处于防御地位的中国对日本的申诉。我说，换句话说，即使在日本是被告的这一问题上，以观察员的形式提出日本不愿接受中立的意见，而日本已打算同意就中国是被告的事项进行中立调查，但在我看来，这根本不可能做到，也不符合我的主张。

大使说我一定是完全搞错了。他问我昨天是否听说过这些提议，我说我只通过媒体了解到这些。大使说，现在日本已经向国联提出，同意某中立调查团前往中国包括满洲地区调查中日之间争端的所有问题。我问他是否包括我们一直在讨论的撤离以及有关条约的所有争议。他说，是的。他说他们只希望成立一个由世界上的巨擘泰斗组成的高级调查团；9 月时他们自然反对国联成立一个由武官组成的调查团的提议，但现在他们赞成成立一个中立的调查团，只要这个调查团是有地位的，他们甚至不坚持要求有日本和中国代表参加。他说，国联对他们最初这个提议的回应是，可能会妨碍其建议的一致性。他说，因此，他们完全同意日本和中国的代表担任助理。我直截了当地问他是否与日本陆军当局商量过这一建议。他回答说，他们当局已经同意，正在采取行动，并力求公众舆论也同意这一行动。他说，日本想回避 10 月 24 日的国联决议条款来保全颜面。

大使接着说，有人建议停战，但日本拒绝了，因为这似乎承认了技术上的战争状态。我告诉他，我不认为这是一个必要的推论。我说，中日双方都同意停止对对方及其国民的敌对行为，在我看来，并不存在战争状态。我告诉他，如果他与币原联系，可以告诉他，我认为日本建议对所有这些问题进行中立调查，是日本朝着与西方世界的观点相一致的方向迈出的一大步。我提醒大使，两年前，在中俄两国的交锋中，他曾告诉我，东方的意见一直是反对中立的调查，并坚持直接谈判。我还告诉他，他可以转告币原，我认为除非同意暂停敌对行动，否则提议的调查将大打折扣，并且不会得到世界舆论的同情。他说他

---

① 原编辑者注：松平津野，日本驻英国大使。

会马上把我的意见告知币原。

亨利·刘易斯·史汀生

（戴瑶瑶译）

2. 国务卿致驻日大使（福布斯）（1931 年 11 月 23 日）

793.94/2945 c：电报

［华盛顿］，1931 年 11 月 23 日晚上 7 时

240. 出渊胜次大使告诉我说，日本在国联理事会巴黎会议上提议成立一个中立调查团，调查日本和中国之间的所有争议事项，并向国联报告本次调查的结果①。该提议草案现正等待在巴黎的理事会审议。该草案显然是根据出渊胜次提到的日本的提议拟订的。由于本决议未向芳泽出示，我谨随函附上一份引述该决议的机密电报②。

目前摆在国联面前的提案中有一项规定，即呼吁日本和中国严命各自部队的指挥官采取一切必要措施，避免局势进一步恶化，并避免采取任何可能导致进一步战斗和死亡的行动。

我希望您能打电话给币原男爵，告诉他我的这种强烈感受。我认为，日本主张进行这种公正的调查已经是在即将进行的谈判过程中向前迈出了一大步，但除非在拟议的调查期间至少达成一些停止敌对行动的条款，否则，实现预期的有益目的和赢得世界舆论支持的努力都将是徒劳的。此外，请告诉他，我从媒体获悉，日本军事指挥部正计划部队远征锦州。我真诚地希望这一报道是毫无根据的。我认为，这样的远征将使调查团无法进行日本政府提议的任何有益的工作。

史汀生

（戴瑶瑶译）

---

① 原编辑者注：《国际联盟公报》，1931 年 12 月，2365。

② 原编辑者注：1931 年 12 月 10 日通过的决议。电报缺印。

3. 国务卿致驻日大使(福布斯)(1931 年 11 月 23 日)

793.94/2888 b:电报

[华盛顿],1931 年 11 月 23 日晚上 10 时

241.11 月 23 日晚上 7 时发给我的 240 号电报。在给币原的信中,请加上我支持理事会包括日本建议进行公正调查的提议,但前提是日本军队立即从齐齐哈尔撤军,出渊胜次大使已经向我保证将立即撤出。那里没有需要保护的日本国民,而(日军)占领中国齐齐哈尔和严重侵害中国保卫者的利益已经给人留下了最痛苦的印象。在我看来,如果不从齐齐哈尔撤军,不停止类似远征锦州的行动,那么促使两国之间达成进一步和解的努力是徒劳无功的。

史汀生

(戴瑶瑶译)

4. 国联理事会决议(1931 年 12 月 10 日)[①]

理事会:

(1)重申 1931 年 9 月 30 日一致通过的决议,其中双方宣布受该决议的严格约束;因此,决议要求中国政府和日本政府采取一切必要行动确保该决议得到执行,以便在该决议的规定条件下,尽快使日本军队撤回铁路区。

(2)考虑自 10 月 24 日理事会会议以来,事态已呈现出更加严重的局面;注意双方采取一切必要措施的承诺,避免局势进一步恶化,并避免采取任何可能导致进一步战斗和伤亡的行动。

(3)请双方继续向理事会通报局势的发展情况。

(4)请理事会其他成员向理事会提供各自代表当场提供的所有资料。

(5)不妨碍上述措施的实施。

鉴于本案的情况特殊,希望两国政府能够最终从根本上解决两国之间存在的问题:

---

① 原编辑者注:转载自《国际联盟公报》,1931 年 12 月,第 2374 页。

决定组建一个由五名成员组成的调查团进行实地调查,向理事会报告所有影响国际关系、威胁到中日和平或中日之间和平协定的情况;

中国政府和日本政府均有权提名一名顾问协助调查团工作。

两国政府将向调查团大开方便之门,以便调查团就地取得有可能用到的一切资料。

据了解,如果双方开始谈判,那么这种谈判不在调查团的职权范围内,调查团也无权干涉任何一方的军事安排。

调查团所做的任命和审议不应以任何方式损害 9 月 30 日日本政府做出的关于日本军队撤回铁路区的决议。

(6)从现在起到举行下一届即 1932 年 1 月 25 日常会,仍在处理这一事项的理事会,请其主席注意这一问题,并在必要时重新提请。

（戴瑶瑶译）

5. 国务卿致驻华大使(詹森)(1931 年 12 月 11 日)

793.94/3170a:电报

[华盛顿],1931 年 12 月 11 日上午 11 时

455.12 月 10 日,国务卿向新闻界发表声明如下:

"美国政府对国际联盟理事会一致通过 12 月 10 日的决议①表示非常满意。这代表着白里安先生及其同事耐心进行的长期的艰难谈判取得了明确的进展。

满洲的局势形成之初,国际联盟理事会 9 月 18 日举行了会议。中国立即根据《国际联盟公约》第 11 条向理事会提出上诉。理事会第一时间关注到这一申诉,中国和日本按照它们作为国联盟约缔约国的义务参加了理事会的讨论。我国政府从一开始就通过外交渠道向中日双方提出交涉,努力与理事会进行合作并予以支持。美国人民不仅对国联所寻求的防止发生灾难性战争和确保和平解决满洲争端的目标感兴趣,而且和中日一样同为《白里安-凯洛格公约》②以及 1922 年 2 月 6 日《九国公约》的签署国,本政府对这些条约的承

---

① 编者按:即上文 4。
② 又称《巴黎非战公约》《非战公约》《凯洛格-白里安公约》,或简称《凯洛格公约》。

诺有着直接的权利和义务。

本决议规定立即停止敌对行动。决议草案重申日本许下的庄严承诺,即尽快将其部队撤回到铁路区内。决议规定组建一个五名成员调查团进行实地调查,并向理事会报告一切会干扰和平或影响中日和解的情况。成立该中立调查团本身就是朝最终公平解决满洲这一复杂问题迈出的重要和建设性的一步。它旨在征得中国和日本同意的情况下,运用现代、开明的调解方法来解决这个问题。这一原则存在于美国参与的许多和解条约中,这些条约近年来在世界建设性和平机制中发挥了突出的作用。该调查团的运作为平息争端争取了时间,并使对潜在问题的仔细研究成为可能。

满洲问题的最终解决,必须通过中日两国之间的协商来完成。我国政府关心的是,本次采取的解决办法应与我们所签订的条约中所需履行的义务相一致,其方式不应危害世界和平,其结果不应是军事压迫所得。这些是美国和在理事会中有代表的各国一直为之努力的基本原则,而原则的背后是世界各国如此坚定一致进行的和谐合作,这本身就是一项显著的成就。

另一方面,通过该决议绝不是认可迄今为止在满洲采取的任何行动。作为《白里安-凯洛格公约》和《九国公约》的签署国之一,我国政府无法掩饰我们对所发生事件的关注。该决议未来发挥的效力取决于双方是否真诚地履行避免再次发生敌对行动的义务,以及如何执行旨在最终解决问题的各项规定。美国政府将根据所签订条约中的义务,继续密切关注这一局势所有的事态发展。"

抄发至南京和东京。

史汀生
(戴瑶瑶译)

6. 国务卿备忘录(1932年1月2日)

793.94/3418

[华盛顿],1932年1月2日

法国大使拜访我的目的是了解将在满洲采取的下一步措施。他给我读了白里安先生写给他的一封信的译文,信中传达了白里安指示法国驻中国和日本代表所要调查的以下问题:

（1）日本人在满洲的所作所为；

（2）日军包括最近在锦州的增援部队进军的范围和性质；

（3）中国正规军进行了哪些抵抗；

（4）法国对这些谈判的报道存在自相矛盾的情况，日本和年轻的张学良元帅谈判的事实和结果；

（5）南京新政府的总体情况——它对满洲的态度及其真正意图。

大使建议我进行类似的调查。我告诉他我将会调查，以防我们没有准备有关问题的充分资料。然后我对大使说，他能来我很高兴，因为我正要请他来谈谈将来在满洲采取的措施。我告诉他我正在考虑以下两个措施：

（1）参议院要求提供有关满洲谈判的全部信件①，我正在认真考虑将本政府与中日两国政府来往的每一份书面笔记和备忘录都交送给他们。参议院还要求提供本政府与国际联盟之间来往的文件。对此，我将只发送联盟公开的信函，而不发送国联秘密往来的各种备忘录。

（2）我正在考虑向日本发送一份正式的通知，同时在满洲调查团②的报告出来之前放弃最后的判决，我还要明确指出，日本迄今为止的所作所为给本政府留下的印象如下：(A) 日本在满洲摧毁了国民政府的行政完整性；(B) 它使用了非和平手段来完成一个"国家"的目标。对此，我们政府觉得有必要告知日本，在这种军事占领的压力下，只要这些条约可能会干扰我们自己的条约权利，我们不应该承认日本和中国之间签署的任何条约的有效性，正如 1915 年签署"二十一条"时我们所做的那样。

我问大使这些会对白里安先生造成什么影响，因为虽然我们提议不管怎样都要以这种方式进行下去，但是英法在华也有很大利益，如果他们加入的话，将大大增加这些措施的影响力。大使回复说，鉴于在锦州发生的事情，他认为有些措施是绝对必要的，并认为这是对欧洲国家和我们自己的一记耳光，他会和白里安先生沟通后告知我。

亨利·刘易斯·史汀生

（戴瑶瑶译）

---

①　原编辑者注：参议院第 89 号决议，1931 年 12 月 17 日；参见《满洲形势》，参议院文件第 55 号，第 72 丛，第 1 部分，华盛顿：政府印刷局，1932 年。

②　原编辑者注：即 1931 年 12 月 10 日国联理事会授权成立的调查团。

7. 驻华大使(詹森)致国务卿(1932 年 1 月 3 日)

793.94/3386:电报

[北平],1932 年 1 月 3 日中午

1 月 3 日凌晨 2:30 收到

9. 昨晚回到北平的驻外武官说:

"12 月 31 日,中国军队用了一整天时间从锦州撤离。12 月 31 日晚上 7 点,荣臻将军发话要求外国调查员于 1 月 1 日上午离开锦州。

奥德里奇(Aldrich)被派去大凌河观察,回来时报告河上的桥梁是否被毁。他于 12 月 31 日下午 5 点 30 分抵达,发现桥梁和铁路完好无损,并继续前往沟帮子,于晚上 11 点安全抵达时日军已经占领那里。他被带往日军司令部的第二师,经日军核查后被允许返回锦州,于 1 月 1 日上午 8 点抵达锦州。最后一支中国军队于 1 月 1 日上午 11 点从锦州撤出,紧随其后的是外国调查员。

锦州没有正规部队和省政府,仅剩下当地的市长和警察。在整个撤离期间,每间隔一两个小时便有日本飞机在锦州上空盘旋,没有空投炸弹。没有迹象显示在外国调查员离开之前有日本军队接近。

抄发至陆军部。"

詹森

(戴瑶瑶译)

8. 驻华大使(詹森)致国务卿(1932 年 1 月 4 日)

793.94/3387:电报

[北平],1932 年 1 月 4 日下午 1 时

1 月 4 日凌晨 4 时收到

10. 来自美国驻沈阳总领事:

"1 月 3 日中午,司令部宣布,锦州已经于今天凌晨 4:40 被嘉村(Muro)旅团占领。"

抄发东京。

詹森

（戴瑶瑶译）

9. 驻华大使(詹森)致国务卿(1932 年 1 月 5 日)

793.94/3411：电报

［北平］,1932 年 1 月 5 日下午 1 点

1 月 4 日上午 9:20 收到

16. 南京总领事报道称,昨天与新任外交部部长陈友仁进行了非正式会谈。陈友仁在会谈当天谨慎地表示,犬养毅首相曾就公开讨论满洲问题与他进行非正式接触。陈提到了去年夏天他与日本总参谋部的谈话,认为犬养毅与日本总参谋部的关系比他的前任更加密切。他严厉批评了日本在满洲的行为,说:"一个无法控制其军队的政府是对文明世界的威胁。"他坚称,中国从锦州撤军违反了政府的命令,但他承认,现在中国的军事行动已毫无用处。他私下表示,他正在寻求以某种有尊严的方式开展与日本的谈判。但他给人留下的印象是,在对满洲局势的结果表示乐观的同时,对应该采取什么措施很是不知所措。总之他希望各大国,特别是美国能向中国提供友好援助。

詹森

（戴瑶瑶译）

10. 国务卿备忘录(1932 年 1 月 5 日)

793.94/3431

［华盛顿］,1932 年 1 月 5 日

法国大使打了电话给我,并告诉了我从法国政府得到的两条消息。第一条说他们欣赏我们的有力论证;白里安先生和国际联盟秘书长已经任命麦考益将军为满洲国际联盟调查团成员,调查团现已成立,一旦中国和日本政府发文表示同意,而且中方代表不反对,它就将成为正式的官方机构。第二条是说明占领锦州完全改变了满洲的状况,而且克劳德大使日前在其外交部报告中称,调查日本政府先前提出的问题不再像之前那么重要,因为事件的发展比预

期要快得多；在这样的情况下，似乎完全有必要采取新的方针，再次提请东京外务大臣注意他需要履行的义务，使他明确地肩负起责任；要注意中国军队没有任何抵抗；日本政府如何能够使大规模军事活动与国际联盟理事会12月10日所做决议的条款相一致，并与他们所承担的庄严义务相协调，从而避免任何可能导致新的生命丧失和新的战争的举措；日本军队在满洲的人数现在似乎超过了保护其铁路的授权人数也引起了各国担忧，而且似乎仅凭这一事实本身就足以成为一种新策略的理由，虽然日本没有对占领锦州给出充分的理由；无论何时当他的英国和美国同事获得类似的授权时，白里安先生授权法国驻日大使制定这样一个策略，并照会华盛顿政府，要求他们指示驻东京大使采取同样的策略，并且白里安先生认为这与我们提议发出的照会并不矛盾。

大使说完后，我告诉他，自上次与他会晤以来，我一直在考虑这个问题，我完全同意，因日本对锦州的占领这些国家有必要制定新的战略；然而，我觉得因为美国政府不是国际联盟的一员，我们的方针不能完全遵循白里安先生电报中所指出的路线，也不能以12月10日理事会的行动为依据——我认为我们必须遵循本政府作为国联的另一方签署条约的方针，我一直在准备向中国和日本发出一则正式照会，要以遵循《九国公约》和《白里安-凯洛格公约》的一般原则为基础。我随后把正在撰写的这份照会的第三稿读给他听，并告诉他最后一稿大致会按照这个方式，可能会通过东京方面很快将它发送出去。他说他完全能理解我的理由并表示赞同。他评论说，这份照会对他来说很有力。

亨利·刘易斯·史汀生

（戴瑶瑶译）

11. 国务卿备忘录（1932年1月5日）

793.94/3432

［华盛顿］，1932年1月5日

与英国大使通话期间，我告诉他，既然日本占领了锦州，我将向日本和中国政府发送一份照会，告诉他们我们不打算承认任何条约、协议或局势，包括所有中国和日本签订的可能会损害美国或其公民在中国的条约权利的，或损害中国的主权独立或领土、行政完整的，或影响开放政策的，甚至与《白里安-凯洛格公约》相悖的条约。我给大使读了一份我正在撰写的照会，告诉他正式照会大致会按照这个方式。我指出，我们在 1915 年签署"二十一条"时做了同样的事情，而且它在六年后已经生效，恢复了我们的权利。我指出，如果像英国和法国等同样处境的国家采取类似的措施同样可行，我说我打算以同样的方式提请法国政府注意。大使说，英国与我们有相似的权利，并有兴趣采取相同措施。我让他务必告知我们，并表示我会在一两天内迅速采取行动。

亨利·刘易斯·史汀生

（戴瑶瑶译）

12. 副国务卿（卡斯尔）与意大利大使特·马迪纳 (De Martino)会谈备忘录（1932 年 1 月 6 日）

793.94/3449

［华盛顿］，1932 年 1 月 6 日

据称，国务卿昨天请英国大使和法国大使与他们协商，根据《九国公约》，美英法三国应对满洲采取协调一致的行动。大使问这一消息是否属实。我告诉大使，我认为国务卿没有派人去请英国或法国大使，我也不知道谈话的主题。他说，如果要根据《九国公约》采取任何一致行动，意大利希望也包括在内，因为它也是公约的签署国。我告诉他，我不相信该公约会在没有同各签署国协商的情况下擅自行动，而且据我所知，满洲没有考虑同任何国家采取协调一致的行动。我说，如果美国副领事①遭受袭击就表明在满洲的外国人可能会被虐待，那么毫无疑问，每个国家都必须采取行动，如果他们采取一致行动可能会更有效。

卡斯尔

（戴瑶瑶译）

---

① 　原编辑者注：关于发生于沈阳的驻哈尔滨领事卡尔弗·B. 张伯伦（Culver B. Chamberlain）被袭击的信件，见《美国对外关系文件 远东：1932》，第四卷，第 728 页。

13. 驻天津总领事（洛克哈特）致国务卿（1932 年 1 月 7 日）

793.94/3430：电报

[天津]，1932 年 1 月 7 日下午 2 时

1 月 7 日凌晨 5：30 收到

以下电报已于今日送交使馆：

"1 月 7 日下午 1 时。根据开滦矿务局收到的消息，日军经过连续几天的行军，已经到达山海关，没有遭到中国军队的抵抗，并已接管了电话线路和东向的电报线路。

日本地方军事当局将于明天上午在天津的日租界对目前约 3 000 人的日本军队进行审查。抄发国务院。"

洛克哈特（Lockhart）

（戴瑶瑶译）

14. 驻华大使（詹森）致国务卿（1932 年 1 月 7 日）

793.94/3437：电报

[北平]，1932 年 1 月 7 日晚上 6 时

1 月 7 日上午 10：20 收到

33. 美国驻哈尔滨总领事说：

"1 月 6 日中午。1. 马将军目前在呼海铁路南端的松浦镇，即松花江左岸的哈尔滨对面，表面上是要和张景惠将军商量，当地媒体报道称张景惠将军今天将前往齐齐哈尔视察。马将军可能会陪他到齐齐哈尔，但可能性不大。

2. 现在中国军队已经从锦州撤离，马将军及其部队是在满洲反抗日本人的唯一的所谓正规军。除非马得到苏俄的支持，否则他无法拒绝日本的要求。"

詹森

（戴瑶瑶译）

15. 国务卿致驻南京总领事(佩克)①(1932 年 1 月 7 日)

793.94/3437b:电报

[华盛顿],1932 年 1 月 7 日中午

2. 请尽快经由各国政府代表贵国政府向外交部提交以下照会:

"随着最近在锦州附近的军事行动,1931 年 9 月 18 日以前存在于南满地区的中华民国政府最后一个行政机关也被摧毁了。美国政府一直认为,国际联盟最近授权的中立调查团的工作将有助于最终解决中日之间目前存在的问题。鉴于目前的情况及其自身的权利和义务,美国政府认为自己有责任通知中华民国政府和日本帝国政府,美方不能承认以下任何情况的合法性,即两国政府或其代办之间缔结的任何条约或协议中任何可能损害美国或其在华公民的条约权利的条款,包括与中国有关的主权、独立或领土和行政上的完整性的权利,与中国有关的国际政策,即俗称门户开放政策的条约权利;也不会承认任何可能违反 1928 年 8 月 27 日《巴黎非战公约》的盟约和义务的局面、条约或协定,其中中国和日本以及美国都是该条约的缔约国。"

向日本政府发送相同的照会。

抄发以上全部内容至使馆。

史汀生

(戴瑶瑶译)

16. 国务卿备忘录(1932 年 1 月 7 日)

793.94/3450

[华盛顿],1932 年 1 月 7 日

我打电话给日本大使,告诉他我已决定向日本和中国发一份照会,以阐明美国政府在这种局势下的立场。然后我向他口头复述了这份照会的实质内

---

①　原编辑者注:将本文件同样发给驻日本大使,见 7 号电报,《美国对外关系文件 日本:1931—1941》,第一卷,第 76 页;照会内容已在 1 月 7 日下午 1 点发往日内瓦领事的 4 号电报中重复,附关于将该照会转交国联秘书长的指示。

容,提醒他注意这样一个事实:在 1915 年"二十一条"时也曾发过类似的照会,并给了他一份照会副本。他告诉我,他清楚地回忆起签署"二十一条"时发出的照会。然后我说当新闻界问起我这份照会时,我会给出以下背景信息:(1)我们对日本在满洲的权利没有任何争议;(2)我们无意侵犯未来中国和日本之间的任何协议,除了(a)此条款不应损害我们在中国的权利和(b)不应违反凯洛格公约。

我告诉他,我将在明天早上的报纸中公开发表这份照会,并且我将召集《九国公约》其他成员国的大使,并告诉他们我们是为了捍卫自己的权利而采取这一行动,而不是和他们保持一致①,他是第一个被我告知这份照会内容的大使。

在我合上文件之后,日本大使告诉我,本庄繁将军在哈尔滨的代表,可能是中校,但不记得他的名字,曾拜访过张伯伦先生②,并对沈阳事件表示遗憾。我告诉他我很高兴听到这一消息。

亨利·刘易斯·史汀生

（戴瑶瑶译）

17. 国务卿备忘录（1932 年 1 月 7 日）

793.94/3451

[华盛顿],1932 年 1 月 7 日

我告诉中国大使,我已经给日本和中国政府送去了一份照会,我给他读了照会,然后递给他一份副本。我告诉他我们的基本立场是:(1)我们对日本在满洲的权利没有任何争论;(2)我们无意干扰未来中国和日本之间的任何协议,条件是(a)此条款不应损害我们在中国的权利和(b)不应违反《凯洛格公约》。我告诉他,我将在今天上午通知《九国公约》的其他成员,通知的内容明天上午之前不会公布,我希望其他成员也不要公布。他说:"当然不会。"

然后他问我打算怎么做,他还说了这样的话:"因为国际联盟的努力失败

---

① 原编辑者注:见下文 793.94/3452 号国务卿备忘录。
② 原编辑者注:张伯伦,指卡尔弗·B.张伯伦,时任美国驻哈尔滨领事。

了。"我打断说，我不认为国联的努力失败了，我们认为他们在国联制定的调解措施中建立中立调查团的提议非常重要，我希望能做出一个解决方案，同时我也表达了我们对国联的总体目标的全部认同，并避免任何可能与他们的工作相冲突的风险。我说，在这一行动中我们提到了《九国公约》的条约权利，我希望这会在一定程度上澄清一些说法，但是我们今后应该采取什么步骤，我现在预测不到，只能先看已经采取的行动会产生什么影响。

然后他给我看了一份他交给我的指示的摘录，还有我给他的那份照会的副本。这些都附在文后①，我读了以后认为，摘录在某些方面似乎与这份照会一致。

亨利·刘易斯·史汀生
（戴瑶瑶译）

18. 中国外交部部长在南京会见驻美大使(颜惠庆)②

793.94/3451

在随后的会议中您可简要介绍最近发生在中国的事件，并不断敦促美利坚合众国采取一些行动，以最终尊重并维护国际条约，即巴黎公约，特别是维护《九国公约》，这样，远东的和平才不会受到干扰。

（戴瑶瑶译）

19. 国务卿备忘录(1932 年 1 月 7 日)

793.94/3452

[华盛顿]，1932 年 1 月 7 日

法国大使来时，我提到与克劳德的谈话。我说，虽然我认为我们不应该按白里安先生的要求，根据国联 12 月 9 日的决议做出计划，但是我仍将根据我们自己的条约提出一项建议。我告诉大使，我今天早上给中国和日本各发了一份照会，与我递给他的副本形式一样。我告诉他，照会的立场基于《九国公

---

① 原编辑者注：即下文。

② 原编辑者注：摘录自中国大使离华时得到的指示，由中国大使于 1932 年 1 月 7 日转交给国务卿。

约》和《巴黎非战公约》，因此我正将我们的行动通知《九国公约》的签署国；我没有特别努力去促成一致的行动，但如果其他国家特别是法国能采取类似行动，我将非常感激。[1]

我询问白里安先生的健康状况。他说白里安被要求待在自己房间休息，只能见到贝特洛先生（Berthelot），但他没有中风。随后亨利先生提到陆军部部长马奇诺先生中风并于昨晚去世。我表达了同情，并说会发一封唁电表示慰问。

亨利·刘易斯·史汀生

（戴瑶瑶译）

20. 驻沈阳总领事（麦迩思）致国务卿（1932 年 1 月 7 日）

793.94/3743

No.425

［沈阳］，1932 年 1 月 7 日

1 月 30 日收到

国务卿先生：请参阅我 1931 年 12 月 2 日发给北平使馆的第 493 号电报[2]，题为"关于日本占领的一些事项"，对于日本人为其利益所进行的活动，我谨简要介绍日本占领下满洲铁路的情况。

过去，铁路一直是满洲最重要的中日问题之一。1925 年中国人开始自己建造铁路。在早期，建造这些铁路遭到了日本人的反对，因为沈阳—海龙和吉林—海龙两条铁路线平行于南满铁路线，并且吉林—海龙线是吉林—开远铁路项目中非常重要的一部分，该项目由所谓的《西原借款协定》（1918 年 9 月 28 日在满洲和蒙古的铁路贷款初步协议）所支持。这里要提到的是，1905 年 12 月 22 日签署的中日条约秘密协议禁止建设与南满铁路平行的线路。

南满铁路以西，南满铁路公司为中国人建造了四—洮和洮—昂（四平—洮南和洮南—昂昂溪）线路。对日本人来说，修建这些线路具有双重目的，既为南满铁路也为涉足中国东部的铁路区域提供了支持。中国人随后建造的线路

---

① 原编辑者注：在将照会副本送交比利时、英国、意大利、荷兰和葡萄牙的代表时，他们也提出了类似的建议。这些谈话备忘录未印。

② 原编辑者注：缺印。

打虎山—通辽(1927年年底完工)连接了四洮铁路的成池屯—通辽分支,使中国人有了一条从沈阳到齐齐哈尔迂回但连通的铁路线。从政治上说,这条路线对于中国人是一笔巨大的财富,中国可以在没有日本允许的情况下自由地在东北和南满之间调动军队,这是中国军队想越过日本铁路所必须实现的。从商业上说,它具有相当大的潜在重要性,考虑到葫芦岛港的建设时更是如此。然而,日本人出于显而易见的原因,特别强调了这一阶段的铁路问题,并为此给出了充分的理由,说中国人不仅在建设成本和支付利息费用方面没有认真履行对南满铁路公司的财政义务,并且恶意拖延郑家屯以北的外运货物分配问题的协议,同时极力使南满铁路的交通改道,以利于他们的线路。可以提一下的是,日本完全忽视了在上述所谓的秘密协议中反对建造的打虎山—通辽线,并且"尽快完成了该建设工程"。

现在情况完全相反。1931年9月18日之前,沈阳—海龙—吉林铁路曾是北平—辽宁铁路的支线,这条线每天都提供吉林和北平之间的客运服务,如今,这条铁路只为南满铁路线提供服务。9月18日晚,南满铁路线下连接皇姑屯站和沈阳站的"京辽铁路"被日军摧毁,至今仍未修复。1931年9月18日之前,日本反对中国人将吉林长春火车站建为吉林—海龙线和吉林—敦化线的枢纽,但1931年10月16日,他们又同意了。尽管沈阳—海龙线(由中国人拥有并建设的铁路线)在中国的管理下运营,但日本顾问完全控制着它的财务。据了解,由吉林省政府修建的吉林—海龙铁路的状况并未改变。日本建造的铁路之一吉林—敦化线已与吉林—长春铁路合并,并在南满铁路公司的指导下运行,后者也是如此。

现在由一名中国总经理负责的四洮线和洮昂线尽管能保留独立的总部,但同样由南满铁路公司控制。根据日本最近的新闻报道,中国建造的齐齐哈尔—克山铁路在洮昂铁路的管理下运营(一名中国总经理负责三条铁路线)。自10月下旬以来,四洮铁路的支线郑家屯—通辽段已经停止运营。最近日本总部报告说,大约25千米的轨道已经被完全破坏。四平—齐齐哈尔和沈阳—齐齐哈尔的客运列车自12月20日以来一直在这条路线上行驶,日本沿线设立的铁路警卫一直向北至昂昂溪。换句话说,这两条线路是南满铁路系统的一部分,日本至少是借中国总经理之手控制了中国的齐齐哈尔—克山铁路线。

日本人对中国当局的另一项强烈反对是,中国当局拒绝执行关于建造延伸至朝鲜边界的吉林—通化铁路(吉林—会宁铁路)和建造长春—泰来铁路的协议。这些线路的建设一直是几个协议的主要项目，最后一个协议是 1928 年 5 月由张作霖政府于北京签署的。最近有几次新闻报道说，日本打算在不久的将来建造这些铁路。据报道，在过去的两个月里，一群日本测量员被派往通化—凯内的拟建路线，并且一些用于施工的设备也被送往通化。从经济上和战略上来说，目前修建这条线路似乎并不紧迫。然而，日本的政治环境有可能促成其尽早建设。虽然还没有做出明确决定，但据消息灵通的日本人称，这个项目可能会在 1932 年春天启动。据信，其他项目可能会推迟。

虽然现在就满洲未来的铁路发展情况做出明确的说明可能还为时过早，但可以肯定的是，1930 年由沈阳交通调查团制订的中国铁路建设计划已经破产。日资（南满铁路公司）建造的铁路现在作为南满铁路系统的一部分运行，至少很可能在相当长的一段时间内继续以这种方式运行。根据日本驻华高层外交官最近在美国新闻界代表（《纽约时报》）发表的权威声明，日本无意剥夺中国人的这些线路，但在某些条件得到满足之前不会将其归还。如果中国有一个稳定和负责任的政府，日本将要求在新的条约中做出一项全面的规定，承认日本与中国地方政府之间就解决满洲问题进行的直接谈判，并且随后将这些谈判的结果作为必要条件。如果中国坚持铁路建设计划，那么它也会很多年都无法实现。出于很明显的原因，中国建设铁路无疑受到了充分的赞赏，至少它让日本人难以稳定操控这些线路的运行。

此外，按照中日条约的规定，满洲还将用日本的资金修建其他铁路，而执行条约是日本宣布的军事占领目标之一。显然，日本打算控制满洲政府，无论结果如何，它将直接或间接地控制整个满洲的铁路网，可能除中国东部铁路外。鉴于这些情况，我们有理由相信，未来的铁路建设不是遵照日本人的利益就是中日双方的利益，而不是仅仅只满足中国的利益。

在过去几年中，中国建造的铁路线路一直是美国设备的大买家，如钢轨、机车、货运和乘用车，吉林—海龙线只采用美国设备，而日本建造的线路很少采购美国铁路材料——根本没用美国铁路机车，这些铁路线购买了日本设备。在这种情况下，美国铁路设备在满洲的前景并不乐观。"敞开的大门"可能不会关上，但毋庸置疑的是，已经有迹象表明市场不再是开放的了。

麦迩思

（戴瑶瑶译）

21. 驻南京总领事(佩克)致国务卿(1932 年 1 月 8 日)

793.94/3443:电报

[南京],1932 年 1 月 8 日下午 2 时
1 月 8 日凌晨 5:40 收到

4. 您 1 月 7 日中午的第 2 号电报。

[1] 下午 1 时我向中国外交部部长递交了这份照会。他看完之后说他会在适当的时候回复。

[2] 外交部部长告诉我,中国政府已决定将"立即"实施以下步骤:第一,中断与日本的外交关系;第二,向国际联盟提请对日本实施盟约第 16 条规定的经济制裁。在回答一个问题时,他补充说,第二步必然牵涉到早些时候的国联理事会会议。

抄送使馆。

佩克

(戴瑶瑶译)

22. 驻日大使(福布斯)致国务卿(1932 年 1 月 8 日)

793.94/3441:电报

[东京],1932 年 1 月 8 日下午 4 时
1 月 8 日早上 8:05 收到

3. 在犬养毅的建议下,内维尔和我被邀请与他一起拍一部有声电影,把他介绍给美国公众。福克斯广播公司稍后将发表他的讲话。他在讲话中宣布,满洲现在已经恢复了和平,他希望有序的民主秩序会随之而来。首相和我在拍摄前与他进行了交谈。我提到他之前的一次谈话中提出的一个建议,即为中国退伍军人提供工作,这样他们就可以解除武装并放弃"土匪"行为。他表示这个愿望将很快变为可能。

昨日的报纸发表了一份措辞强硬的声明,该声明指出,南次郎在接受一次采访时声称,日本应加强对满洲和蒙古的控制,不允许任何外部国家干涉其在中国的活动。我问日本首相,这是否意味着日本现在打算在蒙古和满洲进行扩张;他回答说,日本人把满洲和蒙古放在一起说,意思是内蒙古东部与满洲

相邻,他们无意在外蒙古以外再向外扩张。然后我建议,如果我们能有一张地图,标明日本人现在认定的满洲边界,那将对我们很有帮助。听了这话,他笑了,说这很难,因为边界是不确定的。

这里没有提到张伯伦的案子。

福布斯

(戴瑶瑶译)

23. 驻南京总领事(佩克)致国务卿(1932年1月8日)

793.94/3444:电报

［南京］,1932年1月8日下午5时

1月8日上午9:55收到

5. 我1月8日下午2时的第4号电报。下午4点。中国外交部部长研究完我下午1时交给他的那份文件后,匆忙派人接我过去,通知我,中国政府已决定暂时搁置与日本断绝关系和对国联提请的上诉。原因是中国政府希望权衡美国政府对中国和日本的调停能否达到中国政府采取这些措施取得的同样结果。陈先生表示虽然这份照会只提到了"巴黎公约"的字眼,但它的文本表明它也是基于《九国公约》的原则和政策的。他问我能否告诉他美国政府起草的协议中是否考虑到了《九国公约》以及巴黎公约。他还询问美国政府是否有意召开签署该条约的签署国会议,以及美国政府对中国提议召开该会议的要求持何态度。我告诉陈先生,我对这些情况一无所知,并建议他可以让中国驻华盛顿大使与国务卿接触。他答复说,鉴于这个决定事关重大,他的政府迫切希望尽早获得上述信息,他要求直接电告,我当时同意了。他说,他希望我就此事与英国同事保持密切联系。

抄送使馆。

佩克

(戴瑶瑶译)

24. 驻华大使(詹森)致国务卿(1932 年 1 月 8 日)

793.94/3462：电报

[北平]，1932 年 1 月 8 日下午 5 时

晚上 6 时收到

40. 使馆 1 月 7 日晚上 8 时的 35 号电报①。来自美国驻哈尔滨总领事："1 月 7 日中午。

1. 哈尔滨昨天白天和夜晚很平静，街上巡逻的警察比较少。

2. 最新报道显示，满洲车站、海拉尔和齐齐哈尔的情况比较正常，但这些地方的商业情况非常糟糕。

3. 昨天上午 11 点，马将军乘汽车穿过已经结冰的松花江，前往张景惠将军的住所，在那里与张景惠将军举行了 3 个小时的会议。据信，他们讨论了马将军返回齐齐哈尔维持和平与秩序的问题，在此基础上，那里的少数日本士兵将被撤回。马将军于晚上 4 点再经过松花江离开松浦镇前往海伦。

4. 下午 5 点 20 分，张景惠将军离开哈尔滨前往齐齐哈尔。表面上他是为了查看那里的情况，但实际上很可能是为了宣告黑龙江省的'独立'。中国媒体报道称他将于 9 日返回哈尔滨。中东铁路一位资深中国官员昨晚告诉我，他相信张不久后与吉林长官熙洽以及沈阳长官臧式毅一起前往沈阳，宣布这三个省联合起来，并承认由一位满洲代理官领导，张作相、张景惠或前皇帝溥仪都是可能的人选。我认为这些官员的行动是受日本军方指挥的。

5. 1 月 5 日，满洲车站一位可靠的美国人来信说，他收到一名刚从西伯利亚回来的雇员的报告，报告中称西伯利亚的军营已经召集了军队，而两年前中俄冲突时这个军营还是空的，但是苏联官员几乎都准备好与日本开战，所有 1898 年出生的军官都被要求连任，在赤塔的红军司令部接管了几车原本打算运往中国销售的冬靴，他们仓库里储存了大量的干面包。

我认为，苏联官员并不是打算发动一场进攻性战争，而是害怕日本人试图入侵西伯利亚。苏联官员担心中东铁路理事长莫德惠和副理事长李绍庚将被

---

①　原编辑者注：《美国对外关系文件　远东：1932》，第四卷，第 735 页。

亲日中国人取代,这些亲日的中国人会逐渐削弱苏联在铁路上的影响力。"

詹森

(戴瑶瑶译)

25. 国务卿致驻南京总领事(佩克)(1932年1月8日)

793.04/3444:电报

[华盛顿],1932年1月8日下午5时

3. 您1月8日下午4时和1月8日下午5时的电报。本政府1月7日的照会设想了所有涉及美国在满洲权利的条约和条款。国务院没有对其未来的行动方针做出任何肯定或否定的承诺,这一承诺将视事态发展而定。新闻部认为目前没有必要立即召开会议,并认为在现有情况下提出这一步行动是不合时宜的。

您可以口头通知外交部部长,外交部也可以口头通知中国大使。

将这份文件作为外交部的8号文件抄发至北平。

史汀生

(戴瑶瑶译)

26. 远东事务局局长(亨培克)备忘录(1932年1月8日)

793.94/3494

[华盛顿],1932年1月8日

关于佩克总领事代表中国外交部部长所提出的询问,他重申了本届政府根据《九国公约》召开会议的可能性;而关于国务院1月8日的答复(见附件),亨培克先生要求中国外交部部长致电。

部长今天早些时候再次强调他非常满意美国政府1月7日的照会。

亨培克先生询问部长是否收到该国政府有关此议题的其他内容,部长说没有。

亨培克先生随后说,我们已经通过总领事佩克代表中国外交部部长接受调查;部长曾询问美国政府现在根据《九国公约》召开会议的可能性。他说,本届政府不想就关于未来的意图和行动做出肯定或否定的承诺。正如部长所意识到的那样,我们刚刚迈出了非常重要的一步。我们希望看到进展。满洲问题是一个非常重要的问题,但世界上还有许多其他问题亟待解决。目前的情况下,提出召开会议似乎不合时宜。

部长说,在国务卿于1月7日将我们的照会内容通知他之后,他立即电告他的政府汇报情况,并表示他认为这一行动对局势非常有益。他读了电报的内容。他说,毫无疑问,外交部部长在收到他的电报之前就已经进行了调查。他说,他认为召开会议能有所帮助,但必须考虑诸多因素,包括即时性因素。他说,他意识到满洲问题一直是政府间相互协商的主题,正如《九国公约》第7条明确规定的那样。然而,他希望要认真考虑举行一次特别会议可能带来的好处。

斯坦利·亨培克
(戴瑶瑶译)

27. 驻英代办(阿瑟顿)致国务卿(1932年1月9日)

793.94/3469:电报

[伦敦],1932年1月9日下午1时
1月9日上午9:50收到

7. 外交部今天中午向记者发送了以下公报:

"英国政府支持满洲开放国际贸易的政策,这一政策得到了华盛顿《九国公约》的保证。自近期满洲发生事件以来,日本国际联盟理事会代表于10月13日①表示,日本是满洲对所有国家贸易机会均等和门户开放原则的拥护者。此外,12月28日,日本首相表示,日本将坚持开放政策,欢迎外国参与满洲企业的合作。② 鉴于这些声明,英国政府认为没有必要按照美国政府的声明向日本政府提交任何正式照会,但已要求日本大使获得日本政府对这些保证的确认。"

阿瑟顿
(戴瑶瑶译)

---

① 原编辑者注:关于本声明的简要报告,见驻日内瓦领事1931年10月14日上午9时第196号电报,《美国对外关系文件 远东危机,中国,日本:1931》,第三卷,第189页。

② 原编辑者注:见英国驻美大使1月11日的备忘录,第22页。

28. 驻华大使（詹森）致国务卿（1932 年 1 月 11 日）

793.94/3472：电报

[北平]，1932 年 1 月 11 日上午 10 时

1 月 11 日凌晨 3 时收到

48. 来自驻哈尔滨总领事：

"1 月 9 日，上午 11 时

1. 1 月 7 日中午齐齐哈尔张景惠将军宣布，他于 1 月 3 日以省主席的名义接管了黑龙江省所有军事和民政事务的控制权，并仅口头通知在沈阳、吉林和哈尔滨的中国政府。

2. 马将军可能会在张省主席的领导下担任省军队的指挥官。

3. 已经开始亲日的丁超将军昨日开始征用 30 辆汽车载着部队前往哈尔滨南部，以抵抗一群'强盗'，这群'强盗'威胁说要进军哈尔滨。听了这番话，他召集了几辆汽车，然后他收到了一份报告说这些'强盗'已经分散，所以他没有派兵。这引起了一些谣言，谣传吉林军队被派往哈尔滨并且他决定要抵抗他们。"

詹森

（戴瑶瑶译）

29. 驻华大使（詹森）致国务卿（1932 年 1 月 11 日）

793.94/3471：电报

[北平]，1932 年 1 月 11 日上午 11 时

1 月 11 日凌晨 2：50 收到

49. 来自驻南京总领事：

"1 月 9 日下午 4 时。应外交部部长的要求，我和英格拉姆（Ingram）今天与他进行了一次长谈，在此过程中，陈就国民政府的困境向我们做了一个秘密、完整且非常坦率的解释。他的发言摘要如下：

1 月 8 日晚 11 时孙科离开南京前往上海，可能不会回来了。他离职的主要原因是党和政府的重要成员拒绝就职，因为他们担心政府无法以满足民众

情绪的方式解决日本的争议，而失败将使他们遭受暴力袭击。陈真诚地相信，任何一个不把日本赶出被占地区，或至少不为此采取积极行动的国家政府，今后都不能在中国生存下去。这种感觉可能会带来第三方的有效干预，从而决定与日本断绝外交关系。这里的中国领导人似乎一致认为，如果独自面对日本，中国必然遭受外交压力。陈承认，在新的体制下，如果孙科辞职，政府的其他成员也必须辞职。他预测，蒋介石将无法组建并维持另一个政府，而国民政府的解体必将导致共产党权力的危险蔓延。他说，当地军方领导人将无法阻止这一趋势，因为军队受到共产主义的影响，他们的薪资很低而且已经叛变。英格拉姆在做同样的报道。

铁道部部长告诉我，孙科去过上海说服汪精卫到政府履职，还会去蒋介石的家中劝他就职。这一信息将政府的困境一半归咎于日本侵略，一半归因于蒋等人的不合作。"

詹森

（戴瑶瑶译）

30. 驻华大使(詹森)致国务卿(1932 年 1 月 11 日)

793.94/3473：电报

［北平］,1932 年 1 月 11 日晚上 6 时

1 月 11 日上午 9：50 收到

51. 顾维钧今天中午打电话来，询问了国务院的照会对中国和国务院电报有何意义。我口头告诉他 1 月 8 日下午 5 点国务院发往南京的 3 号文件的内容。在谈话过程中，他提出了关于《九国公约》会议的问题，他相信，除非勇敢和诚实地面对现实，兼顾三方的利益，否则就无法解决满洲问题，在现如今满洲的形势下，此次会议会将中国、日本和苏联都考虑在内。他相信苏联必定是这次会议的一方。我告诉顾，我不知道国务院对召开这个会议的看法，也不知道参会方和会议时间。我说，我认为，在决定召开会议的时间时，需要考虑的因素之一是，中国有一个负责任的政府，有能力面对所涉及的问题，并致力于制订解决问题的计划。

詹森

（戴瑶瑶译）

31. 驻法国大使(埃奇)致国务卿(1932 年 1 月 11 日)

793.94/3485:电报

[巴黎],1932 年 1 月 11 日至晚上 6 时

晚上 6:22 收到

21. 在今天上午使馆参赞同外交部远东司司长的谈话中,提到了满洲局势,并提到最近美国对日本和中国政府的照会,以及法国打算在该处所采取的行动。

那奇雅(Naggiar)先生说,比利时使馆最近询问外交部,对于他们建议美国政府提议《九国公约》的其他签署国向中国和日本政府发送和美国一样的照会,其答复如何。那奇雅说,外交部已回复比利时大使说,美国政府没有向法国政府提出这样的要求。他补充说,外交部已经致电克劳德询问美国是否已向他提出这样的请求,收到的回复表明他们没有提出任何官方或非官方请求,①但是您提到的他在晚宴上非正式地与您会面,表达了法国政府可能采取类似行动的希望。那奇雅说,1 月 3 日,锦州被占领之后,法国政府曾在华盛顿和伦敦提出,根据三位大使在 12 月 23 日的陈述,我们可以对下一步措施进一步划分,华盛顿和伦敦当时认为此举不宜采取。他当然知道公报是英国外交部 1 月 9 日发表的,其结果是英国人没有加入我们,并表示鉴于英国的立场,他认为法国即使提出了,也不会同意加入美国所采取的行动中来。然而他接着说,关于我们的机要信息,白里安目前正在考虑是否不应由国际联盟理事会主席向日本和中国提出某种形式的声明,并提及理事会 12 月 10 日最终敲定的决议。然而,这还在讨论中,而那奇雅特别要求不提及它。那奇雅明确表示,使馆没有收到任何关于处理此事的指示,只是想了解法国政府的看法。

埃奇

(戴瑶瑶译)

---

① 原编辑者注:见 1 月 7 日国务卿备忘录,第 14 页。

32. 英国驻美大使致国务卿备忘录(1932 年 1 月 11 日)

793.94/3488

约翰·西蒙(John Simon)先生完全理解美国政府在 1 月 7 日给中国和日本政府发表照会时所采取的行动。这一行动实质上与英国政府的感受相吻合。与此同时,后者认为,作为一个国联大国,他们的立场有所不同,考虑到 10 月 13 日日本代表团对国联理事会做出的明确声明,日本在满洲没有领土野心,而且他是满洲对所有国家贸易机会均等和门户开放原则的倡导者,满洲是各国经济活动的敞开的门户。

因此,约翰·西蒙爵士的行动仅仅是 1 月 8 日对日本大使说,日本最近在满洲采取的行动影响"门户开放",这一点很可能在议会重新开会时被提出来。约翰·西蒙先生重申日本在 10 月 13 日发表的声明,以及与此相似的 12 月 28 日路透社报道的日本首相发表的声明,并表示虽然英国政府没有理由怀疑这些声明,但如果日本大使能同他的政府沟通,并获得具体授权予以证实的话,他会非常高兴。这将使约翰·西蒙先生能够在议会中给出令人满意的答复,就英国政府而言这一点符合目前的情况。

约翰·西蒙先生还建议,日本政府可以考虑在 1 月 25 日国联理事会会议上发表一项令人满意的声明,表明他们尊重《九国公约》条款的决心。大使对这两项建议表示赞赏,并承诺将这些建议传达给东京。

[华盛顿],1932 年 1 月 11 日

(戴瑶瑶译)

33. 荷兰大使馆致国务院(1932 年 1 月)

793.94/3497

第 166 号口头照会

荷兰大使向其政府通报了国务卿于 1 月 7 日转交给他的照会的内容,该照会是由国务院发给中日两国政府的。

对此,荷兰大使已奉命向国务卿转达荷兰政府对这一照会来文的感谢。

荷兰政府同美国政府一样,相信中立调查团将有助于解决满洲的困难。

荷兰政府认为,中日关系问题的尽早解决符合全世界的共同利益,因为当全世界经历了最严重和最持久的危机之后,世界比以往任何时候都需要更加良好的国际关系。

就这些促使美国政府转向中国和日本的原则而言,似乎没有必要说,因为这些是荷兰政府最关心的问题。

美国政府已建议后者考虑采取类似的行动。荷兰政府不能确定这一行动在目前情况下是否合适。中国政府和日本政府已经对美国照会做出了回应,并阐明了他们的观点。① 此外,荷兰作为国际联盟的成员必须牢记,国际联盟理事会热烈欢迎与美国进行合作,并正在为此尽其最大努力。毫无疑问,它将继续努力预防不利的事态发展,并寻求解决困难的可接受的办法。

[华盛顿],1932 年 1 月 2 日

（戴瑶瑶译）

34. 驻华大使(詹森)致国务卿(1932 年 1 月 13 日)

793.94/3502:电报

[北平],1932 年 1 月 13 日下午 2 时

1 月 13 日下午 1:45 收到

61. 来自美国驻哈尔滨总领事:

"1 月 11 日下午 2 时,中国当地官员和媒体报道称,昨天下午 2 时,一架日本飞机向宾县投下炸弹,宾县在熙洽管辖之外,当时有代表正在那里举行会议,因此造成了一些人员伤亡和财产损失。一名受美国传教士派遣去治疗伤员的中国医生证实了这一报道,但大桥(Ohashi)先生告诉我,日本驻扎在这里的军事行动部表示,没有收到此次轰炸的报告。

1 月 12 日下午 6 时,中国官员表示日本飞机 9 日轰炸了榆树,10 日轰炸了榆树旁边的五台子村和五常。"

詹森

（戴瑶瑶译）

---

① 原编辑者注:这句话在荷兰出版的文本中被当作错误删掉。

35. 驻华大使(詹森)致国务卿(1932年1月13日)

793.94/3507:电报

[北平],1932年1月13日下午5时

晚上11:24收到

64. 以下来自美国驻南京总领事：

"1. 1月11日上午11时外交部部长陈友仁前往上海,1月11日晚上11时会见铁道部部长叶恭绰。昨天下午叶通知端纳,现正在上海的孙科、陈友仁和其他政府的官员试图设法解决威胁中国的危险,并且似乎准备采取行动,无论这种行动多么'激进',例如寻求苏维埃政府援助。在火车站,叶向我证实了这一点。

2. 如今政府的双重任务是保护国家免受日本入侵并维持自己的生存。中国人似乎相信,在军国主义的统治下,日本人现在实际上是以山东为目标,将他们的部队推入热河,进入天津地区。他们似乎意识到战争肯定是灾难性的,只会助长日本的征服行动。他们完全不相信日本从满洲和其他地方撤军的承诺。在国内,政府正面临着上一个政权为了支持各省的军队所产生的已经到期的债务问题。他们先前要求蒋介石下台,而现在才意识到没有他是不行的。他们已经派高级官员去请蒋、汪精卫和胡汉民走马上任。几百名南京学生出于相同目的乘坐免费提供的汽车昨晚离开南京前往上海。目前还很难看出,这三位领导人的缺席会给满洲局势带来什么实质性的改善,但中国民众的普遍看法似乎是,他们的参与会抵制中国各地普遍存在的分裂倾向。大众的感觉是,除非这种趋势得到遏制,否则由于经济贫困和'共产主义阴谋',全面混乱将接踵而至。

面对这些不祥之兆,保持乐观的唯一基础是中国种族的内在稳定性,正是这种稳定使得中国在过去的类似危机之后还能够重建自己。

3. 关于张学良,有迹象表明,虽然前政权对他同情和理解,但现政府已试图将他解职,现在还没能力这么做,很快就会请求他的帮助。

4. 1月7日的这份照会引起了中国人民对两国友好关系的感激之情,但人们并不认为这张字条会遏制日本的侵略政策。"

(戴瑶瑶译)

36. 驻华大使（詹森）致国务卿（1932 年 1 月 13 日）

793.94/3503：电报

[北平]，1932 年 1 月 13 日晚上 6 时

1 月 13 日晚上 12:25 收到

65. 报纸上说，麦考益将军已经同意任职于国联派往满洲的调查团，并参与调查。我谨向本署提交以下对局势的了解，供本署利用。

日军以武力占领了满洲所有要塞，并控制着一切通信手段。他们还利用日本顾问借中国的组织之手几乎完全控制了满洲行政权。据我所知，长城以南的"中国当局和满洲当局"之间没有任何沟通。目前仍不确定日本人是否会将他们的战线向西推至热河。总之，从山海关到齐齐哈尔，从齐齐哈尔到哈尔滨，从哈尔滨到图们，以及与这些地方相连的地区，和台湾一样被迫脱离中国的控制。

这一占领始于 9 月 18 日，当时日本宣布，有必要与中国达成悬而未决的问题的解决方案，并确保日本的利益和财产得到保护。

我越来越相信，日本在满洲的活动应该从日俄关系而不是中日关系的角度来看待。可以看出来，日本政府去年夏天对中国的情况进行了仔细调查，得出的结论是：中国正在解体，中国领导层正在丧失威望，国民党已不再强大。日本政府显然认为，如果长城以南的政府发动攻击，张学良不会得到政府的支持。鉴于世界范围的经济萧条，日本相信大国正专注于本国问题，无暇东顾，苏联无法采取行动，日本的高级军事当局得出结论，认为他们有机会在满洲行动并推动日本的战略边界向西扩张，和苏联的冲突是不可避免的，他们要做好准备。

我相信，如果不考虑中国、日本和苏联的利益，满洲问题是无法解决的。中国太弱小了，不能在满洲维护自己的主权，也不能在苏联和日本这两个国家之间保持中立，因为这两个国家都对满洲非常感兴趣。不考虑这三个国家利益的解决办法是不持久的。不幸的是，中国没有一个政府或领导团体愿意诚实地面对这些问题，并愿意来负责解决这些问题，因为，中国无法以武力维持其在满洲的地位，中国将不得不接受一个必然损害其在满洲主权的解决方案。

我坚信，只有外部力量或国内经济崩溃，才能说服日本从目前的位置上退出。

在我看来，上述因素必须考虑到即将访问满洲的调查团的调查，或是考虑根据《九国公约》召集会议以寻求解决满洲问题的方案。

詹森

（戴瑶瑶译）

37. 驻南京总领事(佩克)致国务卿(1932 年 1 月 13 日)

793.94/3505：电报

［南京］,1932 年 1 月 13 日晚上 7 时

1 月 13 日下午 2 时收到

10. 您 1 月 7 日中午的第 2 号电报。

1. 以下是 1 月 12 日发给美国大使的照会的翻译，但是我 1 月 13 日上午才收到。①

"阁下：我很荣幸地收到您 1932 年 1 月 8 日的照会，其中说到最近锦州的军事行动摧毁了 1931 年 9 月 18 日以前在南满的中华民国最后一个行政政权；美国政府仍然相信，最近由国际联盟理事会任命的中立调查团将会促进最终解决中日之间问题；但是，鉴于目前的形势及其自身的权利和义务，美国政府认为有责任向中日两国政府发出以下通知，也就是说，美国政府不能承认任何不合法的事实，并且它不打算承认中日政府或其代表缔结的任何可能损害美国或其公民在中国的条约权利的条约，或可能损害中国的主权、独立、领土和行政完整的条约，或可能违反有关中国的国际政策也就是'门户开放'政策的条约；并且美国政府不打算承认任何可能违反中国、日本和美国于 1928 年 8 月 27 日在巴黎签署的《巴黎非战公约》而产生的局势、条约或协议。

很明显，美国政府对在东［三］省无法无天的日本军队持最严肃的态度，并且还坚持维护《国际联盟公约》和《巴黎非战公约》的尊严。东北地区的 1931

---

① 原编辑者注：来自驻南京总领事 1 月 16 日上午 9 时第 12 号电报，内容如下：中国外交部已经非正式地批准了发往国务院的电报译文，但希望在"军事力量"之后添加"三"，在"绥中"后增加"进一步"并删除"这是有记录的"这句话(793.94/3531)。

年 9 月 18 日事件从开始到现在,中国政府在各方面都履行了战争协定规定的职责,也就是说,中国政府没有采取旨在加剧局势的任何措施,但根据现行国际公约规定的程序,中国政府要求签署国要特别注意这些事件。

相反,日本军队在 1931 年 9 月 30 日国际联盟决议及 1931 年 10 月 24 日理事会会议通过之后,仍然不断扩展其入侵范围,甚至在 1931 年 12 月 10 日联盟决议通过后,公开入侵并占领了锦州以及中国的地方政府。最近日本占领了绥中并[进一步]占领山海关,在秦皇岛、天津和其他地方增派日本海军船只和军队。除此之外,有迹象表明日本有意攻击热河。这些行为违反了《国际联盟公约》《九国公约》和《巴黎非战公约》,以及日本一再无视国联做出的决定,这都是无法隐瞒的事实。因此,日本政府必须对所涉及的所有事件承担全部责任。

关于贵政府的照会,该国政府不承认在这个问题上存在任何事实上的合法情况。

我可以郑重地说,中国政府多次向日本政府提出最严厉的抗议,抗议日本军队自 1931 年 9 月 18 日以来一直存在的各种入侵和无法无天的行为,中国政府没有在国际上被给予任何认可。这都是有案可查的。

我郑重地指出,关于照会中提到的条约或协定,中国政府基于其主权和独立以及领土和行政完整原则的立场,绝对不会终止所述的任何条约或协议。

中国政府真诚地希望,贵国政府将继续提高国际公约的有效性,以维护它们的尊严。

我谨提请阁下注意上述情况,并表示希望您将其转交给贵国政府,以供参考并能采取行动。外交部印,签名:陈友仁"

2. 中国外交部表示,本照会的中文文本已经电邮给中国驻华盛顿使馆,但没有转交给国务院。我建议外交部像在类似情况下经常做的那样提供英译本,但被告知因为外交部部长不在,所以这可能不行。有人补充说,可能会将英文翻译电报传给中国使馆。据我所知,外交部部长今天将从上海返回。

3. 由于早传的指示没有将中文译文与国务院的照会一起发给外交部部长,这违反了美国使馆的惯常做法。我已试图将该答复逐字翻译,并请国务院注意其照会中有一处引用有点小错,即在译文开头部分"可能损害条约权利"和结尾部分"或损害主权"。

4. 中国外交部通知我,本照会的中文译本可能将在国务院收到后公布。

抄送使馆。

佩克

（戴瑶瑶译）

38. 驻日内瓦领事（吉尔伯特）致国务卿
（1932 年 1 月 14 日）

793.94 委员会/25：电报

［日内瓦］，1932 年 1 月 14 日晚上 6 时

1 月 14 日下午 2：20 收到

14. 领事馆下午 3 时的 8 号电文和 1 月 11 日晚上 6 时的 10 号电文。①

1. 满洲调查团今天正式"成立"。

2. 由于李顿爵士无法提前出席，调查团第一次会议将于 1 月 21 日在日内瓦举行。

3. 李顿敦促调查团的欧洲委员 1 月底前从欧洲出航，相信调查团其他成员也同意他的意见，调查团的行程不会拖延。

4. 虽然各专员应在即将举行的会议上做出决定，但人们仍然相信，他们将决定行程经由美国出发。

吉尔伯特

（曹文博、戴瑶瑶译）

39. 驻南京总领事（佩克）致国务卿（1932 年 1 月 14 日）

793.94/3516：电报

［南京］，1932 年 1 月 14 日晚上 7 时

1 月 14 日上午 10：20 收到

1. 应外交部部长的要求，下午 5 时我去拜访了。他给我看了一份路透社 1 月 13 日的公告，内容大致是说，日本官方人士表示，国务院 1 月 7 日的照会使陈友仁放弃了就解决满洲争端展开谈判的初步努力。陈将这份照会定性为

---

① 原编辑者注：缺印。

谎言,并表示他打算发表一份官方否认声明。他说,从未见过日本驻上海总领事,也对其人一无所知,所以他不可能像外界所说的那样与日本驻上海总领事取得联系。

2. 他向我否认该照会中断了开始谈判的努力,我对此表示满意。虽然我没有得到指示就这个问题发表任何意见,但我有把握,美国政府不但不希望阻止这种努力,反而认为这是一件好事。陈友仁说,当晚即将举行的一个重要会议有可能找到一些谈判的途径。

抄发至使馆。

佩克

(戴瑶瑶译)

40. 比利时驻美大使致国务卿(1932 年 1 月 15 日)

(译文)

[华盛顿],1932 年 1 月 15 日

793.94/3547

备忘录

比利时政府对美国政府发给中国和日本的照会非常感兴趣。

实际上,比利时政府非常重视美国政府在其来文中所说的条约,在这方面,它特别注意到美国政府的声明,即它无论如何都不会承认可能与《白里安-凯洛格公约》相违背的情况。

此外,比利时已经通知中国和日本代表,国际联盟为和平采取的行动必须取得成功,随后它已经采取行动,派观察员出席日内瓦和巴黎的理事会会议。

比利时政府将继续密切关注这个问题,并将该问题列入 1 月 25 日开幕的国际联盟理事会的会议议程。

(戴瑶瑶译)

41. 驻华大使(詹森)致国务卿(1932 年 1 月 17 日)

793.94/3542：电报

> ［北平］,1932 年 1 月 17 日上午 11 时
>
> 1 月 17 日凌晨 3：00 收到

82. 美国驻沈阳总领事称：

"1 月 16 日下午 1 时的第 32 号电报。总部报告说,1 月 14 日中午,日本的一个营占领了通辽,击溃了 3 000 名中国游击队员；中国损失了 60 人,日本人无损伤。

据可靠消息,这些所谓的游击队员属于第三骑兵旅,其中约有 1 000 人在通辽。"

> 詹森
>
> （戴瑶瑶译）

42. 驻日内瓦领事(吉尔伯特)致国务卿
(1932 年 1 月 18 日)

793.94 委员会/32：电报

> ［日内瓦］,1932 年 1 月 18 日中午
>
> 中午 12：05 收到

18. 以下是我今天上午收到的日期为 1 月 16 日(由领事馆翻译)的一封信：

"亲爱的吉尔伯特先生：我很高兴地通知您,理事会成员已经接受了主席向他们提议的调查团成员(名单),今天已确认任命麦考益将军为调查团成员。如果您能把这个消息告诉麦考益将军,我将非常高兴。

同样,请您通知他,调查团的欧洲成员将于星期四 11 时在日内瓦举行一次预备会议。本次会议将敲定出发前往远东的日期,很可能会在月底。他们同样需要决定他们的行程。看来他们要么走西伯利亚大铁路一线,要么从美国过境。后者的优势在于欧洲成员最早能在 2 月初抵达美国,并与其美国同事会面。我会立即将欧洲成员的决定通知您,以便麦考益将军可以准备及时

加入他们。

鉴于时间紧迫,不可能邀请麦考益将军来日内瓦参加下周四的预备会议。因此,直到他加入,调查团才能最终成立。

我认为,如果您能请麦考益将军特别注意调查团主席的问题,那将对我们很有利。很明显,只有他及时地将他对这个问题的意见传达给他的欧洲同事,这个问题才能在日内瓦会议上得到解决。毫无疑问,您已经注意到某些新闻,根据这些信息,理事会主席将任命李顿爵士为调查团主席。这个信息尚不准确。的确,白里安先生曾考虑向理事会成员提议任命李顿爵士为主席,但最终认为最好还是让调查团自己选择。此外,我还通过非正式途径获悉,李顿爵士将被提名为主席,现在看来如果他的同事同意这个提议,他很可能准备好接受这一职责。我认为,在这种情况下,您有必要让麦考益将军知道,欧洲成员可以在征得他同意的情况下选择调查团主席,如果他不向他们发出任何信息,则可以暂时选择一位主席。

我会继续向您提供有关调查团的所有信息,这些信息您和麦考益将军都会很感兴趣。副秘书长艾冯诺。"

1. 我了解到,这是在正式邀请麦考益将军,并且期待得到将军的答复。

2. 我获悉,通过我传递这种邀请是考虑到尊重目前白里安的情况,并且白里安已要求调查团目前关心日内瓦问题。

3. 值得注意的是,信中除了邀请外,还有其他隐含的问题,特别是那些尊重调查团主席的人,如果可能的话,德拉蒙德(Drummond)希望表达麦考益将军的意见,以便可以尽快澄清这一情况。

4. 德拉蒙德说,他很高兴可以非正式地出席于1月21日举行的会议,以便于向麦考益将军通报进程,并能按照上文第3条的建议转达麦考益将军的消息。

5. 由于他们可能会要求我提供有关麦考益将军军事情况的资料,请告诉我他目前在军队中的职位,以及他在调查团期间的正式身份。

6. 请就上文第1、3、4和5段所提出的各点提供指示。

吉尔伯特

(曹文博、戴瑶瑶译)

43. 国务卿致驻日内瓦领事（吉尔伯特）
（1932 年 1 月 20 日）

793.94 委员会/32：电报

［华盛顿］,1932 年 1 月 20 日下午 5 时

18. 您 1 月 18 日中午的第 18 号电报。麦考益将军要我转发以下信息：

对国联调查团提出的关于满洲情况的答复如下：

段 1. 我请求您通知国际联盟理事会主席和理事会,我很荣幸接受调查团的邀请。

段 2. 您可以在公开会议上通知调查团,我很乐意在任何欧洲成员的主持下受任,并且如果李顿爵士被提名为主席并得到其他成员的同意,我愿意让该决议草案获得一致通过并投上我的票。

段 3. 我将感谢您出席公开会议并向我介绍会议议程。

段 4. 我现在是正规军现役名单上的少将。在调查团任职期间,我将接受任务派遣。

史汀生

（戴瑶瑶译）

44. 驻日内瓦领事（吉尔伯特）致国务卿
（1932 年 1 月 21 日）

793.94/3593：电报

1932 年 1 月 21 日上午 10 时

1 月 21 日上午 8:30 收到

23. 根据理事会 1931 年 12 月 10 日的决议,理事会继续处理中日冲突问题。

我了解到,由于美国政府邀请和接受他们派代表出席理事会并审议这一问题,其中特别任命我为美方代表,并且鉴于此后美国政府和国联之间没有就这个问题进行正式的交流,所以从纯粹的技术角度来看,国联仍然让我继续担任这一职务。

我相信我可以通过德拉蒙德私下安排解决,从而完全避免这个问题。鉴

于将于 1 月 25 日举行的理事会会议议程上载有中日问题,对此我希望能得到指示。

吉尔伯特

(曹文博、戴瑶瑶译)

45. 驻上海总领事(坎宁安)致国务卿(1932 年 1 月 21 日)

793.94/3592:电报

[上海],1932 年 1 月 21 日下午 5 时

1 月 21 日上午 9:30 时收到

以下电报已发往使馆:

"1 月 21 日下午 4 时,我 1 月 20 日下午 6 时的电报。1 月 20 日下午举行的日本群众大会,约有 12 000 名日本人出席,日本驻当地总领事因未能令人满意地处理当地发生的各种事件而受到谴责。人群集结在日本总领事馆前,然后沿着居民区的街道游行到日本海军陆战队总部。他们砸碎了中国商店的窗户,还袭击了几名中国人。整个租界的警察部队都已经动员起来,到目前为止还没有发生骚乱。中国和日本籍的租界警察正在维持秩序。另一场日本大规模的会议定于 23 日举行。"

坎宁安

(戴瑶瑶译)

46. 驻华大使(詹森)致国务卿(1932 年 1 月 21 日)

793.94/3591:电报

[北平],1932 年 1 月 21 日晚上 7 时

1 月 21 日上午 9:25 收到

106. 使馆 1 月 14 日中午的 68 号电报①。来自热河的情报表明,直到中国的"匪徒"和沈阳的非正规军受到压制,日本才会进军该地区。鉴于最近非正规军游击战的相对成功,日本人要想在不进行大规模打击的情况下对热河

---

① 原编辑者注:缺印。

发动进攻是很困难的。冬季的天气条件和糟糕的通讯是此时进行军事活动的又一个障碍。

詹森
（戴瑶瑶译）

47. 国务卿致驻日内瓦领事（吉尔伯特）
（1932年1月21日）

793.94 委员会/33：电报

[华盛顿]，1932年1月21日下午3时

19. 您1月19日中午的21号电报。① 满洲问题调查团成员麦考益将军认为，为每一位专员配备适当的个人助理对其履行在这一重要任务中的职责是至关重要的。将军本人认为，在目前的安排下，对个别成员来说，不可能充分地研究、汇编和分析大量数据和信息，以获得明智和准确的意见或结论，也不可能在调查团的调查过程中到边远地区进行某些必要的侦察或调查。

就您的个人资料而言，我同意麦考益将军的观点，即如果调查团的调查是彻底和完整的，那么为每一位专员配备个人助理都是必不可少的。此外，我强烈认为，每位专员不应被要求承担个人助理的费用，而应由国联来承担。

在不做正式陈述的情况下，请将麦考益将军的意见提交给调查团主席，并建议他将这一重要的人事问题提交国联重新审议。

史汀生
（戴瑶瑶译）

48. 国务卿致驻日内瓦领事（吉尔伯特）
（1932年1月21日）

793.94/3593：电报

[华盛顿]，1932年1月21日下午4时

20. 您1月21日上午10时的23号电报。我认为，如您的最后一段所

---

① 原编辑者注：缺印。

述,您可以通过德拉蒙德私下安排,搁置关于您与理事会关系的问题并不再重提。不过,我希望您通过德拉蒙德或国联的其他官员与理事会保持密切的联系,并继续向我提交有关理事会实际行动的完整报告。

史汀生

(戴瑶瑶译)

49. 国务院经济顾问(费斯)备忘录(1932 年 1 月 21 日)

893.77/2832

[华盛顿],1932 年 1 月 21 日

今天早上,南满洲铁道株式会社的美国代表金尼先生与我交谈。我向他询问了中国铁路在南满的部署情况。他说这些铁路被分为三组:(1)中国政府以各种贷款修建但贷款尚未偿还的铁路;(2)中国人用自己的资金修建但与南满铁路没有任何竞争关系的铁路;(3)与(2)相同,但可能具有竞争关系的中国铁路。

他认为对这三类铁路的处理方法可能有所不同。他预计,一旦新的地方政府在满洲建立起来,南满铁路公司就会与新当局就整个铁路问题进行会谈,并制订解决方案。

我问他是否预料到这些地方当局会与南京保持联系,他的回答是否定的,理由是南京当局拒绝承认这些新的地方政权。他随后表示,这些铁路会议上要讨论的一个重要问题是新铁路的建设,这是日本根据现有各条约已经拥有的权利。南满铁路希望进行大规模的建设,并表示日本政府可能愿意为此预付资金。他接着评论说,这将使美国在铁路材料订购等方面受益。

我没有发表任何评论,但如果这些对日本政策的预期是正确的,那几乎可以肯定,这意味着日本政府或南满铁路要向国外借款。铁路材料订单的吸引力很可能会被抑制,以用来换取美国市场的贷款。考虑到这些可能性,我们有更多的理由对日本在这个"国家"的融资保持警惕。

金尼先生 12 月 17 日刚离开东京,并没有发现任何表明日本人打算直接或间接地放弃满洲控制权的迹象。

赫伯特·费斯

(戴瑶瑶译)

50. 驻日内瓦领事(吉尔伯特)致国务卿
(1932 年 1 月 22 日)

793.94 委员会/35：电报

[日内瓦]，1932 年 1 月 22 日上午 9 时

上午 10:35 收到

24. 外交部 1 月 20 日下午 5 时的 18 号电报。

1. 根据麦考益将军的要求，我昨天上午参加了满洲调查团会议，上午开会，下午总结，持续到深夜。调查团将不会再在这里开会，成员们也已经离开日内瓦。

2. 我口头通知了麦考益将军接受委员任命(的消息)，并表示我已经正式通知理事会主席。

3. 由于调查团的所有成员都票选李顿爵士担任主席，我同样默许了他的任命，这一任命全体一致通过。

4. 我正在准备电报，提供会议记录的主要内容和细节，以方便麦考益将军了解。

吉尔伯特

(曹文博、戴瑶瑶译)

51. 驻华大使(詹森)致国务卿(1932 年 1 月 22 日)

793.94/3605：电报

[北平]，1932 年 1 月 22 日下午 3 时

1 月 22 日上午 9:30 收到

107. 以下来自沈阳布朗中尉①的发言：

"齐齐哈尔正在为日军增加兵力做准备，指挥官说这是为了清除'土匪'所必需的。最近从中国南方调来的军队现已撤出。据报道，日本人以 200 万日元的价格从铁路董事手中买下了克山铁路的控股权。"

---

① 原编辑者注：查尔斯·C. 布朗中尉，美国驻华大使馆发言人。

齐齐哈尔经洮南至沈阳运行的铁路,配备了中日混合的工作人员和设备,该公司计划利用竞争渠道。守卫这条线路的是日本人和一支新的中国军队,即日军装备的蒙民特种部队。令人印象深刻的是,日本和中国军方在这一领域显然已经达到了谅解的程度。

詹森

(戴瑶瑶译)

52. 国务卿备忘录(1932 年 1 月 22 日)

793.94/3648

[华盛顿],1932 年 1 月 22 日

意大利大使昨晚打电话向我宣读了从格兰迪先生那里收到的电报:

"格兰迪先生本来愿意协助美国政府对于东京和南京政府的行动方针。但由于意大利是国际联盟的成员,出于对国联其他成员国的考虑,似乎不可能在对满洲问题采取行动的同时不考虑国联的行动;更重要的是,意大利作为国联的成员已经收到了美国照会所要求的保证。不过,为了使意大利的弃权不让人认为意大利政府在有关远东问题的实质内容方面与美国有分歧,并且有助于继续进行迄今已证明有利可图的其他领域的合作,格兰迪部长已要求驻罗马的日本大使向他证实他在日内瓦的同事向我们所作的发言。

然后,他问我,美联社发表的一篇报道是不是事实,即如果没有要求美国加入,美国不会反对签署一项安全条约。我回答说,我根本没有进行过这种调查,美国没有对任何这样的问题做出答复,也就没有必要对该报道做出评论。

然后他告诉我,他已经安排了一个意大利新闻协会的人像欧洲其他新闻协会一样驻扎在美国,由他直接将信息传到罗马,而不必通过巴黎和伦敦。他说,这将使交流和新闻更加准确。"

亨利·刘易斯·史汀生

(戴瑶瑶译)

53. 驻日内瓦领事(吉尔伯特)致国务卿
(1932 年 1 月 23 日)

793.94 委员会/36：电报

[日内瓦]，1932 年 1 月 23 日上午 10 时

晚上 7：09 收到

26. 领事馆 1 月 22 日上午 9 时的 24 号电文中的第 4 段。因我希望与秘书处官员核实某些问题，所以这封电报被推迟发送。

(1)调查团的职权范围。虽然已经详细讨论过调查团的职权范围和权限问题，但还没有做出正式决定。出席会议的人普遍认为，调查团可以自由决定其调查范围，并就其调查的权限做出决定，当然其立论基础是理事会 12 月 10 日决议以及随附的理事会主席解释性声明中规定的职权范围。委员总体感觉是，该决议将调查限于中日关系，并没有包括这两国与第三方国家之间的关系。但是，有人指出，中国和日本政府有权要求调查团审议其希望特别审查的所有问题。不过，调查团将有充分的自由裁量权来决定它将对哪些问题采取行动并将根据这些问题向理事会报告(见主席针对理事会关于 12 月 10 日决议的评论所发表声明的第 5 段)。

在讨论期间出现的问题是，如果双方发生正面的敌对行动，调查团是否可以采取措施确保能阻止敌对行动。一般认为，调查团不能直接干预，而且在这种情况下它唯一的做法显然是立即向理事会报告此事来间接施加影响。

(2)凭证。每位委员将获得一份由理事会主席签署的"任命书"。调查团将携带各自政府签发的外交护照，并获得日本和中国的签证。

(3)行程选择。由于争端各方可能做出政治推断，调查团对行程的选择进行了非常仔细的考虑。如果调查团乘坐铁路横跨西伯利亚，他们将经由满洲抵达远东。中国政府认为调查团的工作主要是针对满洲问题而不是整个中国，而日本则持相反观点，并坚持将整个中国纳入调查团的调查中。如果调查团到达满洲就立即开始调查，有人会推测调查团偏向中国。另一方面，如果调查团直接通过满洲前往东京，则有人可能会推断调查团偏袒日本。如果经美国直接前往东京，从东京前往上海和南京，在与两国政府取得联系后才前往满洲，任何偏袒的印象都将被消除。此外，为了进一步证明公正性，可以邀请中

方顾问赴东京参加调查团,而日方顾问陪同调查团赴南京。

此外,经由美国的这条路线还有一个好处,就是允许麦考益将军在美国加入调查团,并在前往远东的途中参与讨论。考虑到这些因素,调查团决定选择美国这一路线。

(4) 行程。四名欧洲委员将分别于 2 月 3 日、4 日或 5 日从欧洲启航,几艘船将分别于 2 月 8 日、9 日或 12 日抵达纽约。他们将于 2 月 25 日从旧金山出发,搭乘赤丸(Tatsuta Maru)号游轮,3 月 11 日抵达横滨。

(5) 调查期限。所有评估均以 9 个月期间的调查为基础,其中包括调查团编写报告需要花费的 15 天。

(6) 顾问的身份。从调查团的讨论可以明显看出,顾问的地位和作用并不完全清楚。从讨论来看,雇用顾问的方法将必须由调查团根据每一案件的具体情况做出决定。然而,似乎可以理解的是,从技术上讲,评估人员不是政府代表,他们的职责是提供和检查信息。有人故意规定,这些费用应由调查团预算支付,而不是由其各自的政府直接支付。调查团还一致商定,可在任何时候自由地同有关政府的官员进行协商,而不必只限于向顾问申请获得资料或意见。此外,有人指出,顾问将无权投票或参加调查团的审议工作。调查团可以根据需要,集中或分边召集。但是,有人建议,在大多数情况下,最好不要与两国政府的顾问或官员对质,以免引起争议。

(7) 专家。德拉蒙德通知调查团说,秘书处考虑到可能需要三名专家来分别处理司法、铁路和经济问题。至于司法专家,秘书处认为渥尔脱•杨格(Walter Young)是最合适的人选。此外,他本人也受到两国政府的欢迎。克兰博士已经就这个问题同他进行了接触,他表示愿意在调查团任职 6 个月。他尚未被任命。

至于铁路专家,秘书处尚未采取行动,但希望由调查团来决定是否需要这样一位专家。如果决定是肯定的,秘书处推荐加拿大希爱慕(Hiam)上校,他以前是通信和交通部秘书处成员,现在受雇于加拿大太平洋铁路公司。他居住在不列颠哥伦比亚省,如果被选中,将立即加入调查团。

至于经济专家,秘书处没有做出任何努力来寻找,也没有提供任何候选人。如果调查团认为必须有经济专家提供服务,可以从远东聘请一名专家,或者在咨询经济调查团主席后拍电报要求秘书处选择合适的人。

(8) 报酬。调查团主席,每月 2 667 法郎;委员们,每人每月 2 000 法郎。

（此及以后所有数字均以瑞士法郎计算）

（9）补贴，生活津贴。陆上每日 80 法郎，海上每日 20 日法郎；服装津贴，1 000 法郎。

（10）个人保险。每位委员的保险金额为 2 150 000 法郎，为期 10 个月；这是集体保险，每个委员都必须提供年龄信息并进行身体检查。由于其具有"集体"性质，而麦考益将军的情况我不知道如何对其进行调整，因为时间不允许他发送医疗证明到欧洲。但是，调查团秘书处正在审议这个问题，并将尽可能做出最佳调整。我建议，如果他愿意，他可以提供一份保险公司通常要求的医疗证明，以备将来使用。

（11）行李保险。将为委员的行李物品提供保险。

（12）差旅费。正常情况下，调查团秘书处将为调查团制定旅行安排，所有费用将由国联承担。我建议麦考益将军保留他所有作为委员可能产生的开支的凭证。

（13）着装。每个军衔级别的长官都必须穿着全套服装，这在日本的正式场合是必不可少的。

（14）接种。希望每个委员都接种伤寒、霍乱、痢疾和天花疫苗，并提供相关证明，以备在访问某些地区时地方当局查验需要。

（15）邮件地址。各委员所属国在日本和中国的使领馆。

（16）个人助理。这个问题讨论了很久。第一，普遍认为，国联会充分满足调查团对助理的需求。我觉得做这个决定是可以理解的，那就是联盟要尽可能地节约。虽然日本和中国的确打算支付费用，但肯定会拖延很长时间，而且在拿到费用的过程中可能会遇到一些困难。因此，在此期间，费用必须由国联承担。第二，大家认为，团体规模应尽可能小，要与团队工作相适应，特别是要把调查团的全体工作人员作为一个整体。调查团认为不能反对任何专员自费带男性文书助理（由于一些原因，女性雇员陪同调查团是不切实际的），同时指出所有这样的助理将只为委员"个人"工作，而不为调查团工作。但是有两个例外。调查团主席将由一名精通中文的秘书（爱斯托）陪同。但是，爱斯托会自付所有的费用。克劳德将军说，他希望法国政府派一名法国医疗干事陪同他前去，这名干事也能服务于调查团。委员们对这一建议表示欢迎，因为他们认为医生的服务是一种特殊的因素，这种因素与国联已经为调查团工作人员作的安排无关。

（17）关于前一段，我提出个人助理的问题仅仅是作为麦考益将军根据国务院 1 月 18 日晚上 7 点的第 14 号电报①进行的调查，国务院 1 月 21 日下午 3 点的第 19 号电报，当时还没有收到。虽然我很乐意同相关的国联官员讨论有关麦考益将军对这一问题的看法，但除非收到特别指示，否则我不愿将此作为个别委员意见的代表同国联讨论。现在调查团已经组织完毕，麦考益将军也已经成为其中一员，那么在我看来，他可能更愿意直接向调查团主席提出他希望表达的关于各事项的任何意见。在我看来，他对此或其他问题希望表达的任何看法，都由他直接向调查团主席提出会更合适。

（18）调查团与中日代表的关系。秘书处获悉颜博士将代表中国出席理事会下一届会议，他曾表示希望在日内瓦接受该调查团的采访，并提交一份备忘录。调查团决定，任何人都可以自由地邮寄备忘录至调查团，但调查团在当事双方的正式代表抵达远东之前与他们面谈是不可取的。

（19）在美国期间。请注意，上述行程规定调查团需要在美国停留约两周时间。整个调查团没有为这一期间制订任何计划，尽管其中一些非正式的说法说他们将访问华盛顿。麦考益将军是否希望为加入调查团做出特别安排，或者任何有关他们在美国停留的问题，我认为他最好通过我们在伦敦的使馆向李顿爵士提出。

（20）调查团的每名成员均单独声明，他们没有任何家庭成员陪同。

吉尔伯特

（曹文博、戴瑶瑶译）

54. 国务卿致驻英大使阿瑟顿（1932 年 1 月 29 日）

793.94 委员会/46a：电报

［华盛顿］，1932 年 1 月 29 日晚上 7 时

40. 请向李顿爵士转达以下来自麦考益将军的内容：

"麦考益将军认为，为委员提供个人助理对于履行中日争端的调查这一重要职责至关重要。其范围似乎随着责任的逐渐增加而扩大。麦考益将军认为根据目前的安排，在调查过程中，个别委员不可能充分研究、汇编和分析大量的数据和

---

① 原编辑者注：缺印。

信息来获得准确的意见和结论,或在边远地区进行必要的个人侦察或特殊调查。"

关于您的个人信息和指导问题,麦考益将军提出,为了让调查团的调查彻底而完整,为每个委员配备个人助理对他们正确履行职责至关重要,这点我非常赞同。此外,我强烈认为,不应让委员个人承担个人助理的费用,这项费用应由国联承担。您能否将麦考益将军的意见提交给李顿爵士,并建议他将个人助理这一重要问题提交给国联理事会主席重新审议?做这件事的时候,要避免让别人觉得这是本届政府的正式代表。还要向李顿爵士解释,麦考益将军在华盛顿期间曾计划亲自向他提出这一重要的人事问题。但鉴于最近有消息说,专员们将直接前往上海,这似乎是不可能的。

史汀生
(曹文博、戴瑶瑶译)

55. 驻日本大使(福布斯)致国务卿①(1932年2月4日)

793.94/3948:电报

[东京],1932年2月4日,上午10时
从上海发来,于2月9日晚上11:22收到

39.(第2部分)英国大使提醒他的政府,如果我们威胁要进行经济抵制的话,那么日本军方会竭力阻止这种事情的发生,否则这将意味着要袭击中国的其他港口,包括香港,他已经敦促日本军方在完成整个防御安排之前不要参与任何此类行动。他认为我们应该采取类似行动。

福布斯
(戴瑶瑶译)

---

① 原编辑者注:由上海总领事发出,并附有解释性说明:"2月10日上午10点,来自东京的邮件被要求转发给国务院。坎宁安。"电报的第一部分,见《美国对外关系文件 日本:1931—1941》,第一卷,第180页。

56. 驻瑞士大使(威尔逊)致国务卿(1932年2月4日)

793.94/3946:电报

[日内瓦],1932年2月4日中午
2月4日上午11:40收到

5. 今天早上,德拉蒙德向我递交了两个他们在周三晚上与佐藤先生、松平先生及另一位先生与国联副秘书长①的会议备忘录。这些都非常重要,我请他逐字电告于您。

第一个备忘录如下:

"今天下午,佐藤先生和松平先生来看我。

佐藤先生告诉我,他收到了日本政府的电报,说他们不能接受在满洲使用第15条条约。如果这一使用仅限于上海事件,日本政府不会反对,但他们肯定拒绝根据该条款考虑满洲问题。

我回复说我担心日本政府有所误解。这不是他们有权拒绝或接受的问题。中国曾要求整个争端应根据第15条提交理事会。理事会除了根据本条审议这一争端,别无选择。日本政府无权限制中国根据第15条提出问题。我的观点与佐藤先生相反,前一天理事会没有必要根据第15条来解决争端。中国已提起该条约的争议,并要求理事会一致或多数同意不根据该条约继续审议争端。

佐藤先生评论说,由于理事会根据第11条处理了满洲问题,因此不能同时根据第15条处理这一问题。

我回答说我认为情况并非如此。这两条同时生效。显然,如果在根据第15条审议争端期间发生战争,那么理事会完全能根据第11条处理危险,而事实上理事会确实有责任这样做。

佐藤先生说,除了公约,还有法学家调查团(科孚岛事件)的解决方案,该调查团研究了与第15条有关的问题,并且该调查团曾表示,除非理事会想根据第15条处理,否则不需要处理此问题。

我回答说,我认为情况并非如此。第15条的前两段要求自动采取行动,

---

① 原编辑者注:杉村阳太郎(Y. Sugimura),日本人。

只有当双方做出陈述并告知理事会时,理事会才能决定该争端是否符合第15条所规定的性质,即争端可能导致破裂。但如果日本政府对该案件的各个方面确实有强烈的法律上的怀疑,我会建议理事会应紧急要求法院就所提出的问题提出咨询意见。当然,这不会妨碍按第15条头两款的程序继续进行。与此同时,我认为我应该警告佐藤先生,我确信我对这个条约的解释在法律上是正确的,并且法院的意见只会与日本的观点相悖。因此,日本政府应从这一角度仔细考虑该立场。

佐藤先生说,中国政府也曾提到过第10条。当然,正如第10条所提到的侵略领土完整和政治独立那样,这些问题具有政治重要性,必须双方投票。

我回答说,目前在我看来第10条没有问题;佐藤先生的想法在我看来,某种程度上违背了常识,因为即使一个国家侵犯了另一个国家的领土或政治完整,它在安理会的代表也永远不会承认这一点,如果允许该国家投票,从而制止理事会为保持这种完整而采取的行动,那将是不可容忍的。无论如何,在我看来,第10条的问题可以暂时搁置。

佐藤先生继续强烈表示,他的国家永远不会同意在任何第三方的帮助下处理满洲问题,我再次强调理事会别无选择。理事会只能根据公约的条款处理中方代表提出的争端,除此之外别无选择。日本的批评不应该仅仅针对履行条约义务而是违反公约本身以及反对中国援引第15条。佐藤先生知道理事会成员已尽最大努力防止援引这一条款,但中国最终决定这是有必要的,任何人都不能否认其权利。

佐藤先生再次强调,日本的公众舆论极为激动,因为他们认为,尽管日本抗议,但理事会还是会根据第15条处理满洲问题。

我说这很遗憾;但我看不出来还有其他选择。我听说日本政府鉴于这种民众情绪而考虑退出国联这一重大行动。如果发生这样的事情,那么没有人会比我更难过;但实际上,我更倾向于撤销关于放弃第15条所规定的条款。支持日本的做法只会破坏公约的有效价值。无论如何,我希望在采取这种方式之前,日本政府能认真考虑第1条第3款,该条款规定:一个国家只有在履行了其所有决定其命运的国际义务和公约规定的义务后,才可在两年后退出。

佐藤先生回答说,尽管日本有可能继续保持国联成员两年,但实际上即使它没有履行其国际义务,也可能会退出并且与国联没有任何关系。

我评论说,即便如此,日本的处境不会比今天更好。第17条规定非联盟成员国参与争端。

谈话结束后,我对佐藤先生说,我希望他能原谅我坦率地表达了我的观点,但我认为,按照我的看法来解释这个立场要明智得多。佐藤先生说,他很感激这种坦率,他肯定会报告我所说的话!同时他还要和塞西尔爵士就同一个话题交谈。"

第二个备忘录如下:

"今天下午,杉村(Sugimura)先生来看我,他说维吉尔先生(Vigier)就英美提案中的第五点提出了一个非常有趣的建议,内容如下:

5. 一旦接受了这些条件,就会促进谈判取得飞速的进展,以便在没有事先要求或保留的情况下,并在中立的观察员或参与者的帮助下,本着《巴黎非战公约》的精神和12月9日国际联盟理事会决议的指导下解决两国之间的争端。杉村先生认为,这里的日本代表不妨向东京建议,只要李顿调查团的成员被任命为中立观察员,就可以接受这项提议。该调查团是在双方一致意见下任命的,因此具有某种特殊的地位。他的安排基于理事会12月10日的决议,理事会将在适当的时候处理两国政府包括满洲问题的所有问题。当然,这些问题最好是在远东处理而不是在日内瓦,因此他建议谈判应该在远东进行,由李顿调查团的成员担任观察员。但如果这一点被接受了,那么日本政府就有必要获得一定的回报。这四个国家是否应该建议中国政府撤回根据第15条第1款提起的争议?我告诉他,我不知道这是否有可能做到;但是,如果日本政府提出这种要求,我认为应该这样做,其理由是,鉴于所涉问题的复杂性和重要性,我认为根据第15条所提交给理事会的报告中,第12条所规定的6个月时间是不够的。如果原因仅限于这一实际情况,我认为这可能是鼓励中国政府有一定的成功机会。但是,当然,我没有资格做出任何保证。

杉村先生对目前的情况非常悲观,但他认为这个建议或许可以提供一条出路。"

威尔逊

(戴瑶瑶、曹文博译)

57. 美国亚洲舰队(泰勒)总司令致海军作战部长 (普拉特①)(1932年2月4日)

793.94/4014

[上海],1932年2月4日下午1:39

日本的哨所和巡逻队已经从英美地区撤出。这样就可以控制工厂,以防止其被利用来为飞机指引方向,从而消除中国人担心的侧面被攻击的危险。这大大缓解了局势。吴淞要塞再次遭到巡洋舰和驱逐舰的轰炸。没有飞机。天气不佳。

詹森

(戴瑶瑶译)

58. 驻瑞士大使(威尔逊)致国务卿(1932年2月26日)

793.94/4430:电报

[日内瓦],1932年2月26日下午1时

2月26日上午11:45收到

38. 我2月24日下午2时的第35号电报。诺曼·戴维斯(Norman Davis)昨晚在晚宴上遇见了松平,松平感谢他和吉布森(Gibson)同佐藤的谈话,而且说,他已经考虑过此事,并认为日本示弱,要求强国采取行动使上海停战并和平解决问题。尽管如此,他正在同他的政府探讨如何才能实现这一目标,他现在的想法是,有关国家最好在第一时间提出建议。他似乎不愿意让九国,而更愿意让驻扎在上海的领事团和军队采取行动。他认为日本可能会在行动之前提前秘密行动,这样就不会再有失误,但他还指出,鉴于日本国内舆论的激愤,至少现在不宜将上海目前的情况与满洲联系起来,因为问题是不同的。他暗示日本宁愿在没有其他国家干预的情况下解决满洲问题,戴维斯告诉他,他个人并不知道怎样做到这一点,此外他认为其他大国合作解决这一问题符合日本的利益并有利于维护远东的和平。松平说,由于日本的舆论高涨,

---

① 译者按:普拉特,原文作 Pratt。

很难想到处理局势的最佳方法,并寻求有利的行动机会。戴维斯表示,在其他国家的公众舆论变得更加激烈之前采取行动也很重要,松平对此表示同意。

松平随后表示,至少就上海而言,尽快采取行动非常重要。关于满洲的问题,应该等待李顿调查团的调查结果,因为李顿调查团可以在这一阶段充当调解代办。

戴维斯向松平重申,他与此事并无任何官方关系,是以个人身份发言的。松平表示,他可以理解,但是希望以一位对问题感兴趣的朋友的身份与他交谈,这样他可以更自由地处理这些问题。

威尔逊

(曹文博、戴瑶瑶译)

59. 驻瑞士大使(威尔逊)致国务卿(1932 年 2 月 26 日)

793.94/4432:电报

〔日内瓦〕,2 月 26 日下午 3 时

2 月 26 日上午 10:35 收到

39. 您给参议员博拉(Borah)的信引起了高度兴趣。西蒙告诉我有关上海的大国合作政策,目的是防止日本利用租界,在受威胁地区驻军和轰炸。格兰迪也将这个行动通知我了。

西蒙还说,他跟您通过电话,您觉得在《九国公约》下采取这个行动时机可能不成熟,他会让我持续通报事态进展。

邀请美国参加大会的问题仍在讨论中,但似乎越来越多的人认为,不应该发出邀请。这个想法是因为苏联不便参与而使我们难堪,以及对本邀请的合法性的怀疑。此外,您在给参议员博拉的信中明确表达了您的观点,这让他们知道了我们的立场。

美国的经济抵制运动正受到密切关注,也引发了讨论。我和我的同事们倾向于认为,大会可能认为在为和平做出所有努力之前,现在就讨论这个问题为时过早。例如,大会也许可以要求交战各方预先接受由各国在上海的大使和军事顾问做出的停战安排。如果日本拒绝接受,则将加强公众舆论,以支持可能采取的更强有力的必要措施。

我从负责当局了解到,卡尔·拉迪克(Karl Radek)昨晚给莫斯科(Moscow)

发了一封电报，对您的信做了长时间的分析，并评论说，这是迄今为止对日本施加压力、同时减少战争风险所采取的最有效的措施。

威尔逊

（戴瑶瑶译）

60. 驻瑞士大使（威尔逊）致国务卿（1932年3月16日）

793.94/4803：电报

［日内瓦］，1932年3月16日晚9时

3月16日下午6:20收到

78. 斯威瑟（Sweetser）报告如下：

"今天下午，受任解决中日问题的19名成员组成的大会委员会举行了第一次非公开会议。海曼斯（Hymans）作为主席表示，佐藤授权他发表以下声明：

第一，日方已经开始从上海撤军；

第二，双方与合作的四个大国合作达成了临时协议，该协议仍处于保密状态，但佐藤希望不久就能公开。

朗敦德里（Loudonderry）证实了这一消息，称今天下午在上海安排了另一次会面。

委员会现在都觉得利益中心在上海，日内瓦可能采取的唯一有益的行动是维持那里各大国的行动，并对当事各方施加任何可能的压力，促使它们立即达成一项最终协议。因此，双方同意，明天下午应与出席会议的双方举行一次公开会议，会上希望佐藤能够公开复述他私下对海曼斯所说的话，因此调查团的各成员宣布需要加快行动。如果该方案被证明是可行的，并且能够早日达成最终解决办法，那么委员会将能够在裁军会议休会期间休会三个星期。如果出现小问题，秘书长可以电联海曼斯进行谈判；如果出现重大问题，海曼斯可以随时重新召集委员会。

关于调查团资料的来源，德拉蒙德回答说有三个。第一个是理事会根据第11条设立的目前在上海的李顿调查团，该调查团不久就要到南京去几天，然后要到满洲去并且理事会要求其尽快提交一份临时报告。毫无疑问，理事会一收到这份报告就会加以研究，并将它连同它愿意发表的任何评论转交大会委员会。二是危机爆发时由他自己设立的上海委员会，万一发生危机，仍可以随时给他们打电话。不过，他认为没有这个必要，因为通过主要国家的第三个系统获得的资料可以得到令人满意的结果。

关于调查团的会议是否应公开举行，他们也进行了非结论性的意见交换。贝内斯（Benés）和莫塔（Motta）认为，原则上公开会议是非常有必要的；然而，邦库尔（Boncour）和阿波尼（Apponyi）认为最好在私下进行精细的调解。除了明天与双方的公开会议，还没有达成任何正式决定。"

威尔逊

（曹文博、戴瑶瑶译）

61. 驻日内瓦领事（吉尔伯特）致国务卿
（1932 年 3 月 18 日）

693.002 满洲/12：电报

［日内瓦］，1932 年 3 月 18 日下午 2 时

3 月 18 日中午 12：35 收到

126. 领事馆 3 月 11 日上午 9 时的 113 号电报，以及外交部给威尔逊的 43 号电报。

国务卿转发的 3 月 16 日佐藤就安东海关当局的来文如下：

"关于中国代表就财政部部长宋子文来电所进行的沟通，有关安东海关问题，我谨通知您，我们在该镇的领事已将中方来函的内容通知了海关税务司塔尔伯特（Talbot）先生，他的答复如下：

1. 主管正式通知他有一名日本顾问已经到了；

2. 该中文通讯的第 1 段表述不正确；

3. 第二段关于领事声明的最后一部分也不正确；

4. 塔尔伯特先生在给总税务司梅乐和（Frederick William Maze）的电报中表达了个人意见，并报告了目前的谣言，但他肯定没有如宋先生电报中让他所做的那样，将问题归咎于日本领事。塔尔伯特先生给梅乐和先生发了一封电报，反驳这一信息并要求他予以纠正。"

吉尔伯特

（戴瑶瑶、曹文博译）

62. 驻华大使(詹森)致国务卿(1932 年 3 月 18 日)

793.94/4821:电报

[上海],1932 年 3 月 18 日
3 月 18 日下午 4:25 收到

1. 国联调查团于 3 月 14 日抵达这里时,我和我的同事已经安排好了中日双方的会谈。我和我的同事们在 15 日举行例行会议时,李顿爵士也在场,并提出以我们可能接受的任何方式提供协助。我们讨论了邀请李顿出席中日谈判的提议。但是,这一建议未曾执行,因为我们后来同意,如果我们在场的讨论陷入僵局,最好将调查团作为一种上诉法院。

2. 昨晚,李顿的秘书向蓝浦森(Lampson)暗示,调查团希望我们询问国联是否允许他们在上海停留一段时间,以协助谈判。结果,在李顿爵士的同意下,英国驻华大使已经向外交部发送了以下电报。

"我和我的同事们很高兴获悉,如果此举对我们来说是合适的,并且得到双方同意,根据该决议任命的特别调查团将于 3 月 11 日准备授权调查团让他们推迟离开上海的时间,以便在目前关于停止敌对行动和撤出日本军队的谈判中,在我们当时认为合适的时机以某种方式提供协助。

这是否可以由国联秘书长来决定?"

詹森

(戴瑶瑶译)(费凡)

63. 驻华大使(詹森)致国务卿(1932 年 3 月 18 日)

893.01 满洲/58:电报

[北平],1932 年 3 月 18 日下午 4 时
3 月 18 日下午 4:25 收到

354. 以下来自美国驻哈尔滨总领事:

1. "3 月 17 日下午 3 时。

我收到了 3 月 15 日写的一封正式的英文信函,抬头是'满洲外交部',由'外交部部长'谢介石签署,他通知我说他已于 3 月 12 日发了电报,并于 3 月

15 日就建立'满洲国'的事写信给国务卿,并声明'满洲国'已成立,'满洲国'政府已建立,他(谢介石)负责处理'新国家'的外交事务。

2. 我会将这封信归档但不对外宣称收到了这封信。

3. 苏联驻本地总领事昨晚通知我,他没有收到他国对这个'新国家'问题承认与否的任何来文,但我认为他显然对事态的发展并不满意。

4. 当地政府禁止出口小麦、面粉和高粱,冠冕堂皇的理由是当地居民需要这些粮食,但实际上是为了阻止全苏粮食出口联合公司将更多的小麦和面粉运到符拉迪沃斯托克(海参崴)。该禁令来得太迟了,因为全苏粮食出口联合公司最近装运出了 16 000 吨,现已停止运营。符拉迪沃斯托克可能需要进口美国的面粉。

5. 铁路车辆和其他中国东部铁路的动产仍在运送途中,但由于苏联方面声称所有铁路财产的所有权都由苏联出资,因此满洲官员或日本军方很难找到借口,在不引起苏俄进一步不满的情况下,以武力阻止这一运动。受日本怂恿的当地媒体警告苏联政府不要支持这一行动,它说这场运动可能会让掠夺者净赚数百万美元,却可能给苏联和日本带来数十亿美元的损失。

6. 五名中国当地法官和两名检察官因为不想在'新政府'中任职已经辞职。"

总领事签署：

帕金斯

（戴瑶瑶译）

64. 副国务卿致驻上海总领事（坎宁安）
（1932 年 3 月 18 日）

793.94/4821:电报

[华盛顿],1932 年 3 月 18 日下午 5 时

106. 致总领事:您的 3 月 18 日下午 3 时的电报。向国联调查团提出建议当然不在国务院的职权范围内。但是,美国政府直接关注着上海局势和满洲局势以及整个中日两国的问题。在我院看来,代表有关主要权力机构的你们和你们的与会者正在着手处理解决上海军事局势的问题。国务院想到如果国联调查团将自己从这个明确授权的任务中脱离,并且专注于这个问题,首

先,可能会让上海问题复杂化;其次,迟迟不着手解决满洲问题,这正中日本下怀。您的处境远比国务院好,因为如果有任何贡献的话,您可以判断国联调查团留在上海可以有哪些行动。但是,如果您的观点与上述内容相吻合,建议您非正式地用个人名义私下向麦考益将军指出此事的这几个方面。

卡尔

（戴瑶瑶译）

65. 副国务卿致驻华大使(詹森)(1932 年 3 月 18 日)

493.11/1614:电报

［华盛顿］,1932 年 3 月 18 日晚上 6 时

88. 您 3 月 5 日上午 11 时的第 305 号电报。① 国务院认为美国驻沈阳总领事直接发给商业债务调整委员会和日本总领事馆的索赔条款将构成对"在新政府的政权下为旧政府行事"这一假设的默许。因此,国务院不赞同这两种行动方案,并要求您通知麦迩思领事。

有可能为方便起见,美国索赔人在获悉国务院对上文所述态度后,可能选择直接向仲裁委员会提出索赔。对于这样的程序,国务院既不表示反对也不表示同意。在这方面,如果美国索赔人有此要求,国务院将授权向总领事馆提交索赔副本,在索赔原件上签字并盖章,注明索赔副本已存入总领事馆。

美国政府希望日本政府解决因最近日本在满洲的军事活动而对美国造成损失的问题,美国驻沈阳总领事可继续直接向日本驻沈阳总领事提出这类索赔。

在这方面,外交部希望您同有关同事保持联系,并随时向国务院报告他们政府在这个问题上的态度。

卡尔

（戴瑶瑶译）

---

① 原编辑者注:缺印。

66. 驻华大使(詹森)的备忘录(1932 年 3 月 25 日)

798.94/5421

[上海],1932 年 3 月 25 日

麦考益将军今天告诉我,调查团不久就要动身去北方干旱地区,并打算在南京待四天。团队将分成两组,一组经杭州去南京,另一组坐船直接去南京。

他说,调查团的计划是由中国人安排的,目前还不确定他们是否会去汉口,但他认为他们会去,因为这样可以满足他们在短时间内尽可能多地看到中国内陆地区的愿望。

然后他们会前往北平,再去满洲。并且,他希望能从满洲先返回北平,再到日本去作最后的考察,再回中国,首先到南京,在这里作最后的讨论,最后再到北平去作最终报告。

我敦促麦考益将军说服调查团不要就满洲问题提出任何建议。我告诉他,在我看来,调查团能做的最大服务是调查事实,在消除所有无关的细节之后,简单而不带任何评论地报告这些事实,因为我认为这对调查团来说是一个非常好的机会,可以在世界面前对某些事实进行审查,可以为政治家接下来几年的安排提供指引。在我看来,日本人在满洲处理其问题的方式似乎是在以明确的语气宣布,世界还没有准备好接受一些现代条约所依据的那种国际哲学。我说,如果调查团有任何建议,我希望这些建议能在一份单独的文件中提出,以便存档不被遗忘,因为我确信不可能有让各方都满意的解决办法。

纳尔逊·特鲁斯勒·詹森

(戴瑶瑶译)

67. 驻华大使(詹森)致国务卿(1932 年 3 月 26 日)

793.94 委员会/150:电报

[上海],1932 年 3 月 26 日上午 9 时

3 月 26 日凌晨 2:08 收到

1. 麦考益将军昨天告诉我,调查团今天上午动身前往南京,他们在那里停留 4 天,期间将会与政府领导人会面。然后他们在访问满洲之前,可能先取

道汉口前往北平,并在那里停留几日。在利用现有的交通方式访问满洲的各个地区后,调查团建议出访日本,他们将再次会见领导人,在韩国暂驻并收集资料。随后,他们将返回中国听取领导人的讲话;他们希望在北平或北戴河消夏,预计在9月前完成报告。

2. 麦考益告诉我,他对他在日本所了解的情况深信不疑,他认为满洲的整个行动都是由日本军方策划的,甚至没有币原喜重郎和首相的指示。我想说的是,我个人认为,就目前上海而言,日本军队已经控制了上海局势。目前的谈判据我观察,重光葵在所有问题上都服从正在进行讨论的军方,是一个非常次要和不重要的人物。

抄送使馆。

詹森

（戴瑶瑶译）

68. 驻华大使(詹森)致国务卿(1932年3月30日)

793.94/4929:电报

[北平],1932年3月30日晚上7时

3月30日上午9:02收到

392. 以下来自美国驻哈尔滨总领事：

"3月30日上午11时的41号电报。

1. 日本军事代表团称,轰炸飞机离开长春,轰炸了长春北部旧军队占领的农安,新吉林军和日本军已经到达松花江边的方城县,日军从通化到达宁古塔,中东铁路东线的军队将转移到哈尔滨的西南地区以应对长春面临的威胁。

2. 东线沿线地区的形势依旧严峻。来自海拉尔和满洲里的官方消息称,这些地方及其附近的局势平静。

3. 收到的关于西伯利亚的报告表明,苏联陆军仍继续提升其在阿穆尔地区(Priamur)的地位。

4. 本地海关和邮局正常运作,没有受到'新政府'的过分干涉。

5. 尽管地方政府宣布禁运小麦,但全苏粮食出口联合公司在过去10天内成功向符拉迪沃斯托克运送了4 000吨小麦。全苏粮食出口联合公司的代理商已经与三井公司达成协议,并安排大连于4月下旬向符拉迪沃斯托克运送大批小麦。

6. 中东铁路苏联管理局已派出大批货车进入西伯利亚,以至于货运人数不到需求的十分之一,因此他们被迫减少了豆类的采购。这对铁路收入产生了严重影响,现在实际上铁路收入已经'冻结'。这一行为以及不支付(拖欠)中国士兵和军旅费用给农民造成了巨大伤害,1932 年北满的经济十分悲观。"

詹森

(戴瑶瑶译)

69. 驻南京总领事(佩克)致国务卿(1932 年 3 月 30 日)

793;94 调查团/186

No. D-237

[南京],1932 年 3 月 30 日

4 月 26 日收到

先生:我荣幸地告知,美国陆军少将弗兰克·罗斯·麦考益将军和该调查团的其他成员于 1932 年 3 月 27 日抵达南京。按照国务院的指示,一名记录员为麦考益将军和他的团体服务。他会向麦考益将军提供他可能感兴趣的总领事馆文件的摘抄本和副本。

兹随函附上麦考益将军要求编写的备忘录一份。随函附上应麦考益将军要求编写的备忘录的副本,记录日期是 1932 年 3 月 29 日,该备忘录试图对以下问题进行评估:"中国现任政府是否会继续执政?如果中国现任政府恢复对满洲的控制,是否在满洲建立一个高效的政府?"

威利斯·R.佩克敬上

[附件]

由驻南京总领事(佩克)撰写

[南京],1932 年 3 月 29 日

主题:中国行使国家权力的能力。

致麦考益将军:1932 年 3 月 29 日您要求我向您提供总领事馆档案中所有可能助于阐明以下问题的材料:

1. 现任中国政府会持续多久?

2. 如果中国现任政府恢复对满洲的控制,是否能够在满洲建立一个高效

的政府？

对这些问题的答复很难以领事档案中的任何文件材料为依据。基于个人对过去和现在的条件和事件的反应来回答这些问题必然带有一种猜测和预言的性质。以下仅是作者的个人观点。

1. 现在中国政府能坚持下去吗？

现政府面临的困难主要是由以下因素引起的：

A. 缺乏声望

B. 缺乏收入

C. 派系分歧

A. 缺乏声望

只要政府给国家造成了以下失败的一个方面，如国际关系、金融、维护全国秩序等，就会缺乏声望。声望或"面子"在中国是特别重要的问题，结果不仅是失去中国人民的尊重，政府本身的人员也会失去士气、热情和活力。1931年9月18日以来，中国思想界和中国政府的注意力一直集中在日本对中国的攻击上。自1931年9月以来，政府的许多人事变动，几乎都是因为处理这个问题的困难而造成的。几位中国领导人认真并严肃地对我说，他们相信，只要日本继续羞辱中国并且不加以遏制，任何一个中国政府都无法正常运作。必须再次指出，这不仅仅是因为政府在这方面的失败而丧失了中国人民的尊重，也正因为这个问题被他们视为衡量成功的唯一标准，而消耗了政府官员的精力。

因此，如果中国现政府要继续生存下去，就必须完成以下两件事之一，要么在一定程度上恢复中国在与日本冲突中的"面子"，要么采取孤注一掷的抗日政策。一个英勇的政府，即使它没有把日本人赶出去，也会继续获得人民的忠诚。在必须与日本解决的问题中，最重要的就是满洲问题。满洲远离大多数中国人民，但在我看来，一个默许割让这片土地的中国政府不太可能生存下去。

B. 缺乏收入

目前的政府是否有能维持继续运作所必需的收入，还是一个悬而未决的问题。就我个人而言，我倾向于如果不是抵制日本和上海的战争造成的经济萧条，政府就能够通过紧缩的财政政策来维持自己。当然，在某种程度上，日本制造的麻烦证明了政府在这方面的优势,它分散了公众对财政困难的注意力,并为向军队发放补贴金、削减工资等提供了充分的理由,从而挽回了政府的"脸面"。然而,如果政府想要坚持下去,它必须实行最严格的经济政策。但在这方面,中国与其他国家政府有着相同的经历。

满洲关余和盐税收入的减少,可能是导致中国政府倒台的决定性因素。

C. 派系分歧

定于 4 月 7 日在洛阳举行由国民党党内外的中国领导人组成的"国难会议",讨论如何解决国家和政府面临的困难。有传言说,会议将审议一项提议,即通过宣布"训政"结束的方法,终止国民党对国民政府的控制。提倡这项措施的人似乎有两个目的:(1) 将国民政府从党内政客的相互干扰中解放出来,从党内政治的复杂性中解放出来;以及(2) 废除日本认为煽动反日和抵制日本的机构,促进与日本的和解。4 月份洛阳会议是否能实现或甚至于终止国民党的控制,现在说还为时过早。

这个国家仍然受到地方军阀的影响,但我倾向于认为,如果没有日本问题的困扰,政府可以逐步解决这个问题。而且,我深信中国领导人反复提出的争论也有道理,即日本通过威胁、承诺和支付金钱,加剧了这些省级领导人之间的对抗,并巩固了与其的从属关系。很容易看出,如果日本在这个时候取得外交胜利,将使每一个地方军阀相信,为了保护自己,他必须效忠日本而不是他自己的政府。

目前对政府构成威胁最严重的派系是中国共产党。目前这个党没有明显的中央(集中)控制,但在长江两岸的中部省份,已经有七个有组织的苏维埃政府,其中一些已存在了三四年。必须承认,政府部队在遏制苏维埃政府方面收效甚微,苏维埃政府有组织良好的部队,并且可以从他们所控制的地区获得一些稳定收入。然而,如果国民政府能够从其所专注的外国军事和外交冲突中解脱出来,它很可能会镇压这些分散的共产主义政府。

关于第二个问题的讨论如下:

2. 如果现任中国政府恢复对满洲的统治,政府是否能在满洲建立一个有效的政府?

坦率地说,必须承认,如果明天满洲要归还给中国,中国政府不太可能在一两个月内在满洲建立一个……能让日本满意的政府。日本人和中国人对于日本在满洲权利的看法大相径庭,以至于新建的满洲政府如果满足日本人的要求，就会遭到中国其他地区的谴责。如果允许中国政府在满洲重新建立政府，两国之间必须就悬而未决的经济争议达成初步谅解。之前，满洲的张作霖政府感到自己肩负着抵抗日本侵略的责任。我希望中国新建立的政府必须把重心放在管理职能上，而不是在外交职能上。如果能够消除满洲的中国政权和日本之间的争议，在我看来，中国政府有足够的信心能够对东省建立有序的控制。

最后，我冒昧地补充一句，就中日争议的问题发表评论可能有些自以为是。这个问题，从世界利益的角度来看，特别是从美国的角度来看，中国政府保持稳定，恢复对满洲的统治并建立一个高效率政府的能力，在决定是否允许日本在中国保留优势时，似乎不是需要考虑的最重要的因素，而这正是日本通过一支强大的军事力量获得的优势。

如果中国认为日本当前的军事征服政策没有受到《白里安-凯洛格公约》或《九国公约》的签字国的限制，中国将面临长期的而可能无效的抗战，或是向日本投降。无论是哪一种情况，中国人民都将得出这样的结论，即上述各项盟约都是空洞的谎言，无论何时，只要有一个强大的国家选择无视它们，西方的世界和平组织就不会存在。实际上，这种认识肯定会在中国掀起一股反对排外主义的浪潮，最可能的后果是引起对日本的反感，因为日本毕竟是一个亚洲国家，而且似乎能够让整个西方世界过于敬畏。这两种可能性似乎都不是西方大国，尤其是美国所乐意看到的。

中国现政府固然软弱，它非常年轻，一直面临着巨大的困难。当中国领导人指出，让现任政府继续执政仅有的选择似乎是"赤化"或者动乱，又或是两者兼而有之，这让人难以反驳。因此，西方列强显然不能仅仅因为政府的软弱就拒绝中国的要求。政府是软弱的，但这个政府是他们在中国建立一个有利于西方贸易和文明的政权唯一可以依靠的工具。

（戴瑶瑶译）

70. 驻华大使(詹森)致副国务卿(1932年4月9日)

893.20/320:电报

[上海],1932年4月9日下午1时

4月9日凌晨3:12收到

国务院3月29日下午5时的121号电报。

1. 南京电告我如下:

4月7日上午10时

我4月6日下午3时的电报。航空局局长黄将军告诉雷诺兹(Reynolds),4月6日上午8时法国空军官员已抵达南京并与副主任进行了交谈。法国军官代表法国政府提出,立即派遣一支法国军事航空代表团到中国组建一支中国空军。法国官员强烈要求接受这项提议,并认为没有理由拖延。黄将军告诉雷诺兹,他必须和法国官员谈一谈,但如果霍华德(Howard)能马上来南京的话,他希望先见见霍华德。据报道,蒋介石非常渴望组建中国空军。请参阅我4月2日的密信。如果霍华德不能马上来南京,请告知我国务院关于中方请求这项援助的反应。

4月8日中午。

您的4月5日上午10时的电报。4月2日中午,我私下告诉麦考益将军,中国人希望美国政府向中国派遣一支空军部队,他预言美国军队现在与此事无关。麦考益说,从他观察到的日本民众对美国的态度来看,任何这类行动都可能导致日本对美国宣战。我刚读了您4月7日上午10时秘密发给霍华德的信。他告诉我,美国驻马尼拉的陆军上尉尼尔森计划应宋子文的邀请来中国指导空军军事训练,由亚瑟·杨格(Arthur Young)通过阿诺德(Arnold)发电报给他。霍华德在发电报前已经给阿诺德发了电报来征求您的意见。雷诺兹于4月7日晚通知航空局局长,美国政府目前不能讨论空勤任务。霍华德将于今天会见美国航空管理局局长,但他本人的意见仅限于建立有非官方指导员的培训学校,以及向美国输送中国学生。

2. 霍华德刚刚来找我,问我鉴于国务院3月29日下午5时的第121号电报,他是否应该促进中国政府和马尼拉军队官员之间的沟通,他们已经积累了可以在中国度过的假期。

3. 我已经告诉霍华德，我觉得使馆在这件事上的指示是明确的；他不应为此目的而采取任何措施介绍政府的现役人员。

4. 霍华德正在努力说服中国政府：军事任务不是政府想要的，而民用航空培训才更有帮助。我建议陆军部了解南京 4 月 8 日中午电报的具体内容，以便考虑在菲律宾群岛发布命令是不是明智的行为，以此阻止美国陆军军官此时来中国参加航空培训。①

詹森

（戴瑶瑶译）

71. 驻日内瓦领事（吉尔伯特）致副国务卿
（1932 年 4 月 11 日）

793.94 委员会/161：电报

［日内瓦］,1932 年 4 月 11 日上午 10 时

4 月 11 日上午 7:32 收到

139. 国务卿已于 4 月 9 日向理事会成员发送了来自李顿调查团的信息，内容如下：

"在 1931 年 11 月 21 日举行的理事会会议上，意大利代表以意大利政府的名义表示，它将把它现场所拥有的一切设施交付调查团使用，所有在场的意大利人都将为调查做出贡献。调查团深信，理事会所有其他代表同样希望调查团能完成任务，如有必要，他们将向他们在北平的大使馆及其在满洲的领事馆发出这方面的指示。"

吉尔伯特

（曹文博、戴瑶瑶译）

---

① 原编辑者注：国务院在 4 月 13 日下午 5 时第 189 号电报中回复："这一问题已向陆军部提出，陆军部已指示菲律宾总指挥部采取必要行动，禁止其指挥下的任何军官接受上述工作或提供建议或指示。"

72. 远东事务局局长(亨培克)备忘录
(1932 年 4 月 11 日)

811.7493(M)R.C.A/6

[华盛顿],1932 年 4 月 11 日

4 月 6 日,星期三,中国驻美代办严鹤龄博士来访并读了一份从南京发来的电报的译文,其中说到,据了解,美国广播公司正准备与"满洲新政府"就使用沈阳广播电台的问题签订一项合同。中国政府希望美国政府能阻止广播公司采取这一行动。

我向严博士解释说,美国政府无权阻止美国广播公司采取此类行动。严博士认为,最好不要采取任何有助于巩固"满洲新政权"的行动。

4 月 8 日,无线电公司的戴维斯上校来找我,告诉我有关沈阳广播电台和上海电台的发展情况。关于沈阳,他说公司正在同"新当局"签订一项合同,它与旧合同相同但又增加某些条款或补充条款,这些条款或补充条款都说明该行动是临时的。随后又进行了一些讨论,在此过程中,我对戴维斯上校说,必须严格地把这笔交易看作公司自行承担责任和风险的交易;美国政府既不赞成也不反对;必须理解的是,采取这一行动并没有得到本届政府的任何"祝福"。我这样说,是基于 4 月 7 日戴维斯上校的备忘录(RCM)。[1] 戴维斯上校说公司对此非常理解。

斯坦利·亨培克

(戴瑶瑶译)

73. 副国务卿致日内瓦领事(吉尔伯特)
(1932 年 4 月 11 日)

793.94 委员会/161:电报

[华盛顿],1932 年 4 月 11 日晚上 6:00

56. 您 4 月 11 日上午 10 时的 139 号电报。2 月 5 日和 2 月 25 日,国务院要

---

[1] 原编辑者注:雷蒙德·C.麦凯(Raymond C. Mackay)的备忘录缺印。

求其在日本和中国的一些办事处向国联调查团和麦考益将军提供一切适当的援助。本署今天向北平的使馆发送进一步的补充指示，以便转交给相关领事馆。

您可以告知国务卿如上内容。

卡斯尔

（戴瑶瑶译）

74. 副国务卿致上海总领事（坎宁安）
（1932 年 4 月 15 日）

893.102 S/929

［华盛顿］,1932 年 4 月 15 日

先生：国务院已收到您 1932 年 2 月 19 日第 8126 号急件，即您方 3 月 4 日下午 1 点第 156 号电报中所说的以"大上海"为主题的内容。本署官员已经饶有兴趣地阅读了您提交的"大纲"①，并认为如果提出关于新章程的问题，其中有些特征可能具有实用价值。然而，本署认为，从整体上看，这项计划设想在上海设立一个至少在目前看来比需要更为复杂的行政实体；此外，鉴于目前的情况，现在不是提出或正式赞助任何与此主题有关的项目或计划的恰当时机。

国务院感谢您对这一问题所做的和正在做出的成熟考虑，并很高兴能随时收到您认为可能有助于解决上海悬而未决问题的意见和建议。

您真诚的，

卡斯尔

（戴瑶瑶译）

75. 副国务卿致上海总领事（坎宁安）
（1932 年 4 月 16 日）

793.94 委员会/174：电报

［华盛顿］,1932 年 4 月 16 日下午 4 时

143. 海军部门发给我们一份来自海军上将泰勒的电报副本，其中说麦考

---

① 原编辑者注：缺印。

益将军已提出,希望美国海军给麦考益和顾维钧以及工作人员提供从天津转到大连的交通工具。泰勒上将建议我们不要这样做。海军部门向我们提出了这个问题。国务院已与海军部沟通,我们与您沟通后由您与泰勒上将进行沟通并告知海军部,国务院意见如下:

李顿爵士的调查团属于国际联盟。调查团正在访问中国和日本。中国和/或日本政府似乎应该提供交通工具,并确保调查团在天津和满洲期间在到达的任何地点的安全。如果情况并非如此,那么其他政府作为国联成员似乎应该承担这些责任。他们认为,让几艘不同国籍的船运载调查团各成员没有什么好处。美国政府及其机构希望为促进整个调查团的工作尽自己的一份力量,但本政府认为,仅就美国成员和中国顾问而言,麦考益将军目前提出的要求是可取的但是没有足够的保证。最后,人们相信,如果要求为调查团的工作或行动提供这种特别的交通工具,应由国联秘书处或调查团正式提出。

请将上述内容告知泰勒上将,并要求将全部内容告知麦考益。

相信您也可以将自己的观点与麦考益进行交流。

卡斯尔

(戴瑶瑶、曹文博译)

76. 驻华大使(詹森)致副国务卿(1932年4月17日)

893.20/327:电报

[上海],1932年4月17日上午11时

4月17日凌晨4:58收到

根据您3月29日下午5点第121号电报的最后一段,据我了解,出于各种原因,中国政府认为,通过在华盛顿的使馆来处理此事并不合适,因此宋子文正在继续与贸易专员霍华德就民用航空问题进行会谈。国务院是否有异议?

詹森

(戴瑶瑶译)

77. 驻华大使(詹森)致副国务卿(1932 年 4 月 18 日)

793.94/5052:电报

［上海］,1932 年 4 月 18 日中午
4 月 18 日凌晨 5:12 收到

我 4 月 13 日晚上 8 时以及 4 月 18 日上午 11 时的电报。①

1. 我和蓝浦森刚刚得知郭泰祺明天将会从南京回来,他很期待与日本人进行谈判。

2. 关于 4 月 13 日晚上 8 时的电报,蓝浦森从他的外交国务秘书那里得到的消息是,日内瓦的十九国委员会将通过第 5 段提到的第二种备选案文,并且可能会按照其中第 6 段建议的方式通过一项决议。

3. 我 4 月 20 日返回上海,因为我和蓝浦森认为是时候结束谈判了。

詹森

(戴瑶瑶译)

78. 驻瑞士大使(威尔逊)致副国务卿
(1932 年 4 月 18 日)

793.94/5060:电报

［日内瓦］,1932 年 4 月 18 日午夜
4 月 18 日晚上 11:40 收到

82. 我重复一遍 4 月 18 日晚上 11 时的电报供您参考,由秘书发给上海的詹森。

见我 4 月 18 日晚上 11 时的 41 号电报②

4 月 11 日晚上 11 时由秘书交大使签署

"据我所知,十九国委员会在星期六的会议上审议通过一项决议,其中

---

①　原编辑者注:后者缺印;大使报告称,"明天我要乘飞机去南京……"(393.1111 贝克,查尔斯/70)。

②　原编辑者注:缺印。

包括对停战协定草案第 3 条的解释。根据该决议,十九国委员会宣布日本必须尽早撤离。它还考虑按照协议草案第 4 条的规定,要求联合委员会报告今天下午召开的十九国委员会审议的提案草案,以落实前一次会议的提议。

十九国委员会今天下午审议了提案草案,以落实上次会议上提出的各项设想。目前尚未达成最终决议,但正在寻求解决方案。根据协议草案,应一方当事人的请求,应赋予协议草案中规定的联合委员会权力,以说明日军撤退的第二阶段和最后阶段是否会受到一定的影响。为了不让当事的任何一方阻止联合委员会发表这一声明,有人建议,如果出现问题,联合调查团应向大会委员会提出报告。本报告不具有决定的性质,但大会或其调查团所做的任何决定无疑将受到该报告的影响。

十九国委员会正在审议这一程序,认为您于 4 月 13 日晚上 8 点向国务院发的电报第 4 段所载的日本人建议的声明,似乎并不能保证日本迅速撤离。

以我收到的电文来看,国务院似乎同意这个看法。在这种情况下,我想知道您是否对十九国委员会提出的议程存在异议。

您的同事所在的各自政府也要求他们发表意见,并正做联合答复。

我希望您直接告诉我您的个人意见,只要这不影响您自己的意见,您有权采纳任一方的答复。"

威尔逊

(戴瑶瑶译)

79. 驻沈阳总领事(麦迩思)致副国务卿 (1932 年 4 月 18 日)

793.94/5229

第 462 号   [沈阳],1932 年 4 月 18 日

                                            5 月 14 日收到

先生:我谨随函附上 1931 年 9 月 18 日至 1932 年 3 月 31 日①期间南满洲政治发展的简要概述。人们认为,这类审查可能会引起国务院关注,而大使馆

---

① 原编辑者注:缺印。

及其研读可能会对国联调查团的美国成员麦考益将军有所帮助。这份简述是由副领事门罗·霍尔(Monroe Hall)根据本总领事馆的档案材料撰写的。

在这方面有一些可能有意义的观察结果。首先,沈阳被快速占领,占领区域迅即扩展到铁路沿线的其他城市,几天之后延伸到吉林市,尽管吉林当地官员已经保证他们将充分保护日本国民,但在几天之内占领吉林市则以压倒性的证据表明日军对这次行动已经做了充分准备,行动不是局部的或暂时性的。需要注意的是,在占领沈阳之前的几个星期,日本军队在沈阳周边频繁进行军事演习,当时在沈阳存有大量火炮,未被证实的报道说,这些火炮来自朝鲜,是在军事活动之前,夜深人静时卸下的。这些情况可以作为证据,支持当时密切观察满洲政治情况的人得出以下结论:日本已决定解决满洲问题,尤其是铁路事件、中村案,以及最近发生的其他事件都被严重夸大,目的是让日本的军事行动看起来合理,掩盖其真正的目的。

不可否认的是,中国当局至少给了日本充分的机会采取激烈的行动来保护日本的利益和条约权利。中国人采取的拖延、无视协议和抗议的政策,在表面上取得了成功,这蒙蔽了他们的双眼,尽管在这些阻碍的和恼人的策略中,一直存在着不祥的警告。据日本一位高官最近发表的一份声明,这种情况已经很严重,以至于日本决定要么进入满洲,要么完全撤出。

您可能对简报中涵盖时期的一些重要事件感兴趣,这些事件明确标志着日本实现满洲统治的计划被披露或取消。刚开始军事占领的时候,最引人注目的事件是 10 月 8 日对锦县(锦州旧名)的飞机轰炸,直到日本宣布苏联不会使用武力来保护其势力范围之后,11 月初他们在嫩江袭击黑龙江部队,随后占领齐齐哈尔,于 11 月下旬日本军队出兵锦县,却被日本政府出人意料地要求停止和否认,长期把中国军队驱逐出锦县,而且在 1932 年初取代中国对南满的统治(锦县于 1932 年 1 月 2 日被占领),并在 1932 年 3 月 9 日建立一个新的"国家"。"建国"运动的发展 1932 年 3 月 9 日达到高潮,当时溥仪(前宣统皇帝)在"首都"长春就任"满洲国"的行政长官。值得注意的是,日本人一开始就对 9 月下旬才开始引起注意的独立运动很感兴趣。

根据附文中所描述的发展情况,日本政府抗议称,他们与"新国家"的创立没有任何联系或牵扯,这种说辞不能从字面上理解,但也许可以用东方情结来解释,也就是为了外表而保持记录的干净。事实上,所有与"新政府"有任何关系的人的报告都一致表明,政府里都是日本人,也就是说,日本人完全控制着每个部门,他们显然不是狭义上的满洲人。满洲人原指这片土地上的土著,而广义上的满洲人包括日本人和朝鲜人,这也是日本人坚持使用这个词的原因。

您尊敬的,

麦迩思敬上

(戴瑶瑶译)

80. 驻华大使(詹森)致副国务卿(1932 年 4 月 21 日)

798.94 调查团/222

第 1491 号   [北平],1932 年 4 月 21 日

5 月 21 日收到

先生:继大使馆 1932 年 4 月 14 日第 1482 号关于国际联盟调查团访问北平的电报后,谨就我 4 月 19 日下午 4 时 45 分第 447 号电报中所述情况,向您通报。调查团于 4 月 19 日离开北平前往秦皇岛和满洲。由于"新满洲国当局"(可能是在日本的煽动下)一直反对调查团的中国顾问顾维钧博士进入满洲,因此出发被推迟了好几天。最终只能以妥协来解决僵局,其中包括顾博士在内的一些调查团成员经由大连进入满洲,其他成员将乘坐火车前往沈阳。

在北平逗留的最后几天,调查团听取了蒙古和满洲官员的证词;日本使馆参赞矢野先生解释了关闭《晨报》和《领袖》以及日本海军官邸发生的爆炸案的原因;日本驻天津总领事桑岛先生和日本驻天津军官就天津事件作证;还有关光誉(Kwan Kwang-yu)先生及其他来自东北的满族难民、东北大学的教师、原吉林省省主席张作相将军以及黑龙江省前主席万福麟将军(的证词)。

4 月 17 日,调查团在张学良元帅的陪同下,参观了长城和明朝皇陵。

勃来克斯雷(Blacslee)博士告知使馆,他被要求对天津事件和溥仪秘密离开天津前往大连的事件进行特别研究。为了协助他进行调查,使馆已经将有关这两件事情的档案都交给他处理,并为其安排了一个办公室,他可以在那里研究这些档案,并做他想做的任何其他工作。

在访问北平期间,调查团并没有要求使馆提供任何进一步的信息,但调查团很可能会在 5 月下旬或 6 月初返回北平,届时有关该主题的信息内容可以

在随附的备忘录①(由麦考益将军递交给我)中列出。

调查团在北平停留期间显然给人留下了非常好的印象。据我所知,没有人对个别成员或整个调查团做出不利的评论。报纸刊载的唯一社论是关于反对顾维钧进入"满洲国"的。随函附上《北平日报》和《天津日报》的社论副本,供国务院参考。

领事签署:

马龙·珀金斯②

使馆领事敬上

(戴瑶瑶译)

81. 驻华大使(詹森)致副国务卿(1932 年 4 月 22 日)

893.01 满洲/147:电报

[北平],1932 年 4 月 22 日中午

4 月 22 日凌晨 2:40 收到

458. 以下来自美国驻哈尔滨总领事馆:

4 月 21 日下午 1 时

1. 在绥芬河附近的边境地区一位刚长途旅行回来的美国人说,王德林将军的军队中 5 000 名装备精良的士兵正沿着中东铁路东线行进,在这远离东线的内地,条件非常糟糕,所有中国人都指责日本人对他们施加了前所未有的暴行。

2. 领事馆证实了他对这些情况的报告,这些国民身心遭受了极大的痛苦。

3. 日本副领事塔基阿瓦(Takigawa)昨天在领事会议上表示,日本军方尚未决定是否向东派遣部队,但新上任的广濑(Hirose)将军不仅希望保护日本,而且还希望保护东线的其他外国人的生命和财产,而他,塔基阿瓦,正在筹备国联调查团访问哈尔滨的计划。

领事签署:

珀金斯

(戴瑶瑶译)

---

① 原编辑者注:缺印。
② 编译者按:马龙·珀金斯,原文作 MAHLON F. PERKINS。

82. 驻瑞士大使(威尔逊)致副国务卿
(1932年4月22日)

793.94/5086:电报

[日内瓦],1932年4月22日下午1时

4月22日上午9:00收到

87. 国务卿发,您4月21日下午6时的第52号电报。我认为您在第2条下所表达的关切已包含在决议草案第10条内,决议草案如下:

"我们非常满意上述委员会将根据其决定,以它认为最佳的方式执行第1、第2和第3条的规定,其中最后一条规定日本军队在1月28日之前完全撤出。"

十九国委员会正在等待日本政府的明确答复,并计划在收到此类答复后召开会议。①

威尔逊

(戴瑶瑶译)

83. 驻华大使(詹森)致副国务卿(1932年4月22日)

793.94委员会/180:电报

[北平],1932年4月22日下午5时

4月22日上午7:48收到

459. 以下是麦考益将军在非正式会谈中所做评论的简述。

1. 调查团访问了长江流域和华北地区,有机会进行总体观察及审查重要证人,为进一步的调查提供了宝贵的背景信息。

2. 从各种渠道来看,中国官员似乎已经提前掌握了日本在满洲可能采取的行动。中国驻东京大使向日本外务省发出警告,外务省后来又通知北平的张元帅。为了尽量降低战争的可能性,张下令不要抵抗日本人的任何行动。

———————————

① 原编辑者注:该部于4月22日下午6时在第55号电报中回复:"正如您在4月21日下午4时85[86?]号电报中所建议的那样,指示詹森大使,向他重复该电报的第一段和您在87中传达的第10条的文本内容。"

3. 我们在东京和南京都对 1905 年关于满洲铁路竞争条约所谓的秘密议定书进行了审查。日文和中文文本基本相同,但这一文件似乎只是条约专员会议的纪要。

领事签署

珀金斯

(戴瑶瑶译)

84. 副国务卿致乔治・H. 勃来克斯雷博士① (1932 年 4 月 22 日)

793.04 调查团/160

[华盛顿],1932 年 4 月 22 日

先生:关于国务院 4 月 12 日下午 5 时致北平美国使馆的第 104 号电报,国务院随函附上该电报中提及的计划大纲,只要您认为对中日争端的解决有实际帮助,您可以自主地全部或部分使用该大纲。②

您真诚的

W. R. 卡斯尔③

[附件]

为解决有关满洲实际问题而制订的计划大纲

中国和日本将缔结一项关于直接进行谈判的基础协议。首先,在满洲重新建立临时行政政府;第二,重建中国在满洲的永久性政府,包括安全和保护外国权益的问题;第三,就一项与满洲有关的新的全面的条约进行谈判。

一旦达成上述基本协议,随后的谈判将分为三个阶段进行,具体如下:

第一,关于在满洲重建临时行政当局的初步协议规定:

(1) 解散满洲目前"独立的中央行政当局",特赦所有参与人员;

---

① 原编辑者注:随函附上 4 月 22 日部第 740 号指示,以密封方式转递驻华大使,供转交给勃来克斯雷博士。

② 原编辑者注:勃来克斯雷博士在北平 6 月 23 日的信中答复说:"我特别感谢国务院编写和分发这份大纲。我完全按照要求的方式使用了它。"(793.94 委员会/300)。

③ 译者按:W. R. 卡斯尔,原文作 W. R. CASTLE,JR,JR 用于男子名后以区别于家族中同名的长辈,此处不译。

(2) 由中国中央政府任命一个为中日两国政府所接受的委员会,由中国知名人士以总督的名义领导,负责接管满洲的行政管理工作;

(3) 总督和委员会立即取代(1)所述的现任独立中央行政机关,负责中国在满洲的管理工作,并在第二项协定所规定的安排生效之前,对该地区现有的省、市当局实行控制和监督。

第二,在上述初步协议签署后一个月内,不论中立观察员在不在场,中国和日本的代表将在马尼拉(或香港或新加坡)就满洲重建中国常设政府,以及安全和保护外国权益的问题举行会议,会议包括:

(1) 在满洲设立由总督领导的行政部门,总督应当是中国的知名人士,文官优先,最好不是军人;

(2) 为总督配备合适的中国助理和外国顾问等工作人员;

(3) 授权上述行政当局进行以下工作:

(a) 设立由满洲的中国居民组成的省市政府;

(b) 设置省市警察部队维持法律和秩序,这些部队应由上文第(2)项所述顾问中挑选出的外国军官进行训练和监督;

(c) 监督满洲用于在本地区财政的税款征收和支出,将按照常规汇出的部分或以其他方式商定的部分汇给中央政府用于清偿中国政府从这些收入中扣除的债务,以及满洲在中央政府开支中占的份额,但不得干涉中国海关、盐政和邮政的正常管理;

(d) 监督中国在满洲的金融和其他经济机构,以恢复和稳定该地区的财政状况;

(e) 组织一个中央交通局,负责监督满洲境内的所有主要交通方式,并授权它设计和制定方案来协调满洲所有现有和未来的铁路线;

(4) 当新政府的警察部队组织起来后,日本政府撤回当时可能还驻扎在南满铁路以外的日本军队,如有必要,将从上文(2)所述顾问团的中立成员中选出外国军官监督日本军队撤离。

第三,在上述第二项协议缔结之后,会议上将对一项有关满洲新的全面条约进行谈判。

注:在就本条约进行谈判时,实际上可以肯定的是,缔结上述一般基本协议时,会产生某些问题,例如(a) 在中立观察员在场的情况下进行谈判的问题;(b) 进行谈判的原则;(c) 谈判期间由新条约取代的旧条约和协定。关于

(a)，人们认为最好在中立观察员在场的情况下进行谈判，但是如果任何一方强烈反对此类观察员在场，可以规定双方不得达成任何秘密协定来解决这一困难。关于(b)，《国际联盟公约》《九国公约》和《白里安-凯洛格公约》中商定的原则，也许可以解决谈判中所要依据的原则问题。但是，如果任何一方都对具体提及的这些协定存有异议，则可以按照《九国公约》第1条中的内容做出一项规定。关于(c)，可以通过说服双方继续努力达成一项新的全面条约，而不是先列出旧条约和协定的情况下来解决与被取代的条约或协定有关的困难和争议，希望随着谈判的进行，有关的问题能自行解决。人们认为，因为在这些条约和协定上不可能达成一致意见，所以应该集中精力处理易达成协议的事项，并避免对现有条约和协议的技术有效性提出争论。

（戴瑶瑶译）

85. 国务卿与海曼斯谈话的备忘录①(1932年4月22日)

793.94/5091½

［日内瓦］，1932年4月22日

海曼斯(M. Hymans)先生说，他期待今天下午长冈(Nagaka)的访问，还说德拉蒙德告诉他，长冈将在某种程度上参照十九国委员会的决议草案答复大会主席。大意如下：

日本不能接受决议草案中第11条第1款，但是为了和解，他们建议《停战协定草案》第4条所设想的联合调查团应在其决议中宣布日本军队撤离的合理预期时间。但是，这一声明应向日本当局提出。如果与日本当局意见一致，那就没问题；否则，这个问题将被提交给军事技术调查团审议。如果军事技术调查团以联合调查团的名义通知日本当局，却依旧未能与日本达成一致，则将把此事提交给大会，由他们来采取行动。

史汀生先生说，他觉得这是本末倒置。在西方国家，至少这是长期存在的普遍性原则，即行政当局在任何情况下都有最终结论，并且就他(史汀生先生)而言，军事调查团修改了调查结果，而美国驻上海大使已同意了的，他不能接受。在他看来，这个问题应按相反的次序安排，即军事调查团应审查并向联合

---

① 原编辑者注：史汀生先生和日内瓦的海曼斯先生的谈话。

调查团报告,然后联合调查团可将其决定转交日本当局;如果日本人不同意,这个问题可以提交给大会。

海曼斯似乎同意史汀生先生的想法,并表示他会在今天下午见到长冈后立即致电威尔逊先生,并告知他自己与长冈的谈话。

海曼斯先生随后问国务卿,对这些上海谈判,他是否有任何建议或想法。国务卿分析了情况,指出谈判需要耐心,特别是与东方的谈判。在这种耐心之下,坚定也是至关重要的,因为毫无疑问,日本人会不时地伸出手来,要求得到某些礼物,以使得他们撤军进程更加顺利。更具体地说,国务卿提请注意去年冬天中国五个城市周围"非军事区"的事件,①并表示他认为十九国委员会必须特别注意日本对中国人不得进入苏州河南部毗邻上海地区的要求。国务卿担心日本这一要求可能预示着上海周边地区非军事化的计划,他补充说,在上海中立的大使认为日本在这方面的要求是不合理的。国务卿说,威尔逊先生昨天在秘书长缺席的时候已见过松平,并简述了关于苏州河以南地区谈话的内容。国务卿谈到了上海商人的态度。

国务卿重申,世界各国在做出一系列一致决定前需要无限的耐心和坚决的态度。向参议员博拉发出的信件(源于"非军事区"问题)使日本退缩了,就像在任何表现出团结的决心之前会退缩一样,但一旦这一决心削弱或松懈下来,他们就又会一点一点地前进。

国务卿讨论了日本的现状,并指出若槻先生、滨口先生、团男爵、牧野侯爵[伯爵]、币原喜重郎、井上先生②等人不再参与活动。这些先生都具有广阔的国际视野,相信条约是神圣的并努力与其他国家合作,他们要么被军国主义者暗杀,要么被软禁,不敢在没有武装警卫的情况下上街。杰基尔和海德③的故事是合理的——有一个日本的杰基尔和一个日本的海德,而目前日本的海德处于优势地位。必须永远不要使用会激起公众舆论的严厉言辞,因为目前在

---

① 原编辑者注:日本发言人的建议,显然是试探舆论的行动。

② 译者按:若槻先生、滨口先生、团男爵、牧野侯爵[伯爵]、币原喜重郎、井上先生,原文分别为 Wakatsuki、Hamaguchi、Baron Dan、Marquis [Count] Makino、Baron Shidehara、Inouye。

③ 译者按:杰基尔和海德,原文作 Jekyl and Hyde,指有善恶双重人格的人,出自英国作家斯蒂文森的小说《化身博士》,善良的杰基尔医生以自己为实验对象,结果导致人格分裂,夜晚会变成邪恶的海德。

日本这似乎很普遍，而且会给日方以力量。

　　海曼斯先生提出了更多有关满洲的问题，他说他并不认为5月1日的大会上调查团能提出一项解决办法，也不认为这样的解决方案应该被接受，即使在李顿调查团有时间做出报告之前，他也不认为这样的解决方案应该被接受。国务卿表示同意，他还提到由于日本当局在满洲境内设置了障碍，李顿调查团遇到了困难。国务卿接着解释说，三十年前满洲是一片开阔的土地，人烟稀少；三十年后满洲的中国人口已达三千万，日本人口已达二十万；日本无法逃避这样一种信念，即日本人希望将他们的利益从满洲的经济利益转变为满洲的政治利益，由他们二十万日本人统治三千万中国人；这种统治理念代表了他们对国家关系的一种理解，国务卿说他曾希望我们都摆脱这种关系，如果任其继续发展下去，它将使我们在历史的进程中倒退。但是当然，尝试引入这种制度不可避免地会带来内部困难，国务卿直截了当地说，在他力所能及的范围内，他会公开对世界其他国家重申日本不承认做的事，以及不断地将公众注意力集中在违反所涉条约规定上。他试图通过这种方式使日本人保持他们从前承担任务的艰难状态。他补充说，如果美国提请注意（他们）违反了《白里安-凯洛格公约》或《九国公约》，会产生一定的影响，但会被迅速遗忘，而如果世界各国都这样做，对像日本这样傲慢的国家，世界公众舆论就不可能不产生影响。

　　然后，国务卿谈及在日本人有机会殖民满洲时遭遇失败的事。他指出，日本在其一南一北的台湾和北海道的殖民统治也是同样的失败；他们不是一个殖民化的民族，政府也没有提供任何的殖民鼓励。因此，他们希望通过渗透、商业发展和占领土地在满洲进行殖民掠夺，而现在正努力通过武装力量来寻求。

　　最后，国务卿对海曼斯先生主持会议的方式表示高度赞赏，并告诉他，他怀着极大的兴趣和最真诚的合作愿望，正在推动这些会议取得进展。他补充说，西方世界和欧洲的政治体系有非常多矛盾点，很难将它们带入同一制度，眼前的问题是找到一种方法，使这两个制度能够有效和协调地为世界和平而共同努力。

　　海曼斯先生由衷地表示同意。

（曹文博、戴瑶瑶译）

86. 驻瑞士大使(威尔逊)致副国务卿
(1932 年 4 月 30 日)

793.94/5136:电报

[日内瓦],1932 年 4 月 30 日上午 11 时

4 月 30 日凌晨 5:45 收到

91. 约翰·西蒙爵士于 4 月 29 日给我写了一封信,建议我们在上海的大使可以适当隔一段时间向十九国委员会提交联合报告,简要叙述事态发展情况,例如军事活动、谈判进展等。

我和国务卿商量过,他说希望把这份文件提交给您,但就他个人而言他不反对拟议的程序。①

威尔逊

(戴瑶瑶译)

87. 驻瑞士大使(威尔逊)致副国务卿
(1932 年 4 月 30 日)

793.94/5140:电报

[日内瓦],1932 年 4 月 30 日中午

4 月 30 日上午 10:23 收到

92. 来自国务卿。我 4 月 29 日晚上 9 时的第 162 号[161 号之二]电报。除了报道中的恢复全面裁军会议,我在过去一周内就中日局势作了进一步非常令人满意的采访。出乎我意料的是我非常满意和海尔斯莫(Hailsham)的谈话。他是一位坚定的保守派人士、战争部长,1929 年在太平洋关系研究所中他代表英国发表了对远东的见解。他十分关注目前的形势,并赞同我们的观点。我非常满意和他的谈话,觉得我不必到伦敦去同鲍德温或其他保守派人士商量了。我、麦克唐纳和西蒙还举行了进一步的会谈,我们详细地讨论了

————————————

① 原编辑者注:国务院在 4 月 30 日下午 3 时回复驻上海总领事并抄发驻华大使的第 161 号电报,指示电报"可能提交任何联合报告的文本"。

满洲悬而未决的局势。西蒙告诉我,他正在请外交部发出指示,有关"满洲国"的一切决定都必须由他亲自做出,以避免仅仅由各部门例行公事而做出决定所带来的危险。他告诉我,"满洲国"要求盐税引发了一个新问题,他认为这是一个更好的议题,美国和英国可以此为基础对日本公开[抗议]。当这个建议提交到国务院时,我认为我们应该极其仔细地加以考虑。我倾向于同意他发言的观点,即就此事提出抗议将降低日本防卫的开放程度。我还和爱德蒙谈了很久,好让他了解我们的观点。在日内瓦举行的反对日本政策的会议上,我们还邀请了在九人调查团中有代表的各个小国的成员,他们是我们反对日本政策最有效的支持者。这包括捷克斯洛伐克的贝内斯、瑞典的拉梅尔(Ramel)、比利时的海曼斯等。我还与松原和颜进行了两次会谈。国联领导人充分意识到日本的态度对其组织的效率造成了严重的挑战。他们预见了 5 月份大会重新召开时可能出现的危机,或是在李顿报告书之后的 9 月份,肯定会发生危机的。他们渴望我们能够提供给他们所有信息,因为我们的信息比其他所有信息都更好、更明晰。我已答应他们,尽我所能地给他们一切。他们充分理解在授权岛屿上我们的立场,并认为这可能是争议的关键问题之一。

威尔逊

（曹文博、戴瑶瑶译）

88. 黑龙江省政府主席(马占山)致驻日内瓦的中国代表团(1932 年 4 月 14 日)

893.01 满洲/235

[黑河],1932 年 4 月 14 日

据历史记载,在过去的五百年中,满人和汉人相处融洽。他们和平共处,文明、政治、习俗、语言和宗教变得完全相同。因此,尽管 1911 年清王朝被推翻,取而代之的是一个共和政体,但是汉人和满人之间没有丝毫的敌意;此外,表示两个民族人民差异的术语甚至从语言中消失了。这些事实是所有了解中国情况的人都知道的,而不是个人的看法。因此,很明显,"汉人"和"满人"这两个词仅具有历史意义,如果从这个意义上说满人不是汉人的一部分,满洲也不是中国的一部分,这在今天两族人民的关系中没有任何价值。然而,日本人坚持利用这一名称上的历史差异,利用相同的名称来疏远不同的中国人民群

体,占领我们的领土。令人震惊的是,在 20 世纪,仍然存在着这样一种无视国际权利和正义的行为,这种不人道的行为只能破坏远东的和平。

根据《国际联盟公约》第十条,联盟成员承诺尊重和维护联盟所有成员的领土完整,不受外来侵略。在华盛顿签署的《九国公约》的条款,保证了中国的领土和行政完整,以及相对于东三省而言的"门户开放,机会均等"的国际政策。这些都是日本将满洲并入日本帝国的绊脚石。为了绕过它们,日本人以"民族自决"为借口,建立傀儡政府,立被废黜的满族皇帝溥仪为元首,并把他从天津绑架到满洲,还通过强迫或诱惑控制一些官员组成满洲傀儡政府。据可靠消息,溥仪不愿背叛他的国家,在前往他被迫成为"新政府"首脑之地的途中多次试图服毒结束生命,但他的努力被他的日本护卫挫败了。他的处境一定极其艰难,因为他在死亡中寻求安慰,即使这么做是徒劳的。

本人马占山,奉国民政府之命,任黑龙江省政府主席,兼任东北国防军副总司令。我以此负责黑龙江省边境的防卫工作。在履行这一职责时,我从不敷衍塞责。但日本自去年 9 月 18 日军事占领了辽宁(沈阳)、吉林两省后,有竭力实现其侵占黑龙江的恶意企图。为此,他们以修嫩江大桥为借口来攻击我军。为了自卫,我亲自指挥我们的部队前往前线,在两周时间内反击日军。最后,我们弹尽粮绝,只好撤到海伦市。来自日本军部的使者多次找我,说辽宁(沈阳)和紧邻两省的军民当局已经决定将这三省组建成一个新的政府,"新政权"一旦成立,日本军队就会撤退,他们绝对无意干涉满洲的内政。他们还说,现在只有黑龙江省没有加入这个统一战线。这可能使这片领土处于一种不确定和危险的状态。因此,为了这三个省的和平与安宁,他们要求我立刻回到黑龙江的省会,无条件地恢复我对该省的管理权,并在我回到省会时撤出日本军队。

与此同时,日本人还煽动他们在辽宁(沈阳)和吉林的一些汉奸来找我,说"新政府"在性质上是真正独立的;因此,我获准回到省会,亲自调查目前的新情况,以便做出我自己的决定

回到省会后,我发现日本人完全背信弃义,无视一切荣誉准则。不仅没有一名日本士兵撤退,相反,他们还以"统一三省"为借口,建立了一个傀儡政府,以实现日本对满洲的统治。因此,我还被迫任命为"行政委员会""黑龙江省长""军政部长"等,并且以非法的方式接二连三地就职。因此,我,马占山,能够利用这样一个机会,发现日本的实际阴谋,并把情报传递给象征世界和平与

国际正义的国际联盟，事实上，实是不幸中的万幸。

因此，我提议向国联和全世界公开我最近一个月日记中所记的一些重要内容，请所有有关人士谅解。

2月16日。我勉强答应了日方的要求，乘飞机去沈阳参加会议。

2月17日。我拜访了本庄繁将军，他告诉我日军已经军事占领了满洲的大部分地区，只有一小部分地区还没有，这不多的地方也是不能幸免的。因此，我被要求与日本人合作。当晚在赵欣伯先生的住宅举行了一次会议。会上我提议取消以非法手段建立的非法政府。这一提议遭到日本代表板垣①的强烈反对，会议没有取得任何具体成果就散会了。

2月18日。我以身体不好为由，乘火车回到了海伦市。后来，根据赵仲仁先生所说，日军司令部命令张景惠成立一个委员会，为成立"新政府"作好准备。张景惠、赵仲仁奉命陪同其他被日本人收买的辽宁(沈阳)、吉林、黑龙江三省的十二名非法代表，前往大连，请求溥仪成为伪政府首脑。溥仪三次拒绝；但在代表们的坚持下，最后还是被说服了。

3月8日。日本人坚持要我去长春。我本来打算以身体不好为由不去，怕被人怀疑，只好去长春迎接溥仪。

3月9日。溥仪就任伪政府首脑。所有的仪式都是在日本人的指挥下进行的。傀儡就这样安排好了。

最可悲的是，当本庄将军来长春视察溥仪就职典礼时，他事先就吩咐溥仪到车站去迎接他。溥仪再三恳求要给他保留一定的尊严，本庄终于同意傀儡政府的"总理"郑孝胥代表整个政府迎接。

3月10日。日本代表驹井(Kikoyi)和板垣带来日本军部的命令，指示召开"国务"会议，同时宣布成立所谓的伪满政府"总务厅"，由日本人领导，并掌握各部门的实际权力；没有该厅长的签名和盖章，不得执行任何命令。

3月11日。板垣大代和"总务厅厅长"驹井在伪政府的"国务"会议上宣布，日本政府打算在"满洲国"的各个部门以及各省政府中安排一些日本助理。他们已经将人数降到最低，还决定长春的新一届政府成员中要有100至200

①　编者按：原文为Sakakagi。据《马占山致调查团》全文，揭发日人一切鬼蜮伎俩，望该团以实际之调查，东省无一人愿脱离本国(《中央日报》1932年4月22日第一张第三版)一文载，此处似应为板垣。

个日本人。同一次会上,他们还宣布,满洲的所有日本居民都将成为这个"新国家"的公民,享有与满洲人一样的一切公共权利。至于这些日本人是否应该放弃他们的日本国籍,他们有充分的自由裁量权,任何人不得干涉。随后他们还决定任命若干日本人担任省政府的"总务厅厅长"和警察局局长,以控制这些省政府的实际行政权力。没有他们的签盖章,任何命令都不能生效。会议还决定将暂缓三个月任命黑龙江省该类官员。

3月16日。本庄将军去了齐齐哈尔,视察了大庆等地。在访问期间,他宣布:(1)全日本,整个日本民族将决心不惜一切代价占领满洲;(2)日本军队会负责镇压一切反对"新政府"的势力;(3)日本会毫不犹豫地对任何试图干涉的第三国宣战;而且(4)这些政策要事先得到日本军方当局和"特务机关"的当场批准,"新政府"才可以逐步执行。

再者,所谓的"国务院"决定如下:(1)应没收所有已被出放并属于官员和"军阀"的政府土地。如果任何个人拥有过多的土地,政府将以固定的价格回购其中的一半。未出放的土地归"国家"所有,分给日本移民。(2)呼兰—海伦铁路是黑龙江省内最重要的粮食运输线,但日本人强迫张景惠签署了一项协议,将这条铁路以实际价值的十分之一——300万美元的价格抵押给日本人,期限为50年。这种安排相当于永久占用铁路。日本人担心我不承认这个协议,劝我在上面签名。我断然拒绝了。最近,日本人一直在同傀儡政府的"交通部"接触,以期取得一些令他们满意的结果。(3)日本人以对满洲的金融控制和对中国人民的经济力量的破坏为目标,正在按照所选择的银行模式,制定建立"满洲国国家银行"的计划。(4)我们今天在满洲目睹了我国教育机构的解体和日本文化的入侵。他们把我们所有的教育场所都变成了军营;他们从中国教科书中删除了所有的爱国情绪,代之以亲日情绪。简而言之,他们正在尽一切努力摧毁我们所有人的种族和民族感情。

另外,日本在哈尔滨特务机关的负责人藤原(土肥原)①和铃木将军曾经宣称,日本已经占领了满洲,一旦有充足的资金,就会着手对北方的苏俄、东方的美利坚合众国以及其他国家进行军事准备。以上是我真实经历以及亲眼所见的事情。

在辽宁(沈阳)、吉林两省,每个地区都有两名负责该地区的日本"总务"。

---

① 译者按:藤原(土肥原),原文作 Toshihara(Dohihara)。

没有他们的批准,任何命令均不得执行。在满洲,所有的报馆、电报局或电话局都被一些日本人幕后操控。因此,除了执行日本人的命令,听不到任何民意。

国联调查团即将来访,日本当局已经警告社会知识分子,如果有人发表与日本利益相悖的观点,将立即予以严肃处理。日本人还在夜间突袭了一些已知对日本人不利的人的住宅。日方逮捕和谋杀这些人,还警告他们的家人要严加保密,否则他们也会遭受同样的命运。严廷娟(Yen Ting-juan)、张桂恩(Chang Kwai-en)等人都是被用这种方式除掉的。

所报道的人民庆祝新"国家"的就职典礼,都是假的,是日本人一手策划的。最近,日本人收买了许多游手好闲之徒,他们的工作就是赞扬"新政权"是一个好政府。所有这些事实都是我精心搜集的。我知道国联调查团即将抵达满洲,出于救国的热切愿望,我不顾日军在齐齐哈尔严密的军事监视,决定冒着最大的风险来到黑河,接管黑龙江的省政权。我在这里按照中央政府(在洛阳)的意愿进行行政管理。我特此提供伪满洲国最近情况的最完整说明,以便国际联盟和全世界可以了解这里的真实情况,我郑重发誓满洲没有任何一个中国人希望满洲脱离自己的国家,从此生活在外国统治之下。即使那些现任职伪政府的人也受到日本军事当局的严格监视,失去了个人自由。我请求国联调查团特别注意,并在察访中加以详细讨论,完成一份真实的报告,以保证将来世界的真正和平,这将对人类大有裨益。

此外,必须指出的是,去年夏天在朝鲜发生的可怕的屠杀中国人事件中,有数百名中国人被杀害,数百万美元的财产被日本人摧毁。即使在如此严重的挑衅下,中国政府也没有向朝鲜派遣一名士兵。近年来,居住在中国的日本公民没有遭受过任何危险,但日本政府以保护本国公民生命财产为借口,侵略和占领了东三省,攻击了上海的港口及其周边地区。把这两件事加以比较,全社会有思想与正义感的人士将不难判断他们这些行为。

此外,日本国民散居世界各地;如果世界各国也都允许日本以这种借口派遣军队进行侵略,那么我为世界未来的和平感到担忧。

因此,我请求友邦对我在这封电文中所陈述的事实给予善意的关注。

马占山

(戴瑶瑶译)

89. 驻华大使(詹森)致副国务卿(1932年5月3日)

793.94/5144:电报

[上海],1932年5月3日中午
5月3日凌晨3时收到

今天上午9时30分许,中方首席代表郭泰祺在家中遭中国学生袭击,前额轻微受伤。据信他的情况不会造成进程的推迟。

詹森

(戴瑶瑶译)

90. 驻沈阳总领事(麦迩思)致副国务卿
(1932年5月3日)

793.94委员会/237

第464号

[沈阳],1932年5月3日
6月6日收到

先生:我很荣幸地向国际联盟报告,调查团于1932年4月21日晚抵达沈阳,美国、意大利委员和调查团的一些工作人员乘火车从山海关出发,英国、法国、德国委员和调查团的其余成员,其中包括日本和中国的顾问,将乘火车从大连出发。日本参谋长和其他参谋人员,整个领事使团、沈阳市市长颜传绂、南满铁路官员、一群日本妇女和一名日本儿童、中国商会的代表、新闻记者和一些外国人在车站迎接调查团。临时代理总领事森岛(Morishima)、颜市长和桥本(Hashimoto)少将正式迎接调查团,并把他们介绍给大使和站台上的其他人。之后他们被护送到大和饭店,在那里,两个穿着和服的日本小女孩向他们献上花束。可以补充的是,这两列火车抵达时间相隔25分钟。

"满洲国"政府反对中国顾问顾维钧博士陪同调查团前往满洲,并对此进行了大量的新闻宣传,在此仅作简要介绍。最后,日本政府保证在铁路区对他进行保护,他和他的工作人员陪同委员们取道大连。4月22日长春的新闻报道称,"满洲国"政府决定逮捕顾博士和其他调查团随行的中国人,如果他们离开铁路区踏上"满洲国"的土地,就威胁他们以侵犯"满洲国"主权和扰乱和平与秩序施加极端处罚。日本警方和"满洲国"警方通力合作，阻止中国代表团的任何成员离开沈阳铁路租界，他们的特工人员一直严密监视着中国代表团成员。事实上，他们不仅不能离开铁路租界，而且除了得到日本人许可的中国人，所有的中国人都不得与中国顾问或他的工作人员见面。几名碰巧见到他手下工作人员的中国人被日本警方逮捕——据称其中一人是在日本的命令下被中国警方逮捕的——昨天至少还有两人仍被拘留。显然，上面提到的"满洲国"的命令不仅出于保护中国顾问及其工作人员的愿望，主要是为了防止他们与中国地方官员和其他人接触。根据可靠的情报，为了防止当地人民向调查团提出任何未经充分批准的陈述，已经采取了预防措施，每辆汽车上附带的特勤人员也会适当保护调查团的成员。日本参谋长于4月28日或29日向调查团发出一封信，内容是本庄将军对顾博士的严惩威胁的后续，其中包括减少陪同调查团的工作人员（六名成员或与日本在中国的工作人员数目相同），而且该信件没有提及任何"满洲国"的授权。顾博士及其人数减少后的工作人员已于昨天同调查团离开了沈阳，他们将全程陪同调查团。在这方面，可以提到的是，铁路租界的各个出口处都设置了障碍物，并配有警察守卫。据可靠消息，为了严密监控所有进出该地区的中国人，他们增加了日本便衣数量。

5月1日开始，调查团所有成员都受到这种持续性监视，这一点无足轻重。在领事馆吃过午饭之后，麦考益将军指示他的汽车返回酒店，因为他要陪我去高尔夫球场，从我们的衣着就可以明显看出来。他的司机在一个会说英语的特勤人员的陪同下跟着我们去了高尔夫俱乐部，我们离开时，将军把他的球杆放在了酒店办公室，说他会和我一起回来。然后我们开车穿过市区，来到军火库和航空领域，他的车和特勤人员紧随其后。大和酒店和东方酒店（后者中国顾问中的部分工作人员入住）挤满了特勤人员，至少有几只箱子被搜查过，房间也经常被秘密地搜查。一名委员的行李箱至少被打开了两次。在顾维钧博士的房间外，三个特勤人员一直在值班。这种监视行为很明显，而且很粗暴。这自然给人留下不好的印象。

日本人为调查团的到来做了很多明显的准备工作，一些证据可能会引起人们的兴趣。沈阳商会和拉尔协会（一个联合的协会）、农业协会和一个谴责旧政权的朝鲜农民代表团向调查团提交了声明。毫无疑问，这些都是在日本人的指挥下准备的。上述被捕人员证实了在调查团到达之前的报道，这些报道警告中国各主要领导人不要试图与调查团取得联系，并威胁要逮捕他们，并关闭他们的业务。除此之外,据了解,4 月 16 日,商会奉命在各大商号的空白纸上盖章,商号不知道盖章的目的,但被认为与提交给调查团的声明有关(其提交的内容尚未报告)。然而,用各种方式反对"新政权"的中国人,他们所面临的个人危险并没有阻止更多人通过各领事馆给调查团写信。这些通信中的大多数没有签名,但也有一些是有签名的。大约 600 封这样的信件从这个办公室发出,还有 200 多封是从英国领事馆发出的。

至于另外的准备工作,可能会提到在一些主干道上拆除警察岗亭及其他官方设施前的沙袋,修复街道,清除在一些示威活动中张贴的反联盟海报和其他宣传材料——日本领事馆的墙壁最近被粉刷过,表面上是这个目的——并从当地警察局取走了带有日本宪兵印章的臂带,这些臂带在调查团抵达前几天已经磨损。印有英文"欢迎和平使者""黎明来自东方的和平和日内瓦""合作使'满洲国'成为东方的日内瓦"字样的海报配有图片,上面画着一只衔橄榄枝的鸽子,被张贴在日本租界和中国地区。

在这次访问期间,调查团的正式调查限于 4 月 23 日对日本代理总领事的访问,以及在陆军总部同关东军总司令本庄中将的六次会议。没有与当地政府的任何成员通过电话。据了解,在这些会议上,官方阐述了 1931 年 9 月 18日夜间的铁路事故以及随后将军事占领扩大到满洲中心的事件,将一切都解释为行使自卫权。此外,还解释了由于九一八事变后中国官员和警察失踪,以及最近由于取消顾问制度而不得不建立的在沈阳的政治控制制度。然而,插一句,这些顾问现在在政府中占据着重要职位,并像以前一样有效地控制着政府。随函附上《满洲日报》上发表的关于调查团与本庄将军会议的简要新闻,以供参考。①

日本人为调查团准备了一份临时方案,其中包括一轮的晚宴。没有正式的邀请,程序也根据自己的意愿进行了修改。据信,它的这种自作主张导致调查团对日本方面的一些失望。

本署一直尽一切可能向美国麦考益将军提供协助。据信,他认为我于1932 年 4 月 18 日发出的第 462 号急件所附的摘要对他是有帮助的。我和他开过几次会,与他有更频繁联系的是勃来克斯雷博士。将军和调查团的其他美国人在领事馆受到几次款待,并在一个非正式的招待会上被引见给美国社

---

① 原编辑者注:缺印。

区的成员。

调查团于昨天上午 9 点 50 分乘专列离开沈阳前往长春，预计在长春停留两天。调查团将于 5 月 5 日访问吉林，并于次日前往哈尔滨。根据目前的计划，调查团将在 5 月 16 日左右回到沈阳，进行为期约一周的访问。

麦迩思敬上
（戴瑶瑶译）

91. 副国务卿致驻日代办（内维尔）（1932 年 5 月 3 日）

793.94/5149：电报

［华盛顿］，1932 年 5 月 3 日晚上 9 时

99. 关于詹森 5 月 4 日［凌晨 2 时］发自上海的电报，再次向您转达关于冈崎对蓝浦森的声明以及蓝浦森与英国驻东京大使的交涉内容。

您有权同英国大使进行磋商，如果他和您认为您这样做能达到有益的目的，您就可以和日本外务大臣以适当的方式进行合作。

将所采取的行动通知詹森和国务院。

卡斯尔
（戴瑶瑶译）

92. 驻华大使（詹森）致副国务卿（1932 年 5 月 4 日）

798.94/5149：电报

［上海］，1932 年 5 月 4 日凌晨 2 时
5 月 3 日下午 4:12 收到

我 5 月 1 日下午 4 时的电报。

1. 今天深夜，日本使馆秘书冈崎来找麦迩思爵士说，日本代表团接到指示，在签署协议时应以下列条款发表声明：

"中国代表在致与会友好国家代表的照会中表示，中方保留在必要时派兵维持秩序的权力。我的理解是，在获得联合委员会的批准后，才会派遣这种部队。希望将这一内容纳入会议记录中。"

2. 冈崎问麦迩思爵士，他是否认为中国政府会接受这一声明。麦迩思

说,他认为如果没有这样的协议,整个计划就会泡汤。

3. 麦迩思为上两条声明提供了下列备选方案:

"如果上述设想的任何这类部队的调动在日本方面看来具有敌对意图,日本当局的理解是他们有权根据第 1 条提请联合调查团与会友好国家代表的注意。"

4. 麦迩思先生已向驻东京的英国大使重复了上述所有建议,请他去找日本外务大臣,试图说服他放弃提议,并使用他的替代方案(如果可以的话)。

5. 我希望新闻部能够指示东京请英国大使出示蓝浦森发来的电报,并同英国大使一起在外交部进行交涉。

抄发东京。

詹森

(戴瑶瑶译)

93. 驻日代办内维尔致副国务卿(1932 年 5 月 4 日)

793.94/5152:电报

[东京],1932 年 5 月 4 日下午 6 时

5 月 4 上午 9:25 收到

122. 国务院 5 月 3 日晚 9 时的第 99 号电报。外务大臣通知英国大使,对日本代表所作的指示已经更改,不会再发表声明。鉴于这一事态的发展,我尚未同英国外交部接触。

外务大臣进一步对英国大使表示,军队坚持和中立代表沟通,日方重视中国军队在某些地区的部署和调动,特别重视中方在调查团会议上就此发表的声明。我无法预计提出这一不会公开的沟通对中国的重要性。

抄发上海。

内维尔

(戴瑶瑶译)

94. 驻华大使（詹森）致副国务卿（1932 年 5 月 5 日）

793.94/5157：电报

[上海]，1932 年 5 月 5 日下午 1 时

5 月 5 日凌晨 3：25 收到

1. 今天中午 12 点签署协议。① 我建议周六早上②乘船前往南京。我和我的工作人员将在南京停留三四天。

2. 同日，英国大使乘飞机前往北平。

3. 联合委员会的组成如下：美国、英国、法国的总领事和军事长官，以及意大利使馆的中文秘书和军事长官、日本总领事和军事长官。中国成员尚未公布。③

詹森

（戴瑶瑶译）

95. 驻华大使（詹森）致副国务卿（1932 年 5 月 5 日）

793.94/5161：电报

[上海]，1932 年 5 月 5 日晚上 9 时

5 月 5 日下午 1：20 收到

1. 日本海军陆战队与公共租界警察关于租界边界的事件涉及第 31 步兵团，说明了当前局势的危险。总司令已经通知防务委员会，他认为这种紧急状态没有必要继续下去，目前日本只是利用紧急状态让日本人撤离租界，美国军队并不是为了这个目的而来的。我赞成他的行动。

2. 总司令告诉我，他被告知可能明天就会解除紧急状态。

3. 鉴于这一事实，以及中日已经签署协议，日本将于明天，即 5 月 6 日开

---

① 原编辑者注：指《淞沪停战协定》。

② 原编辑者注：指 5 月 7 日。

③ 原编辑者注：驻上海总领事于 5 月 7 日中午发来第 226 号电报称中国成员有中国上海市秘书长俞鸿钧，上海市公安局局长温应星。（793.94/5170）

始撤离,我建议重新考虑将第31团留在上海的问题,我的意见是将这个兵团撤走。英国已经减少了一个营的部队。总司令批准了。

抄送发给[位于]上海的总指挥和总领事。

詹森

(戴瑶瑶译)

96. 副国务卿致驻上海总领事(坎宁安)
(1932年5月5日)

493.11 上海/26:电报

[华盛顿],1932年5月5日晚上6时

169. 致大使。关于您4月27日下午1时电报的第5段,国务院提出以下意见:

1. 关于处理特定案件的问题,请参见国务院3月12日晚上8时发到上海的95号电文5。

2. 关于处理特定案件时应遵循的程序问题,请参见国务院4月25日下午5时发至上海的153号电文。

3. 在向日本或中国当局或两者提出索赔时,宁可提出一些可疑的索赔,也不放过任何可能合理的索赔,哪一国政府造成错误即向哪国提出索赔要求。

4. 国务院担心许多索赔可能会有棘手的法律问题,并可能遭到两国政府的抵制。因此,非常希望按照3月12日下午2时的外交部95号电报所示提出赔偿款,并且一式两份,一份原件或经认证的证明发至国务院,以便在必要时可以对未在当地调整的索赔进行集体研究并为必要的行动制定一个明确的总方针。

5. 如果可能的话,请告知您的英国同事收到的关于英国索赔的照会的实质内容。

6. 国务院希望坎宁安在切实可行的情况下,尽快向国务院提交一份简要报告,说明美国索赔的大致数量、索赔的类型、索赔的发生日期、涉及的金额以及采取的相关行动。

卡斯尔

(戴瑶瑶译)

97. 驻日大使(格鲁)致国务卿(1932 年 6 月 23 日)

793.94/5355:电报

> [东京],1932 年 6 月 23 日下午 5 时
>
> 6 月 23 日上午 8:15 收到

166. 使馆获悉,新闻界已将荒木将军(General Araki)22 日在最高军事委员会发表的声明电报给美国,大意是国际联盟的决议和日本在"满洲国"成立前就满洲所作的声明不再对日本具有约束力。荒木没有就他提到的具体决议和声明发表任何声明,但其意思是日本不会按照联盟决议及自己的协议将其部队撤入铁路区,并且不承认国际联盟调查团关于解决满洲问题的提议。

抄发北平。

(戴瑶瑶译)

98. 驻日大使(格鲁)致国务卿(1932 年 7 月 16 日)

798.94 调查团/292½

> [东京],1932 年 7 月 16 日
>
> 8 月 6 日收到

敬爱的国务卿先生:如果我们对这里情况的简述能不时地对您有所帮助,届时我将在有任何需要报告的情况下,每两周一次向您发送这样的声明。

过去两周发生的重要事件当然是国际联盟调查团刚刚结束的访问。麦考益将军抵达后,主动向我询问关于调查团的情况,当我问他这样做是否有何不妥时,他的回答是否定的,理由是经双方同意后所有成员可以自由交谈,但对他们各自的使馆严格保密。我们会谈的结果将载于我 7 月 16 日的第 60 号急件①中。

总之,成员们一致认为,日本在满洲的行动是基于两个虚假的前提:(1) 自卫的前提和(2) 满洲的自决前提。这两个论点都是站不住脚的。成员

---

① 原编辑者注:缺印。

们已经证明,自 1931 年 9 月 18 日以来,炸毁铁路以及随后在满洲发生的每一起事件,都是日本人自己精心策划并加以实施的。他们认为,这个傀儡"国家"的建立,不但不能安抚远东地区,反而导致局势恶化,这将不可避免地引发未来与中国和苏联的战争,并造成比阿尔萨斯-洛林更严重的民族复仇事件。他们意识到,日本人可能会在满洲建立一个比中国人更有效率的政府,但这丝毫不会削弱民族统一主义。他们认为,日本采取行动之前应与其他签署国进行讨论,因此他们的行动直接违反了《九国公约》《白里安-凯洛格公约》和《国际联盟公约》的规定。他们仍然建议继续讨论此事,并推迟承认"满洲国"政权。他们觉得即使他们根本没有与中国人谈过,日本人在会议上已经把反对日本的理由讲得很清楚了。除最后一句话,上述所有内容都在他们两次采访内田子爵(Count Uchida)时向他明确表示过。内田子爵明确表示,日本已决定承认"满洲国",他不会考虑任何反对意见,也不会对此事进行任何讨论。

当然,我不知道调查团给国联的报告是否能清楚地体现上述各点,也不知道报告会基于什么语调,但似乎毫无疑问,五名委员的调查结果是一致的。

关于日本人目前统治的"满洲国"的情况,我的理解是,所有的委员都认为这些官员实际上直接听命于日本政府,任何与此相反的证据都是"粉饰门面"。然而,调查团的一些工作人员却倾向于持相反的观点,他们认为这些官员"情绪激动",拒绝听从东京的命令。

调查团向内田子爵表示的调查结果和意见是否会对日本政府产生影响,是否会改变日本政府的态度,(目前)是无法预测的。可能不会。从现在看,在不久的将来,会有更多的人承认"满洲国",但如果采取这一行动,日本政府将在充分听取西方意见的情况下这样做。

在我 7 月 7 日上午 11 时的第 188 号电报①中,我说,单纯从实际结果来看,这个问题与法律方面不同,我认为美国反对日本目前承认"满洲国"是不明智的。目前在很大程度上代表军方观点的媒体,将以与其重要性完全不相称的方式夸大美国的这种说法,而且很可能会爆发,从而为军方更早行动提供借口,这比政府更加保守的成员所希望的更早。我的每一位工作人员都认为存在这一风险。当然,我不能从法律的角度,或从您四月在纽约会谈时所提出的世界舆论和历史的角度来判断这种意见是否明智。对此,一位知名人士最近

---

① 原编辑者注:缺印。

对我的一名工作人员(指军方)说："我希望他们在破坏国家之前改变主意。"

据信，满洲的海关问题已经在这里以及美国驻满洲的各领事馆的报告中得到了充分报道。我们还谈到了日本对总统裁军提议①的反应。

约瑟夫·C.格鲁敬上
（戴瑶瑶译）

99. 驻华大使(詹森)致国务卿(1932年8月2日)

793.94 委员会/338

1656 号

［北平］,1932年8月2日
8月29日收到

先生：关于我8月1日晚上9[8]时的第883号电报②。谨随函秘密附上一封日本顾问致国际联盟调查团主席关于调查中日问题的信③的副本，其中附有一份关于内田子爵在大连和东京与调查团的会谈中所作声明的摘要记录。他们允许我复制这份文件作为我的机密资料，我谨要求国务院将这份文件视为机密文件。

正如我的电报所述，资料显示，虽然本文件没有准确地列出内田子爵在调查团访问东京时对委员所说的所有内容，但人们认为，这是一份清晰准确的政策声明，内田子爵作为外务大臣在处理满洲局势时遵循这项政策。

纳尔逊·特鲁斯·詹森敬上
（附件）

内田子爵在大连和东京接受国际联盟调查团采访时所作发言的摘要记录

1. 前段时间，我在大连曾根据我在过去二十五年中以各种不同的身份接触满洲的经验，坦率地向各位阁下陈述我个人的看法。今天，作为外务大臣，我找不到任何理由改变这些观点。

2. 近年来发生的一切国际争端在远东可能首先主要归因于这样一个事

---

① 原编辑者注：见1932年6月22日和23日白宫新闻稿，国务院：《外交公报》,1932年6月25日(第六卷，第143号)，第593、595页。

② 原编辑者注：缺印；它概述了本快件中的附件。

③ 原编辑者注：1932年7月27日的信，缺印。

实,中国受制于分裂和贫困,无法融为一体并组建一个恰当的组织;其次是国民政府的革命外交政策,深受从国外引进的共产主义学说的影响。不只是日本,所有在中国拥有重大利益的国家,都必须承受目前在中国存在的这种状况的影响。

3. 不幸的是,在试图通过《国际联盟公约》《九国公约》《巴黎非战公约》或任何其他旨在维护国际和平的现有条约来呼吁修复各大国所遭受的伤害时,都遇到了极大的困难。事实上,当主要大国在中国的权益实际上受到严重损害或面临严重损害的危险时,他们往往就会依靠自己的资源。在中国近代史上,外国列强通过赔偿防止自己利益受损或弥补自己受到损害的利益的例子比比皆是。

4. 日本作为一个历史上和地理上同中国联系最密切的国家,在中国有着最大的利益,也比其他国家在中国遭遇的异常情况要严重得多,正如我前面所描述的。就日本而言,它自然希望看到中国的重生,实现自己在维护远东和平方面的真正目标。二十多年来,特别是作为华盛顿会议的后续,我们表现了最大的耐心和自我克制,但中国的情况没有任何改善的迹象;相反,情况明显恶化。正当我们的人民面对越来越多的中国情绪高涨的挑衅时,在日本的第一道堡垒——满洲,我们为击退中国和苏联的侵略与他们进行了两次大战,9月18日的突发事件发生在我国在亚洲大陆的切身利益中心。除了采取果断的自卫措施,我们别无他法。

5. 由于日本的行动,张学良将军在满洲的权力被消灭了。长期以来,满洲有权势的人对张家的暴政感到不满,反对他们把满洲拖进长城以南的中国内战的动乱中,于是他们抓住机会建立了一个"独立的国家"。

满洲与中国本土在地理位置和心理特征上截然不同。虽然满洲人口大多来自中国本土,但这些中国人是被饥荒和洪水、暴政和压迫赶出了中国本土的家园,逃到满洲,在那里开始新的生活。在那里,由于日本的警惕和进取心,他们可以享受到相对安全和富足的生活。此外,从历史上看,满洲从来就不是中国的一部分①。特别是近几十年来,中国没有一个政府的权力真正地扩展到满洲,这一点已经被证明是不争的事实。

"满洲国"的成立仅仅是日本多年来的地下革命运动的结果,它是日本自卫

---

① 编译者注:此为内田康哉的荒谬言论,为保持史料原貌,按原文刊出,请读者辨明。

行动的后续。这一运动之所以成功，是因为满洲与中国大陆之间存在着特殊的割裂关系。因此，满洲的独立在本质上应被视为一种中国政治的解体现象。

6. 解决满洲问题的方案可能不止一个。日本政府认为，这一问题的解决应着眼于确保满洲的安全与稳定以及远东的永久和平，而且无论如何，鉴于局势不稳定，不应犯下这样的错误而使未来争端永久化。如果作为任何权宜之计或妥协的暂时性措施，让满洲重蹈类似于去年9月18日事件之前的覆辙，那将是不能容忍的。从这个意义上说，我不能同意任何想要在满洲建立一个抗日并且扰乱统治的计划。此外，"满洲国"当局一再宣称，他们打算完全脱离中国国内腐败肮脏的政治，建立一个诚实能干的政府，他们不会同意将彻底挫败他们的理想和愿望的计划。

我相信，任何可能制订的计划，如果不考虑"满洲国"作为一个国际"国家"的存在，都将严重损害满洲的秩序和稳定以及远东的安宁。

7. 承认一个新的州或政府不是其他国家可以选择或幻想的问题。这是由于国际交往的需要而强加给它们的一步。一个国家在任何时间内都不得不被迫将实际控制其邻国的政府视为缺乏实质权力和头衔，而且在国外也不能代表自己，这是不能容忍的。由于"满洲国"是当地居民自决运动的产物，正如上文所述，这些居民过去无疑受到了极大的压迫，因此，如果承认"满洲国"的存在，就不会出现任何日本不符合华盛顿《九国公约》的规定的问题。该条约的目的不是使该区域不受那些使政府合法化的国家法律的影响，也不是使这种不和谐的完整永久化。认为中国永远处于无政府状态，中国古代领土的任何一部分都不能独立成为和平与安全的岛屿，而不得不被八个文明大国逼入不和与混乱的泥沼，这一看法与其条款完全背道而驰。总之，《九国公约》并未禁止中国任何地区的人民自愿建立一个独立的国家，因此，承认这样一个新成立的"国家"并不违反公约。毫无疑问，"满洲国"如果能得到日本等列强给予的公平且不受限制的机会，将会迅速发展成为一个强大而稳定的"国家"，因此中国迫切需要建立一个强大而稳定的政府。

约瑟夫·格鲁敬上

（戴瑶瑶译）

100. 驻日大使(格鲁)致国务卿(1932年8月13日)

894.00/434½

[东京],1932年8月13日

8月27日收到

亲爱的国务卿先生:日本民众对您在对外关系调查团发表的演讲①感到强烈不满。如果日本人不是有罪恶感的话,这种做法就明显带有小题大做的意味,因为我们现在明白,那次演讲只不过是对一个假设性案例进行的学术讨论,但日本人把它视为一项具体的罪责指控。不幸的是,我未能采取任何措施来减轻这一影响,因为我还没有收到演讲稿或其实质内容和意图的介绍,而等我收到上海发来的文本时,这一事件大概已经结束了。尽管如此,日本外务省还是有意利用这一演讲给暂时平息了的敌对美国情绪火上浇油。我特意这么说,是因为日本媒体的激烈反应不是由于美国的媒体报道,而是出于外务省煽动性解读出渊胜次的电报,而这一解释是外国记者前一天提供给日本媒体的。

这种情况不禁使我猛然想起德国政府在1914年通过极力诋毁外国来建立公众的战争心理准备,每当要发动一些新的军事行动,例如即将悍然发动潜艇战争时,就会重复这种举动。日本面对外国(特别是美国)蓄意建立的公众敌意,无疑也有类似的目的——在面对外国(尤其是美国)的反对时,加强在满洲的军事力量。我相信,对日本人来说,这是一种软弱而不是强大的表现。日本国内的经济和财政形势十分严峻,可能会陷入绝境。农民处于非常严重的困境中,许多行业处于低谷,失业率稳步上升。日元正在贬值,价格还没有相应上涨。没法从国外获得资金,最近有人告诉我,政府曾试图从英国、法国和荷兰获得贷款,但没有成功,尽管我不能担保这些信息的可靠性。获得国内贷款将越来越困难。这种情况并不危急,但当日本央行无法吸收国内债券时,情况可能会变得危急。与此同时,政府浪费了数百万日元来支持满洲的军事活动时,最终的经济优势存在很大问题,而当人们在受严重的剥削时知道了这些开支的真正意图,很难说会有什么样的后果。我相信,除了拒绝面对事实的头

① 原编辑者注:发表于1932年8月8日。原文见《外交公报》,特别增刊(1932年10月),第11卷,第1期。

脑发热的军事集团，政府和国家的有识之士越来越感到焦虑。这似乎主要是由像白鸟①这样的人所宣扬的军国主义——他们认为，掩盖这些事实的最好方法是通过外国，特别是美国，让公众产生爱国主义和民族主义的热情，试图阻碍日本进行自我保护。

这样的民族脾性是危险的。1914 年，在精心培养的公众战争心理的支持下，德国的军事机器咬牙坚持，克服了一切制约它的因素。日本的军事机器也是一样的。它是为战争而建造的，为战争做好准备并欢迎战争。它从来没有被打败过，拥有无限的自信。我不是危言耸听，但我相信我们应该对未来可能发生的一切突发事件保持警惕。历史事实将把无视它们视为犯罪行为。

随函附上由使馆编写的备忘录②，将其列入一份急件中，可能具有重要意义。

约瑟夫·C.格鲁敬上

（戴瑶瑶译）

101. 驻华大使(詹森)致国务卿(1932 年 8 月 15 日)

793.94 委员会/325：电报

［北平］，1932 年 8 月 15 日上午 9 时

上午 9：35 收到

953. 以下是一份法语文件的译文，该文件副本由日本顾问送交至国联调查团。文件上没有签名，是国务卿对出渊胜次所说的话：

"我完全理解日本与满洲之间有着特殊并重要的关系，因此我真诚地尊重日本在该地区的权利和利益；我当然不想让日本在满洲问题上与美国敌对。然而，由于我坚定地打算忠于《白里安-凯洛格公约》和《九国公约》的精神，我发现自己有时不得不说一些可能对贵国不太有利的话；我希望您能理解。此外，我上一次的发言只是简单地解释了影响《白里安-凯洛格公约》基本精神和适用的情况：我不打算利用这个机会攻击日本。因此，我在使用'侵略者'一词时特别谨慎（我被告知这个词在东京受到了严厉的批评），特

---

① 原编辑者注：白鸟敏夫，日本外务省情报部部长。
② 原编辑者注：缺印。

别为了抽象地表达在该词之前加上了不定冠词。"

詹森

（戴瑶瑶译）

102. 副国务卿致驻华大使(詹森)(1932年8月17日)

[解释]

793.94委员会/325：电报

[华盛顿]，1932年8月17日晚上6时

264. 使馆8月15日上午9时的第953号电报。关于日本顾问交给国联调查团的文件，国务卿所作的声明与8月10日国务卿向日本大使所作声明的记录有不同程度的差异，其结果是，提供给调查团的歪曲版本给人的印象是，国务卿对日本在满洲的行动，其态度比实际情况更宽容，更严格地说这是国务卿的个人意见，而不是事实。

国务卿在总结他对满洲局势的看法时，向大使提到他对日本人在满洲的权利表示同情，并声称他无意干涉。此外，国务卿说，他知道美国方面无意入侵或在满洲与日本抗衡。不论他自己的观点是什么，他说他无意在8月8日的演讲中惹恼日本；相反，他为确保演讲中没有任何可能会引起愤怒的言辞，在准备演讲时付出了很大努力。但是，国务卿非常认真地向大使明确了他的真正立场：8月8日的讲话是对他个人观点的阐述，而且他认为这些观点是美国人民对《白里安-凯洛格公约》的看法；他和美国人民认为这个协议对于美国和文明世界来说是至关重要的，如果出现一方面允许破坏该和平条约，另一方面惹恼日本这样的问题，尽管这样做会惹恼日本，但他还是会毫不犹豫地维护《白里安-凯洛格公约》。国务卿也提请大使注意，他在媒体上注意到，日本的讨论是由一个他没有发表的声明引起的，他指出，事实上他使用的不是"那个侵略者"，而是"有个侵略者"。

关于上述资料，请以口头并机密的方式转递给麦考益将军，并说明，如果他认为国联调查团的其他成员有需要，国务院不反对他以口头并机密的方式转递这一消息。

卡斯尔

（戴瑶瑶译）

103. 驻日本大使(格鲁)致国务卿(1932 年 9 月 3 日)

［解释］

893.01 满洲/429:电报

［东京］,1932 年 9 月 3 日中午

9 月 3 凌晨 5:27 收到

224. 关于我 8 月 13 日给国务卿的信,我向国务院强调,日本政府不顾外国任何性质的反对,坚持要使满洲的行动获得通过。除非被强大的武力阻止,否则它一定会继续进行下去。此外,现在控制政府行动和政策因素的信念是,他们的行动是公正的。这一信念加强了他们的决心。很难相信,日本作为一个聪明的民族,会完全肯定满洲自决这一明显错误的前提,但有证据表明,他们相信在满洲的整个行动如果不是出于自卫,也都是为了国家最高和最重要的利益,而且他们准备并决心在必要时对所有反对派动用武力。保守派政治家很少或根本没有影响力。我发给了您关于军事准备的信件,这些准备正在稳步推进。日本人认为美国是他们最大的绊脚石,尽管他们认为李顿调查团的报告和国际联盟的行动可能对他们都是不利的。目前,有关与苏联发生摩擦的讨论相对平静。

来自多方面的观察和资料,特别是过去数星期内的,更进一步印证了上述意见。虽然我已从各个角度仔细研究当地的局势,但未能发现有什么方法可以克服或改变目前日本的强硬态度。目前看来,我们将不可避免地继续公开面对美国和日本之间相互冲突的原则和政策,尽管日本国内的经济压力和来自外部的道义压力迟早会迫使日本改变政策。

北平使馆收到了这封电报的副本。

格鲁

(戴瑶瑶、曹文博译)

104. 驻日大使(格鲁)致国务卿(1932 年 9 月 15 日)

893.01 满洲/467:电报

[东京],1932 年 9 月 15 日晚上 7 时
9 月 15 日上午 9:09 收到

232. 已签署的《日"满"议定书》以及我在 9 月 2 日下午 5 时的第 223 号电报①中列出的要点,于今天早上见报。由于新闻记者们正在把外交部翻译的议定书全文电报给美国各大报纸,我在此不发电报文本,而是将刊登在《国联公报》②上使馆的译文邮寄给您。

内田没有召集外国代表接受议定书及其解释,而是发表了一份与议定书同时发表的公开声明③。这份声明载有日本经常采取的自卫措施和"满洲国"自决的论点;概述"满洲国"的内外政策,包括最终通过多边协定废除治外法权;对"满洲国"的真诚与发展表示满意;声明缔结该议定书是为了确保满洲的安宁,并保障日本帝国的安全和远东的和平;描述议定书所载的各项要点;否认在满洲的任何领土企图,议定书的缔结重申了这一事实;声明"满洲国"已同意"开放门户"的原则。希望世界各国人民在机会平等的基础上在满洲开展经济活动,并表示期望这些大国不久将与"满洲国"建立外交关系。

抄发至北平

格鲁

(戴瑶瑶译)

---

① 原编辑者注:缺印。

② 原编辑者注:关于《"日满"议定书》的原文,见《国联公报》,第 111 号特别副刊,第 79 页。

③ 原编辑者注:关于原文,《国联公报》,第 111 号特别副刊,第 80 页。

105. 驻日本大使(格鲁)致国务卿(1932年10月3日)

793.94委员会/398：电报

［东京］,1932年10月3日下午5时

10月3日早上7:10收到

249. 1. 日本已收到国联调查团报告①,并预计有所反响。其外务省发言人称,该报告偏袒中国,对日本不公。日方宣称其中某些部分是合理的,但是他们认为关于满洲的调查结果和建议日本无法接受。

2. 陆军部对报告的不公正表示愤慨;特别是否认日本自卫的请求,并在声明中说,这个"新国家"的存在是由于日军的默许。

3. 新闻界从外务省获悉,民众批判调查团抱有偏见并且对事实一无所知;报告忽视了实际情况;日本认为这些建议不切实际,站不住脚。新闻界敦促政府自行解决满洲问题。它宣称,该报告只会使局势恶化,而不是解决问题,而且调查团的工作毫无用处。它说,如果早一点发布该报告,这些建议可能会有用,但目前由于"新政府"已经成立并得到正式承认,因此这些建议不可能取得实际成果。

4. 其他评论包括温和的批评和严厉的辱骂。民政党(Minseito)②发表声明谴责该报告,并建议政府忽略这些提议。

抄发至北平。

格鲁

（戴瑶瑶译）

---

① 原编辑者注：《中国政府的申诉》,《国联调查团报告》(日内瓦,1932年10月1日)。

② 原编辑者注：日本政党。

106. 驻瑞士大使(威尔逊)致助理国务卿(怀特)
(1932 年 10 月 17 日)

724.3415/2434 1/2

威尔逊码头 33 号

［瑞士日内瓦］,1932 年 10 月 17 日

亲爱的弗朗西斯:非常感谢您有关查科(Chaco)争端的来信,它们对与德拉蒙德和德·瓦勒拉(De Valera)的对话有很大帮助。我认为所载资料以及您给我的电报阻止了理事会对这一问题所作的直接管辖权的努力,从而避免与中立调查团的工作相混淆。

如您所知,理事会将于 11 月 14 日召开会议讨论李顿报告书的问题。议程中无疑还有其他一些事宜,并且很可能会考虑查科争端的形势。您可能已经认识到,在过去的一年里,一些小国精神饱满并坚持严格执行公约的条款,它们认为一些大国在解决满洲问题上有所松懈,这让它们感到害怕。如果在解决巴拉圭和玻利维亚之间的争端问题上没有取得实际进展,那么这种感觉很有可能会激发这些国家的代表,努力迫使理事会采取行动。

多年来,看着这场互相争夺的大戏,我不想做一个预言家,也不想预测它们将会做什么,但是,我认为,您应该准备好采取一些这样的行动和努力,同时集中对巴拉圭和玻利维亚施加一切可能的压力,以便使理事会相信,这一问题能够真正得到解决。我知道您已经这样做了;尽管如此,我认为如果他们不满意,他们会在下一届会议上采取行动。

休·罗伯特·威尔逊

(戴瑶瑶译)

107. 国务卿致驻日本大使(格鲁)(1932 年 11 月 21 日)

793.94 委员会/536:电报

[华盛顿],1932 年 11 月 21 日晚上 7 时

181. 据休·威尔逊①和诺曼·戴维斯②报告,11 月 19 日,松冈③来访并作以下声明:

(a) 任何事情都不能改变日本对满洲的现行政策,因为这一政策是能够结束该地区目前状况的唯一政策。

(b) 他在莫斯科时告诉苏联政府,对苏联的恐惧是日本在满洲活动的主要根源之一,日本在满洲必须有安全保障。

(c) 日本公众舆论对美国的敌意是危险的。舆论相信,美国曾多次试图遏制日本在满洲的发展,并控制该地区的铁路局势。日本有影响力的友好意见的数量正在迅速减少。尽管认为日本人意识到美国舆论没有战争的想法,但一旦有事件发生,日本政府可能被迫站在已经被激化的舆论一边。

(d) 如果不承认"满洲国"的存在及日本对其的承认,国联的任何解决办法都一定会遭到日本的拒绝。如果日本的尊严遭到损害,日本唯一的出路将是退出国际联盟。

戴维斯在回答时表示,如果日本的态度是不可调转的,那么它似乎不希望看到建设性的解决办法。戴维斯概述了美国承认日本的利益和困难这一事实,并指出,国务卿并没有对日本怀有敌意,相反,他坚信什么才是日本的最大利益,以及美国在某些条约下享有的权利和义务,以及世界和平利益的信念。戴维斯继续说,日本有一个极好的机会,只要它能采取建设性的态度,与世界各国一起,在世界各国的协调和道义的支持下解决这个问题,日本也应该接受这个机会。他说,日本人是一个忍耐了很长时间的民族,但随着突发的暴力,被压抑的愤怒打破了界限,就会释放出来。

史汀生

(戴瑶瑶译)

----

① 原编辑者注:美国驻瑞士大使,裁军会议候补代表。

② 原编辑者注:出席裁军会议的美国代表。

③ 原编辑者注:日本驻国际联盟代表团团长松冈洋右。

108. 国务卿致驻瑞士大使（威尔逊）①（1932年11月21日）

793.94 委员会/536：电报

[华盛顿]，1932年11月21日晚上6时

37. 关于您在11月19日晚上8时发送的第45号电文②。

1. 国务院熟悉松冈的性格和处事方法。在这次谈话中，国务院已经预料到他代表本国政府所采取的立场了。他将作为一个聪明的提倡者发挥作用。这可能是假设。然而，在消息灵通、深思熟虑的圈子里，这种战略和战术是否让人信服令人怀疑。

我们认为，日本民族对美国的愤怒是真，但这种愤怒是人为造成和助长的，其目的是：(a) 在国内争取民众对军方政策的支持；(b) 通过在国外制造恐惧心理，诱导外国政府产生胆怯心理。

至于对美国在满洲铁路局势的利益的说法，是日本和苏联怪论的复活，就这个国家的政策而言，它们没有任何事实根据，处处都是日俄为了欺骗那些容易受骗的人制造的虚幻。

2. 昨天，日本使馆在这里分发了油印本《关于调查团报告书的意见摘要》③、石井子爵（Viscount Ishii）关于"满洲国"的声明副本以及在长春发表的题为"'满洲国'概况"的出版物。在其总结中，肤浅和亲中国的偏见被归咎于调查团的工作。它宣称，日本的行为是必要的自卫行为，没有违反任何条约，并声称在满洲过去到现在的独立运动都是自主的。摘要指出了一种引起公众舆论以诱导接受既成事实的战略。我们认为其内容不是加强日本的理由，而是对它在知情和负责任方面的削弱。

如果日本真的遵循松冈与您的谈话中指出的路线，并在这份摘要中有所阐述，在这种情况下，日本明确宣布自己是事实和法律的唯一法官；日本否认国联拥有任何管辖权，攻击李顿调查团的智慧和正直，拒绝接受一个它自己提

---

① 原编辑者注：电报是发给日内瓦裁军会议美国代表团的。

② 原编辑者注：缺印。关于这封电报的实质内容，见上文1932年11月21日发给驻日大使的第181号电报。

③ 原编辑者注：关于日本政府对调查团报告书的意见原文，见《国联公报》，特别副刊第111号，第88页。

出并且已经对此提议投票赞成设立的机构。① 最终，整个国联的权利、义务和利益遭到质疑，国联的权威和威望直接受到挑战。

和平运动中所涉及的各项条约和世界福利原则问题，当然也是对整个世界的一种挑战。但在这一关键时刻，最重要的是国联与一个会员国之间的问题，该会员国宣布自己的观点和利益是至高无上和具有决定性的，并否认国联的任何权利。

3. 戴维斯对松冈的回应是深思熟虑和技巧娴熟的，我要祝贺他。

史汀生
（戴瑶瑶、曹文博译）

109. 国务卿备忘录（1933 年 1 月 5 日）

793.94/5709

［华盛顿］,1933 年 1 月 5 日

日本大使进来时说，他对自己的出现似乎与一场新的战争同时爆发感到遗憾。他说，他没有得到政府的指示，但从他收到的消息看来，山海关发生的事件是一起当地事件，起因是那里的一场小规模的中国人攻击日军事件。当日本人为稳定局势而将军队开进来时，在城门附近遭到枪击，一名中尉和几名士兵被击毙。他说，他从同样身为将军的武藤（Muto）"大使"②那里得到的消息表明，日本已经撤出了一些部队，我们有理由希望，除非张学良在热河进一步挑衅，否则这件事将会得到控制。他说，无论如何，日本在长城以南没有领土野心。我提醒大使，一年前他告诉我，日本在满洲没有领土野心。他变得慌乱起来，说的确是这样，但是情况已经发生了很大的变化。无论如何，他现在可以向我保证，他们在华北没有这样的野心。他还说，在日本，他认为事情正在有所进展；他认为，斋藤（Saito）③已经被很好地控制起来，他认为在山海关发生的这起事件是一种试探，以检验军人是否仍然在掌握中，以及政府是否已经恢复了它的地位。

---

① 原编辑者注：1931 年 12 月 10 日的决议，第 59 页。
② 原编辑者注：武藤信义，日本驻"满洲国大使"。
③ 原编辑者注：斋藤实将军，1932 年 5 月 26 日—1934 年 7 月 8 日任日本首相。

　　我提醒大使,就在他离开之前,他告诉我,日本政府在一群年轻军官的掌控之下,他们之中没有一个人的军衔高于中校。我对他说,他必须认识到,只要这种情况持续下去,我就不能把日本政府视为一个正常的政府,必须就来自它的信息得出我自己的结论。他说,他记得当时的情况,但他发现,当他回到日本时,情况发生了一些变化,斋藤已经被更好地控制,正如他所说的那样,他认为山海关的这起事件是对情况是否如此的一次试探。但是他说,他必须坦率地告诉我,主张在"满洲国"问题上达成妥协的日本内阁在日本是不存在的,这必须被视为一个保密的事件。我告诉大使,在这种情况下,我只能看到日本退出国际联盟和《白里安-凯洛格公约》。我回顾了本届政府、世界其他地区和欧洲的基本政策情况,这项政策产生于一次世界大战,那场战争使我们得出了一个结论:另一场战争可能摧毁我们的文明,这使我们决心支持和平机制,这种和平机制将使这种情况不可能再发生。我们承认,日本只要不违反它所缔结的条约,它有权按照自己的方式生活,如果它决心过一种与我们不同的生活,除了让它从我们提议遵守的协会和条约中吸取教训,别无他法。

亨利·L. 史汀生

(戴瑶瑶译)

110. 国务卿备忘录

793.94/5746

[华盛顿],1933 年 1 月 12 日

　　日本大使提醒我,他上次访问时已经告诉过我,在山海关发生的问题是局部问题。他说他现在来确认一下。这一周时间里,那里没有发生进一步的冲突。我问他,新闻报道的关于热河发生的大规模运动是怎么回事。他说,他认为媒体报道言过其实;目前这个严冬的天气里,不可能有这样的行动,媒体的报道是不真实的。大使还说,叛乱分子在中东铁路绥芬河附近的活动已经得到了有效处理,现在中东铁路和满洲所有其他铁路都在正常运行;日本人估计满洲的叛乱分子最初有 20 万,现在减少到 4 万。我告诉他,我对他(给出)的数字感到惊讶,因为我得到的信息是满洲反抗日本统治的叛乱分子人数有3 000万。

　　大使随后把话题转移到 16 日即将在日内瓦举行的会议上,并问我有没有

什么提议可以给他的政府。我告诉他，不幸的是，我不能就日本政府应该做什么向日本政府提出建议，如果我这样做，我担心日本政府不会照我说的做。他说，当然有一件事是不能妥协的，那就是承认"满洲国"；这是一个不能妥协的原则问题。然后我说："您采取的立场相当于要求世界上其他五十个国家对他们的原则做出妥协。"

当大使走出大门时，我非常严肃地对他说，我劝他不要告诉他的政府，美国政府很可能会改变它在这些问题上故意作为原则问题采取的立场。他说，他这样做没有任何危险；他在日本时，许多人来找他，说他们认为 3 月 4 日美国新政府上台时，政府将会改变对满洲的政策；他总是回答他们说，事实并非如此，1 月 7 日照会①的政策以及我们对和平条约的态度是在全美国受到普遍欢迎的，并代表所有各方的政策。

（戴瑶瑶译）

111. 国务卿致驻日本大使(格鲁)(1933 年 1 月 18 日)

793.94/5785b：电报

［华盛顿］，1933 年 1 月 18 日下午 1 时

5. 据美国媒体报道，1 月 17 日罗斯福当选美国总统，在回答记者提问时发表声明如下：

"当然，有关具体外国局势的任何声明必须由美国国务卿发表。

然而，我完全认同，美国的对外政策必须维护国际条约神圣不可侵犯。这是所有国家之间建立关系的基石。"

史汀生

（戴瑶瑶译）

---

① 原编辑者注：见 1932 年 1 月 7 日致驻日大使的第 7 号电报，第 76 页。

112. 驻日大使(格鲁)致国务卿(1933年2月20日)

793.94委员会/812:电报

[东京],1933年2月20日下午5时

2月20日早上7:07收到

43. 外务省发言人今天下午明确表示,日本内阁今天上午决定,如果国际联盟大会通过十九国委员会的报告和建议,日本将退出国际联盟,但退出的时间和方式尚未确定。本决定的声明已电告日本驻日内瓦的代表团,供其在拟订该报告和提案的抗辩书时使用。

报纸进一步报道,日本决定,在3月中旬松冈返回日本之前,日本不会发出明确的退出通知。

[解释]退出的决定还不能说是最终决定,因为它必须得到枢密院的批准才能获得帝国的批准,但反对退出的意见似乎已经被压制了。这一举措可能是为了在最后时刻对国联构成威胁,以期避免报告和修正案①的通过。内阁仓促的行动说明了这种可能性。[解释结束]

外务省发言人今天上午还表示,日本将随时开展进入热河的行动。

抄发至北平。

格鲁

(戴瑶瑶译)

113. 驻日大使(格鲁)致国务卿(1933年2月23日)

894.00/467:电报

[东京],1933年2月23日下午1时

2月23日早上7:42收到

45. 在审视远东局势时,应考虑以下因素:

日本内阁决定退出国际联盟——摧毁日本与其他国家最重要的联系,这

---

① 原编辑者注:大会特别委员会(十九国委员会)的报告(包括建议)的原文,见《国联公报》,特别副刊第112号,第56页。

表明日本温和派的彻底失败,军队拥有至高无上的地位。为了证明它的独立性,并无视西方干涉它认为的重要利益,日本已经预先阻止或紧随国际联盟所采取的每一个重要步骤。日本的态度完全不是虚张声势。军队本身,以及被军事宣传(所煽动)的民众,都做好了充分的战斗准备,而不是屈服于西方的道德或其他压力。目前,他们的决心并没有因为世界其他国家的道德谴责而改变,反而得到了加强。如果不是内部革命,那么几乎可以肯定的是,进一步的暗杀行动将遵循政府任何倾向的妥协。

以下因素影响了国民情绪:

军队任何时候绝不容忍任何干涉,并想保持威望;

保全脸面、绝不后退是至关重要的;

日本的"生命线"就是满洲,这是经过精心培养的信念;

对中国人不履行条约义务和之前满洲混乱局面的强烈愤慨;

军方完全无视满洲战役所需的巨大开支所带来的未来财政困难。

日本人根本无法理解合同义务的神圣不可侵犯性,这与他们自己在远东的利益背道而驰。

据信,在进军热河的问题上,他们已经采取了特别措施,以避免其进入长城以南,尽管这一决定可能使这项军事行动的费用和困难大大增加。然而,忽视北平—天津线可能因不可预见的事态发展或事件而最终被夺走的可能性是不明智的。占领华北很可能是日本对国际联盟实施制裁的回应。这构成了对未来最大的潜在危险。当然,这将使外国利益与日本发生直接冲突。

可以说,军事宣传已经使很大一部分公众和军队认为,日本与苏联和美国之间,不可避免要开战。海军和军事力量迅速得到加强,并处于高效状态,信心十足并且态度傲慢,海军也日益好战。在目前的海军、陆军和公众的情绪下,总存在一种风险,那就是,日本可能会因为西方国家煽动公众舆论的严重性而不计代价地采取激进的行为。这与我在 9 月 3 日中午发出的第 224 号电报中所述的情况完全相同。

上述概要载有东京大多数外交官和其他外国人以及我的工作人员中主要成员的意见。

使馆没有提供有关热河军事进展的资料,因为新闻禁令严格禁止公开有关热河目前军事行动的任何资料。

本电报已抄送至北平大使馆。

格鲁

（戴瑶瑶译）

114. 国务卿备忘录（1933 年 2 月 23 日）

793.94/5925

［华盛顿］,1933 年 2 月 23 日

日本大使奉其政府指示前来告诉我,"满洲国"决心镇压热河省的非正规部队;根据"满洲国"和日本的协定,日本有义务支持"满洲国",因此日本军队在热河的这一行动与"满洲国"合作。但是,他说,他的政府指示他说,他们不打算让日本军队跨过长城或进入北平—天津地区,除非张学良采取的某些行动使他们必须这样做。我提醒他,他上次访问时,日本占领了山海关,他告诉我,他认为这一行动将变成当地的行动,他将这次成功定义为对日本政府的民事或军事力量是否处于控制之下的一种检验。我问他,日本军队进入热河的这一行动是如何影响他对这一试探的看法的。他有些尴尬,但他说,日本军队占领山海关是为了获得进入长城以南的华北地区的入口,在谈到"试探"时,他指的是任何进一步入侵平津地区的行为。他说,日本的军事指挥部认识到集中在北平—天津地区的各种利益和随之而来的入侵该地区的危险,他们不想去。我说:"那么您这句话表示,这不是日本政府的文职人员控制军队的问题,而是军方自己控制自己的问题。"他回答说,他们并不认为这次对长城以北热河的入侵是对中国本土的入侵;热河一直属于"满洲国",热河的最后一位省主席是由张学良父亲张作霖元帅任命的,而不是由中国国民政府任命的;因此,热河是"满洲国"的一部分,"满洲国"决心消灭该省的非正规军,在这种情况下,日本文官当局是与军方合作,他们无意进入北平地区。他要我相信这最后的事实,免得张学良的势力可能会利用这个事实来进行交易。我提醒他,这件事已经在媒体上公开了,他说他记得,但他的政府要求我不要发表。我告诉他我不会的。

亨利·刘·史汀生

（戴瑶瑶译）

115. 国际联盟大会通过的决议[①](1933 年 2 月 24 日)

鉴于大会根据盟约第 3 条第 3 款,可在其会议上处理影响世界和平的任何事项,因此不能对中日争端的发展漠不关心。

大会依据第 15 条第 4 款通过的报告第 4 部分第 3 节,国联成员"不打算对满洲局势采取任何孤立行动,并继续与非国联成员国家以及其他国家协调行动"以及"为了尽可能按照本报告的建议在远东建立一种局势,秘书长被指示将本报告的副本通知给国联的非成员国,这些国家都是签署或加入了《巴黎非战公约》或《九国公约》的国家,它们将赞同报告中所表达的意见,并在必要时使其行动和态度同国联成员协调一致":

大会决定任命一个咨询委员会,负责跟进这一情况,协助大会履行第 3 条第 3 款规定的职责,并本着同样的目标,协助国联成员国协调它们之间以及与非成员国之间的行动和态度。

该委员会将由十九国委员会代表和加拿大及荷兰代表组成。

委员会将邀请美利坚合众国政府和苏维埃社会主义共和国联盟在其工作中进行合作。

委员会应在认为适当的时候向大会提出报告和建议。委员会还应将报告送交在其工作中进行合作的非国联成员国政府。

国际联盟大会应继续召开,其主席在同委员会协商后,可在他认为适当的时候召开会议。

(戴瑶瑶译)

---

① 原编辑者注:转载自《国联公报》,特别副刊第 112 号,第 24 页。

116. 驻瑞士大使(威尔逊)致国务卿(1933 年 2 月 24 日)

793.94 委员会/837:电报

[日内瓦],1933 年 2 月 24 日晚上 7 时

2 月 24 日下午 5:22 收到

125. 我在 2 月 22 日晚上 7 时的 122 号电报。① 今天我收到了德拉蒙德给美国国务院的一封信,信中转交了这份报告②,并要求表达美国政府的观点。该信内容如下:

"根据国际联盟大会今天通过的报告最后一段,我得到指示'奉命将本报告副本送交签署或加入《巴黎非战公约》或《九国公约》的非国联成员国,通知大会希望他们能同意《巴黎非战公约》和《九国公约》的意见。报告说,如果有必要,他们将与国联成员协调行动和态度。'

因此,谨随函附上大会通过的报告的一份副本。如果您能尽快告知我美国政府对我所引述的大会所表达的期望的答复,我将不胜感激。

同时,我冒昧地提请您注意将载于报告第 4 部分第 2 节的提案。该提案规定,如果当事双方接受大会的建议,我将有责任通知贵国政府,并提请它任命即将成立的谈判委员会的一名成员。这个问题目前没有出现,因为今天只有一个缔约国接受了报告。如果大会的建议后来被双方接受,我将毫不迟疑地向贵国政府提出上述邀请。"

威尔逊

(戴瑶瑶译)

---

① 原编辑者注:缺印。

② 原编辑者注:大会特别委员会(十九国委员会)的报告全文,见《国联公报》,特别副刊第 112 号,第 56 页。

117. 驻瑞士大使（威尔逊）致国务卿（1933 年 2 月 25 日）

793.94 咨询委员会/3：电报

[日内瓦]，1933 年 2 月 25 日下午 4 时

2 月 25 日上午 11：25

128. 2 月 24 日晚上 9 点我的 127 号电报①。刚刚收到 2 月 25 日德拉蒙德给国务卿的信，内容如下：

"我谨通知您，国际联盟大会于 2 月 24 日通过了该决议，随函附上决议文本（见吉尔伯特 2 月 24 日晚上 7 时第 60 号电报②）。

根据本决议条款设立的咨询委员会今天举行了会议。根据大会的指示，他请我向贵国政府转达关于工作的合作邀请。

我不必说，委员会非常重视与贵国政府的合作，并真诚地希望能够接受这一邀请。"

威尔逊

（戴瑶瑶译）

118. 国务卿致驻瑞士大使（威尔逊）（1933 年 2 月 25 日）

793.94 委员会/837：电报

[华盛顿]，1933 年 2 月 25 日晚上 6 时

78. 您在 2 月 24 日晚上 7 时的 125 号电报。今天给德拉蒙德写了一封信，内容如下：

"我已收到 1933 年 2 月 24 日的来信，其中转递了国际联盟大会今天通过的十九国委员会的报告副本。

我注意到您要求我尽快与您沟通美国政府的答复。

应这一请求，我谨将美国政府的意见陈述如下：

中日争端局势发展至今，美国的宗旨大体上与国际联盟的宗旨是一致的，

---

① 原编辑者注：缺印。
② 原编辑者注：电报缺印。

共同的目标是维护和平,以和平方式解决国际争端。为了实现这一目标,虽然国际联盟对其两个成员国之间的争端行使管辖权,但美国政府仍努力支持国际联盟为和平所作的努力,使其在方式和范围上保持独立的判断。

国联对事实得出的调查结果与美国政府从其代表向其提交的报告中得出的对事实的理解是基本一致的。根据其事实调查结果,国联大会已经做出了一份慎重的结论声明。美国政府大体上同意这些结论。国联和美国各自肯定不承认的原则并且在这个态度上的立场是一致的。国联提出了解决问题的原则。美国政府在其作为缔约国的条约规定的适当范围内,对所建议的原则表示普遍赞同。

美国政府真诚地希望,目前陷入争议的两国,长期以来都与我们及其他国家的人民保持着友好关系,根据目前世界舆论的明确表达,我国人民和其他国家的人民可能会发现使他们的政策符合国际大家庭的需要和愿望是有可能的,即只有和平手段才能解决国际争端。"

2.德拉蒙德给我的信以及我的回复将由新闻界发布,并于周日早上见报。我希望德拉蒙德也公布这些文本。

史汀生
(戴瑶瑶译)

119. 国务卿备忘录(1933 年 2 月 27 日)

793.94/5953

[华盛顿],1933 年 2 月 27 日

日本大使应邀前来继续我们上星期四的谈话。但他在开场白中说,他想告诉我,作为个人问题,他认为我上星期六给国联的最后一份关于大会行动的照会①的基调是温和且调和的。他说,他感谢我一直努力不火上浇油,他认为他的人民会感谢我的态度,尽管他还没有时间了解他们对我的照会的反应。

然后我们继续进行一般性谈话。从他所说的话中我有了一些了解,我提醒他,我从未对日本不友好过;在满洲发生这些事件之前,我曾公开表示,我认为日本的福利及其在远东的地位和影响对美国的福祉来说一样重要,而且在

---

① 原编辑者注:见上文 1933 年 2 月 25 日给驻瑞士大使的第 78 号电报。

这些事件发生之前，我经常这样称日本在世界这一地区有稳定的影响力。大使说他记得我在天皇生日那天说的话，并感到非常满意。我接着提醒他，1931年九一八事变爆发时，我并没有把它归咎于日本政府或我以前认识的政治家币原以及若槻或者日本人民，而是归咎于一小群有军国主义野心和欲望的人。大使说他对此非常了解。我还告诉他，我后来反对日本在满洲的行动而采取的措施，并不是出于对日本政府或人民的不满，而是因为我希望履行和维护某些和平条约，我认为这些条约不仅对整个世界至关重要，而且对日本也很重要。我告诉他，我在几次发言中都解释过我对这些条约重要性的看法。我说，我相信世界大战表明，我们在日本和美国，以及在世界其他地方建立了一种复杂的工业文明，这种文明经不起现代战争，并详细地同他解释了我的意思。我指出，我们正在发展成为非常拥挤的人口大国，我们的国家不是自给自足的，而是依赖贸易和商业来实现供给；我认为，世界大战已经表明，除非能够遏制和减少未来的战争，否则这种文明将被摧毁。大使表示同意。我指出，这些和平条约，包括《国际联盟公约》《巴黎非战公约》和《九国公约》，都是世界人民为落实这一观点和保护我们的文明不受战争破坏而做出的真诚努力，而且，它们每一项都是战后为了稳定世界和保护每个国家福利做出的努力。他说他认识到了这点。我告诉他这是我行动的主要动力。

　　大使说，他认识到这一切，对他而言，因为他多次对我做出保证，而这些保证后来并没有在满洲实现，他对此感到很失望，但他仍然想说，他相信他的人民，温和派迟早会让我们满意。我告诉他，我和他一样都希望能如此。我接着说，我从整体局势看来，满洲的整个领土对日本来说并不重要，重要的是信任和善意，而这些信任和善意正遭到这些行动的损害。他表示他也是这么认为的。大使表示，他将致力于发展两国友好文化关系，不再谈论满洲问题。他热情地表达了自己的愿望，希望即使我卸任，我们也能继续保持我们的私人关系。我对此进行了回应，并告诉他，我期待去年冬天发生的对抗锦州行动能不再阻止我拜访他的使馆。大使笑着说他也希望如此。

亨利·L. 史汀生

（戴瑶瑶译）

120. 国务卿致驻瑞士大使（威尔逊）（1933 年 3 月 11 日）

793.94 咨询委员会/3：电报

［华盛顿］,1933 年 3 月 11 日晚上 8 时

86. 您 2 月 25 日下午 4 时的第 128 号电报。

1. 请将国务卿于 3 月 11 日写给德拉蒙德的以下信件①转交给他,除非您认为有理由做进一步的考虑,而在这种情况下同样信件要立即上报。

"我很荣幸地收到您 1933 年 2 月 25 日的来信②,信中载有国际联盟大会 2 月 24 日通过的决议案文,其中规定任命一个咨询委员会。您通知我,根据本决议条款设立的咨询委员会要于 2 月 25 日举行一次会议,并根据大会的指示,请您向美国政府转达它在其工作中合作的邀请。

在本答复中,我很高兴地通知您,美国政府同意以适当和可行的方式与咨询委员会合作。美国政府必须独立判断可能提出的建议以及咨询委员会可能建议采取的行动,因此,不能由美国政府任命一名代表担任委员会成员。但是,我认为本届政府的代表参加委员会的审议会是有益的,因此,我指派美国驻瑞士大使休·R. 威尔逊先生做好参加的准备,但如果您希望他与会,他是没有投票权的。"

2. 我方授权您按照上述信函的规定行事。当然,如果没有事先获得政府部门的明确授权,您将不会就任何事项向您的政府承诺。

3. 我要求您在我准备好有关声明之前对上述内容保密,直到我通知您后方能发布。

赫尔

（戴瑶瑶译）

---

① 原编辑者注：引用未转述。
② 原编辑者注：见驻瑞士大使 1933 年 2 月 25 日第 128 号电报,第 114 页。

121. 副国务卿致驻瑞士大使(威尔逊)
(1933 年 3 月 13 日)

793.94 委员会/491a:电报

[华盛顿],1933 年 3 月 13 日晚上 6 时

87. 国务院 3 月 11 日晚上 8 时的第 86 号电报,以及 3 月 12 日下午 4 时的第 146 号电报①。国务院将在国际标准时间 3 月 14 日(星期二)上午 9 时在世界各地公布 2 月 25 日致国务卿的信函和 3 月 11 日国务卿致德拉蒙德的信函。

与此同时,国务院正在发布一份解释性声明,内容如下:

"国际联盟大会为跟进远东局势而设立的咨询委员会已向美国政府发出邀请,邀请它在该委员会的工作期间协同合作。

该咨询委员会由十九国委员会成员以及加拿大和荷兰的代表组成。

无论在世界的哪个地区,促进和平,都是所有国家共同关注的问题。美国人民从过去到现在都希望参与为此目的所作的努力。本着这种精神,我们过去在没有直接参与的情况下进行了合作与观察。因此,我们很高兴接受咨询委员会的这一邀请,即我们在大会指派给其的工作中与其合作。作为促进有效合作的一项实际措施,我们在答复这一邀请时建议,美国代表应出席委员会的审议,但无表决权。这一程序如获通过,将不会使该国政府的代表在委员会中占有席位。美国以这种方式出席委员会会议将有效地使双方联系在一起。它绝不会损害美国的独立审判权和行动自由。美国代表不能采取任何对美国有约束力的行动。我们认为,这个问题的重要性要求关心此事的国联、国联各国和美国等方面能迅速并准确地交换资料和意见;按照常理要求各国之间进行自由和坦率的讨论;这样的程序将有助于实现这些目的,符合美国和所有其他相关国家的利益。"

菲利普斯
(戴瑶瑶译)

---

① 原编辑者注:后者缺印。

二、远东危机：日本对东北的
占领与美国的政策声明（2）

1. 驻日本代办（内维尔）致副国务卿（1932 年 5 月 7 日）

793.94/5251

第 611 号
　　　　　　　　　　　　　　　　　　　　[东京]，1932 年 5 月 7 日

　　　　　　　　　　　　　　　　　　　　　　　　5 月 21 日收到

　　先生：我荣幸地向您报告，从媒体的评论来看，日本国内有一种强烈的舆论主张退出国际联盟。诚然，自从国联首次采取行动解决满洲事务以来，这种观点在某种程度上已经是显而易见的了。但最近几周，国联在上海事务中的活动导致反国际联盟的情绪再次抬头。特别是日本认为十九国特别委员会的决议是强制和不公正的，在日本国内引起了极大的愤慨，并在报纸上引起了许多要求退出国联的骚动。

　　我没有尝试翻译任何一篇来自外务省的文章，因为它们大部分都是冗长而重复的。他们的态度可以从下面这些相当有代表性的引语中判断出来。《大阪每日新闻》发表社论称："这段话（第 11 号决议）让这个帝国如此深为反感，以至于在最糟糕的情况下，它甚至决定退出国际联盟，其中的原因在于，这一提议相当于侵犯了帝国的特权。"《国民新闻》4 月 21 日报道说，一群同行主张退出国联。这篇文章指出："这些同行宣称，日本应该断绝与国联的联系，并试图通过两国坦率而直接的谈判重建中日友好关系……①国联的行为为证明它是欧洲国家的所有意图和目的所在。"

　　据报道，4 月 21 日，荒木将军在大阪的令人惊讶的坦率讲话中表示："如

---

　　①　原编辑者注：原文遗漏。

果国联阻挠日本为维护满洲的和平而做出努力，日本应该大声问问它是否打算让满洲重新陷入混乱。如果国联坚持下去，日本应该大胆警告说，国联是在努力破坏世界和平，而不是维护世界和平。日本人决不会偏离他们所深思熟虑的方针。"据《大阪每日新闻》，4月24日举行的一次军事领导人会议上，包括陆军大臣荒木将军在内的领导人普遍认为，如果国联不改变目前遏制日本的正义事业的态度，日本应该退出国联。据《时事新报》报道，最近，首相与政友会的首席秘书讨论公众要求退出国联而引发的骚动。同一篇文章里还说，外务大臣向首相详细地描述了情况，并补充说，如果国联坚持目前的态度，情况可能会迫使日本完全放弃国联。

根据《大阪每日新闻》的说法，在日本政府、外务省以及中央政府内部，越来越多的人认为日本应该退出联盟。这些官员认为，与其采取与十九国特别委员会的决议临时的反对态度，还不如完全断绝与国联之间的联系。此外，分裂主义者认为，只要国联保留目前的盟约，日本与国联的严重分歧就不会随着目前的争端结束。尽管这个问题对日本来说至关重要，但联盟内较小的国家把它视为一个抽象的问题。日本必须回答所有人的疑问，决定要么停止与国联的合作，要么正式退出。顺便说一句，《大阪每日新闻》在晨报上发表了标题为"日本应该退出联盟"的连载文章。4月27日该报英文版发表社论称："如果国联坚持让日本对其的期望和信心彻底消失，日本和日本人民将毫不犹豫地退出该组织。"

一些新闻界有影响力的人反对那些主张脱离国联的人的观点，指出了保留国联会员资格的好处。李顿爵士在沈阳接受日本记者访问后发表声明表示，反对日本仓促退出国联，这似乎使煽动者们变清醒。谨随函附上《大阪每日新闻》的一篇社论，该社论赞扬了李顿爵士的观点，并告诫人们不要退出国联。顺便说一下，李顿爵士的发言，在本地引用，似乎已经触及了一个在讨论国联成员的问题时被媒体刻意回避的话题，即托管岛屿的处置问题。毫无疑问，这件事会对日本人在决定是否留在国联产生重大影响。

兹随函附上原日本驻比利时使馆参赞芦田（Ashida）博士在《报知新闻》（*Hochi Shimbun*）上撰文的译文。芦田博士给出了谨慎的建议，并指出退出国联后的严重后果。

无论对争端的哪一方来说，退出国联都不乏争议。可以有把握地说，这个问题正得到政府和公众的密切关注。（日本）目前还没有立即从国联退出的前景,但从媒体上发表的观点看来,国联里持续的愤怒可能会导致日本与该组织断绝关系。

尊敬您的埃德温·L. 内维尔
(曹文博译)

2. 驻华大使(詹森)致副国务卿(1932年5月9日)

793.94/5174:电报

［北平］,1932年5月9日中午
5月9日上午6:25收到

511. 以下内容来自国闻(Kuo Wen),南京,5月6日:

"今天下午,罗文干博士就上周四在上海签订的中日和平协议发表了声明。

罗博士信心满满地认为,日军将撤至1月28日之前的原防区,届时并不需要联合调查团来宣布上海是否已经恢复正常秩序。

外交部部长于今晚10时的采访中确认了和平协议的内容。据他所言,自会议开始以来,日本政府提出了许多不合理的要求;所幸的是,这些要求都遭到了中国代表的成功抵制,例如日本政府首先提议召开一次圆桌会议来解决上海问题,紧接着,他们又提议在上海建立一个免税港口,并要求扩张租界的范围,他们甚至还提出要求中国政府镇压抗日抵制行动。在中国代表团的努力下,所有这些要求最终都被驳回。

在日本撤军这一问题上,罗博士说,日本政府原先要求有额外的领域来安顿他们撤出来的军队,但在中国代表与其长时间的讨论之下,他们同意接受和平协议中指定的领域。另外,日本方面还提出了有关中国在苏州河南岸以及浦东地区驻扎军队一事,但这一提议也因中国方面的反对而被驳回。罗博士表示,尽管目前的协议没有规定日本军队立刻从上海撤出,但它是中国在当今国际环境以及国内环境之下最好的解决方式。随着上海事件的解决,外交部将把注意力转向中日争议的根源——'满洲国'问题。

对于中俄局势问题,罗博士说,中国政府早已有意与苏维埃俄国重新建立外交关系,但最近发生的事情,如苏维埃政府在中俄会议上对中国代表的轻视,以及有关苏维埃当权者正与满洲傀偏政府周旋的报道,很有可能阻碍两国

之间重新建立友好关系。"

致大使：

珀金斯

（竺丽妮译）

3. 驻上海总领事（坎宁安）致副国务卿
（1932 年 5 月 9 日）

793.94/5182：电报

［上海］,1932 年 5 月 9 日下午 5 时

5 月 9 日上午 9：15 收到

232. 1. 联合委员会日本代表通知我,所有日本军队已于今日 1 时退出浏河、嘉定和南翔。

2. 在罗店的部队将会于 5 月 10 日中午撤退。已于 8 日向中方发出了撤离的意向通知。

3. 中国代表宣布,昨日 400 名宪兵离开了南京,今日已在浏河、嘉定和南翔待命,明日会到罗店。

4. 中国代表发布通知,任命最出色的口译人员及官员在这些地方和政府的行政机关部门各就其职。毫无疑问,中国代表还记得日本方面在撤军时要求口译人员来陪同警察和地方官员的事。这一要求是 7 日在联合委员会会议上提出的。

5. 在 5 日《中日协定》①第 1、2 和 3 款生效期间,请国务院和使馆就需要报告的细节数量做出指示。

抄发至使馆和南京。

坎宁安

（竺丽妮译）

---

①　原编辑者注：国务院于 5 月 11 日晚上 9 时第 179 号电报答复："报告重要发展,提供基本事实。在您认为会有用的情况下,加上一些细节。"关于 5 月 5 日中日协定的文本,见《美国对外关系文件　日本：1931—1941》,第一卷,第 217 页。

4. 驻日内瓦领事（吉尔伯特）致副国务卿
（1932 年 5 月 10 日）

793.94 委员会/211：电报

［日内瓦］，1932 年 5 月 10 日上午 9 时

5 月 10 日上午 8：15 收到

180. 秘书处发布了一份公报，提供了德拉蒙德和李维诺夫（Litvinoff）之间关于李顿调查团的通信文本。收到苏联政府的消息后秘书处采取了这一行动，这些文件将在莫斯科发表，以纠正各国新闻界发表的错误信息。

德拉蒙德 4 月 20 日致李维诺夫的信如下：

"远东的调查团主席李顿爵士，为了向理事会报告中日问题，秘密地告知我，调查团认为在其逗留满洲期间，如果能够获得苏联政府授权在满洲的官员提供的任何信息或证据，可能会有很大的帮助。李顿爵士询问，为此目的提出的要求是否会遭到苏联政府的反对。如果您能在这件事上给我们提供任何帮助或建议，我将非常感激。"

李维诺夫的回信如下：

"谨遵您在 20 日来信所提出的请求，我荣幸地向您传达苏联政府的答复如下：

苏联政府愿意提供一切对调查团的工作可能有帮助的援助，将真诚地致力于明确满洲的实际情况，真正希望结束在中国发生的武装冲突。然而，苏联政府不是国际联盟成员，既没有参加中国的现场考察，也没有参加李顿调查团；因此，它不能确保其代表所提供的信息能够得到适当的处理，不能对国际联盟调查团可能达成的结论承担任何责任；在这种情况下，苏联政府不得对您的要求做出否定的答复。"

吉尔伯特

（曹文博译）

5. 驻天津领事（艾奇逊）致副国务卿
（1932 年 5 月 10 日）

793.94/5195：电报

> ［天津］,1932 年 5 月 10 日下午 1 时
>
> 5 月 10 日上午 5:30 收到

以下已于今日送交使馆：

"5 月 10 日中午。本地日本官员说,有关日本在山海关进行军事活动的新闻报道是日本小规模军事演习的结果,而且日方要求中国军方报告中国军队在山海关附近的军事活动。据可靠的消息来源,日本 200 人的警卫部队人数并未增加,其进行军事演习可能只是为了对中国人示威恐吓。同一来源又有消息爆料称,5 月 4 日日本指挥官要求中国指挥官签署一份声明,承认自己无力维持和平与秩序,在遭其拒绝之后,一名日本官员率领 100 名'满洲国'警察跃入城墙占领了火车站,但在 24 小时之后,由于当地任职的英国铁路官员的抗议而退出。

抄发至国务院和南京。"

艾奇逊

（竺丽妮译）

6. 驻日内瓦领事（吉尔伯特）致副国务卿
（1932 年 5 月 10 日）

793.94 委员会/212：电报

> 日内瓦,1932 年 5 月 10 日下午 2 时
>
> 5 月 10 日上午 11:30 收到

183. 领事馆 5 月 3 日上午 11 时第 167 号电报①,理事会马托斯（Matos,危地马拉,主持本届会议）于今天上午收到并向大会传递了 4 月 30 日的李顿

---

① 原编辑者注：未印。

报告书,①日本代表就第 15 号文件的不可应用性表示了口头上的意见保留,维持了日本的立场。②

吉尔伯特

(竺丽妮、曹文博译)

7. 驻上海总领事(坎宁安)致副国务卿
(1932 年 5 月 10 日)

793.94/5192:电报

[上海],1932 年 5 月 10 日下午 4 时

5 月 10 日上午 10:30 收到

234. 您 5 月 6 日上午 11 点致大使的 170 号电文已抄发至南京。

1. 昨天收到了上海公共租界工部局关于第 31 步兵团事件的正式报告和抗议,我希望今天能得到进一步的消息,之后我会电告完整电报。

2. 我处并没有收到官方消息告知何时解除紧急状态,并已将此事全权授予上海公共租界工部局处理。在与上海公共租界工部局的谈话中(我们了解到),他们认为在 5 月 5 日《中日协定》第三条和附件二中所设想的日本军队撤军完成、中国警察职能确立之前,不应该解除紧急状态。

抄发至使馆,抄送至总司令。

坎宁安

(竺丽妮译)

8. 驻英国大使(梅隆)致国务卿(1932 年 5 月 23 日)

793.94 上海圆桌会议/16:电报

[伦敦],1932 年 5 月 23 日晚上 6 时

5 月 23 日下午 3:30 收到

182. 我今天下午看了您的 5 月 20 日下午 6 时发给西蒙的第 149 号电

---

① 原编辑者注:《国联公报》,特别增刊第 102 期,第 30-32 页。

② 原编辑者注:关于《国际联盟公约》,参见《美国与其他列强的盟约、条约、公约》(1910—1923),第三卷,华盛顿:政府印刷局,1923 年,第 3336 页。

报。他告诉我，东京方面给外交部的建议和您的建议基本相同，除了林赛
(Lindsay)大使称如果利益相关各国不能接受东京提议的话，日本政府打算坚
持其在上海召开会议的提议。

西蒙说他完全同意您的观点。他指出，在东京或其他地方召开的任何没
有中国参与的五大国会议，讨论上海问题，都只不过是日本政府为了在五大国
之间建立统一战线，就某些商定的建议达成一致，然后提交给中国。召开这样
的会议，势必会引起中国极大的怀疑，从而导致一股普遍性的反外骚动。除此
之外，西蒙还指出，这样一场会议的任何审议都不会在私下进行，就中国方面
而言，即使不可能接受日本外务大臣的这一建议，但是拒绝这一提议又显得难
上加难，因为拒绝会给日本一个借口，宣称他们已经提议过合作，只是被中国
方面拒绝了。西蒙称林赛已经收到指示，指出提议召开会议将会激怒中国人，
而且就外交部的观点来看，美国不会同意参与任何排除中国的会议，以及不考
虑"满洲国"形势的议程，(外交大臣对您电报中的 D 段十分满意)。西蒙补充
说，鉴于今天下午的谈话，东京将奉命与美国驻日大使馆保持密切联系，等待
就如何在拒绝以提议的形式举行会议的同时，日本外务大臣的提议继续有效。

西蒙称因不便拒绝日本外务大臣的提议，他打算在日本新内阁形成之
后，①指派林赛拜访新外务大臣，并建议他，任何有关排除中国的会谈计划都
可以由日本在英国伦敦的使馆，以及当地的外交官员来执行，并且想必在其他
四个国家也不会遭到拒绝。最后，西蒙再次重申，他完全同意您的观点，但希
望您能对上述程序发表意见，并且很明显他考虑到，如果达成一致，就不应该
对 5 月 13 日在东京举行的会议做出联合答复。

西蒙还补充说，他并非建议在此时此刻求助于国联调查团的官员，毕竟他
不想采取任何美国方面不会继续采取的政策。

梅隆

(竺丽妮译)

---

①　原编辑者注：日本首相犬养于 5 月 15 日遇刺身亡。

9. 驻哈尔滨总领事（汉森）致驻华大使（詹森）①
（1932年5月23日）

793.94 委员会/257

第 2386 号 　　　　　　　　　　　　　　　　［哈尔滨］，1932年5月23日

先生：我谨在下面引述我应国际联盟调查团的麦考益将军要求起草的一份备忘录的副本，他请我就如何解决满洲问题向他提出我个人的意见。

首先我必须承认，在这边的条件能使日本军队满意之前，日本军队会继续留在满洲，除非日本面临财政危机或是有强大的军事力量，或者经济压力施加于日本之上，否则他们绝不会停止在这个国家的侵略政策。他们决心不再恢复张学良、张作相（前吉林军事统帅）、万福麟（前黑龙江军长）的旧军事政权。日本似乎不希望吞并满洲，至少目前为止不希望，因此他们建立一个独立的国家——"满洲国"，以便彻底切断旧中国统治者以及南京政府对满洲的直接影响。用这一借口，日本显然避免了把满洲与中国分离的罪责，毕竟它在条约中清楚地承认，它会尊重中国在满洲的领土主权。

同时也能得出这样的结论，虽然大多数的满洲人民渴望和平与秩序，渴望铲除张学良政权，但绝不希望满洲因为日本武力的支撑而与中国分离，成为一个独立的国家。但随着时间的推移，如果日本的掌控会给满洲地区带来繁荣，满洲人口中无知的一部分——可谓是一大部分——迟早会向日本的掌控妥协，但总会有小部分当地中国知识分子会鼓动满洲与中国内地结成联盟，并且他们也会得到中国内地知识分子的支持。

我们应该提出一些计划，从而使日本军方直接或间接控制满洲，及其维护或增加日本在满洲的经济利益的决心，与满洲地区和中国知识分子维护满洲是中国一部分的愿望得到调和，从而使包括满洲在内的中国领土主权完整免受侵害。（目前）没有提到任何所谓的中国中央政府对满洲的政治主权，毕竟自从张作霖十年前当权主宰满洲以来，满洲从各方面来看，都已经是一个独立的"国家"。

---

① 原编辑者注：1932年5月23日，驻哈尔滨总领事以第5430号急件转交国务院；6月18日收到。

　　从理论上讲,外蒙古是中国领土的一部分,并且也得到包括苏维埃俄国在内的外国列强的承认,苏维埃俄国虽然在政治上间接控制这片领土,但也从理论上承认中国对外蒙古的主权地位。

　　为了满足日本的愿望和大多数当地居民的想法,为了保全在中国存在的任何所谓中央政府的"面子",为了至少在理论上维护包括满洲在内的中国的主权和领土完整的条约,应该拟订一项给予满洲类似于外蒙古的地位的计划。换句话说,满洲应该成为一个自治政权(它已经在张作霖的控制下),承认自己在中国的主权,是中国领土的一部分。

　　日本依旧可以直接或间接任命自治政权的主要官员,这些任命将由中国中央政府自动批准。此外,满洲政府应配备除日本人外的外国顾问或行政官员,以便利用日本以外的人才从事同样的工作,并确保"门户开放"的政策。

　　大约二十年的时间里,满洲居民就可以投票表决是否希望满洲继续保持自治或者真正成为中国的一部分。

　　由于本人时间有限,不能详尽阐述这一计划,这一计划只是作为解决目前困境可行办法的一个初步打算。

　　可以指出的是,与中国联系不紧密的外蒙古从中国本土分离了,首先是库伦的中国军队被恩琴(Ungern)男爵的"白人"部队赶走,恩琴男爵又被苏联军队赶走,其次是由苏联阴谋引起的内部共产主义革命。另一方面,满洲已经被日本军队从中国本土分裂出去,满洲的绝大多数居民都是中国人,他们是通过与华北华人的宗族或家庭关系而团结在一起的。满洲的中国人不认为他们和中国华北的中国人之间有什么区别,或与中国华南的中国人有什么区别。所有的区别只是省份不同,反之亦然。省份意义上的区别是指有的中国人称自己为山东人、直隶人、吉林人或者黑龙江人等等。大多数满洲中国人口的祖先以及现居人员都来自中国北方。齐齐哈尔附近的是云南人的后裔,这些人因政治原因而在多年前流放至北满洲。

您恭敬的 G. C. 汉森

(竺丽妮译)

10. 驻英大使(梅隆)致国务卿(1932 年 5 月 31 日)

893.51 盐基金/116：电报

[伦敦]，1932 年 5 月 31 日上午 11 时

5 月 31 日上午 8：45 收到

189. 我与外交大臣讨论了 5 月 27 日下午 4 时国务院的 156 号电报。① 外交大臣表示，他会立即要求外交部准备一份意见声明，通过使馆转交给您。约翰爵士表示，外交部了解到，美国驻北平和东京的代表团反对就盐政问题提出交涉，外交部认为这是一个软弱的理由，尤其是因为美国和英国对盐政的兴趣非常有限。约翰爵士指出，中国本身过去曾违反《盐业协议》②。

外交大臣询问，为什么不把这个特别的问题交给有美国成员加入的李顿调查团来报告。约翰爵士认为，这样的程序将使得英美进行合作，他强调这是至关重要的，也是美国和国联的合作，并使英国在这一问题上与美国和国联充分合作。

梅隆

（曹文博译）

11. 驻沈阳总领事(麦迩思)致驻华大使(詹森)③ (1932 年 6 月 3 日)

793.94/5373

587 号 [沈阳]，1932 年 6 月 3 日

先生：谨随函附上一份备忘录，内有我应远东调查团美国成员弗兰克·R.麦考益将军的请求，就解决满洲问题提出的一些建议。

您恭敬的 M. S. 麦迩思

---

① 原编辑者注：缺印。

② 译者按：《盐业协议》，原文作 Salt Agreement。

③ 原编辑者注：驻沈阳总领事 1932 年 6 月 6 日急件中转交给国务院的复印件；6 月 28 日收到。

[附件]
关于解决满洲问题的建议

满洲问题的历史，可以追溯至 1895 年到 1905 年间，当时中日战争以及俄日战争刚刚结束，而日本在中国领土上获得了让步。1915 年 5 月 25 日签订的《满洲条约》和交换有关满洲的照会进一步扩大了日本的权利。无论是精神上的因素还是物质上的因素都不断加剧原本就十分复杂的局面。日本自 1931 年 9 月 18 日占领满洲，建立了所谓的"满洲国"独立政府，使得对这一高度争议且极度复杂的问题显得几乎不可能提出一个切实可行的解决或者调整方案。然而外界的重压因素或许会使得一个解决方案或者清偿办法显得切实有效，无论是多么短暂。任何实际解决方案的基础必定是承认中国的主权地位以及日本广泛的经济权益。

就中日两国直接缔结条约达成协议似乎是实现这一目标的首要和基本步骤。这样的协议必须尽量考虑周全，并且具有普遍性，尽可能防止接下来一系列会谈的破裂，以及未能执行本协定所述措施的可能性。显而易见，这一协议的总约定将会包含在国联调查团的建议之中，有如下一些建议：

（1）由日本宣布承认中国的领土完整，以及"门户开放"和机会均等的原则，并由中国方面承认中日之间所签订的协议和合约，以及这些协议与合约所规定的日本所拥有的对满洲的特殊权益。

（2）由日本方面宣布撤出"满洲国"政权，并利用其影响力，在规定期限内，由南京任命的一名受日本人欢迎的外交官为总督，领导临时中国政府接管"满洲国"政权的职能。总督应得到六七名中国知名人士的协助，最好是现有政权的一些主要官员和接受任命的外国顾问，如果他们不是国际联盟建议的人选，应通知国际联盟。应赦免所有与现有政权有关的人。

（3）在完成上述步骤之后，立即着手设立由总督领导、一名中方工作人员和外国顾问协助的中国常设行政机构，组织和监督省、市政府。省、市公安机关还应当组织和维护省、市警察和警察队伍，对符合条件的外国顾问进行培训和监督。它控制中国的金融和其他经济机构，监督满洲的财政制度，并就中央政府的支助和中国政府的义务履行达成协议。但是，需保证不干涉中国的海关、盐业和邮政事业。

（4）日本政府同意在中国军队警力和治安部队的力量足以维持和平与秩序，以及保证日本公民的生命与财产安全时，立刻将军队撤退至南满铁路附属地。军队撤离完成的消息将由两国政府通报国际联盟。

(5) 设立两个永久性的联合委员会,即通信委员会和审查委员会。前者由十名成员组成,包括四名中国人、四名日本人以及两名外国(非日本)顾问,负责调查并设计方法改善、增进和协调满洲的通信设施(铁路、电报、电话、广播和道路),并且在各个方面甚至税赋方面做出必须和恰当的提议。审查委员会由五名成员组成,两名中国人、两名日本人以及一位外国顾问,应负责调查任何解决争议所需要调查的事件与分歧的真相。两个委员会都应有权征求专家的意见或证词。

(6) 同意在本协定所载一般原则和规定的基础上,在规定的期限内就满洲问题进行谈判,同时谈判宣布有组织抵制为非法和刑事犯罪的一般商业条约(本条约必然包括解决上海问题)。

与满洲有关的协议规定建议与日本有磋商的满洲当局创建一个由四名中国人、四名日本人,以及两名(非日本的)外国顾问所构成的联合委员会——一个更大的联合委员会说不定也是适当的——为拟订和建议适当的条例,以执行条约或协定赋予日本的权利,并为开发满洲的矿物、木材和其他资源拟订特别条例。

满洲当局聘请的顾问,应由国际联盟推荐,或每年向国际联盟报告其姓名和资格。

日本和中国之间就满洲问题所缔结的一切条约和协定的副本均提交给国际联盟。

注:到目前为止,就军事问题而言,似乎最好的处理办法是互换照会,而非按照协议中的条款来解决。中国方面照会的大意应该是说中国无意在满洲驻扎部分军队,或者任何其正规部队的分支,但将会有训练有素的警察和治安力量来维持该地区的和平与秩序。这些警力会归属于满洲当局的指挥与控制。日本方面的照会可以大致为:承诺日本军队会在满洲一恢复和平与秩序并且日本人民的生命和财产安全得到地方机构的力量充分保护之后,就立即退军至铁道附属地,并裁军到正常的数量,在条件允许的情况下,日本正规部队退出铁道附属地,另也将得到苏联的谅解和支持。

(竺丽妮译)

12. 驻华大使(詹森)致国务卿(1932年6月6日)

793.94 委员会/235：电报

[北平]，1932年6月6日晚上6时

6月6日凌晨4：20收到

622. 麦考益少将以及国联调查团的其他一些成员已于昨日夜间抵达这里，他们打算在此逗留两个星期之后出发去日本。

詹森

（竺丽妮译）

13. 驻华大使(詹森)致国务卿(1932年6月6日)

793.94/5309：电报

[北平]，1932年6月6日晚上7时

6月6日上午10：15收到

623. 您5月25日下午5时致东京的第129号电报。关于您提到的上海防卫计划，我有以下几点看法：

1. 去年3月在上海的时候，有人给我看了一份秘密防御计划的副本，这一计划虽然由第四海军陆战队的胡克(Hooker)上校签了名，其内容却显然不为总领事坎宁安所知。1931年12月，为了防卫"公共租界及其周围地区"，这一计划才被精心制作出来。

2. 防卫委员会负责决定联合行动计划何时开始实施，但这并不妨碍警卫部队指挥官独立行动，只要立刻通报防卫委员会主席。

3. 防卫计划规定了公共租界及其周围地区的界限，任何有可能威胁到外国公民生命和财产安全的人都不能跨过这一界限。据我所知，这条界限的位置并没有通告中国人，虽然它占用了完全由中国人掌控的领域。

4. 因此，1月28日出现的情况是，在日本入侵满洲约3个月后，并且充分认识到了其中一个民间团体的活动所造成的紧张局面给防卫计划带来的威胁的情况下，由外国部队指挥官、上海义勇队，以及公共租界工部局所同意的防卫计划正在实施。这一团体于1月28日通知了防卫委员会，有意采取极端行动,防卫委员会随之请求公共租界工部局宣布进入紧急状态。这一举动让防卫计划开始实施,并且使得日本作为委员会的一员进而占领了分配给它的纯粹是中国领土的防御地段,并宣称日本此举是在代表其他国家以及它自己保护公共租界。实际上,其他外国部队在防卫计划下的合作只不过是被利用来掩盖完全符合日本利益的行动。其他大国的利益从未受到过威胁或攻击。更多评论,请见邮件。①

詹森

(竺丽妮译)

14. 驻华大使(詹森)致国务卿(1932 年 6 月 7 日)

693.002 满洲/67:电报

[北平],1932 年 6 月 7 日上午 9 时

6 月 7 日凌晨 5 时收到

626. 您 6 月 4 日中午的第 140 号电报,汉森于 6 月 5 日下午 3 时来电,称一名"新政府"官员私下表示,"政府"有意为满洲海关任命一名税务司。我的英国同事也收到了同样的消息。当我 6 月 1 日在哈尔滨询问汉森时,他说他同天在与大桥的对话中,对方透露说"新京"政府急需资金周转,有必要接管海关,但并没有说什么时候接管。

如今国联调查团在满洲的工作已经圆满结束。我得到消息说,"满洲国"将辞退日本顾问,并重新雇佣为其"雇员"。"顾问"一词显得日本和"满洲国"之间的关系太过亲密。

麦考益也告诉我说,在调查团逗留满洲期间,日本人每隔一段时间就会给他留下"满洲国"是一个独立政府的印象。

麦考益和勃来克斯雷都向我复述了一些明确是为了传达此观念的事件。

就满洲有关海关、邮政和盐政问题的任何计划筹谋都必须将这一事实纳入考虑范围之内。

以下关于满洲的中国海关操作的事实有可靠来源:就安东、牛庄和哈尔滨的海关而言,"满洲国"当权者已向中国银行下达指令不要减免对上海的征税,虽

---

① 原编辑者注:见 6 月 18 日第 1580 号急件,第 85 页。

然其各自的委员有权保留募捐的花费。除此之外，税务司对安东和牛庄的行政
管理权威丝毫无损。据报道，中国银行将有关收入存入一个特别暂记账户，但
有一点是清楚的，在满洲问题得到明确解决之前，这笔资金不会被动用。关于
哈尔滨，收入同样保留在东三省银行的一个特别账户内。瑷珲和珲春在有收入
的时候正常汇款。由于大连有一项特别协议，所以程序没有改变。

詹森

（竺丽妮译）

15. 驻沈阳总领事（麦迩思）致国务卿（1932 年 6 月 10 日）

793.94 委员会/289

第 471 号　　　　　　　　　　　　　　　　［沈阳］,1932 年 6 月 10 日

　　　　　　　　　　　　　　　　　　　　　　　　　　7 月 5 日收到

　　先生：我很荣幸在结束对朝鲜为期十九天的访问后，就美国证券交易委员
会、医学博士以及国际联盟调查团在沈阳进行的第三次访问提交如下报告。

　　调查团从哈尔滨出发，于 5 月 21 日晚上 10 时乘火车到达沈阳，受到欢迎
的方式与他们第一次出现在这里时相似，但没有当时那么精心。停留了四天
之后，他们于 25 日晚间前往关东州，在那里短暂停留后，于 30 日晚间又返回
了沈阳。

　　随函附上调查团在沈阳期间活动的详细记录。[①] 信中表明，调查团的正
式调查活动由三次访谈组成，先是和日本领事机构会谈，拜访了鞍山铁厂和抚
顺煤矿；其次是会见了本庄繁中将和日本商会的代表们；最后是和沈阳省长官
臧式毅将军会谈。随函附上大连《满洲日报》关于这些活动的新闻报道。[②]

　　值得注意的是，在调查团成员对此处进行的最后两次访问中，虽然他们也
受到了充分的"保护"，但并没有像领事馆在 1932 年 5 月 3 日第 464 号文件中
所描述的那样，受到像之前那样不断的令人恼火的监视。这一方面的改变十
分显著，无须赘述，是非常值得赞赏的。

　　调查团于 6 月 3 日离开沈阳，早上 6:30 出发，乘火车前往北平。尽管出

---

①　原编辑者注：未印。

②　原编辑者注：未重印。

发时间甚早,仍有众多重要官员为他们送行,顺便说一句,甚至包括苏联领事职员。

和往常一样,本办事处尽一切可能向麦考益将军、美国专员以及他的美国助手勃来克斯雷博士和皮特尔中尉提供协助,他们都是总领事馆的常客。他们也是我在多处为他们所举办的社交会中的私人贵客,也由我的职员款待过。

您恭敬的 M. S. 麦迩思

(竺丽妮译)

16. 驻南京总领事(佩克)致国务卿(1932 年 6 月 10 日)

861.77 中国东部/1090

第 D-287 号

[南京],1932 年 6 月 10 日
7 月 18 日收到

先生:谨随函附上中国政府于 6 月 7 日下发、外交部今天发给我的关于满洲问题的新闻稿一份。[1]

声明中最重要的一点似乎是,国民政府拒绝承认满洲伪政府对中东铁路官员的任命是合法的。

您恭敬的维利斯·R·佩克

(竺丽妮译)

17. 国务卿致驻上海总领事(坎宁安)(1932 年 6 月 11 日)

793.94/5283:电报

[华盛顿],1932 年 6 月 11 日下午 1 时

197. 国务院 5 月 24 日下午 6 时的第 189 号电报。还有您的 5 月 28 日下午 2 时第 272 号电报。国务院十分感谢您有力地驳斥了通过联合委员会的中日代表诱使中日政府发表声明的企图。同时,国务院希望您放弃这一阶段的建议。

然而如果说除中日之外,联合委员会的其他成员认为发布一份带有恭贺

---

[1] 原编辑者注:未印。

色彩的声明如果有用,国务院将授予您和您利益有关的同事全权处理此事,只要这份声明在日本按照 5 月 5 日的和约规定,将其军事力量完全撤出其自 1 月 28 日所占领的全部地区之后发布。

史汀生

（竺丽妮译）

18. 国务卿致驻英国大使(梅隆)(1932 年 6 月 11 日)

693.002 满洲/73:电报

［华盛顿］,1932 年 6 月 11 日下午 1 时

176. 您 6 月 6 日下午 5 时的第 197 号电报。

1. 6 月 10 日,我非正式地提请日本驻美大使注意国务院最近收到的报告。① 报告指出,满洲目前的政权正在考虑接管该地区的中国海关。我向大使指出,维持中国管理服务的完整性涉及许多不同外国政府有关中国政府财政义务的权益,也涉及《九国公约》所规定的承诺。我告知他说,国务院对这些报道十分重视,并且因为日本大臣——这些日本大臣只听命于日本政府——是满洲“新政权”当权者的主要顾问,我认为有必要提请他注意这一问题。

2. 6 月 10 日,美国驻哈尔滨总领事来电称,他已从当地官员那里得知,由于担心外国投诉,任命满洲海关总税务司一事已被搁置。

3. 请将上述情况告知英国外交部。

史汀生

（竺丽妮译）

---

① 原编辑者注:参见 1932 年 6 月 10 日国务卿备忘录,《美国对外关系文件 日本:1931—1941》,第一卷,第 89 页。

19. 驻日大使(格鲁)致国务卿(1932 年 6 月 13 日)

893.01 满洲/252：电报

[东京]，1932 年 6 月 13 日晚上 8 时

6 月 13 日上午 10：50 收到

155. 过去这几日以来，承认"满洲国"为独立国家的运动似乎取得了进展。据报道，两大主要政党都在准备一个有意于承认的联合解决办法，并将于明日递交至国会。据称任命内田子爵为外务大臣的事似乎迫在眉睫。内田子爵强烈赞同立刻承认"满洲国"。奇怪的是，根据几家新闻采访，陆军大臣荒木将军反对立刻承认，因为他希望在同意承认之前先解决满洲管理问题。

极富影响力的《东京日日新闻》猜测，(居住)在满洲的中国人怀疑日本方面迟迟不承认是因为日本有意吞并满洲，这一想法来源于日本目前计划将满洲的日本当局合并为一个国家。上述报纸以及《大阪府报》《读卖新闻》和《大阪每日新闻》，都在过去的三天内发表社论倡议立即承认。

政府对国会上质询的回复认为现在承认还为时尚早，虽然政府已经准备等时机成熟的时候同意承认。公众的意见则似有分歧，有一些意见提倡立即承认，另一些则建议静观其变。新闻社今晚报道说，内田子爵和荒木将军将就此事进行会谈。

格鲁

(竺丽妮译)

20. 驻日大使(格鲁)致国务卿(1932 年 6 月 13 日)

793.94 委员会/286

第 7 号　[东京]，1932 年 6 月 13 日

7 月 2 日收到

先生：我很荣幸地报告，日本人民迄今对国际联盟远东调查团在满洲的调查没有表现出多少不安。日本媒体已将调查团的动向告知了全国，当调查团成员和许多日本的、中国的以及"满洲国"的官员会谈不保密的时候，媒体进行了报道，不时发表关于调查团可能提出建议的传言。然而，自始至终，日本人

保持着惊人的冷静和自信。当有报道称，调查团建议将满洲置于国际联盟的授权之下并由张学良少帅担任行政调查团主席的时候，媒体上的确有一股兴奋的情绪。但李顿爵士的声明很快就平息了这种激动的情绪，即调查团从未考虑过这样的授权。人们自然对调查团的最终报告非常感兴趣，但似乎更倾向于将其视为一个学术问题，而不是对他们在满洲的进展产生具体影响的实际因素。同样，最近宣布的"胡佛政策"，表示无限期拒绝承认任何"情况、条约或协定"的可能性，作为一个抽象的讨论话题，引起了日本人相当大的兴趣，但并没有引起任何振奋变成控制满洲的具体障碍。

日本人的这种冷静和自信的态度是因为他们完全相信自己，尽管他们普遍预料到国联调查团的最终报告书或多或少是不利的。有两件事情他们可能要面对全世界的官方谴责（日本对不利的批评是异常敏感的），以及夺取他们以军事手段获得的满洲控制权。

日本人可能觉得他们可以忽视世界的谴责，因为他们相信在满洲的行为是合理的。通过不断重复的公开演讲和媒体不断的重申，日本大众已经相信，满洲对他们的继续存在是至关重要的（尽管永远没有详细的事实来支持这一理论），这个国家在满洲的利益受到张学良少帅政府的威胁，为保护这些利益，绝对有必要进行军事干预。他们得知并相信，其他国家反对他们征服满洲的势力，完全是缺乏对中国和满洲实际情况的了解。他们也许不能理解也不能认识到国外的批评并不是完全出于无知，而在很大程度上是基于这样一种观点：日本的行动显然无视了该国本应真诚加入的某些国际协定；因此，它在很大程度上破坏了自世界大战以来世界各国一直在努力的和平格局。虽然日本媒体一再阐明满洲采取自卫措施的必要性，但几乎没有讨论过日本军事行动对维持世界和平格局造成的伤害。官员显然没有正式禁止发表这种讨论，但大家都默认避免讨论这个问题。在商业界，长期以来，日本人一直以无法理解合同或协议的性质而出名，也许这个民族的特殊性使日本街头的人忽视了这一点，认为国家根据国际协定承担义务并不重要。但是，全体人民坚定地相信，日本军队在满洲的行动是有条件的，而且他们事业的正义经过一定时间会变得明显。因此，就目前而言，他们可以忽视不利的批评。

在实际的具体尝试中，即使从日本人手中夺走了他们在满洲所取得的控制权，人们也确信他们的立场。人们普遍接受的观点是，他们已经掌握了满洲大部分地区实质的控制权，他们打算维持对所有反对势力的控制，因此没有争论的余地。知识面广、国际经验多的人认识到了这种情况所固有的复杂性和危险性,但看来他们也确信自己的立场。他们意识到,在现实中,以武力迫使日本放弃对满洲的控制以及经济抵制的威胁,并不会让他们感到害怕。事实上,日本在正常作物年内,完全不依赖进口粮食供应,这与国外普遍接受的日本可能在短时间内挨饿的观点相反。日本依赖其他国家提供的基本工业原料,如棉花、羊毛、石油和橡胶,如果停止出口制造并在国内实行配给制,日本的此类材料供应充足,可以承载相当长的一段时间。虽然有些问题可能是由于对外贸易中断引起的,但整个国家都可以自信地看到,在一段时间内,与非临近亚洲海岸的国家完全停止交往也是可以承受的。

由于这些因素,日本人民几乎一致支持其军队在满洲的冒险行动,显然对国联调查团的最终调查结果毫不畏惧。

以上是对媒体上的日本公共舆论的总结,代表了极端民族主义的观点,受当时战争心理学的影响很大。新闻界对满洲和上海运动的成本问题几乎一无所知,显然公众还没有考虑到在大陆开展军事行动所需的巨额资金问题。自今年年初以来,用于支付满洲军事开支的公共贷款总额接近 3.3 亿日元;这笔资金很可能在日本国内相当容易筹集到,但在目前财政状况低迷的情况下,日本吸收公共贷款的能力有限,而日本在国外发放贷款似乎是不可能的。因此,公众的态度可能会在日本可用的资金耗尽、国外无法获得资金之后发生变化。与此同时,必须记住,相当一部分日本人民在任何情况下都不会把停止同外国的交往看作一场灾难。

尊敬您的约瑟夫·格鲁

(曹文博译)

21. 驻瑞士大使(威尔逊)致国务卿(1932 年 6 月 16 日)

793.94 委员会/250:电报

[日内瓦],1932 年 6 月 16 日下午 4 时

6 月 16 日上午收到

96. 以下是 6 月 15 日德拉蒙德的来信。

"昨晚我收到了李顿调查团的一封电报,电报中提到报纸上出现的一些报道,大意是日本某些圈子有想要立即承认'满洲国'政府的激烈的运动。调查

团显然对这种可能性感到不安,并要求我查明:(1) 理事会主要成员从东京收到关于这个问题的什么资料;(2) 如果有什么行动可以有效地促使日本不采取这样的行动,那应该怎么办。调查团认为日本任何此类行动都将大大降低友好解决满洲问题的可能性,难以和日本在去年 12 月为'避免局势进一步恶化'而采取的接触达成和解。如能就调查团指明的两点提供任何资料或意见,我会非常高兴。①

他要求我将这些信息的性质视为非官方和机密的。我给英国、法国、德国和意大利的代表团的写法也与此相同。"

威尔逊
(曹文博译)

22. 驻华大使(詹森)致国务卿(1932 年 6 月 16 日)

893.51 盐基金/122:电报

[北平],1932 年 6 月 16 日晚上 6 时
6 月 16 日上午 7:30 收到

664. 以下来自驻南京总领事:

"6 月 15 日下午 1 时。6 月 14 日晚上 6 时亚瑟·杨格通知我,自 3 月以来'满洲国'当局扣押了外国借贷盐业配额和附加税大约 100 万银元。不仅如此,大连之外的'满洲国'海关税收也被当局扣留在海关银行数月之久。他还说,中国政府收到的可靠消息称,日本政府有意违反 1907 年的协议,②威胁说要独占大连海关。中国政府或许就查扣满洲盐收入和海关一事在近日发表声明,并就此事照会有关政府。据杨格所言,若包括大连在内的满洲海关税收全部损失,中国政府每月的净收入将减少 200 多万美元。"

詹森
(竺丽妮译)

---

① 原编辑者注:国务院 6 月 21 日下午 1 时的第 87 号电报,6 月 20 日中午第 161 号电报向驻瑞士大使通报,来自驻日大使,第 92 页。

② 原编辑者注:1907 年 5 月 30 日在北京签署的协定,见《美国对外关系文件:1907》,第 1 部分,第 133 页。

23. 驻上海总领事（坎宁安）致国务卿（1932 年 6 月 17 日）

793.94/5337：电报

［上海］，1932 年 6 月 17 日下午 3 时

6 月 17 日上午 9：25 收到

297. 6 月 17 日上午 10 时许，上海——吴淞铁路以东虹口地区除租界路段，全部移交中方控制。日本海军陆战队参谋长称，他的军队如今安置在 1 月 28 日之前所占领地区，以下除外：在吴淞的日华纺织株式会社八厂、东亚同文书院、丰田纺织厂、公大纱厂和 D 区。布恩中尉以及其他中立的军事观察员目睹了撤军。

请您斟酌通知陆军和海军部。

抄发至使馆。

坎宁安

（竺丽妮译）

24. 驻日大使（格鲁）致国务卿（1932 年 6 月 17 日）

893.01 满洲/267：电报

［东京］，1932 年 6 月 17 日晚上 7 时

6 月 17 日中午 12：13 收到

158. 国务院 6 月 16 日晚上 6 时的第 129 号电文。① 休会之前，众议院通过了如下决议，译文如下：“政府应当立刻承认‘满洲国’。”参议院没有采取任何行动。这一决议的价值很难估量，但它似乎仅仅是一种用以满足满洲地区公众兴趣的政治热情。我没有理由无端猜测是中国政府策划了这一事件，或者说中国政府会受其不当影响，或是借它作为行动的借口。

今日外务省副外相与我的一名工作人员进行了一番谈话。他说虽然政府必须注意到这项决议，但目前还没有审议承认“满洲国”政权的问题，而且在内田子爵就任外务省外务大臣之前，政府根本不会对此予以考虑。这个问题很

---

① 原编辑者注：未印；缺乏信息。

有可能不会在 7 月之前完成，因为内田将返回大连，以南满铁路总裁的身份处理自己的事务。副外相又说，无论如何，就算内田子爵有意立刻承认，他也会觉得在推荐采取行动之前有必要和国联调查团就此事进行讨论。他又说，他不认为内田子爵会赞同立刻承认，毕竟内田为人十分小心谨慎。他进一步声明，日本政府不会贸然采取行动。事实上，因为此事涉及许多问题，所以日本政府也无法采取行动。

抄发至北平。

格鲁

（竺丽妮译）

25. 副国务卿（卡斯尔）备忘录（1932 年 6 月 17 日）

893.01 满洲/274½

[华盛顿]，1932 年 6 月 17 日

中国代办给我读了一封刚从他的政府处收到的电报。他说，他认为同样的指示也已经传送至其他使馆。电报中称，中国政府曾多次就日本有关创建一个所谓的"满洲国"政府一事向其提出抗议。中国认为这一政府完全是日本的工具。中国方面也同样反复告诫日本，"满洲国"所发生的任何事情都是要其负责的。日本国会已经提议承认"满洲国"（事实上，上议院尚未采取任何行动）。中国政府认为，承认"满洲国"无异于违反了《九国公约》中的规定，中国政府打算于近日发表一份公开声明支持这一观点。

我问严博士，这份声明将以何种方式发表，是仅仅交给新闻社，还是送给外国，或是给日本。严博士表示对此并不知情。我问他为何中国政府希望我们知道电报的内容，他回答说，因为中国政府认为国会的表决是为了在日本承认这个"新国家"的问题上表达世界舆论。他认为日本会静观其变，看看全世界的观点，而且如果有影响力的代表向日本做出表决的话，或许能挽救局面。他问我，我方是否会成为这一代表。我提醒他说，中国政府并未要求我们采取这一步骤，虽然我同他一样认为指示之中已经暗含这一请求。我说，当然我们也对日本方面此事的发展十分有兴趣，而且我们对形势十分了解；我说，无论以什么方式我都无法表明我们将会采取何种行动，但我们正在商讨，《九国公约》中任何一个签约国若是承认"满洲国"独立是否意味着违反公约。我还告

诉他说，在我看来，目前不能贸然采取任何行动，毕竟若是其他国家同意这一行动，将会破坏公约，那么显而易见，唯一可行的有效方法就是共同施压；他能回禀给他的政府的唯一一件事就是说我们很有幸得知此消息，并且本政府一直在积极关注着这一局面。

W. R. 卡斯尔，Jr.

（竺丽妮译）

26. 驻英国大使（梅隆）致国务卿（1932 年 6 月 17 日）

693.002 满洲/108

第 159 号　　　　　　　　　　　　　　　［伦敦］，1932 年 6 月 17 日

6 月 25 日收到

先生：我有幸地宣布，6 月 13 日，负责外交事务的议会副议长在下议院做出了如下声明：

"日本政府已经告知我们，他们和我们一样希望见到中国海关完整性得以维持。日本政府对满洲海关的控制和他们所做的保证完全背道而驰。"

外交部远东司代理司长近日通知使馆这一声明是基于东京日本使馆 4 月 15 日的一封电讯报道，翻译其内容如下：

"外务大臣于今日重申了日本政府避免干涉海关管理的坚定决心。"

麦基洛普先生说，外交部除了我在 6 月 6 日下午 5 时第 197 号电文中所提及的信息，并未再从英国驻东京大使处收到任何重要信息。然而，在他看来，日本政府似乎正在企图走出进退维谷的困境。由于日本外务省曾发表声明说，在满洲未得到"全部主权属性"之前，是不会被承认独立的，所以日本不能附和当下支持满洲独立的公众舆论，除非它放弃曾经宣布的立场。麦基洛普先生认为，当下日本政府有关这一方面任何宣布政策的延迟，都意味着日本认识到了其所处地位进退两难的困境，而且他希望日本不会否认他曾对英国大使所做出的明确承诺。

雷·阿瑟顿（使馆参赞）

（竺丽妮译）

27. 驻华大使(詹森)致国务卿(1932 年 6 月 18 日)

693.002 满洲/83：电报

[北平]，1932 年 6 月 18 日下午 5 时

6 月 18 日上午 8 时收到

676. 我刚从上海海关总税务司梅乐和先生处收到如下消息：

"就有关满洲海关主权完整一事，我写信告知您，我收到了如下这封大连海关税务司发来的电报。这封信可谓不言自明。

6 月 12 日，我又接到财政部的另一封急件，命令我将大连海关税收汇至东三省官银号①而非上海，说是'新京'政府会认为我的不恭是我心怀不轨的一种表示，并会采取他们认为恰当和有效的措施。"

詹森

(竺丽妮译)

28. 国务卿致驻瑞士大使(威尔逊)(1932 年 6 月 18 日)

893.01 满洲/267：电报

[华盛顿]，1932 年 6 月 18 日下午 1 时

86. 您 6 月 16 日下午 4 时的第 96 号电文。有关日本方面有意立刻承认"满洲国"一事，国务院从东京的美国大使处得到如下消息。

6 月 13 日，大使电报如下：

[这里引用 6 月 13 日晚上 8 时的第 155 号电文。]

6 月 17 日，大使电报如下：

[这里引用 6 月 17 日晚上 7 时的第 158 号电文。]

如果能采取任何有效的行动阻止日本实施这一步骤，在刚从芝加哥返回的国务卿对此事考虑后，国务院再进一步通知您。

请将上述意见告知德拉蒙德，由他斟酌决定。同时请告诉他，国务院希望

---

①　原编辑者注：即东三省银行。

意得知德拉蒙德收到的任何新进展,而且也愿向其提供最新消息。

史汀生

(竺丽妮译)

29. 远东事务局助理局长备忘录(汉密尔顿)
(1932 年 6 月 18 日)

893.01 满洲/297

[华盛顿],1932 年 6 月 18 日

　　严鹤龄博士来电并提及了他 6 月 17 日和卡斯尔先生就有报道称日本有意承认满洲政权一事进行了会谈。严博士称,他和卡斯尔先生会谈之后,从日内瓦颜惠庆博士处收到了一封电报,表示国联全体大会十九国委员会将继续维持六个月,并且该调查团将于下星期进行一次会谈,会上可能会考虑报道所称的日本有意承认满洲现行政权一事所造成的局面。严博士认为,如果美国政府能向调查团表明它对日本承认满洲政权问题的态度,十九国委员会的力量将会大大增强。

　　严鹤龄博士称,中国政府认为日本众议院通过决议赞同日本方面立刻承认一事是一次试行之举,并且中国政府认为正是由于这一决议的通过,美国以及其他有关国家就日本有关满洲政体一事表态的时机已经成熟。中国外交部认为,日本承认满洲政体一事,违反了《九国公约》和日本对国联理事会以及美国许下的承诺,而且也有违美国政府在其 1 月 7 日对中国和日本方面的相同照会中做出的声明,①以及 2 月 23 日国务卿致参议员博拉的信中声明。②

　　汉密尔顿先生称,日本众议院提及了决议通过这一问题,并怀疑这一问题对日本政府的行动会有任何实际影响。汉密尔顿先生还说,在他看来,这一决议不会对政府产生强烈影响,他还表示,国务院密切关注着这一局面和事情的进展。严鹤龄博士重申,中国政府和颜惠庆博士认为美国政府对这一问题进

---

　　①　原编辑者注:见 1 月 7 日中午发给驻南京总领事的第 2 号电报和脚注 9,《美国对外关系文件 日本:1931—1941》,第三卷,第 7 页。

　　②　原编辑者注:见 2 月 24 日下午 2 时第 50 号电报,致驻上海总领事,《美国对外关系文件 日本:1931—1941》,第一卷,第 83 页。

行表态将对此事有利,汉密尔顿先生说,他无权进一步评论。汉密尔顿先生询问中国负责人是否有意就此事与国务卿进行会谈。负责人离开时认为汉密尔顿先生会尽力确认国务卿是否接见他,或是由汉密尔顿先生告知代办国务卿所欲何言。

　　注:在 6 月 23 日与中国负责人的一次电话交谈中,汉密尔顿先生告知负责人,他未见到国务卿本人,但和副国务卿作了一次会谈,得到的消息是,除了已由副国务卿和他本人做出的评论,并不能有进一步的表示。报道显示,承认问题没有前几天显得那么局势严峻。对此负责人表示,他最近得到的消息是形势仍旧。

马克斯韦尔·M·汉密尔顿

(竺丽妮译)

30. 驻华大使(詹森)致国务卿(1932 年 6 月 18 日)

893.102 S/1217

第 1580 号

[北平],1932 年 6 月 18 日

7 月 16 日收到

先生:有关 6 月 6 日下午 7 时使馆的第 623 号电文。谨随函附上一份 1932 年 4 月 20 日的外交备忘录。所谓的"上海防卫计划",即大使馆所称的"驻沪地方部队与外国武装力量在紧急情况下采取联合行动的协议条款"。

　　这一协议似乎是于 1931 年 12 月由公共租界和法租界所有外国军队指挥官、上海公共租界工部局总董、上海万国商团司令官以及工部局警务处总巡共同签署的。虽然签名前都有承诺声明"我同意服从上级指挥",我尚不能确定与美国有关的情况下有哪个"上级权威"有机会就这提议的计划发表任何意见。这份文件标有"机密"字样,美国驻上海总领事应我的请求借到一个副本,在此之前我从未见过此文件。

　　考虑到这种性质的国际协定可能具有的重要性,而且在这种情况下确实具有的重要性,我强烈认为,今后在中国港口指挥美国军队的军官应得到明确指示,向最近的美国领事官员提交他们有可能签署的任何防御计划的副本,以供使馆参考。

　　在这方面,我也愿附上我在 1932 年 5 月 24 日和美国军队中校特鲁斯德

尔的一次谈话纪要,①他目前在天津指挥着第 15 步兵团。在该次谈话中,我提请他注意这方面的情况。

您恭敬的纳尔逊·特鲁斯勒·詹森

[附件]

驻华大使备忘录(詹森)

[上海],1932 年 4 月 20 日

陆军武官德赖斯代尔(Drysdale)上校抵达上海后不久,给了我一份备忘录,其中载有对上海防卫计划的性质以及日本人利用这些声明使其在上海的陆战队的地位合法化所作的某些声明。

我和美国驻上海总领事坎宁安先生就这件事讨论了很长时间。他告诉我他曾被许诺会得到一份他称为"秘密"的防御计划的副本,然后他给我看了一份文件,题为"紧急时期当地军事力量和各外国驻沪防军联合行动的协定",他说这是 1 月 28 日多国部队为保卫租界而执行的秘密协议。坎宁安先生告诉我,他从来没有见过这份防卫计划。而且很明显,他需要将它物归原主,因为他叫我读完之后尽快还给他。从文件的性质和封面来看,我认为他是从英国人那里借来的文件,可能是上海公共租界工部局本身或英国军队。

在阅读过程中,我对这份文件做了笔记如下:

协议在规定了上海公共租界工部局利用其所指挥的警察和万国商团维持公共租界内秩序的责任之外,在"外国驻军的作用"的标题下声明:外国驻军是指外国国民军队登陆并驻扎在租界内,当情况超出地方当局的处理能力时,主要是为了保护本国国民的生命财产安全而驻扎在上海的。

协议接着指出,由于"该公共租界的规模和外国利益是相互依存的这一事实,外国国民和财产分散在整个地区,任何企图将个别外国驻军的行动仅限于保护其本国国民和财产的行动,都将导致不适当的分散和效率的丧失",并将达成以下协议,以便外国驻军之间以及它们与工部局警务处之间可以为实现"共同目标"而采取协调行动。

协议以下列文字规定了外国驻军和工部局警务处的共同目标:

1. 保护公共租界及附近地区外国人的生命财产不受当地有关部门,即上海公共租界工部局警务处和上海万国商团能力范围以外的内部骚乱的影响。

---

① 原编辑者注:未印。

2. 尽可能提供这种保护，以保卫公共租界和法租界不受外来侵略。

协议接着将公共租界及其附近地区划分为若干区，各区指挥官负责协助本区警察维持"在各自区范围内保护外国生命和财产的法律和秩序"。

但是，根据本协议的规定，防卫委员会主席可以在受到特别威胁的任何特定地区调动所有防卫力量。防卫委员会根据本协议附件"A"组成如下：

主席：上海驻军的高级指挥官。成员：上海公共租界工部局主席、上海公共租界工部局警务处处长、卫队长、上海万国商团司令官。

但是，协议进一步规定，下列人员在有关情况下可应邀出席防卫委员会的会议，或表示他们有权在愿意时出席会议：法国部队司令官和出席会议的各国海军部队的代表。驻军高级指挥官的参谋长被任命为防卫委员会秘书。

根据协议，防卫委员会负责决定联合行动计划何时生效。

协议规定，"为了在联合计划下进行战术部署，上海公共租界工部局已同意将上海万国商团交由驻沪英军指挥官指挥"。

本协议的范围如下：

1. 联合计划的主要目的是应付严重的内部动乱，因为地方当局在没有援助的情况下无法充分保护外国人的生命和财产安全。

2. 这种情况可以自行发生，也可以先于或与外部的另一种情况同时发生，其原因如下：

(1) 卷入明确排外运动的中国政府军；

(2) 卷入内战的中国军队；

(3) 受共产党或类似"非法"动机所驱使的半有组织的"暴民"；

(4) 上述任何一类的有组织性渗透。

边界。

然后，协议用以下文字描述联合计划适用区域的边界，内容如下：

"(不包括)中央污水处理厂；(包括)宝安路、狄思威路至租界边界、东沿租界边界至格兰路——格兰路尽头东西流向的小溪至军工路——军工路——租界东部边界——黄浦江至公共租界与法租界交界处——法租界西部边界至海格路与霞飞路交界处——法华路大道(新名称为阿姆赫斯特大道)——上海—汉口铁路至苏州河铁路桥——苏州河至西藏路桥——街区房屋大门至河南北路和租界边界——河南北路至吴淞铁路——吴淞铁路至虹口公园——虹口公园。"

协议接着指出，"边界"是"不允许任何可能威胁外国生命和财产安全的部队、暴徒或个人通过的界线"。

在描述分配给不同国籍人员的几个部门的计划中,下面几句话描述了在边界以外的特殊保护情况:"除了第 4 段所规定的职责部门——(a) 英国驻军司令官将负责保护位于兆丰花园以西 700 码的丰田纺织厂;(b) 浦东。防卫委员会将做出特别安排,如有必要随时派遣驻军,以保护在浦东的外国生命和财产安全。"

本协议由登陆上海公共租界的几个国家军队的司令官、上海公共租界工部局总董、上海万国商团司令,以及上海公共租界工部局警务处总巡签署,并附声明如下:"经上级主管部门确认,我同意上述在上海公共租界内及周边采取联合行动的规定。"法国军队的上校也签署了这份协议,该协议也涉及了法国和公共租界之间的合作。

值得注意的是,上述协议显然从未告知过美国驻上海总领事。就美国政府有关上海公共租界的政策,该领事在上海代表着美国政府的立场。尽管该协议是由胡克上校签署的,但美国海军陆战队司令登陆上海的目的是保护美国人的生命和财产。

更值得注意的是,这一协议的政策,即为保护公共租界及其周边地区生命和财产安全而联合使用不同国家驻上海部队,以及该协议所宣称的"保卫公共租界和法租界不受外来侵略",还有将边界定义为"不允许任何可能威胁外国生命和财产安全的部队、暴徒或个人通过的界线",其中包括公共租界边界以外的中国领土边界,它涉及的义务——至少在道义上——使用美国驻上海的国家部队的目的与美国政府宣布的有关租界问题的政策完全相反。

的确,驻上海的美国海军陆战队司令经上级批准后签署了该协议,但没有任何迹象表明他曾试图将该计划或其要旨传达给驻上海的美国总领事,或由他转达给国务院批准。

据信,这一计划是在 1931 年 9 月 18 日中日双方开始出现争端之后制订的,当时上海的有关当局大概已经意识到中日双方在上海可能出现的问题,然而,这项协定宣布,任何企图将个别外国驻军的行动限制在仅保护其本国国民的范围内的做法都将导致不必要的分散和效率的降低;它将计划中要防御的区域划分成若干不同的区域,并将这些区域分配给不同的陆战队包括日本人,他们是在上海最容易卷进麻烦的民族。

我们记得,1932 年 1 月中旬以后不久,日本人向上海市市长提出了若干要求，并向市长发出最后通牒，除非在 1 月 28 日晚以前对这些要求给出满意的答复，否则日本人将采取必要的措施来执行他们的要求。1 月 27 日晚上，日本人把他们的旗舰开到了日本领事馆的前面，1 月 28 日上午，日本海军上将通知防卫委员会的成员，他提议在 1 月 29 日早上采取强有力的行动。

必须记住，美国总领事对我在上面概述的防御计划内容一无所知。他于 1 月 28 日下午 2 时发电报通知我说，他从可靠的消息处得知，日本军队打算在 1 月 29 日上午采取行动，上海公共租界工部局秘书（想必对上述防卫计划有所了解）证实了这一消息。该秘书告诉坎宁安先生，日本参事曾问他，"如果日本长期占领与租界毗邻的中国领土，租界警察是否将负责维持治安？"

与上海防卫计划有关的上述防卫委员会于 1 月 28 日上午召开会议，了解到他们掌握的有关防卫计划的事实，以及由于防卫委员会成员之一的日本人的活动，上海局势变得紧张。他们要求上海公共租界工部局于 1 月 28 日下午 4 时宣布进入紧急状态。公共租界工部局这一声明的作用是使上述协议生效，并开始做出必要的安排，使陆战队沿上述边界进入防御状态。

1 月 29 日下午 3 时许，上海市市长向日本总领事转达了完全接受日方的要求，日本总领事向外国领事机构表示完全接受。领事机构接受了这一来文，认为这是一项解决办法，即一切都很好，不会再发生任何事。然而，在下午 4 时，公共租界工部局宣布进入紧急状态，1 月 28 日午夜某时，日本陆战队开始占领在防卫计划范围内分配给他们的区域，并与中国武装部队发生了冲突。中国武装部队完全有权进入该区域，（因为他们）不知道防卫计划的条款中所描述的这一范围，1 月 28 日的上海事变仍在持续。日本人说，他们在上海参加了为保卫其他外国人的战斗，保卫这些外国人不受中国军队的侵犯，他们的所作所为应该得到其他外国列强的支持。

纳尔逊·特鲁斯勒·詹森

（竺丽妮译）

31. 驻日大使(格鲁)致国务卿(1932 年 6 月 20 日)

893.01 满洲/274：电报

[东京],1932 年 6 月 20 日中午

6 月 20 日上午 9 时收到

161. 谨呈上我 6 月 13 日下午 8 时的第 155 号电文和 6 月 17 日下午 7 时的第 158 号电文,并参考国务院 6 月 16 日下午 6 时的第 29 号电文。我进行了一项问卷调查,关于日本政府在决定是否尽早承认"满洲国"政权所遇到的所有困惑以及其主要问题。从内田子爵面对媒体采访时不断变化的语气及其他信息来看,我发现在东京会议之后,他现在并没有像他来时被报道的那样有决定这一步的智慧。

1. 建立日本在满洲的利益联合管理机构

据报道,在 6 月 18 日由战争、外交、海外事务和财政部高级官员参加的一次会议上,各方已就一项总体计划达成一致。据报尚未解决的问题包括新机构的名称、产生支持该机构的经费的方法以及监督当局(不论总理或海外部)。

新政府负责人可能是一名军官。到目前为止,武藤将军是唯一被提名为这个职位的可能人选。他将直接管辖关东军、关东厅、南满铁路和日本在满洲的领事代表。

2. 获得独立性的程度

在总结列举的其他问题中,主要的冲突发生在"满洲国"政权与日本人之间。据报道称,他们渴望很大程度的独立和自由,而不受外界的控制,而且日本人对"满洲国"的商业和其他方面很感兴趣,而"满洲国"担心,过分独立将危及"满洲国"的利益,特别是如果涉及治外法权的问题。据说,在满洲,本庄将军和荒木将军之间的摩擦其中一部分是由于这个问题造成的,并且一定程度上拖延了这一问题的解决。

(有理由怀疑,内田子爵意外返回大连的计划,一定程度上与解决上述问题有关系。)

3. 如果日本承认"满洲国"(政权),能够预见到的挑战

(a) 来自外国势力的批评

日本官员似乎在说外国意见与这一问题密切相关,根本不应该在考虑这

一点的时候摇摆不定。

（b）必须同"满洲国"缔结商业条约。

日本庞大的商业利益集团将倾向于优惠关税，但日本外务省认为，干预"门户开放"政策可能存在危险。

提出了是否会违反《九国公约》的尖锐问题。

4. 如果让日本不承认"满洲国"，可以预见到的困难：

（a）日本民众普遍要求承认"满洲国"。最终承认"满洲国"的愿望是普遍的，这一点从国会决议中就可以看出。

自9月以来，军队将满洲企业的理念兜售给了人民，在此基础上，它是一个理想主义和人道主义的冒险，希望尽早建立一个新的国家。不承认"满洲国"是会被误解的，人们小心翼翼地防止任何怀疑长春现政权在某种意义上是傀儡政府的看法。

（b）对长春市政府官员保持信心。

一些日本人认为，承认"满洲国"可以消除当地华人对日本人动机的怀疑，从思想上说服中国人与"满洲国"合作，承诺承认这个"国家"（的存在）。

（c）一些利益集团希望"满洲国"接管海关，并为日本提供优惠关税，这并非不可能，但确实存在困难。

（d）维护"满洲国"军队的经济负担。

许多与长春政权有关的日本人，包括"满洲国"外交部次长大桥，都在报告中表示，在"满洲国"得到承认和真正独立后，同意大部分日本军队返回日本。外界认为，这将增强中国政府成员的信心，并打击反对派。留驻的日本士兵的费用主要由"满洲国"政权承担。

（e）日本认为，铁路和土地问题将继续处于目前他们不满意的状况。

结论

在这方面，国务院肯定会在美国媒体上看到唐·布朗对大桥的长篇采访，《日本广告人》昨日刊登的一篇文章中，大桥强调"满洲国"完全独立于日本的操纵，并援引他的话说，"正是对'满洲国'未来缺乏信心，让日本官员看起来很愚蠢"。他们对这件事一无所知，就像其他国家那些盲目的批评家一样。

抄发至北平。

格鲁

（曹文博译）

32. 驻华大使（詹森）致国务卿（1932 年 6 月 22 日）

793.94 委员会/267：电报

[北平]，1932 年 6 月 22 日下午 6 时

6 月 22 日上午 9：07 收到

691. 为了会见国联调查团成员，行政院院长汪精卫、财政部部长宋子文、外交部部长罗文干，以及顾维钧于 6 月 18 日下午乘飞机抵达北平。我得到消息称，在 18 号开始的漫长的会谈中，以汪精卫为首的中国政府领导人向调查团表示，中国政府将准备利用相当数量的外国顾问，给予满洲相当程度的自治（独立）。他们还告知调查团，他们已经准备通过包含苏联、日本、中国在内的非侵略性合约为手段来解除对满洲的军事管制。他们告知调查团，他们会在近期就此事给出一些提议。

我得到的消息是，汪精卫通知调查团，日本军事官员曾向南京国民政府建议中日联合对抗苏联。我的线人说，汪没有说这个提议是在 9 月 18 日之前还是之后提出的。

抄发至东京。

詹森

（竺丽妮译）

33. 驻华大使（詹森）致国务卿（1932 年 6 月 22 日）

693.002 满洲/89：电报

[北平]，1932 年 6 月 22 日

6 月 22 日上午 8：50 收到

694. 以下来自驻沈阳的美国总领事：

"6 月 21 日下午 5 时。补充我 6 月 21 日下午 4 时的电文。'新京'政府显然急需资金周转，有关部门正想尽一切办法努力提出一个切实可行的方案来保卫海关税收。据称解决这一大连海关所出现的难题或许会加速日本的承认。"

詹森

（竺丽妮译）

34. 驻华大使(詹森)致国务卿(1932 年 6 月 22 日)

793.94 委员会/271:电报

[北平],1932 年 6 月 22 日上午 11 时

6 月 23 日凌晨 2:40 收到

696. 大使馆 6 月 22 日上午 11 时第 685 号电文,通知国务院推迟国联调查团的计划了。他们原来的计划是在这里集中讨论中日之间关于满洲问题的各种解决办法。最初,调查团曾怀有一线希望,认为可以通过中国和日本的顾问来为解决这些问题进行初步谈判,但我被告知,这些希望都破灭了,因为日本的顾问显然一直不敢在反叛日本外交和军事当局严厉态度的情况下采取任何行动。

我的理解是,李顿爵士希望,当调查团访问日本时能够向日本人提出一些想法,供他们非正式地考虑,这些想法可能被用来作为建议解决满洲问题的基础,以试探日本的想法。

调查团原本打算今天离开这里,但在一两天前被日本政府告知,将在 7 月 7 日之后才欢迎其莅临东京。没有给出任何解释,但我认为,东京 6 月 20 日中午的第 161 号电文,解释了为什么日本政府当时不希望调查团访问东京。

我的意见是,调查团在向国联提交报告时,如果就解决中日在满洲的问题正式提出任何建议,将是一个错误。我一直认为,调查团应该清楚地说明中国和日本在处理这些事实时所采取的政策,表明这些政策与为处理这种情况而建立机制的国际协议不符或不相容的地方。所涉及的国家问题的性质、有关的事实以及各当事方所使用的方法对世界各国人民来说是极为严肃而重要的,他们对建立友好地处理这些问题的机制感兴趣。我相信,这些事实和问题将在任何争议中被遗忘,这将在调查团为解决问题而提出的任何建议中产生。

抄发至东京。

詹森

(曹文博译)

35. 国务卿致驻华大使(詹森)(1932 年 6 月 24 日)

793.94 委员会/271：电报

［华盛顿］,1932 年 6 月 24 日下午 6 时

174. 关于您 6 月 22 日下午 11 时的第 696 号电文。我很感谢您在电报中最后一段就联盟调查团的报告所提出的意见。然而，由于整个局势极为复杂，而且变化无常，调查团在发布其报告之时难以对应采取何种行动形成一个固定看法。当然，调查团报告的内容和形式必须由调查团根据其职权范围自行决定。但若您认为有必要，我不反对您将您就此问题的个人观点私下告知调查团成员。

史汀生

（竺丽妮译）

36. 驻瑞士大使(威尔逊)致国务卿(1932 年 6 月 24 日)

793.94 委员会/273：电报

［日内瓦］,1932 年 6 月 24 日晚上 9 时

6 月 24 日晚上 6:08 收到

98. 据悉，在今天下午十九国特别委员会的秘密会议上，决定致函中国和日本，指出李顿调查团的报告书作为国联大会报告的基本内容之一，将于 9 月 15 日以前收到，现在有必要延长在《国际联盟公约》第 12 条规定下的 6 个月期限。这封信指出，这是一个特殊的措施，由于特殊情况，并意味着适当地延长国联大会的行动。无论如何，委员会打算在 11 月 1 日之前开始审查该报告。

这封信还表示，希望双方遵守 9 月 30 日和 12 月 10 日的决议，不采取任何使局势恶化的行动。

最近中国方面就承认"满洲国"政府一事进行了沟通，所以插入了上面的段落。调查团认为，如果更具体地提到这个可能使日本舆论激化的事情，那么它只会冒着违背其宗旨的危险。

要求双方通知他们接受这一延长期限，并已非正式地预先确定双方是否

接受延期。

如果没有困难,大会将于星期三①举行全体会议,批准这项行动。

威尔逊

(曹文博译)

37. 驻英国大使(梅隆)致国务卿(1932 年 6 月 24 日)

893.51 盐基金/127

第 174 号　　　　　　　　　　　　　　　　[伦敦],1932 年 6 月 24 日

7 月 2 日收到

先生:谨随函附上约翰·西蒙爵士给我的信中所载的关于国务院第 156 号电报指示(5 月 27 日下午 4 时②),还有我的 5 月 31 日上午 11 时第 189 号电报,所载的满洲盐税最近事态发展的一份意见声明。约翰爵士非正式地通知我,他已将随函附上的声明推迟送交我,直到他阅读了国务院关于日本主动建立和实际控制"满洲国新政府"的证据的备忘录(见国务院 1932 年 5 月 31 日第 51 号机密指示③),但他认为其中的内容并不影响他在给我的照会中所作的结论。

您恭敬的,

(致大使)

雷·阿瑟顿

使馆领事

附件:

英国外交大臣(西蒙)致美国大使(梅隆)

[日内瓦],1932 年 6 月 21 日

亲爱的梅隆先生:在 5 月 30 日的会谈中,我承诺,我将会给您发一份包含我的意见的照会,内容是满洲盐税问题最新情况,该问题与日本根据《九国公约》所承担的义务有关。

---

① 原编辑者注:即 6 月 29 日。

② 原编辑者注:未印。

③ 原编辑者注:未印。

您会记得，3 月 12 日，美国政府提出了中国海关行政的完整性问题，并建议我们根据《九国公约》第 2 条持反对和保留意见，在他们看来，这将禁止日本政府在满洲建立或鼓动建立一个独立的海关行政机构。4 月 4 日，阿瑟顿先生打电话到外交部，得知英国政府不赞成采取行动的原因。简而言之，日本实际上并没有在满洲设立或鼓动建立一个独立的海关管理机构，如果以日本策动建立一个独立的满洲政权为依据提出交涉，似乎更合乎逻辑。

4 月末史汀生先生再次与我在日内瓦讨论这个问题。海关管理的立场没有改变。但刚刚收到电报，大意是盐税收取实际上已经被破坏，我们的情报似乎直接指控了满洲盐业转运办事处的日本顾问。因此，我在 4 月 30 日致史汀生先生的信里暗示他，东北当局关于盐税的行动可能会提供一个更好的表现，我承诺，当我回到伦敦后，我会非常仔细地考虑是否有可能做出这样的陈述。

中国盐税里含有外国利益可以追溯到 1913 年。根据协定，当盐税成为大型国际贷款的担保时，对外国副总干事的贷款服务确定了责任，并给予贷款银行集团对整个盐税的保管和留置权。1928 年，由于中国政府的单方面行为，本协议被废除，终止了集团银行和副总干事的职能和责任，并建立了新的省级贷款配额制度。这导致有关政府发表联合声明，反对国民政府采取单方面行动改变国际协定条款的行为，无论新计划成功与否，让该政府负全部责任，以清偿在盐税担保下的所有贷款。因此，自 1928 年以来，已经不再有这样的外来利益，因为它们会激起反对干涉盐税的抗议活动。任何可能做出的陈述都必须完全建立在此基础之上。我在 4 月 30 日致史汀生先生的信里说，盐税的中断构成了《九国公约》第一条所设想的对中国行政完整的破坏。

我同我们的驻东京大使和驻北京大使进行了协商，发现他们都各自形成了一种意见，认为把《九国公约》的问题同诸如盐税这样的附属问题联系起来是不明智的。他们认为，如果向日本提出任何交涉，应该与其支持在满洲建立的整个体系有关，但他们怀疑现在是不是采取行动的适当时机。我认为，美国驻东京的外交代表基本上持有相同的观点。

面对这些争论，我承认（这些舆论的力量）。我的看法是，如果我们要就日本在《九国公约》下的义务提出意见，就应该要求该条约的其他签约国，特别是法国和意大利参与到我们的行动方针中。我敢肯定，他们会分享这个观点，即在一些次要的地方，比如盐税，初步的蚕食是没有好处的，最好的办法是在适当的时候，面对这些次要问题所产生的主要问题，即建立一个独立的"满洲国"

的问题。

至于什么时候要这样做，那些也是国际联盟成员的国家所面临的一个特殊困难，在联盟调查团提出报告之前，很难预先判断这个问题。该调查团还包括一名美国成员，尽管这一困难可能不会对您的政府产生同样的影响，但似乎也会在您的案件中出现。

综上所述，一切似乎都指向这样的结论：最明智的做法是，在李顿调查团提交报告书之前，推迟根据《九国公约》所作的陈述。该报告可能载有一些资料，在这种情况下，明智的做法是根据这些资料提出交涉，而且在这种情况下，也为协调国际联盟与美利坚合众国的行动提供了极好的机会。这将是一次令人印象深刻的世界舆论团结的表现。我认为，在时机未成熟时哪怕采取半途而废的措施，其效果都是令人遗憾的。

我希望史汀生先生能够分享这些观点。

约翰·西蒙

（竺丽妮、曹文博译）

38. 驻华大使（詹森）致国务卿（1932 年 6 月 26 日）

693.002 满洲/104：电报

［北平］，1932 年 6 月 26 日下午 4 时

6 月 26 日上午 6：45 收到

714. 以下来自路透社：

1. 6 月 24 日，上海："官方正式宣布，在宋子文先生的支持下，梅乐和爵士已经免除了大连海关税务司福山先生的职务；因大连海关税务司拒不服从，拒绝将海关资金汇到上海。"

2. 6 月 25 日，东京："日本政府对大连海关税务司福山先生被免职一事向南京表示抗议，称其违反了 1907 年协定的第 3 条，即在没有首先咨询关东厅长官的情况下，不得在大连撤销或者任命海关官员。

日本抗议目前在北平采取的无视谈判的武断步骤，该谈判的目的是和平解决问题，日本认为中国政府应对任何突然出现的事态发展负责。

据说，这里的官方人士听说，如果大连拒绝将海关资金汇到长春，那么'满洲国'肯定准备在关东边境的瓦房店设立海关，因为这将需要支付双倍的关

税,所以这里的官方人士对此感到不安。

非官方观察人士认为,南京政府解职福山先生,这为日本与'满洲国'就满洲海关的整个问题进行谈判开辟了道路。因此,日本暗示南京,无论事态发展如何,中国都将承担责任。

尽管它仍然声称日本在李顿报告书公开之前不太可能承认'满洲国',预计内田子爵在就任外务大臣后的首要行动之一可能是在 7 月 5 日发表一份声明,澄清日本在满洲的目的和打算。"

詹森

(曹文博译)

39. 驻华大使(詹森)致国务卿(1932 年 6 月 30 日)

893.01 满洲/299:电报

[北平],1932 年 6 月 30 日下午 3 时

6 月 30 日上午 7:33 收到

749. 以下电报来自驻哈尔滨美国总领事:

"6 月 29 日下午 1 时。1. 海关税务司就其手下职员被'满洲国'警方威胁一事希望与领事机构进行会谈。我已于昨日为此事召开了领事机构会议。海关税务司在举例证明此次威胁并请求领事机构做出一些行动之后告辞了。会议决定各大使向其各自的政府报告,有一些希望忠于中国的中国职员因其不肯宣布忠于'满洲国'而受到威胁。日本副领事泷川出席了这次会议,自愿代表机构提请日本警察和当地外交机构注意税务司所告罪状的严重性。就涉及的中国海关雇员而言,与当地官员接触的行为是不可取的。

2. 会议决定,向'外交部'驻当地外交专员递交照会,抗议有关离开'满洲国'的个人需在列车驶离哈尔滨前半小时填写和签署表格的规定。

3. 会议决定提请民政部门特别注意,哈尔滨及其邻近地区发生的对外国人构成危险的盗匪活动在增加。泷川承诺将非正式地通知日本军方,希望领事机构采取一些措施来减少这种盗匪的危险。

4. 当地火车遭到拦截,车上乘客于昨日靠近阿什河处被土匪抢劫。"

詹森

(竺丽妮译)

40. 驻瑞士大使（威尔逊）致国务卿（1932 年 6 月 30 日）

793.94/5392：电报

[日内瓦]，1932 年 6 月 30 日下午 4 时

6 月 30 日下午 1：45 收到

99. 十九国特别委员会将于明日 3 时举行会议，国联大会在 5：30 举行会议。爱尔兰代表李斯特刚才对我说，有些小国家急于把主席的声明插入大会，以警告日本，承认"满洲国"政府将被国联成员视为违反承诺，不利于李顿报告书发表之前的局势。他建议，获得美国对这一手段可行性的看法是非常重要的。

考虑到时间紧迫，我告诉他，他不大可能得到答复，如果他有什么建议，我提议由我通过德拉蒙德亲自去做。

在这方面，德拉蒙德已经通知戴维斯。德拉蒙德认为，这种行动将是危险的，而且会引起日本的不满，认为这是对他们外交政策的干涉，也许促使他们采取除他们考虑以外的更重要的行动。

威尔逊

（曹文博译）

41. 驻日内瓦领事（吉尔伯特）致国务卿
（1932 年 7 月 2 日）

793.94 委员会/284：电报

[日内瓦]，1932 年 7 月 2 日晚上 9 时

7 月 2 日上午 10：10 收到

214. 领事馆 6 月 22 日上午的第 210 号电报。① 十九国特别委员会非公开会议推迟到昨天才举行。当天晚些时候，大会召开了一次特别会议，随后发生了以下情况。

大会主席提出顺延李顿调查团报告书提交时间的期限（领事在 6 月 20 日下午 4 时的第 209 号电报）。颜②接受了，但相当细致地讨论了中国在推迟谈

---

① 原编辑者注：缺印。

② 原编辑者注：指颜惠庆。

判过程中所做出的牺牲,并重申日本违反国际义务和最近对国联的承诺,特别是提到日本对"满洲国"政权的支持时,援引了国务卿给博拉参议员的信,瑞典、捷克斯洛伐克和西班牙的代表支持延长的建议,但强调了情况的特殊性质和所涉原则的重大问题,特别是解决这种性质的问题时不可避免地倾向一方,并强调这一行动不被视为一个先例。墨西哥代表进一步介绍了其政府的正式保留意见,认为不应开接受延期的先例。

大会未经正式照会[表决?],在没有提出异议的基础上,通过了一项决议,其相关部分如下:

"决定延长期限可能是完全必要的,并且有一项谅解,即所述延期不构成先例。在收到调查团的报告书后,大会将根据调查团的建议确定延长期限。国联大会无意过分延长工作;它希望在情况允许时尽快完成它的工作,特别希望委员会能够在 11 月 1 日之前开始审查调查团报告书。"

吉尔伯特
（曹文博译）

42. 驻华大使（詹森）致国务卿（1932 年 7 月 6 日）

693.002 满洲/153:电报

［北平］,1932 年 7 月 6 日中午
7 月 6 日上午 9:40 收到

773. 以下电报来自美国驻哈尔滨总领事,7 月 5 日下午 3 时:

"1. 负责满洲里的挪威海关助理于 7 月 4 日早上 10 时被捕。

2. 据信,这两名外国海关官员目前都被拘留。

3. 哈尔滨海关税务司预计有人企图撤销其职务。

4. 一名日本警察顾问威胁要对一名海关顾问雇员采取行动,因为这名雇员涉嫌损害'满洲国'的利益。原满洲里中国海关助理俞绍武被任命为'税关关长',负责哈尔滨海关。"

抄送至东京。

詹森
（竺丽妮译）

43. 驻日大使(格鲁)致国务卿(1932 年 7 月 6 日)

893.01 满洲/308：电报

[东京],1932 年 7 月 6 日下午 2 时

7 月 6 日凌晨 5：50 收到

186. 我昨天才得知,6 月 23 日,我的英国同事在与有田讨论国际联盟调查团的到来时,告诉了他以下两段来自伦敦和外交大臣关于日本承认"满洲国"的指示。林德利(Lindley)要求我对此事保密。他认为他是在事件发生的当时告知我的,但从意外情况来看,他并没有如此行事。

"我同意,日本方面的承认将会导致一个十分不幸而且让人不愿看到的局面的产生。如果您能确定您全权受理此事的政府的真正意图的话,我将感到十分高兴。请详细报告 6 月 14 日国会所采取的解决办法。

您应该向外交部部长强调,虽然《九国公约》没有禁止满州宣布独立,但是它使得签约国有责任不对这一行动采取任何鼓励举措,如果日本方面想要避免给予他人有意违反条约责任的印象,就要特别小心行事。"

有田回答说,日本政府至少在国联调查团离开东京之前,不会承认"满洲国"。

我的法国同事在没有指示的情况下,昨天和有田的私人会谈中,强调反对草率承认"满洲国",以免这一举措使整个局面复杂化。有田答应将马特尔的建议告知内田。马特尔认为,荒木的公开声明,以及其他一些表示早日承认的决心纯粹是为了个人利益,政府不会草率行动。

另一方面,当地新闻社于今日报道称,有田跟林德利说,日本在国联调查团向国际联盟提交其报告之前不会承认"满洲国",并认为有田的声明不过是一时的口舌之快。据报道称,有田解释说,他的声明不过是个人观点。时事通信社说,有田明确否认曾如此回复过林德利。媒体普遍谴责有田,并表示担心国联调查团会利用他的声明。

抄发至北平。

格鲁

(竺丽妮译)

44. 驻上海总领事(坎宁安)致国务卿(1932年7月6日)

693.002 满洲/152:电报

[上海],1932年7月6日下午3时

7月6日上午9:25 收到

326. 上海7月5日,国民新闻社报道了以下来自海关总税务司梅乐和先生的声明:

"由于'满洲国'当局扣押了满洲的海关收入,6月份的海关税收进款急剧下降。该月借贷和赔偿总支付共计上海银 12 935 384.62 元,收到的总汇款是上海银 12 827 744.51 元,因此不仅没有增加,反而造成了上海银 107 640.11 元的赤字。由于多种原因造成的收入进一步小幅下降将影响海关的财政义务支付。"

"海关总税务司指出查封满洲海关对海关财政的影响。他说,过去5年(1927年至1931年)的平均海关收入总额是海关银 143 048 541 元。满洲港口合计是海关银 19 910 017 元。总贷款及赔偿费合计是海关银 125 144 439 元。满洲部分的借贷和赔偿款是海关银 17 418 103 元。"

抄发至使馆。

坎宁安

(竺丽妮译)

45. 驻华大使(詹森)致国务卿(1932年7月15日)

693.002 满洲/196:电报

[北平],1932年7月15日晚上8时

7月16日凌晨1:06 收到

813. 您7月13日下午6时的第211号电文。

1. 在这个问题上,人们必须记住一个可能是类似的情况,那就是1922年,当时中国一直不断寻求美国和其他国家的帮助,后来又转向苏俄。当然,有必要考虑宋子文对目前准备恢复与苏联关系背景的要求。

2. 我们拒绝日本暗示"满洲国"将接受妥协。英格拉姆已经通知他的政府,他认为不可能再做出妥协,我(了解到)的信息是,"满洲国"已经完成了接管海关和行政部门的工作。

3. 因此,在我看来,关于中国政策对满洲海关的态度问题现在不再是争论的焦点,在考虑我们要给宋子文提出任何建议时,我们必须通知他做出选择,我们必须告诉他中国在满洲的主权已经丧失,并建议他中国目前唯一的做法是等待国际联盟派出的调查团的调查结果。

4. 我认为,美国和其他列强还没有准备好接受日本人在满洲所制造的局面,也没有准备好建议中国人接受"满洲国"和中国在满洲丧失[主权]的一切后果。

5. 建议中国政府等待联盟派出的调查团的调查结果,自然意味着支持调查团的观点,并承诺在未来将对此事采取一些措施。然而,这是我想到的唯一的建议。我们必须继续执行日内瓦的程序。

6. 路透社于 7 月 14 日在东京发出消息,今日将向国务院发送文本①,表明在满洲问题上,谈判的方式仍然是开放的,日本在承认"满洲国"这最后一步之前,可能仍在等待国联采取的行动,就日本而言,这将妨碍对这个问题的任何[明显的疏忽]进一步的讨论。

6. [抄录]。在考虑我们可能给中国提供什么样的建议时,我们必须考虑对中国人来说究竟有多大的希望,以便进一步考虑在满洲问题上什么可能对他们有利。

7. 如果上述的路透社报告有任何根据,并且如果日本政府认为满洲之旅将比日本所能承受的代价更高、难度更大,那么日本政府有可能在某个时刻结束这段冒险之旅,而这段时期的条件是:在这种情况下,通过友好的第三方的调解,一项协议似乎能以更为便利的方式执行。

然而,这种调解只能在调解人拥有中日两国政府完全信任的基础上进行。内田强调"只要问题被形式主义和理论所包围",就不可能达成和解。我突然想到,如果这样一个时刻真的到来,美国可能会协助解决这一问题。为此我认为,严格遵守我们所持的全部法律立场会有很大的帮助。如果我们要向日本人展示这个认识,即我们确实遇到了他们在满洲遇到的主要困难,从而使他们感到我们对他们眼中的满洲问题的实际有同情的理解。在我看来,只有这样,

---

① 原编辑者注:缺印;这涉及新任日本外务大臣(内田)和李顿调查团的会谈。

我们才有可能获得实际支持，以防日本可能在某个时刻希望结束其目前的冒险，条件是，如果中国人不满意，最终可能会被他们接受为摆脱目前僵局的最佳方式。

詹森

（曹文博译）

46. 驻日大使（格鲁）致国务卿（1932 年 7 月 15 日）

893.01 满洲/367

第 57 号

［东京］，1932 年 7 月 15 日

8 月 1 日收到

先生：有迹象表明，日本不久之后就会承认"满洲国新政府"。所有和这一事件有关的日本机构都声称承认"满洲国"是既定的国家政策，不管中国方面是否反对，也不论其他国家和国际联盟会有什么反对意见，这一政策都会被执行到底。正如我在 6 月 20 日中午 12 时的第 161 号电文中指出的那样，日本政府认为这是唯一一个使其和满洲之间的关系，以及日本的铁路和土地利益获得合法落脚点的方法。也有许多因素可能会导致承认延迟，然而这一切都意味着最终还是会承认。为了方便讨论这些因素，可以将其分为三类：(1) 日本军队的态度；(2) 外务省的态度；(3) 大众的态度。

1. 日本军队的态度

日本军队的态度是，"满洲国"必须在不久的将来得到承认和独立。军队煽动并进行了对满洲的军事征服，无疑和建立"满洲国新政府"有着扯不开的关系。他们现在希望他们在满洲的利益得到建立和巩固，他们不信任外交领导人的缓慢谨慎，担心他们自己通过努力而取得的优势会由于拖延和外交谈判而丧失一部分。他们急于向日本国民呈现一个伟大的且既成的壮举，以证明他们自己的立场，并防止民众进一步要求陆军裁军。军队中也不乏理想主义者存在，他们诚挚地希望在满洲建立一个不受东京腐化政治影响的理想政府。为了实现这一目标，他们希望尽快并且最大程度地和东京脱离关系。如果有必要的话，为了实现他们在满洲的目标，这支军队愿意违抗整个世界。

然而军队中就有关何时承认"满洲国"在意见上存在有分歧。以本庄繁将

军为代表的驻扎在满洲的军队，以及"满洲国"政府中的日本官员都十分希望立刻得到承认。以荒木中将为代表的日本国内的军官则更为小心谨慎。他们与在满洲拥有既得利益的日本政府保持着联系，并且在满洲尚未制定宪法和法典，也没有制定有关日本在满洲的权利和利益的条约之前，他们就已经认识到承认"满洲国"的危险。日本在满洲的权利是建立在和中国所签订的条约的基础上，承认满洲是一个独立于中国的国家将严重损害日本在满洲的权利。日本国内的军事当局也在一定程度上不信任"满洲国政府"中的中国和日本职员，并且无意为了从"新政府"中获得的尚不明确的权利而放弃现有的国内权力。对于这一观点，据报道称，荒木中将在过去两个礼拜中于不同场合多次申明："内田子爵就满洲承认独立一事的态度是，认为日本不应该太急于承认新政权。他认为，日本应该先完成所有为进一步承认所需的必要准备，我与他持同样的观点。""必须尽快予以承认，但是需要必要的准备工作。""只要时机恰当，日本就承认'满洲国'，这是他们的既定政策。"

由此可见，军队(其是当前日本政府中最有影响力的因素)会致力于在条约安排好之后，就立刻使日本承认"满洲国"。似有可能的是该条约会试图体现日本的所有要求。当然，预料这一条约的日期和内容是不可能的。但似乎可以肯定的是，在缔结"满洲国"条约时，他将作为一个"独立国家"为日本所接受。

2. 外务省的态度

直至 1932 年 7 月 5 日，日本外务省尚未就承认"满洲国"一事明确表态。日本外务省有责任维持国际关系和平，也充分认识到了(这一点是军队所没有认识到的)承认"满洲国"不可避免地会带来的违反现存条约和协议的问题，并且也已经收到了欧洲列强对承认"满洲国"一事的抗议，民众不能指望外务省会对此事抱有任何热情。然而在 1932 年 6 月 15 日，时任外务大臣及首相的齐藤子爵发言称，"必须坚持长期承认'满洲国'。准备工作是必要的。无论谁成为外务大臣，都将做到这一点。"后来外务省副外务大臣有田先生告知英国驻东京大使弗朗西斯·林德利爵士，国际联盟调查团离开远东之前，日本不会承认"满洲国"。然而这一点后来却被解释为有田先生的个人观点，而不是作为日本政府的意图而表态。不过这是外务省职员的个人感受，而不是军队强加给他们的观点。

1932 年 7 月 5 日，外务省发言人白鸟先生向媒体代表宣称，日本有关满洲的政策已成定局,并且没有任何东西会改变政府承认"满洲国"独立这一决定。这是外务省就对该方面的政策首次表态。

内田子爵(现任外务大臣)仍然是南满铁路株式会社总裁,常有报道称其有意倾向于立刻承认"满洲国"。其当时所持观点和满洲的日本军队一致。6月,他被召回东京,与斋藤子爵就外务大臣一职进行磋商。在他回东京的路上,他表达过以下观点:

"在目前情况下承认'满洲国'政权是一个需要及早解决的问题。在满洲投资和在满洲建立各种企业,必须得到政府的承认,才能完全满意。即使从保证那里的日本居民安全的角度来看,更不用说满洲人民自己了,也必须尽早承认。我认为,在这个特殊的时刻考虑这个或那个第三个国家是没有好处的。"

然而在与东京当局磋商之后,内田子爵不再表现出对立刻承认的迫切之情。无疑是(因为)他得知了列强关于此事的态度。虽然众所周知,他自1932年7月6日就职以来,对于承认一事没有公开宣布过任何政策,他赞同认为"满洲国"作为独立政府存在一事是一个摆在明面、既成事实的事件,并认为日本对这一"新国家"的政策已成定局。尽管有来自各列强的抗议,但认同只不过是迟早的事情。同现在东京的国联调查团协商后,这种态度或许会改变。

3. 日本民众的态度

满洲在过去并不是日本民众生活中一个具体的概念。对于大部分人来说,满洲只是一个模糊的概念,他们对满洲有着情感上的兴趣,因为他们的父辈曾在那里与俄国军队作战并战死沙场。他们知道军队非常重视加强对满洲的控制,而且日本在满洲也有着重要的铁路和其他利益,但满洲本身于他们而言没有直接的利益。去年9月,当军队控制了满洲之后,人们深受战争狂热的影响,几乎是一致地跟随着军队的行动。然而,这只是日本人侵略性军事精神的一种表现,并不意味着对涉及的争议有任何的理解。整场战役下来,他们都被告知日本军队控制满洲是为了保护日本人的利益,并将3 000万受难的满洲居民从前政府的严重暴政中解放出来。通过严格的新闻禁令,军队的许多活动,特别是建立"满洲国"的行动,都避开了人们的耳目(请见1932年7月9日第48号急件)。① 新闻禁令禁止报道这一题材,媒体很少就有关日本对国际责任可疑的侵犯一事或者对关于占领满洲合法性的方面进行探讨。因此,民

---

① 原编辑者注:未印。

众对局势中有争议的方面一无所知，也无法理解其他国家对日本行动的反对。

日本民众和所有其他国家不思而行的人们一样，也十分容易受到口号和标语所传达的观念的影响。今年春季某个时候，满洲是日本"生命线"的观念在民众中传播开来，他们热切地抓住了这个词，尽管可能没有千分之一的人能够解释满洲在什么方面（如果有的话）构成了日本的"生命线"。

这样就制造了公众舆论，当承认"满洲国"的时刻到来时，公众舆论就可以派上用场。6月15日结束的国会特别会议中通过了一项决议，其大意是日本应立刻同意承认"满洲国"。这项决议由众议院一致通过，但因时间不够而未提交至上议院。这是公众对这一问题第一次发表意见（请见6月13日晚上8时第155号电文）。

据报道，荒木将军7月1日曾表示，军队当局担忧公众对满洲问题缺乏兴趣以及人们对煽动承认"满洲国"一事的兴趣下降。他们便召开了集体会议，由军队官员在各大城市进行演讲，来刺激公众舆论。国际联盟调查团抵达东京的那一日，以及接下来的一天，东京的日本七家主要报纸：《朝日新闻》《东京日日新闻》《读卖新闻》《报知新闻》《中外新闻》《万朝新闻》和《京都新闻》发表社论称，日本有关满洲以及承认"满洲国"的政策已成定局，且这一事实必将向调查团表明。鉴于所有社论的基调都相似，因此毫无疑问，它们都是得到授意的，而不是民意的自发表达。

过去的一周里，当局明显地倾向于（或许是由于国联调查团抗议的努力）对"满洲国"承认的问题"轻描淡写"。然而社论显然是继续提倡立刻承认。舆论似乎已经沸腾了，而舆论一旦激起就难以平复。正如日本局势的观察者所说，"日本的公众意见通常就像玩偶匣一般，当局需要公众意见时，他们就打开盖子，玩偶自动弹出；当他们不需要的时候，他们就把玩偶推回箱子里并盖上盖子。但这次，他们可没法把玩偶推回匣子里了。"

然而，要是认为所有日本民众都提倡立刻承认"满洲国"，那就错了。也有许多有思想的人对此举表示怀疑。在之前的急件中已经指出过，整个日本政府极度缺乏纪律，只要一些身居高位的人下定决心就能操纵政府。有关满洲的冒险行动也是如此。就外部所能看到的，局面操纵在一小部分人手中，其多数是军官。他们决心不论国内外有何反对都要使决议通过。这些人为了使其行为得到支持，玩弄着公众的情感，而正是这一制造出来的公众情感成了日本的公众意见。

一群深思熟虑但比较沉默的人(在目前的情况下)认为,满洲行动的领导者无疑是诚挚的,但是他们缺乏一些经济方面的知识。他们认为日本无论如何补偿不了他们在满洲军队上的花费。与中国其他地区一样,该地区并不富裕,人口也大多极度贫困。就算有朝一日,日本成功地恢复了该地的秩序,而且这片土地也正如预料中的那样成为一片"乐土",受益的也将会是中国的居民。日本的人口永远不会增加,而且,就算是处于最有利的情况之下,日本投资于该处所得的回报也抵偿不了目前这次行动上的花费。

这些观点被有思想的日本人广泛接受。但是,他们控制不了政府。一位德高望重的日本官员在评论这一局势时曾说:"让我们希望这些人(满洲行动的领导)能在日本完全毁灭之前保留一点理智。"

您恭敬的,

约瑟夫·C.格鲁

(竺丽妮译)

47. 驻华大使(詹森)致国务卿(1932 年 7 月 16 日)

693.002 满洲/198:电报

[北平],1932 年 7 月 16 日下午 4 时

7 月 16 日凌晨 4:15 收到

819. 以下电报来自美国驻沈阳总领事:

"7 月 15 日下午 3 时。据可靠来源称,牛庄海关大部分中国职员于 7 月 14 日罢岗,据称是受了税务司的指示,警察迅速采取行动将他们围捕。"

詹森

(竺丽妮译)

48. 驻日大使(格鲁)致国务卿(1932 年 7 月 16 日)

693.002 满洲/199:电报

[东京],1932 年 7 月 16 日下午 4 时

7 月 16 日凌晨 5:07 收到

189. 我的英国同事收到指令,要求进一步向日本政府提出交涉,表达英

国政府对大连海关局势以及日本所宣布的对"满洲国"政权加速承认一事的失望。他的指示援引了 1907 年的《中日条约》和《九国公约》，并提出了与反对（在满洲）干扰中国海关管理的论点类似的论点。这间接涉及对英国贸易的干涉，以及反对日本在中国煽动分裂主义运动。我的英国同事和有田谈及此事，后者以老一套的陈词回复了他，我同事将于下周末会见内田。

抄发至北平。

格鲁

（竺丽妮译）

49. 驻日大使（格鲁）致国务卿（1932 年 7 月 16 日）

793.94 委员会/310

第 60 号

［东京］，1932 年 7 月 16 日

8 月 1 日收到

先生：在远东的国际联盟调查团于近日访问东京期间，我与调查团的美国成员弗兰克·R. 麦考益少将进行了若干次会谈。在进入谈话之前，我告知麦考益将军，我将会把他谈话的主要内容汇报至国务院，并问他，他与我的谈话是否会使他感到些许尴尬。他向我保证说，如果严格保密，就不会使他难堪。调查团各成员国一贯的做法是同其国家的外交和领事官员保持最密切的联系，他们自己也从这些官员口中得到了一大部分消息。因此，他觉得，他身为调查团的一员和我讨论这一局面不会有任何的不妥或者与他的职位不符。他又说，他在调查团里的同事都和其各自的驻东京大使畅所欲言。

我从他的谈话中得知，调查团已经做出一些确切的结论，可以总结如下：9 月 18 日炸毁一部分南满铁路不过是日本军队行动的一个借口，就如其接下来的事情一样，都是由日本提前仔细策划的。日本无疑参与了对满洲所发生行动的煽动，其所宣称的日本军队此举只是为了自我防卫是不能成立的，其所宣称的建立"满洲国"不过一个民族自我决定的请求，是不能自圆其说、不被认可的。"满洲国"曾经是，并且目前仍旧完全是依靠着日本军队来建立并维持其存在的。自始至终，它都未曾受到过该地区中国人民的真正支持。其所宣称的在"满洲国"政府工作的日本官员忠于"满洲国"而非日本十分可疑。满洲的现状很容易被证明是未来战争的根源，而不是东方和平的保证；事实上，"满

洲国"会成为一次溃疡的创伤，并且会成为一个比阿尔萨斯-洛林更为严重的民族统一主义的案例；平定满洲很有可能是一个长期的艰巨任务。鉴于"满洲国"的军队并不会忠于"新政府"，因此需要大批日本军队长期驻扎。日本没有——它本来应该——利用《国际联盟公约》和一系列和平条约中所规定的维持和平的机制，这大大破坏了人们对和平结构的信心。

我尚不知道调查团的最后报道中会包括哪些内容，也不知道最后会做出哪些具体的建议，或许调查团对此尚未做出决定。然而我有理由相信，上述的一些要点会被包含在最终的报告之中，或者是调查团有关专家的报告中。

在调查团最近一次访问东京的过程中，调查团成员的观点已转达给日本当局（主要是外务大臣内田子爵、陆军大臣荒木将军）。日本官员的回应是重申了日本政府已对外宣布的政策，即日本对满洲的政策已成定局，不容讨论。

据我所知，调查团成员在此事上已经达成了前所未有的一致，他们的调查结果和建议很可能是匿名的。

随函附上我同麦考益将军三次谈话的备忘录以及调查团同各官员面谈的备忘录。①

您恭敬的约瑟夫·C.格鲁

附件1：

驻日本大使（格鲁）和弗兰克·R.麦考益少将会谈备忘录

［东京］，1932 年 7 月 12 日

在场的还有：乔治·哈伯德·勃来克斯雷博士，E. R. 迪科夫及 W. T. 特纳。

麦考益将军：关于满洲"门户开放"政策，张学良少帅在满洲掌权时，对美国商人青睐有加，因此美国人获得了大量的政府订单。如今，日本企业逐渐掌控商业领域，而美国企业如慎昌洋行或许会走向倒闭，然而美国的汽车和石油产业是一个例外。他们希望由日本人来负责，因为这意味着日本人必须从他们那里购买物资，并迅速、可靠地付款。

7 月 11 日的《日本广告人》很好地总结了我们与荒木将军的会谈。荒木

---

① 原编辑者注：后者的备忘录未印。

的态度并没有明显变化。我们前次对日本访问之时，荒木将军显得令人愉快，温文尔雅，又充满自信。而我们上次对他的访问则有些不一样——他如今是负有责任的国务大臣，不再能随心所欲、侃侃而谈。他如今只谈及由他的助手提供给他的笔记中的内容，并且措辞谨慎。他显得忧心忡忡，仿佛精力已经消散。情况显然不太妙，从新闻社的报道来看，荒木的谈话中只有一处不同，我们从前在这里时，他的态度是西方人不可能理解远东。而他现在说的是，他希望我们的访问将澄清我们的想法，让我们明白目前局势的事实，无论我们向国联如何汇报，他希望我们能够明白日本的难处。他现在似乎在暗示，双方有可能达成妥协。在此之前，荒木没有给人留下任何妥协的印象，但是芳泽（前外务大臣）则的的确确给出了这种印象。我们3月中旬来此拜访的时候，他给出了我们充足而明白的信息。我们向他解释，调查团来此不是充当裁判，而是企图就此问题找出一些能使我们双方都感到满意的解决办法。所以我们请求芳泽告诉我们日本想从满洲得到的具体是什么，他回答我们说，日本希望和中国的条约包括秘密条约在内得到中国方面承认，他同时也说，日本对满洲态度中最重要的就是其情感和历史，日本人民对满洲充满感情，现在的这一代人是战死在满洲沙场上的父辈的儿女，情感便由此进入了他们的心灵之中，这个因素必须考虑，并且也是最为重要的。有关条约一事，芳泽表示，中国没有一个负责任的政府可以与之谈判。国民政府毫无希望，而满洲的当地人民则把责任推给了南京。激进的国民党是所有麻烦的靠山，而这一政党却是反对外国的，不仅仅是反对日本。

大使：但是日本为什么不根据《九国公约》将此问题交由其他大国来解决？

麦考益将军：我们就此事询问了芳泽，他说事情发展得太快，军队的行动令外务省措手不及。就我们目前的印象来看，外务省对陆军省没有好感，也不知道它下一步会如何行动。芳泽没有直接谈及陆军省，但给了我们外务省十分讶异这一印象。在这方面，我可以告诉您，日本的两位吹鼓者乔治·布朗森·雷亚和金尼，告诉我说去年10月币原喜重郎男爵计划就中国和满洲问题举行一次会议，他打算将各行各业的人——南满洲铁道株式会社总裁、关东厅厅长，以及其他许多来中国和满洲的调查者都邀请进来，共商将此事提交给国联处理。

作为前驻华大使，芳泽有资格谈论中国。他说中国就像是一只巨大的水母，充满了共产主义（制造）的麻烦。另外，日本政府正在发行政治小册子，许多是芳泽已经跟我们说过的事情。其中有关于中国中央政府的、关于共产主义运动的,以及关于抗日的。我设想小册子是由日本政府出版的——是由调查团的日本顾问吉田交给我们的。

回到芳泽和条约问题上来。除了 1905 年条约上的秘密协议,其余都已经公开发表。您可能还记得这些协议的副本交给了亨廷顿·威尔逊,但给他的那个副本并不完整。芳泽给我们提供了一份该协议的复印件。南京方面也提供给了我们一份,我们目前正在对两者进行翻译、检查和研究。

大使:您是否询问了有关"二十一条"的问题?

麦考益将军:问了,芳泽说,"二十一条"是日本因中国局势而被迫提出的,实际上是由袁世凯秘密操纵的,他企图挽回政府颜面。西原借款就是其中的"掌中宝"。我们在那里时,芳泽没有回答我们所有的问题,后来他写信回复了另外一些,我们收到回信的时候正在哈尔滨。与此同时,他口气变得十分冷静和简洁,我们提出的大多数的问题他都直接回答了"不"。例如,我们曾问过他,如果能够通过其他途径获得足够的安全,日本是否会从满洲撤军。他的回答是"不会"。在有关建立"满洲国"问题上,芳泽似乎感到有些尴尬。军方似乎又一次在没有通知外务省的情况下擅自行动。

我们在满洲逗留期间看到的所有迹象都表明,军方和外交这两大集团之间存在持续不断的冲突。

停战协商期间,我们正在上海。接着我们赶往南京,和中国政府所有部长进行了会谈。在上海期间,我们曾见过他们,但一直到南京后才开始了真正的会谈。中国方面自始至终都想将满洲和上海事件联系起来,但日本则总是企图分离两者。我们在南京得到的印象是,中国正在逐步形成一个真正的政府,如果不是日本的满洲运动一事彻底搅了局,共产党就已经被彻底消灭了。

中国各部部长都出席了我们的会议,但行政院院长汪精卫一个人说了所有的话。蒋介石留在了幕后,让民政当局发言。他甚至给他们先离开会议室的特权。显然,他们想努力营造这样一个印象,即在中国,当权的是民政当局而不是军方。

中日两方都呈现出了完美无缺、无可辩驳的陈词。每一方都争论得有理有据,但这两种辩护状是不相容的,中国方面的诉讼显得更为完善,至少从表面上看来是如此。

中国政府的一切方面似乎都很正常,各大部门都履行着其职责。他们似乎不太把满洲问题看得十分严重，当然是不如日本人看得那么严重，日本人总是将一切事情都看得很严重。中国人似乎认为满洲属于中国是不可改变的，并且迟早——100 年或者 500 年之后——这个问题会得到解决，结果就会对中国有利。时间显然不是这次争议的对象，在无论何种争论中，中国人都喜欢回溯历史，一直回溯到汉代。他们沉浸于古代历史之中，他们的思想也飞跃于世纪之间，但是中国的民族主义精神已经变得越来越有迹可循了，而满洲和上海事件大大助长了这一精神。

大使：广东那边有这样的民族主义情绪吗？

麦考益将军：有，那里有一个态度很强硬的集团希望面对日本采取统一战线的策略。在满洲问题上，中国的各个派别都一致反对日本。中国的官员十分腐败，并倾向于以妥协来解决问题，小事件常常使人对中国持悲观态度，但人应该向前看 30 年，观察中国的进步。美国政府对中国的政策是正确的，有关中国的条约是好条约，并应该坚持到底。我们拖延时间直至问题解决并等待新政府出现的政策也是良策。

接着我们去了北平，与少帅及移民交谈——这些移民是自日本占领满洲之后，移居到北平和天津来的。少帅给我们的印象是他远比我们所期望的年轻人要聪明得多。他说起来，与其说像个东方人，不如说像个美国人。他告诉我们，他曾经为给满洲建设一个真正的好政府而努力，可惜这些努力却被旧派系所挫败。我们的印象是满洲的旧政府，无疑是私人的和腐败的，包括张作霖和张学良（政府）。去年夏天事发的时候，少帅因患伤寒，在北平卧病在床。他觉得如果他当时身体健康的话，他完全可以避免这一麻烦。日本爆发的直接导火线是中国人在满洲的寻常小刺激，譬如中村大尉事件。这一事件在爆发之前就已经得到了解决，但是少帅意识到这一事件以及其他一些事情会给日本一个借口，而他想要避免给日本任何借口。因此在北平的医院里，他命令他的属下要小心，注意不要给日本人任何行动的借口，并且如果日本人确实行动了的话，他们也不要抵抗。1931 年 8 月，少帅在不通过南京的情况下，直接和日本方面进行了谈判。他和币原喜重郎进行了会面，并当军方咬牙切齿的时候，两人之间达成了完满的共识。

张给我们讲了他父亲的葬礼。日方派了两个代表来出席葬礼，两人都叫小林，这一点困惑了我们很久，一个叫作小林男爵，是内务府的人，代表着天皇；另一个叫作小林先生，驻沈阳的总领事，代表着日本政府。小林男爵劝少帅不应打着南京的旗帜或者比老帅和南京有更进一步的关系,另一位小林重复了这一建议,并且再一次强调了这一点。他声明说,如果少帅采取了日本方面的建议,日本方面将对其予以财政的和其他援助,但若是敬酒不吃吃罚酒,日本则会采取恰当的措施——这是我们在调查中经常遇到的一句话。

迪科夫:您是否询问了张有关其父亲的死?

麦考益将军:问了,张开始告诉我们,但是因情绪激动而不得不停下来。我的调查显示这一次刺杀是一次中日事件。实际的爆炸很可能是中国人干的,但是这一事件的策划者是土肥原少佐及其追随者,包括驹井、沈阳市市长鲍以及后来被少帅射杀的两位将军。

附件 2:

驻日本大使(格鲁)和弗兰克·R. 麦考益少将会谈备忘录

[东京],1932 年 7 月 14 日

在场的还有:乔治·哈伯德·勃来克斯雷博士,E. L. 内维尔,E. R. 迪科夫及 W. T. 特纳。

麦考益将军:有关中国沿岸港口外国居民中所流传的中国第 19 路军正准备袭击上海并被日本军队阻拦一事的谣言,我对此事做了仔细调查并发现,当日本袭击和阻止了这次转移的时候,第 19 路军已经收到行动的命令,并且已经在做准备。外国人看到这么多的人在城市附近出现,自然感到害怕。

上一回我结束我的讲话时,我注意到因为我说日本的满洲行动是有理由的而在你们之间引起了一阵惊奇。我的意思是说,他们从他们自己的角度来看是合理的,他们已经忍受了一段时间中国的琐碎策略——你们知道,中国人有时让人十分恼火。即使是他们最好的朋友也不得不承认这一点。我说过满洲以前的政府是腐败的朝廷,阻碍了日本的发展。少帅是一名军事独裁者,被一群下级军事独裁者所拥护。他几乎没有什么控制力,他所有试图给满洲一个更好的政府的努力都遭到了这些小独裁者的反对。他之所以能保持住他目前的地位是因为其他独裁者都想要他的位置,并且因此而相互嫉妒,与其见到彼此之间的哪一个登上高位,不如由一个他们能控制的年轻人来坐这个位置。

今天,我会继续谈论我们在满洲所做的调查,但首先我希望解释一下,有

一些报纸所自称的对于我观点的表述都是虚假的消息。因为我从来没有接受过报界人士的正式采访。东京有一次报道称，我曾经说，史汀生上校只不过是一个普通的政治家，或者类似的话，这完完全全都是错误的，这是我在和古城上校的谈话时所造成的一次误解。记者总是喜欢在没有完全理解谈话内容的情况下就胡编乱造。古城上校声称史汀生上校反对日本人民，而当时我正在为他辩护。我说他只是美国人民的一个代表，并且在表达美国民众的观点，而非他个人的观点。然而不知为何，我的本意就被歪曲了。所谓的对我的采访都不是真的。但是，总的来说，我必须承认日本媒体对调查团十分友好，他们保持着一种同情的态度。

继续探讨我们所做的调查。我们在北京方面的调查结束之后，就对中日两方的背景知识有了一个很好的了解。在日本的荒木和芳泽对有关日本对满洲意图都表达了自己的看法。我有我们和他们谈话的备忘录，我不能给您，但我可以给您看。这里还有一份内田在大连给我们的备忘录，那时他仍是南满洲铁道株式会社总裁。另外内田已经被警告两次，他的两个主要的前提是不可靠的，包括日本在满洲的军事行动的正当防卫性和"满洲国"的民族自决性。我们在大连的时候就这样跟他说过一次，最近在东京又跟他说了一次。他十分清楚调查团对这两点的观点。

我们在中国逗留期间，调查团的日本顾问吉田先生企图带我们去偏僻的处所闲逛，目的是向我们证明，中国没有真正的政府。我们没有时间这样做，但是我们按照这些线路完成了一些工作，我们把团队分成不同的小组，派到不同的地方。例如我们派爱斯托和杨格乘飞机去四川。中国方面显然不希望我们去除了南京和北平的任何地方，但我们想去中国的真正中心，汉口，特别是因为它被红色运动所包围。所以我们就去了汉口。我们去了很多地方，这也给我们以更大的信心做决定。我们不仅仔细访问了中国，而且和我们的大使以及领事官员一起检查了每一事件，我们在满洲也做了同样的调查，一直调查到我们满意为止。在满洲，我们以沈阳为中心，并从那出发去了长春、吉林和哈尔滨。然后在满洲期间，我们没有正式见到任何代表中国的官方人士。同情中国的人要么是被威胁和压制了，要么就是我们感觉他们遭到了这一胁迫。我们正式看到的只有那些掌握主动权的人。传教士是我们的一大消息来源——天主教传教士向克劳德将军汇报消息，英国传教士面见李顿爵士，美国传教士则来与我面谈。他们清楚地了解公众的情绪，这一点十分重要。

· · · · · ·

在沈阳的时候,我们大部分的时间都和日本官员待在一起,我们每天都会见到本庄繁将军。第一天,我们的问题让他有些尴尬,之后他就很坦率地回答。麻烦在于,他的表述和日本顾问发送给我们的小册子中所记载的 9 月 18日事件的讲述不一样。他们不得不对宣传手册(的内容)做了许多修改。

作为一名军人,我要说的是,日本在满洲总参谋部进行了一次成功的表演。他们对我们非常热情友好,表现得彬彬有礼,也十分注意不让我们见到任何和 9 月 18 日事件有关的人员。我们和指挥官、中尉以及其他所有的人,甚至和士兵以及在爆炸之后就开始维修铁路的维修员都交谈过。他们的陈述口径并不总是一致,但那就意味着他们在说真话。如果调查团除了日本官员的供述,没有任何其他的外部证据,那么我们就会相信这次炸毁铁路只是一个借口。他们凭自己的证词证明了自己有罪。我们相信日本军队策划了这一切。首先他们审判了中村案,但并不以之为借口。所以他们就炸毁了铁路(将其作为一种借口)。从日本单方面的陈述,我确信没有任何一个中国人参与此次事件。接着,正如日本所提前策划好的,一件又一件的事件发生,譬如嫩江桥,成为日本军队为自我辩护的一个个完美案例。根据日本方面自己的故事,调查团里的每一个人都对此深信不疑。至于炸毁铁路,我们不能在法庭上断言说是日本人干的,因为我们不能确定到底发生了什么,但我们相信这就是一个借口。

日本人自己认为他们的故事足以让别人相信,事实上连他们自己也相信他们自己所言。例如,当我们经过锦州的时候,日本军团的工作人员在那里迎接我们,他坚持让我们去总部兵营,虽然我们对此并不感兴趣。他们在正大门前摆了一张桌子,一群官员围坐着。我们受邀加入他们,其中一个官员以低沉的嗓音,几乎是带着哭腔向我们讲述了这个故事。桌子上放着两盆铁制菊花,共有 16 片花瓣——(象征着)日本帝国主义徽章。菊花是从大门上拿下来的,这扇门通向一个学校,以此来作为中国侮辱了日本的证据。据说菊花被放在了大门底下,所以当学生有进进出出的时候,他们就会踢到这些菊花。大门两边还有一幅日本太阳初升的图片。所以当人打开门的时候,初阳的图像就会断裂成两半。日本人把我们的注意力从铁路问题上引开,跟我们大谈这一番没有意义的东西,并以此作为日本武装行动的有力例证!

我们从满洲回来的时候,除了一些小细节问题,我们对我们所希望调查的每一点问题都得到证实。听了日本人的故事后，(我们觉得)似乎他们的整个案件都是建立在这些故事的基础上：首先，他们以自卫为理由进行攻击，是为了绕过《白里安-凯洛格公约》；其次，他们的理由是，独立运动是满洲中国人民自发的行动，是为了避免与《国际联盟公约》和《九国公约》发生冲突。

我们的行程十分有趣。工作任务艰巨，但我从来没有任何一刻感到厌倦。我们几乎采访了所有有影响力的领导——本庄繁和土肥原(他是满洲柴堆里的黑鬼，给我们做了一个非常重要的演讲)和其他日本顾问。其中一位日本顾问给了我们一份有关组织策划"满洲国"政府的计划。在每一组的名单上，位列前排的都是一个日本人的名字。这些名字的后面有星号标识，底下的注释说明这些都是日本顾问。我们访问期间，这一点有了变化，我们得知，这些人不是日本政府官员，是"满洲国"政府雇佣的政策指挥员而非顾问。没有他们的同意，任何任命都不能执行。他们是"满洲国"政府聘请来帮助他们的专家。我们和"满洲国"官员进行的所有会谈中，都有日本顾问伴随其身侧。老"总理"显得尤其可怜，他不知道这一切都是怎么回事。他是溥仪的书法老师，现在成了"总理"。驹井是一个好斗而且坚定的人。除了国务"总理"，我们采访的所有"满洲国"官员后来间接告诉我们，他们在公开场合所言并不代表他们的真情实感——(而且是)完全相反！

大使：您的意思是日本总参谋长给您上演了一出精彩的戏？

麦考益将军：精彩到传达了和预期中完全相反的一个印象！

我们认为满洲问题上根本没有民族自决性可言。中国民众非常激动。当然，苦力们对此不很关心，除非他们和日本官员或是土匪有什么方面的接触。但是中国代表几乎一致反对"新政府"，他们认为这一"新政府"只不过是日本的傀儡而已。一些自私的中国利益集团偏向于"新政府"，正因为他们认为在日本的统领之下他们有机会获得更多的利益，就像在关东和朝鲜一样。满族人和蒙古人更希望成立一个"满洲国"，但那是因为他们和汉人不和。他们从未效忠过中国政府，并且欢迎清王朝溥仪的回归。然而他们只是中国总人口中的一小部分，在这一问题上没有多少分量。我们认为满洲的局面只会越来越差，而不会越变越好，并且中国和苏联方面将会有越来越多的人反对"新政府"。我们认为，这一局势非但没有带来国际和平，反而将导致未来的战争。

勃来克斯雷博士和学者、传教士以及商人进行了会谈，我太忙了，没时间亲自会见他们。他能告诉您更多关于此事的感受。

勃来克斯雷博士:"满洲国"的大部分官员,甚至是那些名义上效忠于"新政府"的官员,都很高兴转向支持一个真正的中国政府。他们并不是真的效忠于"新政府"。

麦考益将军:本庄繁自己跟我们说,他们一刻也不能依赖"满洲国"军队的忠诚,"满洲国"军队人数虽然有8万,他们在防卫工作上都可以恪尽职守,但如果命令他们去剿匪——那些所谓的匪徒——他们很可能会带着军火投靠对方。

大使:您那天说,我致国务院并且抄发至北平的长电报中所提及,其中关于日本承认"满洲国"的利与弊的内容对您和大使十分有帮助。① 那封电报里,我说如果日本承认"满洲国",一些日本军队就可以撤出,或者由"满洲国"政权来支付其开销,以此来减少花费。麦克罗伊(McIlroy)上校后来反对了这一点,您怎么看?

麦考益将军:麦克罗伊上校是对的。我们就此询问了本庄将军。起初,他说他们会在9月1日撤军,后来他又说要撤军还得再等两年。5月份在沈阳的时候,他告诉我们说,他对局面感到十分担忧,他的军队力量不够,需要部队增援。后来他说,他要求增派部队。这是因为"满洲国"军队不忠,也因为苏联。两个礼拜之后,他说已经做了一些调整,消除了一些焦虑。可能他是指和苏联方面有了些安排。

迪科夫:您能否告诉我们任何有关"满洲国"政府中的日本人对日本的忠诚度(的消息)吗? 我们听说,和对东京比起来,他们对"满洲国"更忠诚。

麦考益将军:我相信他们是在和日本政府玩把戏。本庄繁将军将他们安置在那里。驹井曾经在日本外务省任职,去年9月去了本庄繁那里当顾问。他已经和土肥原及本庄繁一起工作了25年。大桥当了25年的领事(注:实际上不到15年),辞职之后在"满洲国"外交部成了顾问。"满洲国"政府中的日本人差不多都是这样。他们和满洲都有某种方面的联系。但他们坚持声称他们没有玩弄日本政府的把戏。大桥称他是一个革命主义者,并且希望不仅在日本可以丢开资本和政治,而且在"满洲国"也可以。他说他不会听命于东京。他在满洲所见到的是一个乌托邦世界,他放弃了养老金和升职的机会,在"满洲国"找了一份他原工作一半工资的工作,只为了创造一个天堂。但我对此表

---

① 原编辑者注:6月20日中午第161号电报,第92页。

示怀疑。他的态度太过坚决。他没法改变他的官场背景。或许是我太过尖锐,但是大桥实在太过坚决了。不过,他已经说服了哈斯先生以及调查团的其他一些职员了。

大使:有说服您的任何一个同事吗?

麦考益将军:没有,调查团成员的话也都有些尖锐,但有一些工作人员相信他。

勃来克斯雷:麦考益将军和我在所有问题上(意见)都出奇一致。在这一问题上,我们原则上同意,但程度上有差别。我们都同意是日本军队创造并支撑着"满洲国"。我和麦考益将军一样,也认为"满洲国"政府的日本人只不过是傀儡。但是和调查团有关的专家已经开始渐渐改变他们的看法。满洲的这些年轻的日本人有时候似乎以反对日本的计划为乐。这些官员有自行斟酌处理的权力,在一些小事上,他们有时候会采取和日本外交人员甚至军队的主张相反的立场。比如说,本庄繁同意让顾维钧进入"满洲国",而我们以为一切已成定局。显然我们错了。大桥说顾(维钧)不能进入。在秘书哈斯和大桥之间举行了为时甚久的谈判,顾(维钧)最终在同意交换信件的条件下得以进入。这要么是一场技艺精湛的演出,要么就是真正的意见分歧。

接着调查团说想见一见马将军,调查团的日本顾问和军队说可以,并且他们就此作了安排。大桥接手了这一事件,他对此大发雷霆并果断拒绝。更简单的解释就是,日本两大集团之间确实存在意见分歧,接着我们想从沈阳带两个中国人到山海关,其中一个是女速记员。顾问和其他日本人向我们担保不会有人反对,但长春方面拒绝了,因为加上这两个中国人,中国人就超过了只允许五六名中国人陪同调查团的人数。吉田和其他日本人显然对这一拒绝感到十分恼火。

根据我的经验,日本人常常对"满洲国"爱唱反调的日本群体感到恼火,他们抱怨说那边的官员不遵从东京的指示。头本说东京的官员不太看重"满洲国"的日本人;认为他们又穷又叛逆;总有一天必将把他们清理出去,换上一批更好的人。等到哪天摊牌了,日本政府就会把他们赶走。这样看来,为什么日本军队不立刻把他们赶走呢? 因为在"满洲国"的日本人在某种程度上代表了日本的法西斯分子,将他们驱逐出去会引起这里的反对,解雇他们还是不值得的。

外国商业人士对"新政府"的态度是我们所遇到过的最令人丧气的。美国商人的态度似乎取决于他们是否能在"满洲国"挣得了钱。这是最不幸的一种态度。这是一个道德问题……总的来说,美国商人给我的感觉是,他们比起其他我们采访过的群体来说,他们更同情"满洲国"。

附件3:

驻日本大使(格鲁)与弗兰克·R.麦考益少将谈话的备忘录

[东京],1932 年 7 月 15 日

在场的还有:E.R.迪克奥弗,帕森斯先生。

麦考益将军:我给了您一份调查团与外务大臣内田子爵第一次会谈的备忘录。我们毫不怀疑日本在第一次会谈后的态度,但是调查团成员讨论了这个问题,决定再见一次内田,并确保我们了解的一切都准确无误。

7 月 14 日与内田第二次会谈时,李顿爵士说:"我们不会占用诸位太多时间。日本政府的意图是十分清楚的,但是我们认为,作为国际联盟的代表,我们应该与您再次接洽,因为在两个问题上,情况并不十分明朗。首先是使用国联这一机构来维持和平(的问题)。您和荒木将军都告诉我们,日本已经在满洲打了两场仗,但结果对日本来说依旧不够安全。现在,世界上最强大的国家都曾参加过世界大战,国联以及利用这一机构来维护和平是重要的结果。我认为,日本政府应该意识到,无视这一机构对世界各国政府意味着什么;这将使人民对国联和这一机构失去信心。日本政府虽然签署了《国际联盟公约》,但是没有利用好盟约来建设这一机构。日本政府自始至终都表示,它充分意识到它在各项盟约和条约下所承担的义务,但它仍然违反了公认的义务。第二,您说中国违反了与日本的条约,(但)现在日本(恰恰)正在做这件事。当然,在您采取行动之前(在承认问题上),应该咨询《九国公约》的其他八个签署国。在充分考虑这项条约之前,日本不应做出任何重要决定。如果每个国家都不按条约而仅根据自己的切身利益行事,它将摧毁自世界大战以来建立的一切。"

李顿爵士的效率非常高。他用漂亮的英语演讲,发表了一个非常感人的声明。

内田支支吾吾地回答,只是简单地重复了政府政策的标准模式——神圣的自卫权,满洲是日本的生命线,等等。李顿爵士再次开始讲话的时候,外务

大臣插话说，争论是没有用的，日本政府制定好了他们的政策，并将履行条约，而且它并不认为这违反了条约。

然后，我说——不是对外务大臣说，而是对李顿说——我完全同意他的说法，但我想讲一下另一个话题。国联调查团不仅要设法解决目前的困难，而且要想办法朝前看，以便想出阻止未来远东战争的办法。我说，我认为如果他告诉内田子爵我们所认为的会引起未来战争的原因以及阻止战争的方法，那将会很有帮助。日本的政策并没有成功地维护远东地区的和平，我们相信，未来日本政策将带来更多的战争。我说，我认为我们有责任告诉内田这一点。

李顿爵士随后问内田，他是否会将这两点提请他（内阁中的）同僚注意。内田说，他不会提请让他的同事注意这些问题，因为日本的政策已经完全制定好了。我们真正要他做的是把这一问题推迟一段时间，直到事情安定下来。

大使：我们的想法是，随着时间的推移，人们对日本军队的态度可能会发生彻底的改变。您是怎么想的？

麦考益将军：根据这个国家之前发生的事，这种类似情绪变化很可能会发生。这就是为什么我们要他推迟（处理）这件事。李顿还明确表示，本调查团是根据日本的要求而组建的。他指出，如果他们在调查团提出报告之前就做出了不可挽回的承诺那就太糟糕了。内田也笨拙地回答了这个问题。

大使：因此，日本官员对该调查团报告的要旨没有丝毫的怀疑吗？

麦考益将军：不。但我很同情日本人。中国……没有和日本人玩过这个游戏，满洲人也没有玩过这个把戏。当然，他们一直受日本的控制，也采取过一些政策来阻止他们。近年来，中国人在满洲制定了一个最令人恼火的政策，而在我听完发生的一些小故事以后，我表示可以理解。日本人的抱怨，最终总是要通过外交途径解决，这些抱怨从一个人传到另一个人，从一个国家传到另一个国家，又从一个国家传到另一个国家。这足以让任何人发疯。这不仅发生在日本人身上，也发生在所有外国人身上。日本人的理由很好，但他们用错了方式。

大使：如果日本人按照条约的规定提出他们的困难，他们无疑会得到同情。日本与美国有许多真挚的友谊。

麦考益将军：的确如此。但是日本声称他们也有同样干涉中国的权利，就像我们在南美、古巴和尼加拉瓜一样。他们总是提起尼加拉瓜的案例。但这两种情况并不相同。首先，我们干涉（尼加拉瓜的事）发生在几年前。时代已经变了。那时，我们并没有被阻止去做这件事——反而是致力于做这件事。其次，我们总是被双方要求介入纠纷之中，我们也总是在工作完成后离开。日本没有被要求做它（之前）所做的事情。没有可比性。

大使：他们正式提出这一问题了吗？

麦考益将军：不，是非正式的，在我们的私人谈话中。日本人总是说我们不能理解远东（局势）。但他们自己并不了解东方。他们在中国肯定没有取得成功。他们说他们会开发满洲，带来和平与秩序，使之成为一个适合居住的好国家。他们提到他们在关东所做的事情。但是情况是不同的。满洲完完全全是中国人的。日本可能会让满洲分隔出去，与亚洲其他地区隔绝，但是与4亿中国人比肩而坐，这是不可能的。满洲就像阿尔萨斯-洛林，（是一块）溃烂的疮。除非世界能够阻止，否则它将导致与中国、苏联之间的战争。现在正在发生的事件即将引发战争。例如，我们问内田"满洲国"坚持的是什么。我们也向"满洲国"提出了同样的问题。起初他们无法回答，但最近内田制作了一幅地图，显示"满洲国"由四个东部省份组成，包括热河和内蒙古。现在，中国人仍然拥有热河。当中国人知道"满洲国"宣称拥有主权时，他们会怒不可遏。仅仅这一点就会引发战争。随后日军驻守在通往山海关的铁路沿线，被中国义勇军包围，日本人对局势非常紧张。不需要太多的借口就能让他们行动起来——很可能是在天津和张所在的北京。（这里已经种下了）包含无限麻烦的种子。

大使：关于中国的民族运动，他们有没有可能联合起来组建一支真正高效的军队？

麦考益将军：不，不需要很长时间。例如，张少帅的部队情况很好，看上去比日军更好，但他们对他们的军官不信任。人们之间缺乏信心。他们预料他们的将领随时都会背叛。那样的军队打不赢日本人。但是中国人具有强大的抗争精神。如果日本人试图入侵中国，他们就会遇到在入侵苏联时发现的同样的事情。他们可以占领港口，但不能进入内陆。读懂中国，仍然是世界上最复杂的课题。我已经研究了30年了。在这段时间里，我注意到（中国）民族精神有了相当大的提高，虽然不是很明显，但确实是存在的。美国驻华大使詹森认为，中国需要两三百年的时间才能走到一起。我不同意他的看法。我认为它的发展速度比这要快。

（竺丽妮、曹文博译，费凡校）

50. 国务卿致驻华大使(詹森)(1932 年 7 月 17 日)

693.002 满洲/204:电报

[华盛顿],1932 年 7 月 17 日晚上 11 时

215. 7 月 12 日下午 11 时您的第 797 号电文,第三段及以下,以及 7 月 15 日晚上 8 时您的第 813 号电文。

1. 国务院十分感谢并且充分考虑了您的提议。

2. 已指示佩克口头非正式地按照以下几点回复宋:

美国政府一直以来并且特别是在过去九个月的艰难时光之中,充分考虑了中国政府当权人士向其表达的观点及请求。在决定其是支持还是反对有关议题和争论的行动上,它一直遵循着众所周知的原则,并不断考虑某些同样所周知的目标。然而,它本身没有能力完全按照它所坚持的原则和所承诺的目标来确定事件的进程。美国政府希望条约所规定的义务得到充分的尊重,并且有关各方的权益得到保障,它的所有努力都是朝着这些方向推进的。同时它反对将暴力作为一种政策的工具。美国政府认识到远东地区发生了严重破坏和平的事件,这一现象值得全世界的关注。它认识到,事实证明和平组织在这件事上显得十分不称职,既没有阻止这次对和平的破坏,也没有处理那边的局势和问题。它仍然希望当前局势的内在问题会根据争议国家以及其他国家所参与的协约精神和条款来解决。它已经发挥了其影响,并且会代表着和平和正义继续发挥其影响。对有关争议国家之间有争议的事件,它不偏袒任何一方。在涉及有关美国或大众世界权益这一问题上,并且争议国家中的一方而非另一方采取了损害这些权益的行为时,美国政府已经向负责任的争议国就有关行动提出了自己的看法。一般说来,它以同样的措辞同时平等地对待双方的争论者。

去年 1 月 7 日,①美国政府在致中国和日本政府的照会中明确阐述了美

---

① 原编辑者注:见 1 月 7 日中午发给驻南京总领事的第 2 号电报和第三卷第 7 页脚注 9。

国政府在理应和必然关切的基本问题上的立场,并在去年 2 月 23 日①国务卿给博拉参议员的信中予以重申和阐明。这一立场也已记录在美国政府的声明中,它同意国际联盟若干决议中所载的意见。

关于目前"满洲政权"干预满洲海关等问题,美国政府已在一些方面表达了它的意见,认为这种意见的表达将产生最大的效果。美国政府避免了使其从任何来源所得到的任何建议,不符合现存的条款或者因发表政策声明而使其自身以及其他国家被迫处于某种地位。美国政府认为此时此刻在这方面,它所做的任何一步都不大可能改善局面。

关于中国财政,美国政府认识到中国政府在这一方面频繁遭遇困难而又与寻常不同。然而,美国政府指出,1926 年海关税收是 80 435 962 两,而 1931年则增加到了 246 064 000 两。我们还记得,美国政府于 1928 年率先同中国政府签订了关税协议,②中国很快同其他大国缔结了类似条约,中国有可能制定自己的关税计划,其结果是增加了上文提到的关税收入。假设满洲地区收集的全部海关税收被无论何种行动扣留了,中国政府收到的海关税收仍然会是 1926 年税收的三倍。美国政府认为,美国以及其他几个强国在态度上向国民政府表达了亲切友好,并在行动中向该国政府提供了大量的实际援助。他们使得国民政府税收有可能获得极大增加,而且中国政府对他们的财政义务也显示了宽宏大度。在目前的情况下,实际上所有政府都面临着不同寻常的金融困难,国家都得依靠自己的努力来解决特殊的财政和经济问题,中国政府以及中国人民也不例外。美国政府很高兴地注意到,近年来,中国人民显得越来越乐意在政府面临财政困难时予以资助,美国政府希望这一倾向会更好地发展,来为中国政府提供其所需要的收入。

所谓共产主义在中国泛滥一事,美国政府认识到了中国政府所面临的严重威胁,并充分认识到共产主义的传播可能对外国在华利益以及代表稳定与秩序的整个世界的关切产生不利影响。从过去的事件来看,美国政府不得不怀疑这一威胁是否能通过军事手段彻底地消除。共产主义得以存在,以及其

---

①　原编辑者注:见 2 月 24 日下午 2 时第 50 号电报,致驻上海总领事,《美国对外关系文件 日本:1931—1941》,第一卷,第 83 页。

②　原编辑者注:1928 年 7 月 25 日在北京签署,《美国对外关系文件 加拿大,英国:1928》,第二卷,第 475 页。

存在的主要原因似乎是对政治和经济状况的不满,因此要阻止其扩张的最有效措施必须是采取精心策划的措施,来根绝为其提供生长的土壤以及促使其成长的根本原因和潜在因素。

美国政府认识到,中国政府正面临着严酷的事实及问题,不可能仅仅是援引某个人的某些论述所能解决的。美国政府希望其可以有任何方面的帮助,并且正努力这么做着。它不能提供或建议能让这些问题快速得到解决的方法和手段,但它可以并且也正试着不在中国政府努力寻找公正合理和持久解决方案的道路上设置障碍。它现在不能提供也不会建议中国政府申请贷款。它可以,并且确实重申它继续保持善意,继续坚持对远东政策的传统原则,继续遵守它所参加的各项条约的明确规定,并重申它最近的政策声明。它可以并且也确实表达了对国民政府克服当前困难并且越来越有威信的祝愿。

美国政府没有忘记宋部长让我们提建议的请求,觉得能给中国政府的最好建议也是它可以给任何其他政府的建议,以前对其他国家所做的与尚未履行的承诺,如《九国公约》和《巴黎非战条约》,以及对《国际联盟公约》不做违反或引起争议的承诺。每个国家都应该努力保持其法律和道德立场,并维护其遵守条约承诺的精神和文字的声誉。美国政府非常满意和赞同,(因为它)注意到宋部长在原则、政策和程序方面显然具有这种概念和意图。鉴于各国对满洲局势的焦虑关切之情,美国政府认为延迟国际联盟调查团提交其报道,在国际联盟调查团提交其报告之前,不应采取任何行动,以免损害或破坏现有的权利,增加调查团正在调查的局势的复杂性,或给人留下不利的印象。很明显我们不能确定调查团报告的有关内容,以及随后会采取的行动,但美国政府一致认为调查团的工作给解决这个问题带来一线希望之光,它的努力有助于以和平手段来获得一个实际和公正的解决办法。

3. 佩克应该确保使宋明白这一点,这是一份官方的声明,是国务院及其官员间的官方声明,但是在报道中,他和宋的谈话中所提出的一些疑问,是非官方的与非正式的。佩克可以自行斟酌处理,但是上述的实质必须得到准确传达。他不可以留下备忘录。

史汀生

（竺丽妮译）

51. 驻上海总领事（坎宁安）致国务卿（1932 年 7 月 18 日）

793.94/5419：电报

[上海]，1932 年 7 月 18 日上午 11 时

7 月 18 日上午 6：45 收到

339. 参阅我 7 月 15 日下午 4 时的第 337 号电报。① 在布恩的见证下，D 区于 17 日上午 11 时移交给中方。日本仍旧占领的外围据点是极司非尔路的丰田纺织厂和平凉路的公大纱厂。这两家工厂都在租界外。中方有意敦促这两家工厂撤离。每一家工厂都在租界的外围道路上。中方有意加速这两家工厂处的日本军队撤离。日军 1 月 28 日之前即占据了这两家工厂，目前的警卫部队人数分别不超过 200 人和 150 人。

抄送至使馆。

坎宁安

（竺丽妮译）

52. 驻日大使（格鲁）致国务卿（1932 年 7 月 18 日）

893.01 满洲/332：电报

[东京]，1932 年 7 月 18 日下午 4 时

7 月 18 日上午 9：35 收到

190. 1. 内田上个星期在和国际联盟调查团的两次谈话中直截了当地宣称，日本有意承认"满洲国"，并且这个话题不容讨论。调查团在明确无误地向内田表达了其对满洲局势经过深思熟虑并且一致同意的观点之后，于 16 日离开东京前往北平。

2. 如上所述，尽管内田做了直言不讳的声明，调查团没有留下来进一步讨论一事还是在日本政界引起了不小的惊讶。而且调查团离开的那一天，白鸟告诉外国报社记者说，由于调查团建议延迟一段时间，日本政府正在考虑通过承认"满洲国"为一个"政府"并且推迟认定其为一个国家，直到后一个地位

---

① 原编辑者注：未印。

有了足够的证据能证明维持现状的资格。他说实际上这种类型的承认已经存在了，因为日本早已经通过长春的日本总领事和"满洲国"相通，这一类型的承认与张作霖和张学良是一样的，后两者与日本就协议进行了谈判。

3. 白鸟于今日告诉外国记者，国联调查团的报告将会影响日本有关承认"满洲国"问题的态度。另外吉田会在报告发布之前就知道其主要内容。他认为最好的做法是拖延承认的日期，直至"满洲国"完全独立的时候，那么就连最难伺候的评论家也无话可说。他说："但是，民众要求完全承认独立的呼声会迫使政府出手，而且日本军队比外界所认为的要更为在意公众的意见。"他指出，无论如何，日本不会自缚手脚，确定延迟的确切期限，也不会接受任何一种形式的监督。"目前的情况看来，除了名义上同意承认，我们将做一切事情，而且如果我们和'满洲国'达成某种协议的话，说不定会给目前的局面增色不少。"

4. 由于白鸟声明针对的是关于中国对"满洲国"继续拥有领土主权的多种解释，我请求内维尔设法从有田处获得一份非正式澄清，因为我不想在这个节骨眼上从内田那里要一份官方解释，使局面产生不利（的变化）。有田说，日本政府的态度没有发生变化，和当时向国联调查团表达的观点一致，而且外务省发言人受外务大臣或者其他官员的驱使会对声明做出自己的解释。他说他现在不能给出一个有关推进承认"满洲国"的时间或者方法的确切声明，但是承认"满洲国"就意味着接受了一个主权国家。[①]

5. 尽管有田和白鸟的说法多少有些矛盾，但我不相信后者完全不知道他上级的意思，特别是在时隔两日之后，他实际上重申了他的言论。鉴于他的声明不是说给日本新闻社听的，（因此）这些言论或许在本质上是一种试探性言行，来测试国外反应。

6. 有田告诉内维尔，说内田今日或许会请我见面来谈论这一总的局势。

抄发至北平。

格鲁

（竺丽妮译）

---

① 原编辑者注：见驻日本大使 7 月 28 日第 69 号急件，第 700 页（编者按：该件未翻译收录本册）。

53. 驻华大使（詹森）的备忘录(1932 年 7 月 21 日)

793.94 委员会/340

[北平]，1932 年 7 月 21 日

勃来克斯雷博士今天上午给我留下了一份打印好的备忘录，内容是国联调查团和日本外务大臣内田子爵之间的两次会谈。两次会谈分别于 7 月 12 日和 14 日进行。

在第一次会谈中，内田坦诚地告知了李顿爵士和调查团，日本打算承认"满洲国"为独立的国家，理由是满洲人民希望(满洲)独立于中国统治；满洲是日本的生命线；日本的安全取决于满洲的和平；日本被迫在满洲发动了一些战争，为此牺牲了很多生命、消耗了大量财富；日本愿意就满洲有关事务直接与中国进行谈判，但是"满洲国"独立宣言和这里建立的独立政府已经改变了这一切，与中国的直接谈判是无用的和不必要的。

内田子爵告诉调查团说，日本对"满洲国"边界没有确定的了解，但认为"满洲国"包括东三省和内蒙古东部。

内田子爵非常明确地表示，日本无意与《国际联盟公约》或《九国公约》缔约国讨论日本对"满洲国"的政策问题。他表示，他们已经考虑了所有的事情，并且确定了《国际联盟公约》和《九国公约》都不涉及日本重新承认这个新的"独立国家"的任何权利问题。"满洲国"与中国之间唯一的问题是中国是否应该承认"满洲国"。

在第二次会谈中，李顿爵士和调查团其他成员试图说服内田子爵，无论日本对"满洲国"的意图如何，代表国际联盟的国联调查团和世界舆论都无意进一步质询；但是调查团对这个程序表示关切，并希望使内田子爵认识到让其他国家信任日本的重要性，特别是《九国公约》缔约国，而不是在没有任何协商的情况下采取行动来伤害它们的感情。

据报道，在此次谈话中，内田子爵声明日本对"满洲国"的政策问题已经解决了；日本认为，日本打算做的事情没有违反条约或盟约；日本也不觉得其受到这些协议的约束要就其政策与其他国家进行磋商。

李顿爵士向内田子爵指出，国际联盟是欧洲战争的结果；对厌战的欧洲来说，它是欧洲的生命线；这是一项用大量鲜血和财富换来的成就；欧洲有兴趣

维持这个目标。

内田子爵认为，国际联盟不关心日本是否承认"满洲国"的独立；中国总是呼吁国际联盟(关注这个事情)；如果要维护东方的和平，国际联盟应说服中国，停止担心日本在"满洲国"的政策，并且承认"满洲国"。

纳尔逊·特鲁斯勒·詹森
（曹文博译）

54. 驻华大使（詹森）的备忘录①（1932 年 7 月 21 日）

793.94 委员会/340　　　　　　　　　　［北平］,1932 年 7 月 21 日

麦考益将军今天早上来了一会儿，他指着调查团与内田子爵会谈的备忘录，要我看一看，并表示他希望我对他们的决定提出我的建议。他说，鉴于内田子爵已经告诉调查团，这是向国联临时报告的一个问题。

他说，他有赞成和反对的理由，简单地说，调查团（如果能）预想到日本提出承认"满洲国"的行为，（就）不应该拖延提交国联与世界的反应和调查结果。另一方面，有人认为，国联现在采取的任何行动都必然会使日本采取行动，而日本是在对抗国联的情况下采取行动。

麦考益将军说，在与内田子爵的第二次会谈中（虽然会谈的备忘录没有说明这个），很显然，内田子爵对李顿爵士和其他委员所提出的论据相当震惊，有人暗示他们，调查团应该推迟采取任何行动，以便日本重新思考这一问题。

麦考益将军说，桦山伯爵、牧野伯爵、金子坚伯爵和其他忠实的自由派人士多次向他们暗示，如果国联此时推迟采取任何行动，将会增强希望影响政府行动的日本自由主义者的力量。

我告诉麦考益将军，我会阅读备忘录，并且稍后会和勃来克斯雷博士谈论此事。

纳尔逊·特鲁斯勒·詹森
（曹文博译）

---

① 原编辑者注：副本由大使以第 1673 号电文于 1932 年 8 月 4 日发送至国务院；8 月 29 日收到。

55. 驻华大使(詹森)备忘录①(1932 年 7 月 21 日)

793.94 委员会/340

[北平],1932 年 7 月 21 日

勃来克斯雷博士前来拜访,我们一同讨论了调查团和内田子爵的会谈备忘录。勃来克斯雷博士说他觉得(虽然备忘录中并没有此说法)在第二次会谈中,李顿爵士的论点给内田子爵留下了深刻印象,使得后者在其坚定表达推行承认计划的决心上有所动摇。

我跟勃来克斯雷博士说,我目前不成熟的判断更倾向于支持一份临时的报告。我指出,我们都知道日本人的企图,目前我们心中存在一些疑问,在这个时候,应该把日本自由思想的力量放在什么价值上,以及这种肤浅的意见对日本的"满洲国"政策可能产生的影响。就个人而言,我不知道那些观点究竟有什么样的价值,我不打算给它很高的评价。

鉴于外务大臣已经做出了明确的回复,调查团现在对日本打算做什么有非常明确、坦率和直接的了解。如果调查团不立刻向国联和全世界通报这一消息,使联盟和全世界能够按照自己的意愿采取行动,那么或许会被认为调查团是在玩忽职守;因为调查团的拖延或许会使日本承认了"满洲国",届时,世界的行动就会显得太晚。

我们讨论了很长时间,勃来克斯雷博士告诉我,他与日本自由党人士的几次谈话表明,日本存在着一股暗流反对政府的政策。但是就我所能认识的而言,这些暗流所提倡的并不是十分有帮助。

然后我们讨论了反对提出临时报告的理由。似乎已成定局的是,临时报告——伴随公众注意对其的期待——会加速日本的行动,其结果可能是对"满洲国"的承认会比在其他情况下到来得更快更早。

总之,日本会对"满洲国"采取什么样的行动,于国联而言又有何区别呢?调查团是应日本的国联代表请求组建并受命进行调查的。调查团将会继续其所要从事的调查,并仔细研究其面前的资料,得出这些数据可能导致的结论。

---

① 原编辑者注:1932 年 8 月 4 日大使在其第 1673 号急件中将副本转交给国务院;8 月 29 日收到。

日本方面知道调查团大概于何时向国联提交报告。如果日本在那个时间之前采取行动的话，世界就能够判断日本有罪与否。

总而言之，我最后得出的结论是，我认为最好不要做一份临时报告，毕竟这样的报告只会成为最终报告的一部分；但调查团应当不忘初衷，继续前进，并在指定的时间内将其审议过的报告全文转交给国联，以便世界明察秋毫，以定罪责。

我补充说，调查团或许最好给德拉蒙德发一份机密电报，报告调查团同内田的讨论情况。

纳尔逊·特鲁斯勒·詹森

（竺丽妮译）

56. 驻瑞士大使（威尔逊）致国务卿（1932 年 7 月 23 日）

793.94 委员会/306：电报

［日内瓦］，1932 年 7 月 23 日下午 4 时

7 月 23 日下午 1:30 收到

102. 您的 7 月 22 日上午 11 时的 101 号电文。德拉蒙德明天就要去度假，所以我今天跟他谈了话。我们全面而轻松地回顾了当下的形势。我告诉他，您希望继续与国联合作，避免工作上的分歧。

德拉蒙德相信，报告书能在 9 月 15 日左右收到，他会印刷出来，分发给大会成员，并在大概两天后公布。这将持续到大约 9 月 25 日。该报告将提交给理事会，理事会将在 10 月 10 日召开会议审议。德拉蒙德估计，会议将会进行一个礼拜，日本和中国代表们将就报告书发表意见。在日本准备接受报告书情况下，这是未必会发生的意外事件，可能会立即开始谈判。更可能的情况是，日本不会接受该报告，该报告书连同中日两国的意见将由理事会提交大会并由理事会代发表同意意见。在这种情况下，十九国特别委员会大概在 10 月 25 日召开会议，建议国联大会通过李顿报告书，并于 11 月 1 日召开全体会议。据推测大会将通过该报告。

目前当然不可能预测到日本的行动。德拉蒙德已经从哈斯处得知，调查团与内田进行了很简短的会谈，在会谈中，调查团呼吁不要立即采取措施来使局势恶化。内田回答说，日本的政策是早日承认"满洲国"政府。然后，调查团

拒绝进一步讨论此事并终止会谈。哈斯的印象是,这不一定代表日本的一个明确政策,因为即使在军界也(对此事)存在意见分歧。日本的内部状况非常可疑,在不久的将来任何事情都可能发生。德拉蒙德认为,该报告非常客观、全面,他还从哈斯那里得到了一个信息,在某些报纸的报道中,没有任何事实,调查团成员担心日本可能退出国联,因此希望淡化该报道。德拉蒙德没有得到该报告书实质内容的报告,只有一个特别的地方,那就是该报告书清楚地表明,现在的"满洲政府"并没有依照人民的意志而成立,纯粹是日本人的产物,并依靠他们而存在。

我主动提出了美国政府可以做出什么贡献的问题。德拉蒙德回答说,在收到报告书之前,他没有看到任何有用的内容;如果报告书具有令您满意的而且是他所希望看到的性质,如果理事会能收到一份声明,说明您同意该报告的要旨,并且美国的政策将以其建议为指导,那将是十分有益的。这自然完全取决于应该如何证明报告书的性质。如果德拉蒙德对我们合作的问题有进一步的想法,他会告诉我有关他们的消息。

威尔逊

(曹文博译)

57. 驻华大使(詹森)致国务卿(1932 年 7 月 23 日)

793.94/5443:电报

[北平],1932 年 7 月 23 日晚上 6 时

7 月 23 日上午 6:30 收到

844. 以下来自驻沈阳美国总领事:

"7 月 22 日晚上 6 时,进入了热河的日本小分队只前进到了朝阳县地带。根据当地官方获得的日本消息称,小分队的一部分已从热河撤出,释放石本的谈判正在顺利进行。"

詹森

(竺丽妮译)

58. 驻上海总领事(坎宁安)致国务卿(1932 年 7 月 30 日)

793.94/5453：电报

[上海],1932 年 7 月 30 日

7 月 30 日上午 7:20 收到

354. 参阅我 7 月 18 日上午 11 时的电报。日军守备部队从平凉路上的公大纱厂撤退。日本保留了在必要之时派遣他们回去的权利。这一撤退由布恩证实。联合委员会秘书接到电话通知,日本方面没有给中国方面任何直接的通告。

抄送至使馆。

坎宁安

(竺丽妮译)

59. 驻华大使(詹森)致国务卿(1932 年 7 月 30 日)

793.95/5452：电报

[北平],1932 年 7 月 30 日下午 1 时

7 月 30 日上午 7:20 收到

875. 以下来自美国驻沈阳领事:

"7 月 29 日晚上 6 时,日军司令部的发言人确认了媒体的报道,日本派遣军经过激烈的战斗在绥中(Suichung)附近击败了 3 000 名义勇军,并造成重大伤亡。"

詹森

(曹文博译)

60. 驻华大使(詹森)致国务卿(1932 年 8 月 1 日)

793.94 委员会/313：电报

[北平],1932 年 8 月 1 日晚上 8 时

8 月 2 日凌晨 2:45 收到

883. [这封电报的第一段至第四段为 1932 年 8 月 2 日第 1656 号急件所

载材料的摘要,附内田子爵所作声明的摘要记录,参见《美国对外关系文件 日本:1931—1941》,第一卷,第 95—98 页]

5. 上述在我听起来似乎是一个深思熟虑的政策声明,现日本政府为了防卫这一政策,将会动用武装力量,并对《国际联盟公约》《九国公约》和《白里安-凯洛格公约》应用于目前这种由日本主动引起的满洲局势做出解释。这一行动影响重大。

邮件告知东京。

詹森

(竺丽妮译)

61. 国务卿备忘录(1932 年 8 月 10 日)

793.94 委员会/321

[华盛顿],1932 年 8 月 10 日

日本大使在电话中提及了满洲调查团,他还说他认为我一直和麦考益将军保持着联系。我说没有,我和将军没有联络,而且我把麦考益将军看作独立行动的调查员;自从他离开这里去满洲之后,我未给他发送过任何一则消息,他也没有给我发过。如果大使可以向其政府说明这一点,我会十分高兴。我告诉大使说,我通过我方驻东京大使得知调查团和日方、中方政府成员所会谈的系列报道。那是我所知道的一切消息,而且我以为大使他也已经得知了这些消息,因为这些报道或多或少都曾刊登在报纸上。

亨利·L. 史汀生

(竺丽妮译)

62. 远东事务局局长(亨培克)备忘录(1932 年 8 月 11 日)

793.94 委员会/319a

[华盛顿],1932 年 8 月 11 日

N. T. 詹森致 S. K. 亨培克私信节选,北平,1932 年 6 月 29 日

"国联调查团有机会让全世界的人民都知道事实真相,他们可以拨云逐雾,让人们看看发生的到底是什么。他们来之前,帷幕遮盖了一切,而日本则

正准备否认它曾做过的有关满洲的一切声明,可是国联调查团离开了之后,帷幕将再次落下;所以是否驱云见日取决于调查团。世界人民会迅速忘记国联或其调查团为解决这些争议而提出的建议——他们会忘记在不同政党之间有关这些建议而吵得不可开交的争论——这些建议所依据的情况和事实将随着这些建议本身而湮没。因此,我也抓住机会同麦考益将军和其他人进行了交谈,敦促他们不要拟定任何计划,至少敦促他们将制订的计划在关于事实的报告书中公布。”

(竺丽妮译)

63. 驻华大使(詹森)致国务卿(1932 年 8 月 12 日)

893.00/12106:电报

[北平],1932 年 8 月 12 日晚上 9 时
8 月 12 日上午 10:10 收到

938. 1. 关于我 8 月 10 日下午 3 时的第 927 号电文。① 顾告知我说少帅已经辞职,而且已经被接受。他表示,少帅的辞职不会影响北方和平。因为他统领至今的军队会交由军事调查团统领。

2. 顾认为南京的政治局面会通过重新组织而得到解决。他认为汪精卫不会回来。

3. 顾说少帅可能会出国。

詹森
(竺丽妮译)

64. 驻华大使(詹森)致国务卿(1932 年 8 月 15 日)

793.94/5484:电报

[北平],1932 年 8 月 15 日下午 4 时
8 月 15 日上午 7:22 收到

948. 1. 前几天和顾维钧的谈话中,他提出了美国在中日解决满洲问题

---

① 原编辑者注:未印。

的谈判中可能发挥的作用问题。顾认为日本的状况以及日本在满洲所遇到的阻碍将迫使日本方面态度缓和。他相信，当国联收到国联调查团的报告并审议该报告时，就是包括美国在内的各强国挺身而出，并提出处理这一局势的两种方式之一的时候态度，之后对此斟酌考虑，包括美国在内的各强国提出两种处理这一局势的方法中的一个的时机就会出现。

2. 顾建议：（a）以国联调查团所提建议为基础，同以观察员或调解员身份自居的各强国直接协商，或者（b）举行一次类似于华盛顿会议的国际会议。

3. 无论是（a）还是（b），其讨论的基础都将是《九国公约》《白里安-凯洛格公约》和《国际联盟公约》。因日本方面不想举行国际会议，顾建议推行方案（b）。他认为这是控制日本的有力武器，并迫使他们接受这两个棘手建议中的较易落实的（a）。

邮件告知东京。

詹森

（竺丽妮译）

65. 驻华大使（詹森）致国务卿（1932 年 8 月 15 日）

793.94 委员会/324：电报

[北平]，1932 年 8 月 15 日下午 5 时

8 月 15 日上午 7：10 收到

949. 我得知，国联秘书处或是国联理事会可能邀请麦考益将军留在日内瓦，以便在调查团返回欧洲之时参与中日问题的讨论。前几天（在我收到上述消息之前）我曾与麦考益进行过一次私人谈话，他在谈话中表示，留在日内瓦让他觉得有些不自在，他想直接回国。我倾向于同意他的看法，从美国方面的观点来看，他的在场可能不太方便。但是现在我得知了这个想法，在并未经其同意的情况下，我将此告知于您，是为了使您有机会（如果您希望）考虑这一事件，并传达就此事件您所想传达的观点。

詹森

（竺丽妮译）

66. 谢介石先生致国务卿①(1932年8月19日)

574.D7/1647：电报

[长春]，1932年8月19日
8月19日上午10：49收到

我有幸在4月23日致阁下的电报②中表达了"满洲政府"有意遵循国际无线电报规约③及其附加规定的意愿。

对上述电报中提及的事项，谨请贵方迅速采取行动。

谢介石 "外交部"总长

（竺丽妮译）

67. 副国务卿致驻日大使（格鲁）(1932年8月19日)

793.94委员会/332b：电报

[华盛顿]，1932年8月19日下午1时

155. 1. 最近，美国报社的文章中蓄意称美国政府近期收到满洲调查团"初步报告"内容的进一步消息。国务院的回复是本政府并未接收到这样的消息，也不知道有这样的报道。

2. 您可以自行斟酌决定告知任何负责任的调查人员，或者由您主动告知外务省。

卡斯尔

（竺丽妮译）

---

① 原编辑者注：这封电报是未经确认而发出的。

② 原编辑者注：第3卷第719页。编者按：原编辑者该条注释是指《美国对外关系文件 远东：1932》，第三卷，第719页。

③ 原编辑者注：1927年11月25日于华盛顿签署，《美国对外关系文件：1927》，第一卷，第288页。

68. 副国务卿致驻华大使(詹森)(1932 年 8 月 19 日)

793.94 委员会/324:电报

[华盛顿],1932 年 8 月 19 日下午 2 时

269. 关于您 8 月 15 日下午 5 点第 949 号电文。

1. 由于国务卿的缺席,同时照目前的局势来看,国务院对麦考益将军是否应该留在日内瓦一事的观点是,这一问题主要应由国联团、国联调查团,以及作为其中成员的麦考益将军本人来决定。如果调查团将作为一个整体留在日内瓦,那么麦考益将军依据这一决定行动似乎是最符合逻辑的;如果理事会不作为一个整体留在日内瓦,麦考益将军可能会认为他最好不要留在那里。

2. 如果国务卿有意就此事提供更多建议,届时会再行通知您。

3. 您可以将上述消息告知麦考益将军。

卡斯尔

(竺丽妮译)

69. 副国务卿(卡斯尔)与日本代办(加藤)谈话纪要 (1932 年 8 月 24 日)

894.00/434

[华盛顿],1932 年 8 月 24 日

加藤先生来把内田子爵在东京对国会的演讲附呈给我。① 他会如媒体所愿于明日上午给媒体一份。

加藤先生让我把演讲通读一遍,以便可以做些评述。我告诉他说,发言中没有丝毫新意,当然,我对日本政府承认"满洲国"一事显得如此坚决感到惋惜,也很惋惜知道内田子爵不过是又要重申一次"满洲国"是满洲人民意愿的结果这一论点,毕竟要世界人民相信这一点是十分困难的。我说每个人都承认,如果日本军队离开"满洲国"的话,这个"国家"一分钟也持续不了,我还说,日元不断贬值这一局面让我十分难过,毕竟这意味着日本的信誉在不断下滑,

---

① 原编辑者注:未印。

如果不结束他们军事行动的话，恐怕没有其他办法阻止日元贬值。加藤说他恐怕承认"满洲国"一事是无可避免的，因为整个日本似乎都坚持要求承认"满洲国"。

W. R. 卡斯尔，Jr.

（竺丽妮译）

70. 驻英国代办（阿瑟顿）致国务卿（1932 年 8 月 25 日）

793.94 委员会/351

第 314 号

［伦敦］,1932 年 8 月 25 日

9 月 3 日收到

先生：我谨随函附上与维克多·韦尔斯利(Victor Wellesley)爵士就李顿报告书和"满洲国"政府问题的会谈备忘录。我有机会与这位代理外交大臣进行了此次谈话，他在这些假期负责外交部的工作，部分是因为我在过去五天内从各报社记者处得知，外交部宣传部门要强调日本在满洲的立场困难，并表示，自从日俄战争结束以来，日本在世界的特殊利益实际上得到了世人的认可，尽管在去年 9 月 18 日以来一系列事件中，这个事实似乎被许多日本批评人士所忽视了。

我可以补充一点，就是在今天晚上与法国大使的谈话中，他告诉我，他今天也和维克多·韦尔斯利爵士讨论了满洲的情况，并分享了他的看法，日本在满洲已经"贪多嚼不烂"，而其在那里的十万军队将无法应付这种情况。法国大使想让我明白，他认为，解决满洲问题不能靠政治压力，也不能靠各国政府所采取的不承认立场，经济力量最终将决定满洲的局势解决。

尊敬您的

雷·阿瑟顿

附件：

驻英代办（阿瑟顿）备忘录

今天在与维克多·韦尔斯利爵士的谈话中提到这样一个事实，即在七月中旬，已经在日本提出几个明显的半官方声明，向李顿调查团表示，如果国联调查团的调查结果不能立即解决对日本不利的满洲局势，日本政府就会拒绝

承认。接着,我提到最近的新闻评论,国联调查团报告的调查结果已经完成,人们普遍认为这些调查结果对日本不利。我补充说,在我看来,这个事实可能是因为内田子爵在国会发表声明,这个声明是由日本使馆以文本形式交给媒体的,并出现在今天早上的报道中。

维克多·韦尔斯利爵士表示,他相当认同我所说的话,并告诉我,《泰晤士报》从美国收到一个据称是关于国联调查团的调查结果的消息,那的确是个对日本非常不利的结果,所以维克多爵士敦促新闻界在日内瓦公布之前,不要对李顿的调查结果进行任何非官方的调查,特别是因为如果李顿报告书的调查结果对日本不利,那么在必要的时刻还没有真正到来之前,挑起麻烦是没有用的。在这方面,我可以补充说,除了李顿调查团的调查结果已经完成,我没有在英文报刊上看到任何关于李顿报告书的调查结果的评论。

维克多爵士接着说,英国的立场首先是在日内瓦讨论李顿调查团的报告书之前,他们不会做出任何表态。那时,维克多爵士认为,内田子爵在议会的声明中表示,日本将会承认新的"满洲国"政府,国联将面临一个既成事实,这将使处境比以前更困难。

考虑到约翰·西蒙爵士 3 月 22 日在下议院发表的声明,在我 3 月 23 日下午 1 时的 115 号电报①和 1932 年 3 月 29 日的 2703 号电报②中曾报告过,关于内田子爵说如果符合满洲人民的意愿,那么没有任何条约义务可以阻止满洲脱离中国一事,我问了维克多爵士的看法。维克多爵士并没有正面回答这个问题,而是指出,长期以来满洲在张作霖的领导下,除了有中国的名义,实际上是一个单独的政治实体,中国政府也没有尝试在那里维持秩序,正如东京所说的那样,很难反驳"满洲国"的成立符合满洲人民的意愿。

然后维克多爵士强调,约翰·西蒙爵士不在伦敦,他所说的一切都是他自己的个人意见,但他经常向外交部发表意见,认为按照经济原则解决满洲问题的尝试要比单纯从法律基础上看待满洲问题的联盟方法成功得多。然后我说,不应该认为日本人是在没有承认美国的"门户开放"政策的情况下成功地完成了满洲的事业,因为任何这样的想法都会让他们相信他们可以继续在中

---

① 原编辑者注:第三卷,第 620 页。该条注释是指《美国对外关系文件:1932》,第三卷,第 620 页。

② 原编辑者注:未印。

国的冒险。韦尔斯利则表示，在他看来，很久以前，在任何这样的时刻，日本都会发现，日本在满洲已经"贪多嚼不烂"，不能在经济上独立发展这个"国家"。我指出，可能日本已经意识到了这个事实，日本早日承认"满洲国"政府也许是试图在满洲站稳脚跟，在这样一个程度上，以致在今后的谈判中可能无法完全失去从中获得的利益。另一方面，韦尔斯利说，日本早日承认"满洲国"政府也可能促使除大国之外的任何国家承认"满洲国"政府，这些国家认为它们愿意分享承认所带来的任何好处。我指出，在我看来，早日承认满洲政府不会比过去带来更多的经济优势，因为据我所知，虽然外国货物在满洲出售，但唯一成功的分配方法是通过日本信托交易所。

然后我向韦尔斯利说，我意识到他和我完全是在私人交谈，但是从我们的谈话中，我感到他对英国态度的预测如下：

1. 在李顿报告书送达国际联盟之前，英国不会就日本"满洲国"的局势采取任何行动。

2. 外交部不能忽视的事实是，比起日俄战争，日本在满洲的特殊经济利益得到了国际社会的认可，自去年 9 月以来，在对这件事的处理上并没有对日本人的思想施加足够的压力，经济利益的问题并没有涉及其中，英国的政策更愿意扮演一个观望的角色，静观其变，在此期间，拒绝承认与《九国公约》和《白里安-凯洛格公约》相反的政策。

3. 人们认识到，这样的政策可能会导致满洲贸易暂时的流失，但另一方面，日本必须意识到，在经济上，日本在满洲已经"贪多嚼不烂"了。在这种情况下，感兴趣的国家可能会提出一个经济上解决日本满洲问题的方案，如果日本的经济权利得到承认，中国将不会完全丧失其在满洲的主权，同时，各大国的条约义务也将得到尊重。

韦尔斯利说，他曾试着把他自己不成熟的想法付诸实践，但他当时认为，鉴于日本目前的决心，没有任何其他政策比这更有可能取得成功。

伦敦，1932 年 8 月 25 日。

（曹文博译）

71. 驻上海总领事(坎宁安)致国务卿(1932 年 8 月 27 日)

693.9412/298:电报

[上海],1932 年 8 月 27 日中午
8 月 27 日上午 6 时收到

377. 8 月 18 日下午 4 点我关于联合抵制的第 369 号电文。① 中日地方局势实质上保留着一致,据称出售日本商品的中国店铺不断收到恐吓信和炸弹。然而在过去的一周里,只有一起事件因炸弹爆炸而导致损害。日本海军陆战队每晚都在虹口地区巡逻,并据称以观光为目的不断前往江湾路和闸北。市长对这些行程提出过抗议,据说日本当局回答说,这些观光行程是在日本军队撤退之时商定的。日本代办已因地制宜,前往南京。人们越来越觉得,事态正在滑向与去年 4 月日本类似的境地。上海公共租界工部局有关部门正在进行全面整顿,其原因是罢工和联合抵制。

抄发至使馆。

坎宁安

(竺丽妮译)

72. 外交部部长罗文干博士在南京国父纪念周上的
讲话②(1932 年 8 月 29 日)

1932 年 8 月 29 日

793.94/5512

日本最终还是做出了违背世界良心之举。日本外务大臣内田子爵在 8 月 29 日[25 日]日本国会上所做的演讲彻底昭示了日本企图在今后不需要任何借口的掩盖而执行它侵略中国的计划,忽视了所有从人道主义出发的和平条约,蔑视国际联盟和其他和平机构,并将其在庄严的国际条约下所发誓要履行

---

① 原编辑者注:未印。
② 原编辑者注:1932 年 8 月 30 日美国驻华大使馆一等秘书根据有关函件转交国务院远东事务局局长的副本。

的职责弃之不顾。日本实际上等于是宣告天下，它有权侵犯中国领土，有权夺取东三省，有权树立一个傀儡政府，称它为一个独立的国家，并最终塑造和控制其命运，直到日本与其傀儡在名义上和实际上成为一个政治实体。内田子爵的观点不过是一个用 20 世纪语言伪装出来的中世纪军国主义神话。

日本为其所有的侵略行为都提出了辩解，现在它辩称，行使自卫权利可以超出行使该权利的国家的领土，而且《白里安-凯洛格公约》并不禁止签署国自行行使这项权利。这种恶毒的说法，暴露了日本方面企图彻底破坏《白里安-凯洛格公约》的有效性。如果其他六十一个签约国接受这一谬论是对条约划时代的正确解释，那么，这整个文件就将是一个骗局，那些宣布放弃战争作为国家政策指导方针的国家似乎保留了在邻国领土上进行侵略战争的权利。

事实上，包括日本在内，这一著名条约的签署国都一致同意，无论解决它们之间何种性质或何种缘由的争端，它们都只应诉诸和平的手段。如果日本在中国的重要权益真的如其现在所主张的那样受到损害，它本可以诉诸国际法所知的任何和平手段，向中国政府寻求应有的赔偿。可是日本甚至不让中国国民政府知道它任何一个抱怨的理由，就在 1931 年 9 月 18 日晚上命令其军队突然且无缘无故地向沈阳的中国警卫部队发动了袭击，并且武力夺取了这座城市，然后又蓄意渐渐扩展了它的军事行动，直到整个满洲都处于它的占领和控制之下。在这种情况之下为自己辩护不过是更显得辩护之人其罪难逃。美国国务卿史汀生上校最近曾说过，"一个借口保卫其国民而实际上是掩盖其帝国主义政策的国家，无需多久便终将被识破"，日本已经把自己暴露了。

有一种说法是，由日本创建和支持的傀儡机构通过满洲人民的"自发意愿"实现了独立，同时《九国公约》并没有禁止中国任何分裂主义运动，也没有禁止日本对在这样一个运动之下所形成的"新政府"，这种说法是荒谬至极的。

全世界都知道东三省内从未发生过任何分裂主义运动，有的只是外部的侵略和帝国主义运动。正是日本军国主义者将舞台道具带到了满洲，并在舞台上建立起了一个伪满洲政府，还将其命名为"满洲国"。是日本军国主义者将他们自己的意志转化为了行动。也是日本军国主义者不断恐吓、威胁、压迫着三千万中华民国国民，以绝对的武力阻止他们行使自己的自发意志。无论是从地理上、历史上、还是心理上来看，东三省都仍是中国领土的一部分，这三个省内的居民也会是中华民国的忠诚居民。只要日本军队一撤退，这一伪政府就会像一叠纸牌一般立刻瓦解四散。

如果中国境内真的有所谓的分裂主义运动的话,《九国公约》或许对此无计可施,毕竟这一条约并不是为了解决中国分裂主义性质的问题而设置的。但当中国领土的一部分被强行扣押,被日本占领,他们维持了一个自己创造的组织,毋庸置疑,这样的行为公然违反了《九国公约》。日本公然违反这一公约,肇端于1931年9月18日晚间它发动的攻击,并随着它之后的行动而逐渐加重,包括绑架溥仪,以及让他成为傀儡组织的领导。当日本宣布承认其所扶植的非法政权时,它的罪责性质不会有什么不同。

内田子爵自己也知道,当他宣布满洲已进入一种稳健和健康发展的事业时,他所作的断言与事实完全相反。有确凿的证据表明,在东三省,人民反对日本统治的势头每天都在增强,而且无处不在。在日本的轰炸和枪炮面前,义勇军以加倍的努力继续着他们的活动。至于满洲的工商业,自从日本占领以来就一直在直线下降,事实上,那个地方的经济状况再没有比现在更糟糕的时候了。在所有日本军队撤出他们本无权侵占的领域,并且中国政府重新掌控这一片暂时离我们而去的土地之前,东三省不会有和平与繁荣。

日本外务大臣在企图为日本侵犯中国的行为进行辩护的时候,提及了我们的内政以及共产党的活动。我们并不假装拥有一个完美的政府,一个没有所有国家所共有的政治变迁的政府。我们不愿意宣称,在我们迄今为止所采取的镇压共产主义行动中已经取得了完全的成功。我们也承认,我们未能从普遍的经济萧条之中幸免。去年我们遭受了前所未有的洪水灾害,至今仍在遭受其破坏性后果的折磨。在这种情况之下,我们曾经以为日本民众会像所有其他民族的人民一样,向我们表达最深切的同情,或者至少在道义上,给巨大的修复工作予以支持。然而让我们想不到的是,日本竟然会趁着中国内部面临困难而发动了一场早已预谋且在当今世上闻所未闻的军事侵略计划。

日本现在公然藐视全世界——《国际联盟公约》《白里安-凯洛格公约》《九国公约》以及其他国际承诺,最后是人类普遍的意见。它怀着一种不切实际的想法苦苦思索,希望可以在世界宣布其最后的判断之前,通过匆忙的事情和创造一个既成事实来实现它的军事征服的梦想。但是世上开明的国家都已经宣布,它们不会承认暴力所带来的任何局面。

我想借此机会,强调中国政府应对当前局势的几点重要政策。

1. 无论是中国政府还是中国人民都丝毫没有排外情绪。然而鉴于目前日本军事侵略所造成的事态,要中国人民向日本人民表达最真挚的友谊之情是绝对不可能的。若想恢复中日人民之间的友谊完全取决于日本本身。

2. 中国不会在它所谴责的军事力量之前,放弃任何一寸它的领土或是主权,并且中国下定决心尽其所能,全力以赴、斗争到底。

3. 中国也决不会同意任何一个企图通过同意日本军事力量来建立维持和控制东三省傀儡政府的解决方案来解决目前的局势。

4. 中国政府相信,任何一个为解决当前局势所提出的合理提议都有必要与《国际联盟公约》《白里安-凯洛格公约》《九国公约》,以及中国的主权,在字面意义与精神实质上保持一致,而且也能有效维护远东地区的持久和平。

（竺丽妮译）

73. 驻华大使（詹森）致国务卿（1932 年 8 月 30 日）

893.01 满洲/413:电报

1932 年 8 月 30 日上午 9 时

8 月 30 日凌晨 5:05 收到

1028. 以下电文来自驻沈阳的美国总领事:

"8 月 29 日下午 7 时。大概主要是出于摧毁日本飞艇的决心,昨晚武装着剑、步枪和机关枪的大约 1000 名'大刀匪'从三个方向袭击了沈阳地区。战斗从 11:25 开始,先是由 500 人的武装部队袭击了这一中国城市的南门,这一部队直到早晨四点才被击退。与此同时,另有 200 人的武装部队袭击了东边的飞机场,烧毁了一个飞机库以及大约 15 架旧飞机。过后不久,第三组 300人的武装力量袭击了这一中国城市的北郊。

这三伙人都在夜色的掩护之下成功逃脱。日本官邸声称进一步袭击这一城市并非绝无可能,但又声明称防卫力量已经足够。他们的报道称,有相当数目的'满洲国'警察已被解雇,(因为)这些警察不仅拒绝战斗还为土匪提供军火。

据司令部发言人报道,日本伤亡情况为 2 死 8 伤。"

詹森

（竺丽妮译）

74. 驻华大使(詹森)致国务卿(1932 年 8 月 31 日)

793.94 委员会/341:电报

[北平],1932 年 8 月 31 日下午 2 时

8 月 31 日凌晨 2:51 收到

1037. 我得知国联调查团的报告书协商后将会是一致的。报告书明确指出,日本在 1931 年 9 月 18 日所做的事情并不符合自卫原则(尽管报告将提出建议称,当时的下级军官可能有这种感觉)。报告书将会表示,"满洲国"若是没有日本军事当局的支持就不可能成立。报告书的最后会建议中日之间通过条约协商来解决问题,只要重新承认中国对满洲的主权,满洲政府就可以在国联和外国顾问协助的当权者之下保持自治权。

詹森

(竺丽妮译)

75. 驻华大使(詹森)致国务卿(1932 年 8 月 31 日)

793.94/5506:电报

[北平],1932 年 8 月 31 日上午 8 时

8 月 31 日上午 11 时收到

1043. 关于我 8 月 27 上午 9 时的第 1016 号电文以及之前有关日本使馆警卫的电文。两三天前,英国大使馆对面日本大使馆门口的哨兵命令两名人员离开日本使馆门外的通道。英国指挥官召见日本警卫表达了抗议,却被告知将黄包车留在外面,并向警卫室报告,请求接受拜访。昨天相原(Aihara)上校和渡边(Watanable)队长拜访了英国指挥官并致以歉意,且在其对话之中发表了颇有意思的声明,我认为这些声明表明了日本当地军方目前的想法:只要中国军队仍旧在"新政府"如热河的疆界之内占据着位置,华北就不会有和平。由于他们的存在,武器人员被派往"满洲国"。

如果张学良元帅不离开"满洲国",为了摆脱"满洲国"边境的这些军队,就有必要打败他。

他还说,"满洲国"很有可能要求所有中国军队撤退至黄河南岸,这样撤退

出来的地区则由中国警察和"满洲国"军队来管理。

英国指挥官指出，"满洲国"军队很难有能力完成这一任务。相原上校说，他认为可以轻而易举借到军队和费用以实现这一目标，就如同参演一场电影。既然美国可以向中国销售飞机，为什么日本不能出借或雇用飞机和人手至"满洲国"。

他还说，他不明白为什么日本人不应该影响"满洲国"，在北平拥立年轻的皇帝，最终统治整个中国，使得这些地方都成为更好的外国人民生活贸易区。

他将中国目前的局势归咎于国民党政府，称国民党政府是苏联的"傀儡"，不如日本所支持而建立的"新政府"受欢迎。

他坚持声称，万一北平有什么麻烦，最好的办法就是让所有的使馆守卫以锣鼓喧天之势来一次示威游行以表抗议。他接着说，他认为使馆总部的防卫最好的执行方式就是一开始就积极行动，而不是处于被动防卫姿态。

詹森

（竺丽妮译）

76. 驻日内瓦领事（吉尔伯特）致国务卿

（1932 年 8 月 31 日）

893. 01 满洲/442

第 331 号　　　　　　　　　　　　　　　[日内瓦],1932 年 8 月 31 日

9 月 8 日收到

先生：我荣幸地通知国务院，它的内容非常重要，内田子爵在 8 月 24 [25] 日演讲的全文已经通过国联秘书处分发传阅。关于日本对中日局势政策的结果，特别是对国际联盟地位可能产生什么结果，自然引起了很多的评论和猜测。我在和秘书处各官员讨论这个问题时低估了意见的实质。当然，这些声明不能以任何方式被视为国联的官方声明，不过，我觉得它们反映了国联的情绪，可能会被用来预测国联的政策和行动。

A. 国联的反应

a. 内田子爵的演讲

这个演讲首先被认为是对美国国务卿的回应，其次是作为一项声明，意在

李顿报告书提交之前，预先影响日本舆论以及国外舆论，为维护日本在联盟的地位提出意见。秘书处认为，美国国务卿和日本外务大臣在演讲之前都对李顿报告书的性质做了了解。据悉，麦考益将军已经告知国务卿报告的大意（正如人们所认为的，英国政府无疑是从李顿爵士处得到消息），而且国务卿的讲话意在初步强调报告的可能结论，旨在特别提醒国联成员国加入国联之前不得承认通过武力取得的领土或优势的决议。

内田的讲话被认为是"直接切中"国务卿讲话的几个要点。像国务卿的讲话一样，只不过出于相反的原因，这篇演讲被认为是对提交李顿报告书的预期和针对其可能的结论。

从日本来源获得的资料了解到，李顿调查团与内田进行了两次会谈，并努力寻求谅解或妥协的基础。据了解，李顿调查团没有被授权与日本政府就最终解决方案进行谈判，但有人认为，这些会谈可能有助于调查团提出建议，这些建议可能在不牺牲调查团认为所涉及的原则基础上，考虑日本实际解决问题的立场。据了解，两次会谈之后，调查团和日本政府的意见和以前一样存在很大的分歧，调查团离开时的气氛表明双方都不太友好。

b. 关于理事会下次会议对李顿调查团报告书可能出现的趋势

秘书处认为，调查团成员在提交调查团报告书时，不经理事会讨论就将该报告正式提交给国联大会。然而现在看来，这是否有可能，是值得怀疑的。秘书处成员现在开始相信，日本人极有可能坚持在理事会之前讨论实质性问题和程序问题。关于实质，他们会支持日本人过去一直坚持的立场，也就是内田的讲话中已阐述的这一立场的主要内容，即日本没有违反它的国际义务，只是出于自卫，由于中国混乱的局面，这种保护日本人生命和财产的行为是必要的。在程序方面，人们认为，日本人将维持他们以前的立场，即国联大会不是处理这一问题的主管机构，日本的活动只在理事会进行。调查团成员请求向国联大会提交报告书是一种"过程而不是原则"，预计日本将答复，就像美国与理事会在与《白里安-凯洛格公约》有关的会议讨论时（一样），问题是"原则而不是程序"。因此，他们可能主张，理事会缺乏一致的表决时不能将报告书提交大会。如果出现这样的情况，人们认为，对涉及的法律问题将会进行长期的讨论。换句话说，日本将尽一切可能阻止国联大会审议这份报告书。

如果理事会与日本的意愿相违，决定将报告书提交给国联大会审议，那么日本的代表可能会退出理事会和国联大会。预计日本目前不会正式退出国联。日本代表很可能干脆不出席理事会和国联大会的会议。

B. 与颜博士①的谈话

在最近的一次社交场合与颜博士的非正式谈话中,他就日本8月24[25]日宣布的关于尊重日本对"满洲国"承认一事发表了一些评论。他说实质如下:

日本反复重申它欲承认"满洲国"政府的意图,这似乎让他有点困惑。换句话说,除非有一些内部政治原因是导致这一政策的根源,他没有意识到仅仅宣布意图的目的。如果这件事是由日本安排的,它可以通过承认"满洲国"得到它想要得到的一切,为什么要等到将来某一天才承认呢? 当然,在当今世界的舆论面前,日本仍有可能犹豫不决,因此,这些公告的性质是试探性的,目的是测试舆论的性质和力量,并观察人们的反应。他说,日本自然不会承认"满洲国",除非从"满洲国"政权获得一项条约,其中包括一项令人满意的工厂补偿条件。日本要达成一个能满足它所有欲望的条约可能会有些困难。虽然他认为"满洲国"政府是一个傀儡组织,但是,他有理由知道,"满洲国"政府中或支持"满洲国"政府的人之所以担任这个职务,仅仅是因为他们希望在自己的领土上建立某种有序的政府。然而,他觉得这些人可能很容易对一项给予日本对其国家实际保护权的条约犹豫不决。

关于日本接受各大国承认"满洲国"政府的私下支持,以及后来可能是公开的支持,颜博士表示,他对法国感到怀疑。他表示,在日本与法国关于与印度贸易的新条约中,日本做出了一些它长期以来一直拒绝的让步。于是,他怀疑法国可能会为这些让步做出回报,这些回报可能很容易与承认("满洲国")有关。然而,我们的谈话中有人指出,印中条约是在赫里欧执政之前制定的。

颜博士认为,英国真的处于"关键"的位置,特别是自近期的英法协议②以来,他认为英国可以在这类问题上影响法国,因为法国不愿意采取与英国不同的立场。他确信,如果英国人对日本在承认问题上采取坚定的态度,法国虽然也许不会效仿,但至少不会采取相反的政策。

颜博士还告诉我,他最近收到的消息让他觉得,莫斯科可能会考虑承认

---

① 编译者按:指颜惠庆。
② 原编辑者注:指英法1932年7月13日宣言。

"满洲国"政权。他说,他认为莫斯科和东京之间缔结的渔业条约为苏联的这种行动扫清了道路。

虽然我知道国务院有很多原始资料来判断当前的满洲局势,可以从中获得比日内瓦更多的直接资料,但我仍然按照兴趣提出颜博士的意见。

我也从我与颜博士的谈话中了解到,中国目前不会推进任何政策,也不会提出任何新的措施,但会等到国联提交李顿报告书时再采取行动。

尊重您的

普伦蒂斯·B.吉尔伯特

（曹文博译）

77. 副国务卿（卡斯尔）备忘录（1932年9月1日）

893.01 满洲/480

［华盛顿］,1932年9月1日

意大利大使给我读了一封意大利驻东京大使发来的短电报,电报中表示他曾经与苏联驻东京大使有过一次会谈,苏联大使告诉他说,苏联政府觉得承认"满洲国"独立地位没有什么困难;除此之外,他还说,他希望在日本和苏联都承认了"满洲国"之后,愿意与苏联签署互不侵犯条约。

W. R. 卡斯尔,Jr.

（竺丽妮译）

78. 驻华大使（詹森）备忘录①（1932年9月1日）

793.94 委员会/438

［北平］,1932年9月1日

麦考益将军来访时说,他认为他们可能会在星期日②离开。他说调查团将一致做出同意的报告。他们一致认为,日本于9月18日晚在沈阳采取的行

---

① 原编辑者注:由大使于1932年9月6日发出的第1730号急件送交国务院的副本;10月10日收到。

② 原编辑者注:即9月4日。

动不符合自卫原则。他说，在过去的两周时间里，大家都担心他们可能会因为克劳德将军的态度而分裂，但最后克劳德将军终于同意了他(麦考益将军)认为不错的方案。

麦考益将军说，他认为报告书总体而言是一份不错的报告，配得上调查团及其员工的努力。当然，如果给他们更多时间的话，他们可以写得更好，但是任何调查团的任何报告书都可以这样说。他认为日本方面会对这份报告书的语气感到满意，这是第一次在一份声明之中将所有的证明都连到一起。他认为这些事实提出的方式或许会让日本方面改变他们的态度。

我说，我希望在这些问题上，美国人民不要太相信中国有能力团结一致地反对日本；我诚挚地希望我们不要过多干预这一局面，因为我相信，就目前的情况看来，中国是没有办法团结一致的，(因为)国内没有领导人。在日本的决心和民族主义狂热之下，日本完全有可能控制和占领整个华北地区。

我问麦考益将军他对未来的局势有何看法。他耸了耸肩，说没有人能够预言将会发生什么。如果狂热的军国主义分子仍旧控制着局面的话，一切将有可能，因为没有任何一个在满洲的军人会在受长期威胁的情况下不采取防卫措施。他说日本人一直想在他们的租界上创造和平与繁荣的条件，并指出，他们错误地以为他们可以把这些状况扩展至整个满洲。毕竟满洲区域辽阔，而且中国的民族主义精神正在日益增长。

麦考益将军同意我打的比方，日本在满洲所面对的局面如同平原之火：大火的起因是野草的干枯，而随着火势的蔓延，前方的野草被烈火烧干了，所以大火就愈烧愈烈。日本如今在满洲发现了一个广阔的边疆，并面临着各种各样的威胁，他们越往前走边疆越显得辽阔，也越难以掌控。

麦考益将军说，他认为一些危险的事情使得我们并不欣赏日本的做法，他作为一个军人对记录中所记载的关于日本和其他国家的冲突，尤其是与中国和苏联的冲突，记忆深刻。日本总是在夜间发动袭击，而且总是突然袭击。他曾经问过一个在沈阳的年轻日本军官，为什么要在他只有400人的时候，向一群安分地待在兵营里约有1万人的中国士兵发动袭击。日本年轻军官回答说，最好的防御就是进攻。麦考益将军和我一致认为，如果日本方面继续保持这种心态，他们很有可能(如果确信美国打算进攻)向我们发动袭击。

麦考益将军声明说，国联调查团报告书的一份副本将会留给英国驻中国大使来转交给中国政府，其他大使处也将由英国大使转交。至于国务院那边，他说到达日内瓦之后,他会尽快提供一份副本,而且一到那里,他就会安排发送一份。

纳尔逊·特鲁斯勒·詹森

(竺丽妮译)

79. 驻华大使(詹森)致国务卿(1932 年 9 月 2 日)

893.01 满洲/418:电报

1932 年 9 月 2 日上午 11 时

9 月 2 日凌晨 3:35 收到

1050. 以下来自驻沈阳的美国总领事:

"9 月 1 日下午 5 时。沈阳东部以及南部郊区于昨日夜间遭受到了严重的'土匪'袭击,比我在 8 月 20 日下午 7 时的电文中所报道的更为严重。军火库遭到袭击,一些区域的战斗持续了几个小时。防卫人员准备充分,据报道称没有人员伤亡。'土匪'损失惨重。日本军方发言人称,一场旨在清除'土匪'的运动正在沈阳区域展开。

据官方消息称,'新京'政府组成了一个协约调查团,成员包括'外交部'部长和副部长,这一调查团将会与日本进行一次协约谈判。这一协约将会是抵御联合、共同维护和平与秩序,以及为遵守'门户开放'政策而设立的和平与友好协约。"

詹森

(竺丽妮译)

80. 驻日大使(格鲁)致国务卿(1932 年 9 月 2 日)

893.01 满洲/419:电报

[东京],1932 年 9 月 2 日下午 5 时

9 月 2 日上午 7:30 收到

223. 日本外务省发言人于今日向外国媒体记者递交了一份即将与"满洲国"签订的条约的简介。这一简介与我在 8 月 20 日下午 5 点第 216 号电文中所附上的版本有所不同。日本国内官方禁止发表这一简介,我不知道其是否会在条约得到公布之前出现在外国的报社。

这一协约被称为《日"满"议定书》,发言人称,它由一页半的打印纸组成,

包含以下条款：

1. 日本承认"满洲国"的存在。

2. 互相尊重其领土权。

3. 尊重日本在满洲的条约权益。

4. 在"满洲国"领域内，日本国或日本国民依据与中华民国既存之条款协定，其他约款及公私契约所有之一切权益，即应确尊重之。

5. "满洲国"及日本国，确认对于缔约国一方之领土及治安之一切威胁，同时亦对于缔约国地方之安宁及存在之威胁，相约两国共同当防卫国家之任，为此要之日本国军驻屯于"满洲国"内。

6. 本议定书无期限规定。①

外务省发言人称，这一安排并不会构成一个摄政政体，因为其中并不包含任何同意日本监督"满洲国"外交和财政事务的条款。他又说，这些协议会附带一个不会被发表的"小型技术性军事协议"（明显是秘密条款）。他声称，条约将于9月15日前由日本枢密院和各国务大臣批准，由武藤将军和"满洲国""外交部"总长签署，自签字之日起生效。他还说，这一协议将会交送至主要大国但不会递交至国际联盟。

今天下午与外务省副外相的一次非正式谈话中，他曾表示"在保密的情况下，由信息处交给媒体的大纲基本上是正确的"。他另外又说，他不想被人引用，因为他无权这么做。请不要在这方面提及他的名字。

抄送至北平。

格鲁

（竺丽妮译）

---

① 译者按：内容摘自《日"满"议定书》，与原文稍有区别。

81. 国务卿关于英国责任谈话的备忘录(奥斯本) (1932 年 9 月 7 日)

793.94 委员会/355

[华盛顿],1932 年 9 月 7 日

在我和奥斯本(Osborne)先生关于德国人行动①的谈话过程中,也提到了远东问题。他问我,收到李顿报告书时,我们应该做什么,我们是否已经采取了任何措施。尽管我正抱着极大的兴趣阅读这一报告书,但我(还是)告诉他没有。我说,他可以看到我的处境很微妙,我必须避免这一点,以免显得对国联缺乏同情,另一方面还要避免显得我爱管闲事。我告诉他,从一开始,我就认为任命满洲调查团具有极大的重要性和意义。我提醒他这是在日本的建议下做的,他说他已经忘记了。但是我指出,它纯粹是国联的一个调查团,所有的司法和议会问题都是国联决定,政府没有参与任何部分。我说我们已经表达了同情,当被问及我们是否会允许一个美国人作为调查团的成员前往时,我推荐了麦考益将军,我认为他是美国完成这项任务的最优秀的人之一,并且由于麦考益将军在地震时的救济工作,他一定是最受日本欢迎的人士。在我们的讨论中,我说,调查团显然是国联理事会选定的一个实地调查真相的调查团,并且在报告书发表之后,大会显然将要采取一些行动,但是关于这些行动的性质,我没有想法或建议。我记得,大会已经赞同了不承认的态度,鉴于这种认可,我宁愿假定,如果调查团的报告对日本不利,大会除了通过这项政策,几乎没有什么办法。他马上说,他假定他们会这样做,但那纯粹是一种消极的政策,也许他们会被要求采取进一步的措施。我说我对此没有建议。

亨利·刘易斯·史汀生

(曹文博译)

---

① 原编辑者注:见 1932 年 9 月 7 日备忘录,第一卷,第 421 页。

82. 远东事务局局长（亨培克）与中国驻美大使馆一等秘书（龚）谈话的备忘录（1932年9月7日）

谈话备忘录

893.01 满洲/490

[华盛顿],1932年9月7日

龚博士打电话说,政府指示他通知国务院,中国政府十分清楚日本政府决意要在9月18日或之前承认"满洲国"。中国政府希望知道美国政府在这件事上会采取什么行动。

亨培克先生说了一些理由之后,称他目前不大能够给这一询问一个答复。

龚博士接着说,中国政府正在考虑,希望在《九国公约》的范围之内召开一次会议,他问美国政府如何看待这一举措。亨培克先生的回复是,在他看来,目前不是提出这样一个解决办法的适当时机,他的发言是非正式的,仅代表个人观点。鉴于国际联盟即将收到满洲调查团的报告,从局势来看,似乎会延迟发表调查团做出的结论——特别是采取这一行动不大有可能会产生实际的效果,而不过是使原本就已经很复杂的局势进一步复杂。

斯坦利·K.亨培克

（竺丽妮译）

83. 美国驻华大使（詹森）致国务卿（1932年9月7日）

793.94 委员会/354:电报

[北平],1932年9月7日晚上9时

9月8日凌晨4:04收到

1078. 我9月3日收到东京致国务院的224号电报①时,正编辑以下消息。

1. 国联调查团完成了它的调查任务,并于9月4日8时签署了报告书。李顿、马柯迪和麦考益乘飞机立即飞往上海,并于9月5日星期一取道苏伊士

---

① 原编辑者注:《美国对外关系文件 日本:1931—1941》,第一卷,第102页。

乘船前往欧洲。希尼和克劳德于同日离开，经西伯利亚前往欧洲。报告书将由专人经西伯利亚转交到日内瓦，预计 23 日到达，并准备在 10 月 5 日前打印好分发。在英国使馆给中国政府留下一份副本。在我 8 月 31 日下午 2 时的 1037 号电报中，我告知国务院我对报告书调查结果的含义的理解。

2. 正如预期，报告中不赞成日本在满洲的行动。

3. 已经掌握的证据表明，目前占主导地位的日本军事领导人有一种倾向，那就是远离西方和美国，独自在东方寻找解决日本问题的办法。

4. 9 月 2 日下午 5 时第 223 号东京致国务院的电报表示，大概 9 月 15 日某时，可能是有意在 1931 年 9 月 18 日九一八事变一周年纪念日前，日本政府将与"满洲国"政府签署协议并达成共识，承认"满洲国"政府，并保证其领土的完整性。因此，当国联开始考虑调查团的报告（参考我 8 月 31 日下午 2 时的第 1037 号的报告），它会发现日本决心用一支军队力量保卫"满洲国"，以防任何地区侵犯"满洲国"的独立或领土。

5. 在我看来，美国可能有机会在日内瓦提议对远东局势进行国际讨论。我认为，从整体上来说，认识到当时日本对局势的特别关注，可能有助于缓和日本人日益增长的、对美国和西方的敌意。

6. 我认为，我们不允许太平洋地区目前的事态不受我们的控制而继续发展。我们在这一区域的立场和利益要求我们尽我们所能阻止日本采取以实玛利式的态度对付我们和西方。

7. 历史上，由于我们与东方的长期关系，并且我们现在对菲律宾的占领，我们所处的位置要求我们带头采取所能采取的行动，要么由于日本的撤出而去阻止东方进入一个敌对和怀疑的状态，要么停止使用武力破坏，这似乎看起来将使其更强。我们必须迟早处理由这些武力所创造的情况。现在最好是通过和平的方法解决，而不是随后通过不可避免的战争方法。如果不这样，我认为战争是不可避免的。

8. 如果上文第 5 段提到的机会主动出现，美国可以提出召开一次国际会议，讨论东方局势，这些与限制军备和根据《白里安-凯洛格公约》修改国际法的问题有关，大概在国务卿 8 月 8 日的通信中会有所暗示。

9. 在东京举行这种会议的建议可能有助于得到日本的同意，因为它承认日本利益的重要性而这些利益涉及本次会议议程中的任何问题的解决。

10. 我相信中国人会欢迎这样的建议。但是，我们一定不要对中国在会议桌上或在之后履行参加会议时的任何承诺将要发挥的作用抱有任何幻想。中国目前是一个无组织国家，没有能力履行国家义务，其官员除了军事篡夺没有其他权力，也没有能力使国家承诺采取任何有权力之后能维持的方针。然而，这样的会议必须包括中国，尽管我们可能不得不考虑日本要求的条件，即为中国的表现提供集体担保，以代替中国自己的承诺。

11. 在我看来，如果没有苏联的参与，对这种会议的讨论和承诺，就不能认为是最终结果，因为苏联对远东的态度是太平洋地区国家以及与之相关的国家持续不断增长的关切的问题。

抄送东京

詹森

（曹文博译）

84. 远东事务局局长（亨培克）与前中国外交部次长（李）谈话的备忘录（1932 年 9 月 8 日）

893.01 满洲/491

[华盛顿]，1932 年 9 月 8 日

在讨论了其他一些问题之后，李先生说，龚博士已将其和亨培克先生 9 月 7 日之间谈话的主要内容告知于他。他说日本承认"满洲国"之后，中国政府会承受来自国内反对派和公众的双重压力。无疑，中国政府必须要采取一些行动。他们既考虑到根据《九国公约》要求召开会议的可能性，也考虑到为了自己的利益向日本的承认行动提出明确和有力的抗议。他希望得到亨培克先生的建议。

亨培克先生询问，如果要请求召开会议的话，他们会采取哪些措施。李先生说，他们可能会请求美国政府在《九国公约》之下召开会议，而且他想知道，中国政府做出这样一个请求会不会让美国政府觉得难堪，中国政府已经并将继续努力采取不让美国政府难堪的措施。亨培克先生说，正如他对龚博士所言，他不会对这一问题做出官方的回答，也不会代表美国政府做出回答，但是如果私下且客观地来看待这个问题，情况似乎是，如果中国政府在此时提出这样的请求，美国政府不得不推迟有关这一事件的任何行动，如果此事传了出去且无疑会传出去，最终世界会知道，中国政府曾做出这样一个请求，

且美国政府不采取任何行动上的回复,就会产生不好的影响。亨培克先生因此建议李先生,美国人士和中国使馆或中国政府的任何直接会谈应自行负责,而不是美国国务院或其任何官员来建议中国政府,而且目前不是提出这一建议的恰当时机,中国政府也应该牢记在心,世界人民目前正在等待着国际联盟接收报告书,美国政府在报告书公布之前不大可能会认真考虑召开会议的提议,这一报告书或许要到 11 月的选举之后。李先生说这一切在他看来十分合情合理,在任何他可能进行的沟通中,他都不会让国务院卷入这个问题。

接着,李先生又回到了以下话题,即如果或当日本承认"满洲国"时候,中国政府有必要采取一些行动。亨培克先生说,在这一方面,其他政府所面对的问题是,对日本是否承认一事采取注意或不注意的态度,哪个更有利;当然,中国政府有国内局势需要考虑。他说他突然想提这个建议,不是为了赞誉的缘故。他说中国可以借此机会为满洲乃中国领土完整的一部分这一论点做一个思虑周密、不矛盾且无争议的辩论和支持声明。接下来就有关这一点做了一番讨论。李先生表达了他对提议的感谢,并说他会考虑这一提议。

斯坦利·K. 亨培克

(竺丽妮译)

85. 美国驻法大使(埃奇)致国务卿(1932 年 9 月 8 日)

861.77 中国东部(借款)1932/8:电报

[巴黎],1932 年 9 月 8 日中午

中午 12:20 收到

519. 您 9 月 6 日下午 3 时的 315 号电报。[①] 自 1898 年起担任日本政府在法国财政代办的阿尔伯特·卡恩(Albert Kahn),他的私人银行在过去 6 个月中一直试图在巴黎为日本账户取得 5 万美元的信贷,这个消息似乎是准确的。这些谈判到目前为止还没有任何结果,巴黎银行还是说要考虑可能会将中东铁路作为债券,但不可能是抵偿物。

莱热(Léger)在外交部指出,法国政府对所有此类谈判一无所知,只知道

---

① 原编辑者注:未印。

有关谈判的传闻在过去一年的不同时期被传到国外，主要是由卡恩银行传出的。卡恩银行是一个微不足道的组织，没有巨大的金融资源。他肯定地说，如果任何一家银行对这样的建议感兴趣，肯定就会引起他们的注意，使它遇到挫折。

他说，法国对日本和满洲的态度完全没有改变。他说，法国一直以来都同意美国在这个问题上的态度有几个原因。第一，因为它完全符合其外交政策的基础，即条约的不可侵犯性；第二，其作为国际联盟成员国的基本权利。因此，他说，在法律上和道德上，法国同情中国。然而，除了这些考虑，法国在中国和日本之间的利益主要在中国，并且中国与法国某些殖民地毗邻，因此法国还特别注意不引起中国的敌意或引起边境上可能的任何反应。同样，法国无意因任何企图在满洲地区承担责任而给苏联带来麻烦。他对李顿报告书给国联可能产生的影响深感不安，特别是因为德国坚持平等待遇而造成的裁军问题并将其复杂化，这因德国坚持平等待遇而变得复杂。他说，这些因素不仅危及裁军的行动，而且危及即将到来的会议之后可能出现的任何经济调整。

关于这一问题，外交政策协会的詹姆斯·G. 麦克唐纳（James G. McDonald）前天下午与赫里欧（Herriot）进行了会谈，谈话内容与莱热的对话内容非常相似。赫里欧一直在认真研究您8月8日的讲话，并显然打算在下周日他的演讲上提出这个问题，进一步努力向法国公众阐述，让他们了解九一八事变的启示和影响。他说，他认为他完全理解美国的态度，也理解法国支持它而获得的利益，但整个问题在这个国家没有被很好地理解。他说，他同样意识到，日本人是傲慢的人民，一方面是一个军国主义集团，另一方面是共产主义的危险，夹在两者之间的他们正遭受着严重的内部危机。因此，他希望能有某种办法防止两国政府在日内瓦彻底决裂。麦克唐纳告诉我，他在柏林与冯·比洛（Von Bülow）讨论这个问题时，比洛告诉他，最初他与刚刚回到东京的德国大使讨论过这个可能性，即李顿报告书的内容应自信地提前对一些大国公开，以便日本人有机会准备对该报告的答复，在日内瓦公开展示应首先以接受该报告作为讨论的基础。这是冯·比洛向麦克唐纳提出的一个纯粹试探性想法。

里德（Reed）①和我明天与赫里欧有约，我们将非正式地回顾所有这些话

———————————

①　原编辑者注：宾夕法尼亚州的参议员戴维·A. 里德。

题。密送至伦敦、柏林、布鲁塞尔和伯尔尼。

埃奇

（曹文博译）

86. 驻法大使（埃奇）致国务卿（1932 年 9 月 10 日）

摘录①

763.72119 军事条款/31：电报

［巴黎］，1932 年 9 月 10 日下午 4 时

9 月 10 日下午 2：25 收到

525. 昨天下午，赫里欧在马里纳（Marriner）的陪同下，接见了参议员里德和我。

谈到满洲局势，里德说，这个问题和军备问题之间存在着相互关系，因为中日纠纷也会在日内瓦讨论，可能阻挠这轮裁军的行动。里德说，当然他知道，法国政策和法国经济发展的利益与其放在日本，倒不如放在中国，而且总理说，这是正确的，所有法国的政策都基于对条约的尊重以及在日内瓦发展起来的和平组织机制，并且法国与中国的商业关系当然比日本密切得多，法国某些殖民地与中国接壤。

赫里欧不久前接见了一位返回法国的重要的日本人，他说，毫无疑问，日本对上海—满洲的态度是错误的和不明智的，但日本在不明智的军官和共产党人之间进退两难。赫里欧说，这位日本温和派的代表人曾表示说，他希望法国利用其影响力，向日本指出其错误，以及这些错误在多大程度上使得日本离世界强国的地位越来越远。赫里欧说，那个日本人认为法国可能比其他国家更有影响，因为人们觉得法国在日本的利益最小。然而，他指出，因为日本人民特殊的敏感性，任何此类的表现必须以最温和的方式进行，以便取得效果。总理问他的线人，在李顿报告书被接受的情况下，他是否认为日本会退出国联，答案是肯定的；他们可能认为，应该摆脱他们在《国际联盟公约》中所承担的义务。总理接着说，他指出，事实上，这绝不会使他们放弃《华盛顿公约》中对美国和其他国家的义务，也不能免除《白里安-凯洛格公约》的义务。总理问

---

① 原编辑者注：电报的另一部分摘录见《美国对外关系文件 日本：1931—1941》第一卷，第 429 页。

他日本是否会冒着使友好关系决裂的危险走这么远。他说这个日本人当时回答说,日本的财政状况非常糟糕,他不认为他们将把威胁发展到这种程度。

然而里德说,如果国联没有对李顿报告书采取一些行动,它肯定会失去所有的道德权威,尤其是在美国。实际上,所有小国的态度都是毫无疑问的,因此,所承担的义务的声望只取决于英国和法国的态度。

然后总理问英国的态度,里德说他下周初去伦敦才能见到麦克唐纳和西蒙并讨论这个话题,于是总理问,里德是否会回巴黎,因为他很想在英国有机会讨论这件事之后再和他谈谈。随后赫里欧邀请里德、马里纳和我 9 月 19 日星期一在外交部与他共进午餐,并明确表示要继续聊这个话题。

密送至柏林、伦敦、布鲁塞尔和伯尔尼。

埃奇

(曹文博译)

87. 美国驻日大使(格鲁)致国务卿(1932 年 9 月 10 日)

711.94/732

[东京],1932 年 9 月 10 日

9 月 26 日收到

尊敬的国务卿先生:9 月 3 日我的第 224 号电报[①]向您介绍了我们目前对涉及满洲的日本政治形势所下的结论,它代表了包括参赞、海军和武官在内的全体工作人员的意见。有大量证据表明,不管任何性质的外国反对,现在控制政府的那些人坚定地期望执行他们的满洲方案。他们尽管预料到了国际联盟的某种道德反对,还是清楚地将美国作为最大的绊脚石和潜在的敌人。反美新闻运动越来越激烈,意在提前酝酿公众对美国的愤恨情绪,反对美国采取任何手段去抵抗日本军事集团认为的至高无上的国家利益。

有证据表明,这次新闻运动受到了军部的鼓励,几乎不允许任何有利于美国的东西出现。因此,有报道称,日本运动员因其肤色被拒绝进入洛杉矶各家咖啡馆和舞厅,同时有意否定了美国热烈欢迎日本奥林匹克代表队以及观众对日本运动员的精彩表现的真诚热忱的报道。虽然外国大使的演讲几乎总是

---

① 原编辑者注:《美国对外关系文件 日本:1931—1941》,第一卷,第 102 页。

在这里发表，但日本的媒体没有报道我在日本代表队回国时所作的欢迎和祝贺的演说，其中我谈到了代表队在美国留下的良好印象，以及美国人民对日本人民十分友好的感觉，这清楚地表明公众对奥林匹克运动的热情。

另一个相当棘手的情况刚刚发生。花旗银行指示其在远东地区的分支机构——中国、马尼拉、新加坡以及日本——转发各自所在城市的业务部门的照片，以展示这些城市现代建筑的发展情况。在大阪，日本宪兵突然指示银行停止拍摄这些照片。此后不久，不仅大阪，而且整个日本，媒体都刊登了轰动性的头条新闻和专栏，指控拍摄这些照片的银行（尽管严格遵守法律和治安条例），其目的是向美国政府提供在发生战争时轰炸这些地区的计划。从表面上看，这些事情是荒谬的，因为这些清晰的照片可以从开放的商店购买，横滨商会最近也在美国分发了一份包含类似照片的小册子用于商业宣传。银行的行为明显符合日本人自身的利益。尽管我有紧急请求，但是当局没有采取任何措施，以公开声明来纠正整个日本对花旗银行犯下的严重错误。毒药行之有效，在收到恐吓信以及社会爱国团体号召员工全体辞职之后，银行至少有一名日本职员已经辞职了，银行业务将不可避免地受到影响。我与当地经理联系，将于今天下午去见内田伯爵讨论此事。我提这件事只是为了表明这次反美新闻运动已经达到的程度。

至于未来，除了我在第224号电报中概述的当前事实，目前无法做出任何确切的预测。桦山伯爵是一位有影响力的同行，是美国人的朋友，他昨天告诉我，国内不太发声的保守分子正在稳步增强实力，在不久的将来会听到他们的声音。但是，当我问他将以什么特殊的方式听到他们的声音时，他只说了一句"满洲可能会出台更多的'建设性'政策"，再没有进一步说明他的言论。我不知道他是什么意思，并且不断有证据证明军事集团的力量，我难以相信他会对当前政府政策在不久的将来发生转向抱有乐观态度。然而，该国的温和派分子正稳定地私下开展工作；有些人认为他们正在发挥影响力，而且人们可能比预期更早地听到他们的声音。目前情况不明朗，无法证明预测的合理性。我们只能拭目以待。

李顿调查团报告书的一般要旨现在已众所周知。实际上，它似乎是对日本自1931年9月18日以来所采取的战术和行动的谴责，虽然日本人自然会将其解释为符合自己的利益。它似乎证明了您从一开始就采取的立场是正确的。它所建议的一个解决方案应该是除了现在日本执政中的极端沙文主义分子，所有有关方面都可以接受的。我认为，这里（态度）更温和的人士欢迎调查团提出的公正合理的解决办法。无论美国和国际联盟最终采取什么行动，它的目标都应是通过坚定而温和的态度来加强这个温和派的力量。严厉批评日本或在这个时候以强硬的态度来建议（他们），只会加强狂热沙文主义者的影响力。如果我们能够提供有益的或者是有建设性的意见来促进李顿调查团形成解决方案，或任何其他您认为合适的解决方案，这将吸引除了这里的极端沙文主义者的所有人，它很可能会促进这个国家理智思考，最终自己感到思维过程的清晰。我认为，这应该是我们的线索。

（提供您）这些信件的目的只是帮您了解比我们的电报和新闻中感受不到的更多的背景和氛围。从外部来了解一个国家的真实感觉是困难的，即使是在内部，事物的全景也很少是长期静止的。一个人只能记录他在写作时看到的画面。我非常感谢您最近给我的那封周到和体贴的鼓励信。

我能借此机会由衷地祝贺您在美国外交关系协会的讲话中显示的巨大价值和智慧吗？在我看来，这是本届政府最进步的行为之一。

您恭敬的约瑟夫·C. 格鲁

（曹文博译）

88. 副国务卿致驻华大使(詹森)(1932 年 9 月 12 日)

811.71293/52：电报

[华盛顿]，1932 年 9 月 12 日晚上 6 时

311. 关于 8 月 27 日下午 3 时，国务院的第 291 号电报。①

1. 自 9 月 7 日，邮电部发布命令，暂停东北地区(关东除外)的邮包业务和汇兑业务。陆军部正向菲律宾邮政当局建议采取相似的行动。②

2. 至少就目前的情况而言，该国家收到的普通邮件带有"满洲国"邮资，是免费递送给收件人的。

卡斯尔

（竺丽妮译）

---

① 原编辑者注：未印。

② 原编辑者注：9 月 21 日，美国陆军部通知国务院，菲律宾群岛总督报告说，菲律宾群岛也采取了类似行动(811.71293/56)。

89. 驻华大使(詹森)致国务卿(1932 年 9 月 13 日)

893.01 满洲/457:电报

[北平],1932 年 9 月 13 日下午 3 时

9 月 13 日上午 7 时收到

1087 以下内容来自驻哈尔滨美国总领事:

"9 月 12 日下午 1 时

1. 11 号凌晨,南下开往长春方向的客运列车在距哈尔滨市 62 公里的西屯附近发生追尾抢劫事故。9 名中国乘客遇害,16 人受伤,其中包括 10 名苏联人。被俘虏的人员中有日本人。亨利·维拉德,美国人,未受伤但遭抢劫,已自行安全抵达长春。

2. 当天上午晚些时候,当地东线的客运列车在距离哈尔滨 30 公里的阿城附近遭遇拦车抢劫,造成 2 人死亡,1 人受伤。包括苏联人在内几十人被俘。

3. 当天晚些时候,从长春开来的一列客运列车在五家(Wuchia)附近脱轨,遭到抢劫,部分人遇难、受伤、被俘。昨天晚上开往北方和南方的火车没有发车。西线则因(反)'满洲国'力量占据了安达而未运行。东线混乱。未来列车只在白天运行。

4. '满洲国'的军队显然保卫不了铁路,日本军队数目太小,苏维埃铁路管理者却显然对此无动于衷。

5. 码头缺水,松花江水位逐渐下降,霍乱病例减少,可是仍然有成千上万的难民,城市绑架仍然在继续着。汇丰银行英国经理和副经理在前天打高尔夫的时候被四名持械中国人严重打伤,显然是企图实施绑架。

6. 领事机构将于今天下午开会讨论这一情况。"

詹森

(竺丽妮译)

90. 驻华大使(詹森)致国务卿(1932 年 9 月 14 日)

861.77 中国东部/1098：电报

1932 年 9 月 14 日上午 9 时

9 月 13 日晚上 11:50 收到

1092. 以下电报已发往天津、香港、上海和大连。

"9 月 13 日晚上 8 时，中东铁路长春至哈尔滨等地的客运列车遭到严重袭击，造成多起抢劫案，多名乘客被捕、袭击或受伤。使馆建议您告知调查人员：您认为目前由中东铁路出行不安全。"

詹森

(竺丽妮译)

91. 美国驻英大使(梅隆)致国务卿(1932 年 9 月 14 日)

793.94 委员会/360：电报

1932 年 9 月 14 日中午

9 月 14 日上午 8:50 收到

262. 以下内容来自参议员里德。

"星期二①下午，在梅隆大使的陪同下，我与麦克唐纳和西蒙进行了详细的交谈。正如赫里欧一样，他们非常关注德国的情况，但对满洲考虑相对较少。在他们看来，德国和意大利发出的类似但没有关联的威胁，使日本以退出联盟相要挟后果变得更加严重。他们说，他们没有得到任何来自李顿或任何其他人那里有关调查团报告内容的信息。他们同意，报告一旦提交国联大会后，就不能也不应该禁止发表。他们认为，如果日本要求延长时间来准备一个答复，那么就应该予以批准。如果小国敦促他们采取这样的行动，他们将利用自己的影响力，防止对日本做出突然的决断。他们觉得日本对满洲的控制不可能以它目前在那里拥有的相对较小的力量完成，而且日本日益增加的经济困难将很快迫使其与中国达成协议，除非日本人因日内瓦表现出的过分严厉

---

① 原编辑者注：即 9 月 13 日。

而受到刺激。同时,西蒙似乎担心英国驻北平军官向他提供的有关驻扎在那里的日本部队不寻常活动和特殊演习的报告。他认为这可能意味着他们的行动向南延伸。他很想知道关于这一点我们有什么信息。由于没有这方面的消息,我不能给予有帮助的回答。"

梅隆

(曹文博译)

92. 国务卿致驻华大使(詹森)(1932 年 9 月 14 日)

893.102S/1221:电报

[华盛顿],1932 年 9 月 14 日中午

313. 9 月 8 日晚上 6 时,国务院的第 306 号以及之前的电文。有关美国军事官员在中国签署协议这个一般性问题,国务院得知海军部就这一话题已经根据海军条例第 722 条向总指挥发布指示,并称总指挥或者其手下的任何官员无论何时若是达成了一个国际协议,或者是修改了现存的协议,应立即向海军部汇报,同时应通报附近国务院最高官员,并且有关文件的副本也应尽快提交海军部以及国务院官员。

海军条例第 722 条包括以下内容:若是在违反国际法原则或是条约权利的情况之下,美国或其中居民受到损害,或是遭到威胁,总指挥应咨询外交代表或者美国领事,并根据事态的严重程度来采取相应的步骤,且立刻向海军部长汇报所有事实。然而,海军采取任何行动的责任完全取决于指挥官自身。

史汀生

(竺丽妮译)

93. 驻华大使(詹森)致国务卿(1932 年 9 月 15 日)

893.102S/1240:电报

[北平],1932 年 9 月 15 日下午 1 时

9 月 15 日凌晨 3:15 收到

1097. 9 月 8 日晚上 6 时,国务院第 306 号电文,以及 9 月 14 日中午第 313 号电文。以下内容来自上海:

"9月14日下午3时。使馆9月10日上午11时。胡克上校遵照海军部门的指示于9月13日打电话给防务委员会主席。他于9月14日通知了防务委员会主席如下内容:

'遵循上级指示,我希望通知防务委员会,以后若在上海发生紧急情况,美国军队的参与会取决于美国有能力的当局的决定。

防卫计划会同以往一样继续试行,但涉及美国部队参与的每一单独事件将在宣布紧急状态之日前尽快做出决定。'"

詹森

(竺丽妮译)

94. 美国驻日内瓦领事(吉尔伯特)致国务卿
(1932年9月15日)

793.94 委员会/363:电报

[日内瓦],1932年9月15日下午5时

9月15日下午1:50收到

241. 泽田今天向秘书长递交了一封9月14日致理事会主席的信,信中要求理事会在日本政府有时间研究李顿报告书并提出观察意见之前不要对该报告进行审查。信中还说,日本政府认为,自收到报告之日起至少六个星期的时间就足以达到这一目的。泽田向德拉蒙德口头解释说,在六个星期的时间内也可以让一位日本特别代表到达日内瓦。

这封信正在转给理事会成员。秘书处在这封信上设想的唯一行动是,将其提交给理事会下届常委会,把李顿报告书列入议程。

吉尔伯特

(曹文博译)

95. 驻华大使(詹森)致国务卿(1932 年 9 月 16 日)

893.01 满洲/473:电报

[北平],1932 年 9 月 16 日下午 5 时

9 月 16 日上午 7:20 收到

1103. 以下内容来自美国驻哈尔滨总领事:

"9 月 14 日下午 3 时。

1. 一个可靠的中国人告知我说,西线的宋、安达、喇嘛甸和小蒿子车站被所谓的土匪掌控了。600 个日本士兵分成两列,武装列车从齐齐哈尔出发,本意是对付他们,却被他们包围。除了宋车站,没有其他交通方式能穿过这一站。

2. 驻中国[哈尔滨?]领事机构已督促当地官方采取措施来减弱哈尔滨局势的严重性,哈尔滨当地的外国居民害怕在那里遭到人身伤害或是绑架。

3. 很可能在明天日本承认了'满洲国'之后,日本军队会接管——尽管不是整个的——中东铁路南线。

4. 今早从哈尔滨发往长春的客运列车上有一名日本列车长以及一支'满洲国'军队。"

詹森

(竺丽妮译)

96. 国务院致驻英国使馆①(1932 年 9 月 16 日)

备忘录

[华盛顿],1932 年 9 月 16 日

793.94/5555

国务院认为,9 月 13 日英国外交大臣与美国大使的谈话中,英国外交大

---

① 原编辑者注:1932 年 9 月 16 日,远东事务司司长交给英国代办。副本随同 9 月 16 日第 217 号指示(未印)转给驻英大使,该电报提到了大使 9 月 14 日中午第 262 号电报,第 244 页。

臣表达了希望收到国务院提供的一切有关中国和日本军队在长城以南的华北地区可能会遭遇的武装对峙消息的意愿。

由美国驻北平和东京的特派团向国务院汇报的有关这方面的资料可以总结如下：

7月24日，张学良将军询问驻北平的美国武官，若是日本的使馆警卫在北平采取行动的话，他们会采取什么措施；7月26日，中国方面在北平和古北口一带集结军队，以应对有可能会出现的日本侵略威胁；当时中国军事领导人在北平召开会议的目的就是商讨预期的日本行动，中国方面认为，如果中国军队撤至热河，日本军事力量很有可能会进入北平—天津区域；8月3日，顾维钧就日本在北平的军事行动的危险性与詹森大使进行了会谈，并询问了有关北平和天津中立化的可能性；8月4日，日本陆军省发言人给了当地报社一份声明，其大意是如果张学良及其集团继续其阴谋(反对"满洲国")的话，将会有严重的后果，而如果张学良执行其计划的话，就是在"自掘坟墓"；8月30日，两名日本军官向驻扎北平的英国指挥官说，"如果张学良不离开的话，有必要对其进行镇压"；9月6日，北平的英国代办告知詹森大使，天津的日本参谋长告诉天津英国陆军准将说，前者不能保证日本军队不会在某些条件下在长城内行动，并且如果北平的张学良继续支持满洲的义勇军运动，日本军队有必要对其予以打击。美国驻北平大使已经汇报了日本使馆警卫在使馆总部外进行的三次军事演习。一名隶属于国际联盟调查团日本顾问的日本军官，近期通知北平美国海军专员"若非受到严重的挑衅，日本无意占领北平—天津区域"。

鉴于这些报告，国务院认为，这些报告确证了对北平—天津区域可能发生的中日敌对关系的担忧，国务院认为，需要慎重考虑对使馆以及居民特别是外国居民的权益和安全方面的保障。可是除非这种可能的敌对行动的确迫在眉睫，否则很难让人接受它们的发生。但是，国务院认为，各有关主要非争议大国在北平的代表最好能够自由地讨论这个问题及其相关问题，并努力以共同建议的形式达成一种意见，以便在事态发展确实构成威胁的情况下，能分别向其政府提出意见。国务院认为这次讨论应该包括向中国和日本提议，在敌对期间北平城市以及包括一块十英里范围的区域中立化的可能性，这一区域内除了宪兵警察和使馆守卫，将会清除所有其他一切军事和武装力量。禁止在该地区任何军事行动，禁止在该地区进行任何空中行动或飞越该地区。目前，国务院认为，如果敌对行动一触即发，各大国的政府可以向中国政府和日本政府提出建议,要求他们立即达成这种性质的协议。国务院倾向于认为,日本民众对这些建议同意的人数会超过反对者。赞成的考虑中应包含如下的事实,即通过多边协议达成在北平维持一个特别使馆区,并配以特殊的警卫以及外国列强维持北平至渤海的开放运输线,而且这一中立也不会使得日本有何战略损失,毕竟此处不再是重要的工业、商业或通讯中心,也不再是首都。假如日本方面不同意这一建议并且大举入侵这一地区,可能会导致被卷入外国列强的许多诉讼,他们自己军事行动的结果是使馆区遭遇危险,或者其他列强在北平或天津的军事力量将会和日本或者中国的军事力量发生冲突。可以预料,中国对于北平中立化的提议大概不会反对。有关单独中立化使馆区的建议已经向国务院提出,国务院怀疑采纳这一建议是否会有任何实质性的价值。因为如果在北平附近、内部,或是全城开战,使馆区将长期处于危险之境,无论其是什么合法地位。

国务院已经将如前所述的观点通知驻北平的美国大使。

国务院十分感激英国外交部对上述观点的考虑,并欢迎外交部提出自己的观点,特别是有关英美两国政府如何提前做好准备,建议中国和日本政府在事发之时要将北平排除于军事行动领域之外。

(竺丽妮译)

97.《日"满"议定书》(1932年9月15日)①

893.01 满洲/481

议定书

因日本国确认"满洲国"根据其住民之意志自由成立而成独立国家的事实,因"满洲国"宣言,中华民国所有之国际条款,其应得适用我"满洲国"为限,即应尊重之。

日本国政府为永远巩固满日两"国"善邻之关系,互相尊重其领土权,且为确保东洋和平起见,协定如下:

1."满洲国"在满日两"国"间未另定款约之前,在"满洲国"领域内,日本

---

① 译者按:1932年9月16日,由日本代办"非正式地"转交给远东事务局的劳伦斯·E.萨斯伯里。本文未按英文版进行翻译,而采用了中文版本。

国或日本国民依据与中华民国既存之条款协定,其他约款及公私契约所有之一切权利利益,即应确尊重之。

2."满洲国"及日本国,确认对于缔约国一方之领土及治安之一切威胁,同时亦对于缔约国地方之安宁及存在之威胁,相约两国共同当防卫"国家"之任,为此要之日本国军驻屯于"满洲国"内。

本议定书自签名之日即生效力。

本议定书缮成汉文日文各二份,汉文与日文之间如遇解释相异之所应以日文原文为准。

为之记名者各奉本国政府正当委任本议定书签名盖印以昭信守。

昭和七年九月十五日即大同元年九月十五日订于"新京"。

日本国特命全权大使　武藤信义

"满洲国"国务总理　郑孝胥

98. 远东事务局局长(亨培克)与中国驻美大使馆一等秘书(龚)谈话备忘录(1932年9月16日)

893.01 满洲/515

[华盛顿],1932年9月16日

龚先生电告我,中国政府通知中国驻美使馆,中国政府在接到日本政府承认"满洲国"消息之后,指示在日内瓦的颜惠庆将此事提请国联注意,并解释这一行动若是得到允许将会带来何种后果;中国政府已经向日本政府发送了一份抗议信;而且中国政府正在向《九国公约》的各国政府发送照会,督促他们召集一次会议。使馆还没有收到信,但是他们收到之后会将其转送至国务院。龚先生先生想知道我的想法。我回复说,我感觉"情况没有变化"。

斯坦利·亨培克

(竺丽妮译)

99. 中国代办(严)致国务卿①(1932 年 9 月 16 日)

893.01 满洲/501

[华盛顿],1932 年 9 月 16 日

先生:我有幸告知您,我国政府指示我向您发送以下照会:

"中国政府有幸邀请美国政府关注 1932 年 9 月 15 日日本宣布它对所谓'满洲国'承认一事所引起的严重局面,它所谓的'满洲国'是一个由日本在中华民国东三省内创建、维持和控制的政权,并通过发表所谓的日本和该傀儡政府之间的议定书来使得日本能够随心所欲在这些省份驻扎军队,且以此试图在那一部分中国领土之上建立一个实际的摄政政体。日本方面最近的侵略行动在它过去 12 个月以来所造成的国际渎职行为上又加上了严重的一条,它的渎职行为不仅包括篡夺中国主权,而且还在于其持续违反最为重要的国际协约,包括 1922 年美国政府作为签署国之一参与并在华盛顿达成的《九国公约》。

无须重复日本是如何于 1931 年 9 月 18 日开始了它对满洲的侵略行动,也无须重复它是如何在一个居住着 3 000 万中国人民的领土之上开展了军事行动,以及它又是如何使用纯粹的军事力量篡夺了中国政府的行政管理权,并在一个它非法占领的地区建立了一个傀儡政府。所有这些事实都再清楚不过,无须赘述了。可以说,自从 1931 年 9 月 18 日,日本发动了对沈阳预谋已久的袭击直至今日,他们没有一天不用这个或那个行动加重其违法行为。日本所犯下的罪行在其承认所谓'满洲国'的时刻达到了高潮。

日本试图通过提出所谓的'满洲国'是由渴望脱离中华民国的中国公民所建立的荒谬论点来欺骗世界。不可否认的事实表明,伪满政府是日本军事侵略的产物和工具。许多直接受命于东京日本政府的日本官员在向傀儡政府发号施令,而且满洲民众长期处于日本军国主义者压迫和恐吓之下。日本军队一旦从满洲撤离,所谓的'满洲国'就会彻底消失。

《九国公约》的第一条规定,中国以外的其他缔约国,须尊重中国的主权、

---

① 原编辑者注:在承认这一照会时,国务卿于 9 月 26 日答复说:"贵方政府传达的照会正得到国务院的考虑。"

独立和领土及行政完整。毫无疑问，日本承认自己的傀儡组织，并按照其在满洲的侵略政策如此有条不紊地进行其以往的一切行动，构成了对中国主权以及领土和行政完整的直接侵犯。列强之所以在上述问题上做出让步，正是为了防止出现日本现在所造成的这种事态。

日本不仅是在侵犯中国，而且是在故意藐视世界舆论，置日本对其他大国所负的庄严义务于不顾。我们不能设想没有人质疑日本的行动，《九国公约》也不应该被那些签字国视为仅仅是一纸废纸。国际协约的神圣性和不可侵犯性原则受到了威胁。当 40 万平方英里中华民国的领土被日本军事力量强行夺取，当日本不顾友好列强的劝说和警告，官方认可了它在那一领土之上所创建的非法组织，惨痛的后果并不会只由中国承担，世界的和平也受到了威胁。

鉴于局势所迫，中国政府认为情况危急，需要求助于《九国公约》的条款。因此，依据第七条约定，中国政府坦率地将其观点完整地告知了各签约国的政府，并且请求采取措施，合理有效地处理日本在中国的侵略行动所引发的事态。这一事态从 1931 年 9 月 18 日日本袭击沈阳以来，到 1932 年 9 月 15 日其承认其傀儡政府达到了顶峰。"

接收［略］

致代办

龚安庆

（一等秘书）

（竺丽妮译）

100. 驻华大使(詹森)致国务卿(1932 年 9 月 17 日)

893.01 满洲/477：电报

［北平］，1932 年 9 月 17 日下午 1 时

9 月 17 上午 6：30 收到

1107. 以下内容来自陆军中尉布朗，沈阳：

"星期四上午，我在长春目睹了一场标志着日本承认'满洲国'的简单仪式。日本军事力量实际上控制着参与人员签署议定书的所有活动。城市武装得如同一个军营，交通严重受限，中国民众甚至不能对会议议项表示出学术上的兴趣。在场的'满洲国'官员中溥仪是最得意的，笼罩在日军阴影下的其他满族和蒙古族官员则表现得奴颜婢膝。'总理'全程用日语向媒体发表讲话。

‘满洲国’官员及其日本顾问的普遍看法是,现在承认‘满洲国’能使他们请求日本增加兵力和‘援助’,因为该议定书既没有限制日军的人数又没有限制日军的分布。可以料到,日本军事力量的增加会扩展铁路附近的行动——该处的情形毫无例外处于混乱状态——并使得他们开始进行各种同样被协约所认可的公开和私下的行动。”

詹森

（竺丽妮译）

101. 美国驻日内瓦领事(吉尔伯特)致国务卿 （1932 年 9 月 17 日）

793.94 委员会/366:电报

[日内瓦],1932 年 9 月 17 日下午 1 时

9 月 17 日上午 11:25 收到

245. 请从领事馆 9 月 15 日下午 5 时的第 241 号电报引用的日语信中了解该请求,我们所指的不是李顿报告书,而是指理事会的审议。

据了解,李顿报告书的副本连同附件被在东京“安全保管”,由英国大使转交给日本政府的同时,印刷本将分送给理事会各成员国。南京正在进行同样的安排。预期的程序是,将报告私下分发给理事会成员(见伯尔尼 9 月 14 日的 80 号),后一天将报告分发给国际联盟成员,并将很可能在同一天发表报告书。据了解,日本已同意其驻理事会代表在此请求推迟提交关于报告书的意见。

领事馆的第 241 号电报的最后一句。理事会下一次常委会上的行动不是对报告内容的“审议”,而是只考虑其“地位”问题,日本当前提出的要求是目前预计将唯一谈论的事情。

预计中方会反对日本的要求。希望中方不反对,理事会似乎肯定将默许这一要求,他们不仅认为这是合理的,而且还认为推迟审议将平息日本公众的情绪。

据悉,调查团已做出安排,在报告书发布之前,非正式地向华盛顿提供报告书的副本,这不是作为向华盛顿提交报告的正式文件,也不是被视为“正式”文件的副本。新闻媒体将刊载华盛顿发表的报告。据了解,华盛顿可能希望公布报告,但国务卿希望报告在这里公开之前不要在美国发表。

相信这些事态发展将导致提到的讨论和公布李顿报告书的日期推迟，具体日期可见目前在邮的领事馆第 341 号《政治》文件。

吉尔伯特

（曹文博译）

102. 美国驻意大利大使(加勒特)致国务卿
（1932 年 9 月 17 日）

793.94 委员会/367：电报

［罗马］，1932 年 9 月 17 日下午 1 时

下午 2：15 收到

87. 罗索大使昨天晚上告诉我，日本代办最近两次来见他。日本代办告诉他，日本要求国际联盟以及有关列强推迟讨论和公布李顿报告书，好让日本有一个月的时间在东京去审议报告书的每一个细节，剩余的时间交给他们指定的首席代表，即从东京出发到日内瓦的石井。罗索说，这似乎意味着长时间的推迟，代办回答说，这是他的国家极为关切的问题，他们必须是"强硬"的，不允许任何情况危及其立场。代办多次谈到日本退出联盟的可能性，并暗示意大利也可能退出。关于后者，罗索对我说，他不仅完全反对，而且他确信目前不存在这个问题。他提到在法西斯大议会会议后发表的关于这个问题的公报（见我 4 月 14 日的第 1365 号电报①），并说他获悉，意大利退出或留在国联的主题不会在理事会 10 月份会议上提出。他认为这是态度上的重大改变。

加勒特

（曹文博译）

---

① 原编辑者注：未印。

103. 远东事务局局长（亨培克）与前中国外交部次长 （李）谈话的备忘录（1932 年 9 月 17 日）

893.01 满洲/502

［华盛顿］,1932 年 9 月 17 日

（注：从各种不同的证据来看，我的印象是，在驻华大使不在的情况下，李先生以一名未经指定和未经授权的特派团团长的身份进行工作。李显然常常和中国外交部部长罗文干先生有电报联络，并受其指示。他今天上午所言清楚地表明他是奉命执行一项通常由大使馆工作人员执行的任务。目前在华盛顿的主要职员是龚先生，一个相对年轻缺乏经验的官员。）

李先生提及中国政府于昨日深夜发出来的照会。① 他说中国政府急于知道我们对这一照会的反应以及我们可能会采取的行动。他说中国国内政治形势十分危急，而且这一照会——同样或者相似的照会也发往《九国公约》的其他签约国——将对这一情况产生重要影响。他说现在的南京政府正遭受着严重的打击；政府一直试图保持局面的稳定，并且迄今为止成功做到了这一点；但是反对党谴责政府不采取"强硬的措施"；他们说，他们的被动导致"失去了满洲"，政府依赖和平机制的政策一直都是无用的；并且他们要求采取积极和有力的措施，防止日本进一步入侵，摧毁日本目前对满洲的控制。李先生说，他希望我们可以给他们一些鼓励，使中国政府的地位得到加强。他建议，我们至少可以表示我们会考虑这一照会，并且将其作为与各国就此事进行协商的根据。

我说我目前当然不能就国务院的反应，或者其将来有可能会有的反应做任何指示，而且到目前为止，照会还没有到达国务卿手中。等他收到了之后，他当然会对整个局势做出周全的考虑。这些照会没有提供任何新的消息。发送此照会不过是一个新的外交步骤，而列强会采取何种措施或者表现出何种姿态将需要首先考虑其外交。在国际联盟收到报告书并对其进行考虑之前，除日本以外的其他国家倾向于不采取新的行动。但这并不意味着各国都绝不会采取任何行动，而只是表明，它们在得到报告书之前有意推迟行动。

---

① 原编辑者注：《先锋》(*Ante*)，第 255 页。

　　李先生提及我们几天前(9月8日)的一次谈话。他指出,中国没有在我们所谈论的照会之中表达召开会议的请求。他说,他认为中国在这一方面的保留是他在那次谈话之后给中国政府发送了电报的结果。他说他们不想使事情困难化,而想要保持合理的范围,他们一年来一直在努力磨炼耐心,而且现在也还想这么做,但是政府却面临着很大的压力。我问,要是政府被逼上了绝路会发生什么? 李先生说,罗文干有可能会被迫辞职,没有一个人会愿意担任外交部部长,这将导致去年1月发生过的无人负责情况再次发生,混乱会接踵而至。去年1月有一段时间,唯一的在职高级官员是孙科。不幸的是,中国人的性情就是这样,对内维持秩序的同时,对外奉行一种依赖和平机制的政策,以至于形成和维持一个政府显得尤其困难。美国和其他任何外国政府的声明将有助于现政权在遭到反对时为其所采取的并且仍在采取的外交政策辩护,也会增强政府的力量,并且会避免在它可能垮台之后接踵而来的混乱。

　　李先生又提及日本要求推迟审议国联调查团报告书的问题。他说他私下里希望国联不要同意。我问他,他认为日本此举目的是什么。他说,在他看来,日本不仅想要迫使国联面对一个既成的事实,而且还希望在国联对这一事实进行考虑之前尽可能地完全巩固局面。目前中方对日本承认"满洲国"一事显得十分激愤,而列强也万分恼怒;在几个星期的时间里,强烈的愤怒感会慢慢消退;同样,在此期间,日本将会有时间"平息"各国官员,也许会达成一些外交协议,抑或是形成新的局面——形成新局面的因素是理事会所想不到的,这一延迟最终可转变成日本自己的利益。他有理由相信,日本会将其军事行动延伸至热河。如果在这期间,列强以及和平机构没有表现出关切的迹象,而且中国的国内局势急转直下,事态发生在(推迟)审议该问题之前,将使日本在最终审议该问题时能够比早些时候提出更有力的理由。

　　我告知李先生说,我会记下今日所言一切,但就目前的情况看来,我不能做出任何评论,也不能代表国务院做任何声明。李先生说,如果国务院能尽快发表意见,他将不胜感激。最后他重申,南京政府正面临非常严峻的形势。

斯坦利·K.亨培克

(竺丽妮译)

104. 国务卿致驻日内瓦领事(吉尔伯特) (1932 年 9 月 17 日)

793.94 委员会/359:电报

[华盛顿],1932 年 9 月 17 日下午 2 时

123. 关于您 8 月 31 日第 331 号政治急件第 2 页第 1 段。①

1. 国务卿和麦考益将军未就此事做任何交流,而且麦考益将军也没有向国务院汇报任何内容。我们认为,麦考益将军担任调查团成员的职责,不能被认为是美国政府的代理或者代办,我们对调查团报告中可能出现的内容所知甚少,是从各种来源零星获得的。几个星期前,《巴尔的摩太阳报》刊登了一则新闻报道,开头是一份声明,大意是说,国务院官员收到了一份"初步报告",这纯属捏造。

在没有采取主动的情况下,您有权在与负责任的调查人员进行对话时慎重告知上述内容。

2. 请将您所参照的电报副本和本电报副本寄往伦敦。

史汀生
(竺丽妮译)

105. 驻法国大使(埃奇)致国务卿(1932 年 9 月 19 日)

摘 要

763.72119 军事条款/79:电报

[巴黎],1932 年 9 月 19 日晚上 7 时
9 月 20 日凌晨 5:23 收到

542. 参考我 9 月 10 日下午 4 时的第 525 号电报。下面是今天在外交部午餐时 2 个小时谈话的摘要,除了提到的 3 名美国人,只有赫里欧在场;阿尔芬德(Alphand)曾任都柏林大使、内阁外交部部长;雷,他的内阁总管;以及莱

---

① 原编辑者注:《先锋》(Ante),第 216 页,段落以"演讲首先被考虑……"开始。

热，外交部政治主任贝特洛缺席。

至于日本，赫里欧再次表示，他认为，日本要求延迟审议报告书，以便准备一份答复，而且应立即批准从东京派一名辩护人到日内瓦的请求，以避免日本舆论的煽动。里德告诉他，麦克唐纳和西蒙都已经向他保证，只要国联大会[理事会?]一收到李顿报告书，他们就会坚持立即公布。赫里欧也同意这样做。他认为，日本日益增长的经济困难可能阻碍日本未来在满洲的行动，他主动提出，法国、英国和美国现在都应该阻止向日本进一步提供任何贷款。他说，巴黎一家与日本有联系的小型银行几个月来一直在努力敦促向日本提供贷款，但没有任何重要的法国银行利益集团会接受这一建议，他向我们保证，今后来自这一来源的任何努力都将受到劝阻。

密送至伦敦、柏林和伯尔尼。

（曹文博译）

106. 驻华大使(詹森)致国务卿(1932 年 9 月 21 日)

893.01 满洲/488：电报

[北平]，1932 年 9 月 21 日下午 1 时
9 月 21 日上午 7:35 收到

1116. 美国驻哈尔滨总领事：

"9 月 19 日下午 1 时。

1. 从昨天起，洮南—昂昂溪的交通暂停。

2. 呼海线有几处被义勇军切断。

3. 呼海线的绥化和齐齐哈尔有美国传教士，但这两个地方都有日本军队。日本总领事馆向我保证他们没有危险。

4. 9 月 16 日，领事团建议民政官员将当地警察队伍增加 600 名欧洲人，驻扎在外国人居住地。中国警员拖欠工资，不可靠。

5. 16 号夜晚，大批反‘满洲国’的军人劫持、围困和抢劫了中东铁路南线的双城。在火车站遭到日本炮火的轰炸后，他们暂时撤退，并于 16 日返回城中。这座城市现正处于一片火光之中。昨天早上[来自]长春的南线列车晚点，由于在窑门附近铁轨被占用，一节车厢脱轨，没有人员伤亡，列车没有受到攻击。

6. 最近的报道显示海拉尔和满洲里的情况稳定。"

詹森

(竺丽妮译)

107. 驻华大使(詹森)致国务卿(1932年9月22日)

893.01满洲/494:电报

[北平],1932年9月22日下午3时

9月22日上午9:10收到

1124. 收到以下驻哈尔滨总领事的来电:

"9月21日下午3时。

1. 从下游的松花江和呼海铁路调来的日本军队现在被转移到齐齐哈尔,那里将驻军5 000人,据说是为了消灭马的武装组织,①而且两列火车白天在整个南线、西线运行,为缓和东线直至汉道河的压力,在嫩江以汽艇摆渡。那些南线、东线都有日本警卫,西线则有日本装甲车。

2. 我相信,既然日本已经承认了'满洲国'的存在,日本军队将会用更加强硬的方法来恢复秩序。

3. 本地波兰商会于19日通过决议,敦促波兰政府承认'满洲国'。

4. 苏联政府已经准许'满洲国'在哈巴罗夫斯克派驻领事,当地媒体报道称,苏联将在11月7日左右承认这个'新国家'。"

詹森

(竺丽妮译)

108. 远东事务局局长(亨培克)与前中国外交部次长 (李)谈话的备忘录(1932年9月22日)

893.01满洲/505

[华盛顿],1932年9月22日

李先生打电话来询问,关于美国政府对中国政府几天前发给我们的照会

---

① 原编辑者注:日本早些时候声称马占山将军在战斗中死亡是没有根据的。

的反应，是否有什么可以向其政府报告的。亨培克说没有。李先生问，他是否可以不说我们正在与其他政府部门进行磋商。亨培克先生说，虽然我们大多数人都这么做，但我们当然不能这样说；到目前为止，我们还不能说我们已经就李先生提到的中国政府照会采取或正在采取任何相关行动；显然，我们一直在就这个或另一个问题同其他政府进行协商。李先生说，他在报纸上注意到里德参议员一直在与英国和法国官员举行会谈。亨培克先生说，他认为，报纸上关于这个事实的报道是正确的，但是，就他所知，无论是国务院还是参议员里德都没有在这些会议上就这些议题发表声明。李先生接着说，中国当权者若是知道各国政府正在就中国政府照会中涉及的问题进行磋商，将对当权者大为助益。亨培克说，有理由认为，中国政府咨询的任何一个政府都不会不认真考虑这份照会，也不会不采取它认为外交上有利的步骤。接着就利害关系又进行了一些讨论。

李先生随后表示，中国政府对日本要求国联推迟审议国联调查团报告书的问题感到十分担忧。他们认为拖延会对中方不利。中国公众正在敦促政府对日本采取军事行动；中国人越来越认为，依赖国联既没有保护他们，也不会保护他们，他们一直试图保持的耐心和不抵抗的态度对他们不利，而对日本有利。华南地区的人民和领导人都在敦促南京政府采取军事行动。李先生认为，如果国联同意进一步拖延，中国人民就会进一步向中国政府施压；而且，一旦他们的拖延行为得到了国联的同意，日本人就会以这样或那样的理由为借口，对热河采取进一步的军事行动。他说，中国政府一直努力遵守去年秋天承诺的不"进一步恶化"局势的文字和精神；但日本人反其道而行之，如果国联同意了日本人在这一事件中的要求，那么无异于（与日本）串通一气，这将导致整个局势的恶化。亨培克先生说，在他看来，支持和反对国联同意日本要求的拖延有许多方面的考虑。他不想参与争论。在他看来，辩论双方应在日内瓦提出这一问题；在那里，这个问题将得到解决，各方将在那里提出其最有利的意见。他觉得，中国人因其在过去的一年里所保持的克制行为而获得了很多，要想达成一个完美而持久的满洲问题的解决方案，还需要很久的时间，以及耐心与容忍。无论是在日本还是在中国，民众的情绪都不会对最终的结果产生决定性的效果。在未来几周内可能进行的任何军事行动也不会。如果日本再发动一次进攻，他们在世界上的声望就会下降。如果中国人开始进攻，他们就会损害他们以忍耐在世界上赢得的尊重。

李先生表示,在未来几周内,中国政府将非常难以面对要求采取积极行动的民众,但他将尽其所能,为继续忍耐的事业做出贡献。

斯坦利·K.亨培克

（竺丽妮译）

109. 国务卿致出席裁军会议美国代表团代理主席 （吉布森）（1932 年 9 月 23 日）

793.94 委员会/376a:电报

[华盛顿],1932 年 9 月 23 日中午

2. 致威尔逊。您的机密信息和关于满洲问题的一般情况:

我注意到新闻报道,其大意是说,国联正指望美国政府发挥"领导作用"。如果这是真的,那么就不应该鼓励在国联中活动的领导人采取这样的态度。主动权属于国联。美国政府仍然愿意合作。根据政府 1 月 7 日的照会和我所作的各种政策声明,以及 3 月 11 日大会做出的决议,①我认为,根据国联调查团可能得出的任何调查结果制定行动方针的责任,应由国联根据其《国际联盟公约》的规定来承担。我很欢迎国联的建议,并将在收到建议时给予最诚挚的考虑。但国联不应该期望美国政府对国联应采取什么样的立场和行动提供指导。如果国联——包含有 56 个成员国——如我所希望的那样,采取有建设性的行动,美国很可能会合作。关于主动与合作的问题,我现在甚至比我 1931 年 10 月 5 日下午 2 时在第 64 号电文第二和第三段中所表达的态度更为坚定。②

因此,我希望该政府官员不要鼓励任何关于美国政府将为国联指明道路的建议;相反,如果这个想法在负责任的圈子里被提出,我的建议是平静且谨慎地对发言者提出,要在自己的成员领导下的一组人得出一个结论并付诸行动,这比要求一个单一的国家得出同样的结论和采取类似的行动是更符合逻辑、更简单的过程。

这是一个微妙的问题,我希望您在执行这一精神的指示时,不要给人留下

---

① 原编辑者注:《美国对外关系文件 日本:1931—1941》,第一卷,第 210 页。
② 原编辑者注:《美国对外关系文件 远东危机,中国,日本:1931》,第三卷,第 116 页。

明确按照指示发言的印象。您不应该采取主动,而应该利用一些场合,这些场合可能会提供不请自来的机会,让您从上述意义和目的出发来讨论这个话题。

在这一点上,我尤其认为我们应该一直采取一种积极的态度,尽管不是咄咄逼人的。我们应该坚持严格遵守不承认的原则,并以发生在满洲的损害我们条约权利或违反《巴黎非战公约》的方式而造成的变化为依据。这里,同样,我们采取行动的最好方法是参照 3 月 11 日国际联盟依据该原则做出的决议,即不采取主动姿态而在于防范和打击任何倾向不顾其意愿的列强。

里德参议员来访时,请他务必阅读这封电报。

严格保密,抄发至伦敦和巴黎。

史汀生
(竺丽妮译)

110. 国务卿致驻塞得港领事(雷米拉德)
(1932 年 9 月 23 日)

793.94 委员会/377a:电报

[华盛顿],1932 年 9 月 23 日下午 4 时

请告知弗兰克·R. 麦考益将军以下内容,他大概在去威尼斯的恒河号(S. S. Gange)客轮上:

"国务卿致麦考益将军的机密文件。目前看来,国联满洲调查团的报告书将于 10 月 4 日或不久之后公开,并且国联打算同意日本延迟六周再对报告书进行官方审议的要求。

我认为,如果从政治和行政角度的考虑不感到尴尬,也不给您自己带来不便,您接下来几周前往日内瓦协助我,或将对政府有利。我非常感激您能在接下来的几个星期里到日内瓦来。

如您能在日内瓦逗留一段时间,您是否方便在那里与休·威尔逊、诺曼·戴维斯进行磋商并在完成之后,告知我当时的情况。

请仔细考虑一下,如果方便的话,请尽早告诉我您是否会前往日内瓦,如果会的话,您大概什么时候会到达那里。"

史汀生
(竺丽妮译)

111. 美国驻上海总领事(坎宁安)致国务卿
(1932 年 9 月 24 日)

693.002 满洲/270:电报

[上海],1932 年 9 月 24 日中午
下午 2:05 收到

395. 国民政府财政部部长宋子文昨天发表了一般性声明:

"所谓的'满洲外交总长'谢介石先生 9 月 15 日宣布,'满洲国'今后将在海关、关税、商业和航海事务等所有其他方面,把中国完全视为另一个国家。他补充道,从 9 月 24 日开始,对中国和'满洲国'之间的所有商品征收进出口关税。

鉴于上述情况,政府已指示财政部,由于海关当局目前无法在'满洲国'港口收取合法的关税,那里的海关将被关闭,直至有进一步的通知,并且应尽早在长城以南的所有海关临时收应收的税。"

2. 宋子文对以上措施发表了评论,总结内容如下:日本假借"满洲国当局"之名,在满洲查封各种海关。在 6 月份最终占领大连海关的时候,中国始终表现出了宽容的良好榜样。中国政府对国内货物和从满洲运抵中国其他港口已缴税款的外国货物的过境管理没有采取任何行动。日本之所以没有采取报复措施,主要是因为满洲是中国的领土,96%的居民是华人。中国政府宁愿承受暂时的海关税收损失,也不愿主动将满洲与中国其他地区分割开来。另一个考虑因素是李顿调查团一直在进行调查,中国政府一直努力遵循国际联盟的禁令,以避免采取恶化形势的措施。

日本借所谓的"满洲国外交总长"之口最后宣布,它不仅在政治上而且在经济上将满洲从中国分割出来,因为那时在满洲和中国其他地区之间建立了关税壁垒、条约和经济法。9 月 16 日,"满洲国外交部次长"进一步宣布:

"除了那些在法律上承认'满洲国'政府并同时放弃治外法权地的国家,'满洲国'不打算放开国内的居住限制、投资限制或给予其他国家公民任何特权"这意味着'门户开放'对除了日本以外的所有国家甚至对中国本身关闭。然而,尽管中国政府对这种挑衅不采取报复措施,而仅仅是采取在满洲以外的海关征收满洲关税的手段,因为中国在满洲的利益比日本大得多,任何会进一

步增加满洲和中国其他地区之间紧张经济关系的行动,都只会意味着落入日本的圈套。"

以下是海关总税务司发出的海关通知书摘要①:

9月24日,上海。根据政府指示,特公告周知。因日本占据满洲,国民政府暂时不能征收满洲口岸合法关税,业经令饬将哈尔滨、牛庄、安东和龙井村各关一律于9月25日关闭,所有前各海关所征合法关税,暂于中国别处口岸征收。

运往上述各口岸货物,其征税办法如下:国货(厂制货物在内)仍旧。洋货向给免征执照及批明进口税已完纳者仍旧。向来批明应征字样者,在装运口岸完纳进口税。向来在到达口岸完税之转船货,在转船口岸纳进口税。提出关栈货物,在装运口岸免纳进口税。

由上列满洲各口岸运来货物,其征收办法如下:土货完纳转口税及转口税附税。寻常在上述各口岸完纳之厂制货物,其厂制货物税及附税,均在进口口岸完纳。洋货征收进口税。

大连租借地内,因日本当局违约拒绝中国海关根据"大连协约"行使职权,以致货物之出入大连者,海关无从确定其来源与其目的地,爰定征税办法如下:货物运至大连,土货征收出口税,厂货不论其最后目的地征收厂货税。货物由大连运往满洲其余各口岸(见上)与洋货同,所有货物均征进口税,关税附税与水灾附捐一律照征。

运往以上各口岸货物所有关单,径交运各人收执。自1932年9月25日起,上列各口岸所发各种单样,概作无效。

凡转口洋货直接自外洋运往上述各口岸,中途并不离开原船者,毋庸征税。或凡转口运货直接自上述各口运往外洋,中途并不离开原船者,亦不征税。

自1932年9月25日起,上列满洲各口岸所发征税证,亦作无效。

---

① 编译者按:该摘要的部分译文参考了中文原文,仅按英文原文将 Manchuria 译为"满洲",而非是中文版本中的"东三省"。参见《本月廿五日起实行封锁东北海关,应补税款暂在榆关以南各关带征,宋财长昨发表重要宣言及谈话,外交部将电国联并通知各国声明》,《中央日报》,1932年9月24日第一张第二版。

我的理解是,"纳税"货物是指不能识别为洋货且以前在满洲各口岸缴税之货物。

抄送至使馆。

坎宁安

(曹文博译)

112. 美国驻日内瓦领事(吉尔伯特)致国务卿
(1932年9月24日)

793.94 委员会/376:电报

[日内瓦],1932年9月24日下午4时

下午5时收到

267. 领事馆9月15日下午5时的241号电讯,和9月17日下午1时的245号电讯。

以下是理事会今天上午关于李顿报告书的讨论摘要。

1. 主席在介绍性发言中涉及日本政府要求延迟6个星期公布报告以供讨论的请求,理事会同意这一请求但又发表了以下声明,这些声明在这里被认为是国联立场的基调。

"然而,如果我建议理事会接受这一延迟的请求但不表达我的遗憾之情,我相信,大多数的理事会成员在讨论调查团报告之前会认为我可能对本政府和整个国联的成员不够坦率。在该报告书发表之前,日本不仅承认,而且同所谓的'满洲国'政府签署一项条约,采取了被视为意在损害解决争端的步骤。近一年来,理事会以集体身份,联合其成员国政府,一直小心翼翼地避免对这一严重争端的案情判断透露只言片语,理由是成立了一个调查团来调查争端,并且在该调查团报告情况并且其报告书已经由国联各机构审议之前,整个问题仍然被视为悬案。"

2. 日本的长冈表示,日本政府不想推迟讨论该报告的内容,只是出于实际原因才提出了这项要求。关于主席承认"满洲国"政府的声明一事,他宣布他目前将避免讨论这个问题,因为他"希望有关中日的所有问题都一起解决"。

马达里亚加(Uadariaga)反对这最后一种说法,他说采取这种观点是危险的。他解释说,理事会和国联大会一直保持一个"一贯的法理",即"争端

的实质与某些已经出现的军事性质的现象之间存在明确的区别，我要明确地说，这是在日本根据条约有权拥有主要势力的铁路区之外对满洲的侵略。"因此，有两个问题：(a)涉及日本和中国自己的争端的立场；(b)涉及国联关心的其他问题，因为它们密切地影响整个国际社会。后者则是承认"满洲国"政府的问题。

3. 颜反对同意日本延期的请求，并坚持认为，根据《国际联盟公约》规定，只有国联大会有权决定这个问题，而不是理事会，并建议将此事提交十九国委员会。在主席对这一立场的正确性提出异议后，理事会驳回了颜的请求，并决定同意日本的请求。

4. 由于上述问题与报告的公布日期密切相关，因此随后用最迅速的方式就完成精确的报告[及其附件]并公布进行了讨论。最后决定报告本身将首先单独公布(10 月 1 日为公布的预计时间，6 周期限自该日始计算)，包含地图的附件在 4 或 5 天内跟进，最后在其他附件抵达日内瓦之后会尽快发表。

5. 然后讨论了理事会开会审议报告的具体日期，日本施压要求时间越晚越好，中国敦促时间越早越好。最后日期确定为 11 月 14 日。

吉尔伯特

（曹文博译）

113. 驻塞得港领事(雷米拉德)致国务卿

(1932 年 9 月 27 日)

793.94 委员会/378：电报

［塞得港］,1932 年 9 月 27 日下午 5 时

9 月 27 日上午 10:47 收到

关于国务院 9 月 23 日下午 4 时的电报，麦考益将军在"恒河"号上答复如下：

"当调查团成员在北平分开之前，国联秘书长非正式地通知说，在讨论报告期间，他们可能需要在日内瓦停留一段时间。李顿希望自己 9 月 30 日抵达威尼斯时收到德拉蒙德的来信。从事实角度来看，李顿刚刚收到其政府的指示直接前往伦敦。除非接到通知，否则调查团其他成员不得在日内瓦，我本来打算留在意大利或瑞士等地，如果调查团不解散，我将随时待命。

综上所述,我很乐意遵守您的指示,并将与威尼斯的休·威尔逊进行会谈。"

雷米拉德

(曹文博译)

114. 国务卿致驻华大使(詹森)(1932 年 9 月 27 日)

893.48/606:电报

1932 年 9 月 27 日中午

329. 您 9 月 2 日下午 5 时的第 1053 号电报以及 9 月 4 日下午 5 时的第 1065 号电报。①

1. 国务院希望尽可能推迟对美国驻华法院或满洲领事法院是否可以受理"满洲国"当局强行接管的"满洲国"或当地政府机构提起的诉讼的决定。在这一端来看,沈阳和哈尔滨的总领事应授予指示,在问题被提出的情况之下(但他们自己无论在何种情况之下都不应该率先提出问题),他们不应该给出承诺性的答复并建议查询资金存入的美国银行。他们也可能建议这些银行的官员给出非承诺性的答复,或者如果这个问题被追问,可以尝试从哈尔滨 8 月 30 日下午 3 时致使馆的电报第二段的建议中找到一些解决方案,即银行根据适当的担保支付所涉及的款项。

2. 由于美国政府无论是在事实上还是在法律上都没有承认所谓的"满洲国当局"的地位,国务院认为,他们不能以自己的名义或以代办的名义,向美国驻华法院或满洲的美国领事法庭提起诉讼。然而,如果这些当局提起诉讼,驻华美国司法部门而不是国务院将被要求决定,尽管它假定在这些事情上和它步调一致的美国驻华法庭将会由政府行政分支来决定,是否所谓的"满洲国"或是其代理本质上有可以在美国法庭充当起诉人的合法地位。如果满洲的美国法院决定拒绝所谓的"满洲国当局"的请愿,这些"当局"可能因此试图在他们的控制之下阻止美国司法当局继续在当地发挥作用。国务院自然希望尽可能避免或拖延这种情况的发生。

为找出美国驻华法院对这一类性质事件的态度,使馆注意到了 1928 年由

① 原编辑者注:皆未印。

该法院决定的中国国民政府对大美国保险公司以及商人火灾保险公司这一案件。（见 1928 年 5 月 5 日致使馆的上海第 5491 号电文。①）美国驻华法院还可能审理其他涉及未被承认政府司法地位的案件。使馆或许有意考虑将这些案件提请沈阳和哈尔滨总领事注意。

史汀生

（竺丽妮译）

115. 驻瑞士大使（威尔逊）致国务卿（1932 年 9 月 28 日）

793.94 委员会/388：电报

［日内瓦］，1932 年 9 月 28 日晚上 10 时

9 月 28 日晚上 6：10 收到

10. 26 日颜②已经致函秘书长，其中提到理事会关于李顿报告书的答复，并要求召集国联十九国委员会考虑继续执行 7 月 1 日决议之延长 6 个月期限的问题。③ 还坚持国联十九国委员会采取措施防止日本在此期间恶化局势。

德拉蒙德说，因为这项要求似乎是合理的，所以他们将召集十九国委员会在周五④举行公开会议。理事会可能会向颜解释为什么现在不能确定一个确切的期限，但他不知道将采取什么措施防止日本恶化局势。

威尔逊

（曹文博译）

---

①　原编辑者注：未印，见 1928 年 6 月 27 日晚 7 时 499 号电报，《美国对外关系文件：1928》，第二卷，第 189 页。

②　原编辑者注：指颜惠庆。

③　原编辑者注：参见驻日内瓦领事 7 月 2 日晚上 9 时的第 214 号电报，第 127 页（编译者按：本册未译录）。

④　原编辑者注：9 月 30 日。

116. 驻华大使（詹森）致国务卿（1932 年 9 月 29 日）

893.01 满洲/523：电报

［北平］,1932 年 9 月 29 日下午 1 时

9 月 29 日上午 7:15 收到

1151. 美国驻哈尔滨总领事：

9 月 25［28］日，下午 5 时。

1. 据可靠来源得到的消息，中国驻满洲里的警卫部队昨天发生了叛乱。铁路消息人士称，今天上午收到的电报中说那里局势平静。

2. 苏联消息人士称，扎兰屯到满洲里铁路线的铁路警卫部队发生叛乱，升起国民党旗帜，逮捕了包括日军特派团团长小原上校在内的日本居民。

3. 日本代理领事说，他无法同被叛军包围在满洲里的日本人取得联系，而昨天抵达满洲里的那架日本飞机由于情况危险立即起飞，在返回齐齐哈尔的途中失踪。①

4. 没有火车开出齐齐哈尔向西线行驶。东线有三处断裂，中国铁路警卫拒绝护送列车进入危险区。美国居民约翰·加宁在哈尔滨很安全。

詹森

（竺丽妮译）

117. 驻英国代办（阿瑟顿）致国务卿（1932 年 9 月 29 日）

793.94/5583

第 395 号

［伦敦］,1932 年 9 月 29 日

10 月 8 日收到

先生：我荣幸地收到 1932 年 9 月 16 日英国外交部第 217 号指令，附有一份备忘录副本，②其中概述了外交部对于中日两国军队在长城南部可能发生

———————————

① 原编者注：10 月 27 日，驻哈尔滨总领事报告称，据信该飞机在海拉尔附近迫降，机组人员可能为中国士兵所杀（893.01 满洲/633）。

② 原编者注：见第 250 页脚注 60。

敌对行为的意见。

由于负责远东事务司副外交大臣维克多·韦尔斯利爵士因休假而缺席外交部，今天上午一名使馆工作人员呼吁远东局负责人进一步以非正式的方式了解外交部关于北平地区中立化的建议。外交部负责人说，英国驻华盛顿使馆公布了备忘录的完整摘要，并指示英国驻北平使馆就备忘录中提出的建议发表评论。据他所知，外交部无意做出任何结论，当然，前提是在他收到大使馆的消息之前，不发生任何可能影响北平地区的军事局势的事情。他解释说，目前外交部并不担心日本在长城以南的行动，并认为日本政府急于避免在满洲以外的军事行动，是因为日本军队在满洲本身已经足够麻烦了。他认为日本年轻的官员倾向于发表好战言论，但他们的发言不一定反映其政府的任何既定政策。远东负责人提醒说，据昨日的新闻报道，日本陆军大臣曾经威胁说，"必要时"要对张学良采取严厉措施，并且有人认为，急需审议中立的建议。然后，远东局负责人说，外交部希望能尽快听取来自北平的答复；但是如果在此期间出现任何威胁使馆区安全的事件，他应该考虑遵循上个月使馆制定的安排，据他所知，这些安排是由美国、英国和意大利政府批准的，"原则上"也得到了法国政府的批准。

维克多·韦尔斯利爵士一回来，使馆将再次讨论这个问题。

您恭敬的，雷·阿瑟顿

（曹文博译）

118. 驻日内瓦领事(吉尔伯特)致国务卿
（1932年10月1日）

793.94 委员会/396：电报

[日内瓦]，1932年10月1日下午3时

10月1日下午1时收到

277. 威尔逊9月28日晚上10时的第10号电报。国联十九国委员会今天上午开会审议颜9月26日的信件，就所提出的两个问题进行了简要讨论。

1. 与会者一致认为，大会根据第15条采取行动所需的时间在很大程度上必须取决于李顿报告书的内容。因此，直到理事会在其11月会议上审议该报告书并将报告书及其意见提交大会之前，不能就期限的持续时间做出决定。

会议商定,一旦国联理事会采取这一行动,主席应立即召集十九国委员会,以便拟定一项关于延长期限的决议提交大会。

2. 关于争端加剧的问题,海曼斯提请注意各方根据 1931 年 9 月 30 日和 12 月 10 日的理事会决议中就这一问题采取的行动,并引用信中向当事双方递交的国联大会 7 月 1 日的决议,他重申决议中的承诺。(领事馆 7 月 2 日的第 290 号电报①政治最后一项。)

然后他转述了德·瓦勒拉关于承认"满洲国"政府的声明(领事馆 9 月 24 日下午 4 时的第 267 号电报),并将理事会与该声明联系起来。主席的声明得到捷克斯洛伐克、瑞士、瑞典和西班牙成员的明确支持,并得到理事会的全体成员同意。

这两个问题都没有通过任何决议,但决定应向日本和中国代表通报理事会的意见,并向其转交会议记录副本。

吉尔伯特

（曹文博译）

119. 驻沈阳总领事（麦迩思）致驻华大使（詹森）②
（1932 年 10 月 1 日）

893.01 满洲/591

第 666 号 ［沈阳］,1932 年 10 月 1 日

先生:请参阅我 1932 年 6 月 14 日发出的第 599 号文件,③该文件载有在"满洲国"政府任职的日本人名单,而在此次的文件中,我很荣幸地随函附上一份长春市政府主要官员的名单,包括中国人和日本人。除特别注明,这些名字均取自《"满洲国"政府公报》公布的名单。这份名单中包含了每个办公室里几个不太重要的日本人的名单,名单末尾的摘要显示了公布的名单总数。名单上各办事处的英文名称均为政府采用的英文名称。

---

① 原编辑者注:未印。

② 原编辑者注:驻沈阳总领事在 1932 年 10 月 4 日未编号的急件中转交国务院的副本,10 月 28 日收到。

③ 原编辑者注:未印。

从报告中可以看出，在长春市有 509 名中国人（汉族人、满族人、蒙古人）和 312 名日本人在"中央政府"任职——这些数字包括下属和主要官员。正如军政部所表明的情况一样，公布的公职人员名单可能不完整。据了解，这个部门的主要工作人员几乎都是日本人。此外，一些职位显然还没有存档。

值得注意的是，政府最重要的部门中，日本人所占比例最高。首先是"国务院"或"内阁"，它由"总理"和各部门领导组成。更确切地说，这个"国务院"由总务厅主管，其主要官员都是日本人。政府的其他分支机构中，日本人数量较多的包括交通部、财政部、监察院和"首都"警察厅。此外，还有立法院、资政局和文教部——后者新近成立，组织尚未完善。

可以简单地提及几位日本政府人士。自政府成立以来，先后担任总务厅长官、参议府参议的驹井德三（Tokusan Komai）无疑一直是该组织的领军人物，他对该组织的贡献可能超过任何一个人。日本最近的新闻报道中提到关东军总司令武藤将军的前任、本庄繁中将是"满洲国"之父。然而，驹井被看作一个革命家而不是一个建设性的领导人，鉴于这一事实和他的某些个人特点，他最终的退休——已宣布多次——被消息灵通的日本人士视为理所当然。阪谷希一（G. Sakatani）原是财务部总务司司长，现为总务厅次长。板垣（Itagaki）少将是关东军最活跃和最有影响力的参谋之一，据称是满洲新秩序的坚定支持者，最近被提升为少将，并为行政长官的私人顾问。甘粕正彦（Masahiko Amakasu）是执政府的一名咨议，他在 1923 年的日本地震中作为一名警察而声名狼藉（A. 摩根·杨在《大正天皇之下的日本》中描述了他的"事迹"）。外交部次长大桥、财政部总务司司长星野，以及日本央行的现任行长鸳尾，似乎都在各自的领域占有一席之地。

如前所述，南满铁路公司一直是日本官员和议员（以前称为顾问）向"满洲国"提供物资的主要渠道。据《满洲日报》8 月 6 日报道，南满铁路公司共有 161 名官员离职，加入了"满洲国"、中央政府和地方政府。该公司还在 8 月 6 日的公司公报上宣布了 58 个批次的最后一个批次。在 1931 年 9 月 18 日的事变发生后，军队非常需要额外的协助来妥善管理自己大量增加的事务，同时也需要控制和协助当地的行政机构和官方及半官方企业。这些员工中的许多人后来加入了"满洲国"机构的分支，而有些人在军队服役。从一个可靠的消息来源获悉，支付这些军队雇员的薪金和直接或间接提供的其他援助，已大大消耗了该公司的盈余资金。

　　据信,日本政府提供的官员或雇员数量仅次于南满铁路公司。这个办公室的报告中提到,一群约 25 人的邮政官员在交通部现任邮务司司长藤原先生的带领下,于去年 6 月从日本来此,一段时间之后,一些财政部官员也被以同一目的派遣。近日,有媒体报道,应"长春政府"的请求,日本文部大臣推荐西山政猪山出任"长春政府教育部"总务司司长。可以提到的是,除了一个例外,每个部门的总务司都由一名日本人领导,而且除日本人担任高级职务的部门外,该总务司司长是该政府部门的主要人物。

　　在上述条件下,我们可以预料到,中国政府的官员不是自由的代办,他们的活动必然受到限制。在某些情况下,例如,"外交部总长"谢介石和"交通部部长"丁鉴修,从各方面看来,都是在圆满地履行自己的职责,而在另一些方面,他们必须按要求"装门面",并且只完成所需要的职责。众所周知,凡是想和"长春政府"谈生意的人一定要跟一个日本人打交道。在沈阳也一样,需要的是省长办公室里日本总务局局长的批准和保证而非寻求省长本人的批准和保证。这就是"满洲国"政府的运作方式。"满洲国"政府的每一个部门都有它的日本官员或顾问,他们有效地控制或检查其职能的运行。

　　我们还应该记得,在"满洲国"的成立典礼上,人们的印象是服务于"满洲国"的日本人将成为"满洲国"公民。就算是曾经认真考虑过这个问题,这一发展趋势如今也被无视了,"满洲国"的高级日本官员仍然是日本的臣民,服从日本的法律。在与一个负责任的日本人的私下交谈中,我们了解到,为"满洲国"服务的日本臣民的地位与中国海关和邮政服务中外国人的地位一致。简而言之,该地区的行政管理是由外国人控制的,他们只受自己国家当局的管辖,是日本政府的代表。虽然这种事态的法律地位可能是反常的,但从实际目的上来看,"该国"的地位确实如此。

您恭敬的,
M. S. 麦迩思

（竺丽妮译）

120. 国务院发布的新闻稿(1932 年 10 月 2 日)

793.94 委员会/415

有关调查团报告书的资料

华盛顿，9 月 27 日星期四，国务院收到一个密封的包裹，包裹上盖有公章，里面装着一份报告书的副本。10 月 1 日星期六下午 1 时由国务卿接管，供审查和出版之用，时间为下午 1 时。日内瓦时间 10 月 2 日周日(华盛顿时间 10 月 2 日，星期日)，在此期间，国务院远东局拆封文件并检查，在场人员包括：

查尔斯·S. 史密斯先生，美联社；

卡罗尔·H. 肯沃西先生，合众社；

杰罗姆·D. 格林先生，太平洋关系研究所主席；

斯坦利·K. 亨培克先生，美国国务院远东事务局局长；

约瑟夫·E. 雅各布斯先生，外交事务主任，被派往国务院远东事务局；

M. J. 麦克德莫特先生，国务院新闻处处长；

沃尔特·A. 福特领事，美国国务院新闻信息处助理处长。

包裹中有两份报告书文本和两份地图副本。

报告书包括引言和十个章节。

引言涉及调查团的由来、组成和任务。

第九章题为"解决之原则和条件"，第十章名为"考虑及对于理事会之建议"。

(竺丽妮译)

121. 外交部部长罗文干在南京的声明①(1932 年 10 月 3 日)

国联调查团报告书业已公布，此乃李顿爵士与其同事诸君，数月以来为国际和平而不辞辛劳，艰苦工作之结果也。

---

① 原编辑者注：副本附在 1932 年 10 月 4 日的信里由中国大使馆的一等秘书传送给国务院。编译者按：本篇译文引自《革命文献》(第四十辑)，台北："中央"文物供应社，1984 年，第 2752 页。

吾人尤忆去年十二月十日国联之所以决定派遣调查团,乃欲对于因日本侵犯中国领土而引起之局面,贡献一最后根本解决之办法。当白里安氏于是日提出派遣调查团之决议案于国联行政院,以备其考虑并采纳时,曾言:"调查团职务范围,在原则上极为广泛,任何问题足以影响国际关系而有扰乱中日两国间和平,或和平所赖以维系之两国间谅解之虞,经调查团认为需加以研究者,均不得除外。"故就调查团之职务而言,调查团所称得审查一切有关系之事实,并得以和平解决办法建议于国联云云,固为完全正确之解释。试将报告书略加浏览,即觉有最鲜明呈现的两点,一为九一八日及九一八以后之一切日本军事动作,均无正当之理由,不能认为自卫之手段。二为所谓"满洲国",并非真正及自然之独立运动所产生,而为日本军队及日本文武官吏操纵造作之结果。

报告书包括许多性质极重要之问题,现在在中国政府当局悉心考量之中。

(曹文博摘录)

122. 国务卿致出席裁军会议美国代表团代理主席(吉布森)(1932 年 10 月 4 日)

793.94 委员会/521a:电报

[华盛顿],1932 年 10 月 4 日下午 4 时

18. 致威尔逊。请向麦考益将军转达以下我的私人和机密信息:

"我对您的任务圆满结束热烈祝贺,您的报告书获得一致同意。处理问题包容灵活,语气也很公正。这是一项伟大的成就。"

史汀生

(竺丽妮译)

123. 远东事务局局长(亨培克)与美国无线电公司曼顿·戴维斯上校谈话的备忘录(1932 年 10 月 4 日)

811.7493(M)R.C.A./9

[华盛顿],1932 年 10 月 4 日

戴维斯上校来电,说了一些有关沈阳无线电的发展情况,并告诉我无线电公司美国站和沈阳站已经恢复了通信,他还说"满洲国"当局正敦促无线电公

司签署新的协议。几个月前，有关部门寄来了一份他们自己签署的合同的副本，与无线电公司与前(中国)东北电报局签订的旧合同完全一致。在过去的几周里，"满洲国"当局发出了三份电报，敦促无线电公司立即签署协议，其中两份于上星期收到。戴维斯上校想要得到指示，一是关于政治形势，二是关于无线电公司派他们一名目前在中国的年轻男子为代表，到沈阳与"满洲国"当局进行协商的可行性。

经过对形势和各种因素的讨论，我非正式地表达了这样一种观点，即无线电公司最好能设法通过长途通信来解决这个问题；他们可以建议"满洲国"当局——鉴于该当局掌控着电台以及原来的合约，无线电公司曾在合约上签字且毫无疑问有意继续其业务——各方面来看，最切合实际的事情就是在签署新合约的过程中抛开一切法律上所不必要的形式。戴维斯上校和我一致认为，如果公司的一个代表单独与"满洲国"当局进行洽谈可能会有风险，采取上述建议可以避开风险。否则有可能加速争论的兴起，起草新的议题，最后造成"满洲国"当局采取无可挽回的决定。

戴维斯上校离开时说他会打长途电话处理此事。

斯坦利·K.亨培克
（竺丽妮译）

124. 驻华大使(詹森)致国务卿(1932 年 10 月 5 日)

893.01 满洲/532 电报

［北平］,1932 年 10 月 5 日下午 2 时
10 月 5 日凌晨 2:30 收

1165. 美国驻哈尔滨总领事：

10 月 3 日下午 3 时许，反"满洲国"军队于 9 月 30 日占领呼海铁路南端总站呼兰,10 月 1 日包围昂昂溪 4 小时,同日又占领了安达。齐齐哈尔市的防御工事正在加强。

詹森
（竺丽妮译）

125. 驻瑞士大使(威尔逊)致国务卿(1932 年 10 月 5 日)

793.94 委员会/420：电报

［日内瓦］，1932 年 10 月 5 日下午 8 时

10 月 5 日下午 4：05 收到

21. 今天，我和戴维斯在洛桑遇到了麦考益，我们进行了非常有益的交谈。我们都觉得，除非发生什么事情改变局势，否则麦考益目前不该前来日内瓦，而应保持时间自由，并在理事会召唤调查团的时候返回这座城市。

麦考益非常感谢您传达的 10 月 4 日下午 4 时第 18 号电文，并致以他的谢意和问候。

威尔逊

（竺丽妮译）

126. 驻瑞士大使(威尔逊)致国务卿(1932 年 10 月 5 日)

711.94/729：电报

［日内瓦］，1932 年 10 月 5 日晚上 8 时

10 月 5 日下午 5：55 收到

401. 今天在戴维斯和我与麦考益的谈话中，麦考益对形势的分析给我们留下了深刻的印象，尤其是就日本和我们之间的关系而言。

麦考益分析了日本的政治现状、掌权官员的类型、他们狂热的心态等等，这些您都很熟悉。他接着说，他深切地担忧远东可能发生一些事件，这些事情或将煽动这种仇视美国的狂热情绪，并在我们自己的新闻界产生深远的回响，可能导致一种无法控制的局势。他说，到目前为止，只是运气好才阻止了这种事件的发生。他补充说，这一风险甚至更大，因为这一集团以及总体上日本人民的敌意主要是直接针对美国的。他们相信，我们的政策是建立在遏制日本正常发展和正常国民发展的基础上的。他们显然认为，美国的政策和您的言论都是基于对日本的厌恶、遏制日本发展的愿望，以及对日本困境的理解不足。我们的舰队在太平洋水域的存在使日本人极其忧虑，也是造成这种愤怒的一个因素。他们指出，这一威胁性的存在与我们所采取并赞扬的和平事业

是不相容的。

麦考益对如何弥补此事没有给出任何建议，我们也没有。但我们认为向您传达他的想法是明智之举。因为我们在某一时候可能会有一个机会，使日本人醒悟，促使我们采取这一政策的目的是遵守协约以及维护和平机制，而非对他们有敌意。

威尔逊

（竺丽妮译）

127. 驻华大使（詹森）致国务卿（1932 年 10 月 6 日）

793.94 委员会/421：电报

[北平]，1932 年 10 月 6 日下午 1 时

10 月 6 日凌晨 5：10 收到

1169. 以下来自美国驻南京总领事：

"10 月 5 日下午 3 时。于 10 月 4 日下午 4 时提供的消息据信是可靠的：中国外交部部长于 10 月 4 日晚上 7 时出席了会议，会议宣布美国政府批准了调查团的报告，但日本政府不同意。他坚持认为，中国政府必须以重要领导人之间的协议为基础决定以什么样的态度对待报告书。在中央政治会议今天上午的会议上，部分成员赞成根据外交部编写的摘要接受报告，但更大部分成员坚持要求完全翻译，并对有关情况进行深入研究。因此，这个问题已提交给外交事务调查团，并且不太可能在一段时间内发布公告。主要的异议似乎是授予满洲自治权的问题。"

詹森

（曹文博译）

128. 驻沈阳总领事（麦迩思）致驻华大使（詹森）（1932 年 10 月 6 日）

793.94 委员会/510

No. 668

[沈阳]，1932 年 10 月 6 日

先生：关于我 10 月 5 日中午 12 时电报，简要说明了鹤见(Tsurumi)秘书

作为日本使馆发言人向外国新闻记者陈述李顿报告书的情况,我谨简短地报告使馆就此问题发表的声明。

兹随函附上 1932 年 10 月 4 日《满洲日报》刊登的武藤将军于 10 月 3 日下午向新闻界发表的对李顿报告书感想的声明。该声明符合一个美国记者告诉我的关于将军的印象。总的结论是,日本将奉行其固有政策。这一声明的实质是"在地球上没有权力可以改变日本的这个最高政策"。

10 月 4 日下午鹤见先生以使馆名义发表的声明特别令人感兴趣,如上所述,该声明摘要已电报给使馆。据推测,这种说法只是向外国新闻记者提出,因为当地新闻机构没有提到过它。美国记者给我的关于武藤声明的陈述大致如下:

我们对报告书感到非常愤怒。它是不切实际的,国联和进一步的研究表明它是明显反日的。它的主要观点是不可能被付诸实施的。英国没有选择合适的人选;克劳德将军无法制止顽固的李顿。我们认为盎格鲁-撒克逊人更自由。麦考益将军遵循美国的政策;我们认为他是史汀生政策的忠实拥护者。李顿爵士没有资格作为一个政治家;我们没有把他的观点当成关于武藤声明英国的观点,英国是更聪明的(明智的)。有人经常鼓励张学良煽动叛军和土匪开展进一步活动,否则报告书将没有作用。"满洲国"官员非常愤怒和激动。我们只是忽略了报告;满洲与报告书或国联无关。这一报告使世界局势恶化了。

在这一点上,美国记者提到日本要求国联调查团调查满洲局势,并问了好几个问题,其中一个问题,鹤见先生说他们(日本人)已经完成了他们的主要目标,即拖延问题——其意义是显而易见的。他立刻注意到这句话的口误,要求记者不要发表这句话。在回答关于他们对其他成员意见的问题时,他说他们对希尼博士很有好感,阿尔德罗万迪伯爵相当公平;他们认为克劳德尔将军反映了他的政府的意见。

鹤见先生很兴奋,在新闻发布会上,他明显处于紧张状态。毫无疑问,日本的官员们对这份报告表现出了极大的不满,就像鹤见先生的发言清楚表明的那样。

您恭敬的,M. S. 麦迩思

(曹文博译)

129. 谢介石致国务卿（1932 年 10 月 7 日）

793.94 委员会/430 电报

［长春］,1932 年 10 月 7 日

下午 2:22 收到

我谨向阁下做出如下声明：4 月,国联调查团抵达"满洲国"时有意表现出无视"本国"存在的态度,本政府当局十分努力地向调查团提供关于此处现状的完整解释,并试图说服调查团成员。

然而,尽管我们做出了所有这些努力,任何一个人只要浏览过调查团报告书,都会立即发现明显的痕迹,表明委员们在相当大程度上受到了中国本土的东北旧军阀所巧妙进行的恶意反"满洲国"宣传的影响。自 3 月我们的人民宣布"独立",并旨在为"新国家"消除管理不善的旧军阀和建立和平与安全以来,"新国家"在决心坚定的全体官员和人民对改善人民生活条件的提倡之下,见证了一场在中华民国国内所不可能见到的壮举。此外,由于我们的友好邻邦大日本帝国最近在法律上承认了我们的合法地位,"我国"人民对"我国"获得国际大家庭成员资格这一事实感到高兴。在这种情况下,本报告完全使"我国"人民感到震惊是很自然的,他们认为这是无法忍受的。

报告书的结论中完全拒绝承认"满洲国"的独立,显然是因为其结论没有反映出这里的实际情况。任何基于这类结论而执行的措施都将以彻底失败告终。这份报告书的发布本身就会自然而然地刺激在我国仍旧十分猖狂的非法活动继续增长,也会导致驻扎于长城之内的旧军阀通过操纵绑匪和团伙扰乱和平的骚动。其所引起的结果直接有悖国际联盟维护世界和平和人类幸福事业的伟大使命。

我谨代表我国政府郑重地请阁下认真注意上述局势。

您恭敬的,

谢介石

"满洲国外交部"总长

（竺丽妮译）

130. 驻瑞士大使(威尔逊)致国务卿(1932 年 10 月 8 日)

893.01 满洲/537:电报

［日内瓦］,1932 年 10 月 8 日上午 11 时

10 月 8 日上午 7:48 收到

168.23 关于您 10 月 5 日下午 2 时第 20 号电文。[①] 我刚刚和贝内斯就裁军和远东问题的各个方面进行了长时间的讨论。在谈话过程中,当我谈到,在国联理事会和大会召开之前远东局势可能会因其他国家承认"满洲国"而出现动荡时,贝内斯回答说,他不认为有任何理由对这方面感到担忧,因为各国政府都已经在 3 月 11 日的声明中做出过承诺。在他看来,当大会召开紧急会议的时候,首先要做的是采纳一个决议,大意是国联成员国不得承认"满洲国"。这在他看来这是第一步,也是最重要的一步,甚至要在对李顿报告书进行详细讨论之前就要决定下来。贝内斯打算下周末去巴黎看赫里欧,和他讨论欧洲适用于远东的问题,特别参考欧洲申请,并将在他返回之后进一步告知我他的意见。

威尔逊

(竺丽妮译)

131. 国务卿致驻华大使(詹森)(1932 年 10 月 8 日)

793.94 委员会/421:电报

［华盛顿］,1932 年 10 月 8 日下午 1 时

342. 关于您 10 月 6 日下午第 1169 号电文。美国政府没有对李顿调查团的报告书发表公开评论。在回答新闻记者的提问时,我拒绝发表评论,并表示,现在不是发表任何对本届政府的政策可能毫无根据的评论的时候。在与外国首脑的交谈中,我在客观上非常满意调查团的工作。

抄发至南京,用邮件转发到东京。

史汀生

(竺丽妮译)

---

① 原编辑者注:未印。

132. 副国务卿致驻日本大使(格鲁)(1932 年 10 月 9 日)

893.01 满洲/537a：电报

[华盛顿]，1982 年 10 月 9 日上午 1 时

169. 美国媒体从东京发回的报道称，国务卿在 10 月 1 日于费城发表的讲话中，批评日本承认"满洲国"，称"这番讲话是在李顿报告书发布前不久，也是在海军上将普拉特宣布美国舰队将留在太平洋水域后不久"；"日本陆军省在一次声明中声称，美国政府期望演讲能够'在小国间煽动反日情绪，使日内瓦发生意想不到的局面'"；而且"美国民众普遍认为，关于日本所声称的华盛顿在故意惹是生非，华盛顿已经多次重申自己的立场。"

美国国务院请您谨慎选择适当的时机警告在日本的美国公民不要相信这些报道和评论。正如您所知，国务卿在费城的演讲是关于总统的"美国的外交政策和商业福利"。这次演讲有 15 页是用打字机打出来的，其中两页专门讨论我们与东方国家的关系，只有一页与满洲局势有关，且该页所载的声明仅仅是政府所采取政策的摘要。没有提到日本承认"满洲国"。

演讲的副本已邮寄给您。

卡斯尔

(竺丽妮译)

133. 驻日本大使(格鲁)致国务卿(1932 年 10 月 10 日)

893.01 满洲/538：电报

[东京]，1932 年 10 月 10 日下午 1 时

10 月 10 日凌晨 1：35 收到

254. 关于国务院 10 月 9 日凌晨 1 时的第 169 号电文。

1. 外务省发言人将有关国务卿 10 月 1 日讲话的新闻报道解释为"具有挑战性"。但后来，在收到了有关远东部分的演讲稿全文后，称"比他 8 月发表的演讲要温和得多"。

2. 陆军省对这次讲话进行了严厉的批评，但他们接着说，这是为了国内消费，是为了符合陆军省的政策，即利用每一个这样的机会来为他们目前和将

来提出的大量军事开支辩护。

3. 我没有听到当地美国人对国务卿这番话或其他任何讲话的批评,令我感到惊讶的是,竟然有记者发回了这篇报道。

格鲁

（竺丽妮译）

134. 副国务卿（卡斯尔）与法国驻美大使（克洛岱尔）谈话的备忘录（1932 年 10 月 10 日）

节选

893.01 满洲/587

［华盛顿］,1932 年 10 月 10 日

大使到外交部①与贝特洛和莱热讨论此事,并从他们那里了解到法国的官方观点。法国政府认为,世界的安全取决于和平条约,例如《白里安-凯洛格公约》和《国际联盟公约》;因此,它的基本政策是维护这些条约的神圣性（想必也包括《凡尔赛条约》）,因为政府明白,除非能够一劳永逸地消除"强权即公理"的想法,否则世界和平的机会微乎其微;法国政府在远东局势问题上更是深有体会;它愿意并且打算坚定不移地跟随美国的脚步;另一方面,法国政府无论如何都不愿带头,因为它认为美国在东方的利益远远大于法国的利益;法国政府是极端反日的,因此也不愿意建议日本为了解决当前问题而对中国采取任何友好的态度,尽管它很高兴看到我们这样做。

大使说,他意识到我们目前很难提出建议,因为这里没有日本大使。他指出,身为外交专家的格鲁或许可以在日本这样做。我说,这是非常困难的事情,因为格鲁先生在外务省的每一次访问都会刊登在日本报纸上,而且白鸟通常会曲解他所说的话。大使表示,完全可以说,法国政府目前有两个主要的政策,第一个即我上面所言,是要维护条约。尽管法国政府会谴责日本肆意妄为和由此而来的远东混乱,但相比起允许日本侥幸脱身,无视条约,它更愿意看到今天这个局面。它的第二项政策是尽一切努力与美国保持良好关系,当然,这也是法国政府在远东政策上如此坚定地站在我们一边的原因之一。

---

① 原编辑者注:即在巴黎。

当他离开之际，大使说他认为我们应该知道日本已经明确和正式提出要与法国结盟的请求，如果法国能同意结盟，满洲市场将对法国开放，日本将尽其所能将东方业务交到法国手中。我问大使这是否意味着军事联盟。他说是的，但当法国政府断然拒绝日本的请求时，日本问它愿意结成什么样的联盟。他们提出以军事联盟建立经济联盟，或以经济联盟取代军事联盟。这位大使说，法国政府当然不愿缔结任何形式的联盟，而且它知道这种提议的目的是从法国获得资金。

W. R. 卡斯尔，Jr.

（竺丽妮译）

135. 驻英国大使（梅隆）致国务卿（1932 年 10 月 10 日）

793.94 委员会/437：电报

［伦敦］，1932 年 10 月 10 日晚上 6 时

10 月 10 日下午 3：43 收到

289. 来自诺曼·戴维斯：

"在昨晚的谈话中，西蒙说他还没有完成对李顿报告书的分析，并且打算请李顿在本周某日过来和他见上一面，做一番总的讨论，以便听取他对报告书签署之后的事态发展有何看法。他说他想让我在场。然后他说，他认为美国和英国在处理远东局势上站在一起十分重要，但我们应该决定做什么才是最切合实际的事情，然后宣布我们的态度和政策。这一类的宣布虽然应该独立进行，但尽可能在同一天。（就我个人而言，让法国人在这件事上与我们保持一致是很重要的，就我与赫里欧的谈话来看，我相信我们可以依靠他们的配合。）西蒙确信，如果我们表现出一致的观点和目的，日本就不会来惹什么麻烦。他进一步表示，在整个局势中他们和我们有共同利益。虽然他们和我们一样，想与日本保持友好关系，但他们有义务维护他们所参与协约的神圣性，并且也有意为中国达成正当协议。他问我是否知道您对下一步的打算。我告诉他，我只知道您也在研究李顿报告书，并且在采取下一步行动之前正在等待国联因这份报告书或可采取的行动的消息。我还告诉他您肯定会感谢他所提出的全面考虑这一问题并达成对下一步行动的理解这一建议。我说如果他希望的话，我可以征求您的意见，他说他希望我这样做。西蒙似乎也关心如何落

实李顿报告书采取的实际步骤。我感觉西蒙无疑已经下定决心要我们站在一边，但希望能有一个足够坚定的理由并且对所采取的每一步都慎重。"

梅隆

（竺丽妮译）

136. 驻瑞士大使（威尔逊）致国务卿（1932 年 10 月 12 日）

761.93/1473:电报

［日内瓦］,1932 年 10 月 12 日晚上 7 时

10 月 12 日下午 3:45 收到

26. 颜①告诉我，他与李维诺夫进行了一系列谈话，试图厘清他们两国之间的关系。在谈话之初，颜问李维诺夫，苏维埃政府是否有可能承认"满洲国"地位，他说如果有这种可能性的话，他们就不应该介入此次谈话，因为谈话中对此予以承认无异于将自身放置于一个站不住脚的立场之上。李维诺夫回答说，他的政府无意承认"满洲国"。他不能保证将来会发生什么，但至少目前他们没有这样的打算。李维诺夫补充说，日本人在莫斯科做了一系列努力，通过给予特权和施加压力来获得苏联对"满洲国"的承认。根据李维诺夫的说法，苏联政府并不赞成日本的提议。李维诺夫接着说，他们非常希望避免与日本冲突，但如果日本越过边境进入西伯利亚，他们会准备进行抵抗，否则就不会采取进一步的行动。李维诺夫就美国和苏联之间没有合作一事提出了抗议，因为如果中国、苏联和美国能够合作，对日本采取一致行动就会容易得多。颜回复说，据他所知，除非苏联的债务和没收私人财产的问题事先同美国进行了商议，否则美国不可能予以承认。李维诺夫随后回答说，承认可能会推迟 50 年，因为他们在这些问题上不能让步，否则会损害整个制度。

颜表示，与李维诺夫谈到此处，他认为中国将在相对较近的将来恢复与苏联的关系。他补充说在李顿报告书中提及并暗示的内容使得在解决满洲问题时必须与苏联协商。

威尔逊

（竺丽妮译）

---

① 译者按:指颜惠庆。

137. 驻华大使(詹森)致国务卿(1932 年 10 月 13 日)

793.94 委员会/448:电报

[北平],1932 年 10 月 13 日晚上 7 时

10 月 13 日上午 7:10 收到

1188. 以下是路透社于 10 月 11 日发自广州的报道:

"经过几天的审议,西南政务委员会在声明中宣布,李顿报告书的建议比'二十一条'要求更糟糕,他们声称,提议的自治解决方案将使日本在国际控制的伪装下获得对东三省的垄断权。"

詹森

(竺丽妮译)

138. 国务卿备忘录(1932 年 10 月 13 日)

793.94 委员会/461

[华盛顿],1932 年 10 月 13 日

在电话联系法国大使的过程中,我们讨论了远东局势。大使说,目前指导法国外交部工作的有两项基本原则。第一,必须尊重条约并坚守该原则。法国外交部相信,日本在满洲所做的一切直接违背了法国的利益,因此,法国完全赞同我们所依据的原则。第二,他说法国的另一条基本原则是保持法国、美国和英国世界上这三个自由的国家之间的友好关系,使之与其他国家相抗衡。我告诉大使,他知道我对此事的看法;战争期间我去了法国,是因为我相信那是世界上三个伟大的自由主义国家之一,而且英国和法国当时正在与反动势力进行着一场文明之战。大使随后说,法国和外交部认为,这种合作的必要性仍然存在,并认为这应该是一项永久性的原则。

然后他又回到他与小林先生的谈话。① 我告诉大使说卡斯尔先生把小林对他说的话已经告诉了我。他说,是的,他认为针对小林所说的可以做些什么,应该做些什么来挽回中国的面子,这是非常重要的。大使认为这表明有机

---

① 原编辑者注:日本代理人在法国寻求军事物资。

会解决满洲问题。他说，他认为现在是时候采取一些措施来拯救日本颜面了——软硬兼施。日本犯了一个非常严重的错误，并且正在自食其果。大使随后提到，日元汇率已经跌得很低，满洲的土匪活动似乎异常猖獗。我告诉他，我们无意摧毁日本，也希望李顿报告书的建议能产生一些效果。我问大使是否看过这份报告书，他说他没有看过，我说我会给他寄一份。我告诉大使，我希望他的政府知道，我保持沉默的主要目的是不激怒日本，并在李顿报告书的基础上为和解提供机会；我认为，一年前白里安在主持理事会所做的工作，一直到他成功地达成 12 月 10 日决议，并为满洲任命了一个调查团，是他生命中最伟大的成就之一，而且它现在正在一个非常具有建设性和司法性的报告书中结出果实，这一报告书很有可能会使满洲问题走出困境。大使对此非常感兴趣，他说他会认真阅读这份报告书，并感谢我把它发给他。

亨利·L. 史汀生
（竺丽妮译）

139. 国务卿致驻英国大使（梅隆）（1932 年 10 月 14 日）

793.94 委员会/437：电报

［华盛顿］，1932 年 10 月 14 日晚上 6 时

269. 致大使和诺曼·戴维斯。关于您 10 月 10 日晚上 6 时第 289 号电文。我很高兴得到这个消息。

请将我的观点口头传达给西蒙：

我一直认为，美国和英国在处理整个远东局势时统一战线是最重要的，而且我觉得法国也应该被包括在内，甚至也应该包括意大利。我认为，英国面临的风险与美国一样大，甚至更大。既然如此，我认为，由于英国和美国都是《九国公约》和《巴黎非战公约》的签署国；因为英国也是国联的一员；而且正如美国政府已经多次申明的那样——通过外交渠道采取行动，维护自己的独立判断能力——将尽力支持国联采取的行动；由于地理位置接近和其他事实，英国政府随时准备与法国、意大利和其他欧洲政府以及李顿爵士和埃里克·德拉蒙德爵士协商——我认为英国政府可能在制定行动方针方面发挥有利的领导作用。

我认为李顿报告书对事实的陈述非常全面和公正，并提出了宝贵的建议。

我希望它将证明自己是一种极有价值的工具。

案件当然是在国际联盟面前，关于可能采取的下一步行动，李顿报告书是一份证据文件，《国际联盟公约》既有实质性的规定，也有形式上的规定，涉及国际联盟的权利、义务和威望。美国政府对整个事件的基本态度已经在公开的声明和官方文件中明确地表达出来，没有人能在不别有用心的情况下误解或怀疑我们的立场。我们首先关心的是，我们作为缔约国之一的伟大和平条约的权威不会受到蔑视。为此目的，我们一如既往准备着与具有同样目标的其他国家进行合作。我认为，如果英法两国政府能够在认真研究李顿报告书的基础上，就今后的行动提出建设性建议，那将是十分有益的。我相信，这种努力将促进国联采取行动。如果英法两国政府愿意就它们看来最切实可行的行动方针同美国政府进行协商，我当然会及时并热情地考虑它们的意见，并表明我国政府对此的反应。与此同时，它们应该清楚地认识到，本政府在 1932 年 1 月 7 日的照会和我 1932 年 2 月 23 日给博拉参议员的信以及我的各种公开声明中所表达的态度没有改变。更重要的是，我认为，日本承认"满洲国"并不会改变其他大国的条约权利、义务和合法利益。

史汀生

（竺丽妮译）

140. 国务卿致驻日内瓦领事（吉尔伯特）
（1932 年 10 月 14 日）

793.94 委员会/457：电报

［华盛顿］，1932 年 10 月 14 日晚上 6 时

163. 国务院收到的油印版李顿报告书第 82 页最后一段指出，对西伯利亚的联合干预"是美利坚合众国提出的"。

这种说法与历史事实正好相反。研究发表在《美国对外关系文件　俄国：1918》[①]上的有关这次干涉的外交函电，会使任何询问者信服历史事实。国务院了解到国联图书馆有该卷的副本；并且，我们在伯尔尼的使馆也有一份副本。请特别参阅第 35、38、41、45、49、50、67、72、75、80、81、82、84、135、140、

---

① 原编辑者注：第二卷。

148、160、241、262、328 页。

同盟国政府,尤其是英国政府,倡导并敦促对西伯利亚进行干预。几个月来,美国政府一直对此表示反对。

国务院认为,应非正式地提请国联秘书处注意这一点,并建议他们考虑是否可能对有关的声明进行修订或出版一份注解,提供一个正确的版本。我们觉得这样做非但不会削弱报告书的有效性,国联有意矫正它声明中任何有关证据确凿的历史事实性错误这一事实,反而会彰显调查团报告书中未受质疑或是仅仅因证据不足和断言争议而可能受到质疑的部分的确切性。

史汀生

（竺丽妮译）

141. 驻瑞士大使（威尔逊）致国务卿（1932 年 10 月 17 日）

793.94 委员会/458：电报

［日内瓦］,1932 年 10 月 17 日下午 5 时

10 月 17 日下午 1:10 收到

27. 麦考益请求我告诉您,他已经收到一封李顿的信件,大意是说理事会将于 11 月 14 日开始讨论这份报告书。随后将召开十九国委员会会议,然后是特别大会。

李顿继续说,德拉蒙德计划从 11 月中旬开始大约花两个月的时间来处理报告书;调查团成员在此期间应做到时间自由,虽无需一直如此。

麦考益请求将这些信息给予陆军部。

威尔逊

（竺丽妮译）

142. 国务卿致出席裁军会议美国代表团代理主席（吉布森）（1932 年 10 月 17 日）

893.01 满洲/537：电报

［华盛顿］,1932 年 10 月 17 日下午 2 时

24. 致威尔逊。您的 23 号,10 月 8 日电文,上午 11 时。我很高兴得到这

一消息。

给您的指示:贝内斯对您所说的重新洗牌第一步的意见与我的观点是一致的。无论在什么地方,即使您不主动提起话题,也能听人谈及这个观点。您可以出于您自己的责任——小心避免任何暗示您是在指示下表达您的观点——给予这一观点您的支持。

我不希望,至少在目前,发动倡议或者让美国政府看起来是受人提议干扰国联成员依据《国际联盟公约》条款采取的行动。我认为,让他们明白在李顿报告书基础之上制定行动的责任完全落在国联的肩上这一点是大有裨益的。再次参考我 1932 年 9 月 23 日中午第 2 号电文。

史汀生

(竺丽妮译)

143. 驻日内瓦领事(吉尔伯特)致国务卿
(1932 年 10 月 18 日)

793.94 委员会/460:电报

[日内瓦],1932 年 10 月 18 日下午 2 时

晚上 11:50 收到

307. 国务院第 163 号,10 月 14 日晚上 6 时。

1. 国际联盟官员原则上强烈反对在各政府的坚持下对李顿报告书进行任何性质的修改。他们害怕树立此先例会使人攻击报告书的完整性。因为人们认识到报告书无疑载有许多事实,这些事实可能成为争论的主题。

2. 然而幸运的是,有计划表示,国联修订版将包含一些"李顿更正"(领事馆 10 月 4 日下午 3 时第 283 号电文,①第 5 段)。德拉蒙德同意与李顿沟通,建议李顿本人也做出国务院所要求的更正。李顿刚刚回复说同意这个请求。

3. 在修订的国联版中,本版第 34 页第 3 段的有关措辞将作如下修正:删除"由美国提出",插入"兹决定"。

---

① 原编辑者注:未印。

这一变化也将在"勘误表"中指出（10 月 7 日下午 6 时领事馆第 290 号电文①第 2 段）。

在这种情况下，预计这一变化不会引起评论，但人们特别希望美国政府对此事的参与保密。

4. 在与有关国联官员讨论此事时，我能够从国务院提供的参考文献中引用《美国对外关系文件》。另外在我和麦考益将军的私人谈话中，他提及，他曾在修订这份报告书的草稿时于同一地方做了同样的修正，这一点也可以用来加强我的论点。（领事馆的第 283 号电文，10 月 4 日下午 3 时，第 3 段。）显然由于疏忽，这一更正并没有包括在签署的副本中。

吉尔伯特

（竺丽妮译）

144. 驻英国大使（梅隆）致国务卿（1932 年 10 月 19 日）

793.94 委员会/467：电报

［伦敦］，1932 年 10 月 19 日下午 3 时

10 月 19 日上午 11：25 收到

299. 我和诺曼·戴维斯今天上午 10 时拜访了约翰·西蒙爵士，并把您 10 月 14 日晚上 6 时第 269 号电文中的要点口头转告了他。他重申了我们在远东问题上共同努力的重要性，并同意法国的观点，如果可能的话，意大利也应该包括在内。他说他对李顿报告书的印象和您一样好，他一直想知道该用什么切实可行的程序来处理它。他说报告书给出一个明确的事实声明，虽然日本对"满洲国"的承认不会以任何方式改变我们的条约权利、责任，以及合法利益，这一实际承认却是另一个我们需要应对的事实，而且他确信李顿报告书在寻找事实这一方面已经尽可能准确了，但由于程序上的和礼节上的需要，他认为我们必须首先考虑日本提交的回答，然后再同意支持李顿报告书。约翰·西蒙爵士提出的一点是，报告建议日本承认中国对"满洲国"的主权地位。就当前情况而言，日本承认了"新政府"对这片领土的主权地位，要它立刻转变态度是较为困难的，但延以时日，必能解决争议。他以为已经意识到了英国人

---

① 原编辑者注：未印。

可能会率先确定和建议未来行动方针的原因，他还表示我们将进一步交换意见。

梅隆

（竺丽妮译）

145. 驻日内瓦领事（吉尔伯特）致国务卿
（1932 年 10 月 20 日）

793.94 委员会/498

第 379 号政治

［日内瓦］，1932 年 10 月 20 日

11 月 3 日收到

先生：我很荣幸地宣布，在最近的一个社交场合，日内瓦中国代表团团长颜博士与我进行了一次私人谈话。他在谈话中告诉我，代表团就理事会和计划于 11 月举行的国联特别会议审议李顿报告书打算遵循的基本政策。虽然中国在这方面的政策显然还没有具体化，但我相信，颜博士对我说的话可被视为一项计划的基础，该计划正在尝试性地推进。

有必要提醒一下（9 月 24 日下午 4 时领事馆第 267 号电文第 5 段），理事会定于 11 月 14 日召开会议审议李顿报告书。在这方面，我可以补充说，这次会议可能直到 11 月 21 日才举行，因为 9 月 24 日的理事会决议允许推迟最多一周，"如果有机会的话，理事会应该更方便地讨论日本政府的'意见'"。据我所知，这种灵活性是允许的，因为日本认为，载有日本意见的文件可能无法及时赶上 14 日的会议。

正如我在 1932 年 9 月 13 日的第 341 号政治急件①中所述，埃里克·德拉蒙德爵士设想，理事会正在考虑李顿报告书，将记录中日代表届时的声明并将这些报告和声明一起提交至十九国委员会，这一调查团又会向特别大会提交一份相关的报告。关于这些程序，颜博士不确定是否必须严格按照规定进行。他认为，理事会其他大国的代表也有可能在理事会会议上提出声明或表明各自政府的立场。换句话说，理事会可能会进行一次讨论，这将超越仅仅提出报告和有关的两国政府发表声明的范围。然而，颜博士无法预测沿着这条

---

① 原编辑者注：未印。

路下去会发生什么。鉴于《国际联盟公约》第 15 条所规定的争议的性质,他在这方面的立场是,理事会没有资格就这个问题进行"辩论",这是大会保留的权利。他认为,理事会的职责是尽快把这个问题转交给大会。我可以补充说,除了这一问题的司法方面,最明显不过的中国战略是尽量使整个问题由大会来考虑,正如我在先前的急件中所考虑过的那样,中国需要诸多小国支持中国立场。

附带说一句,颜博士告诉我说,顾维钧博士会在理事会中代表中国,他本人是大会的中国代表。

关于李顿报告书本身,颜博士说,他认为前八章所述的"调查结果"是对案件事实的极好说明。尽管可能会有一些观点需要进一步阐明,但在目前看来,他并不打算将前八章的任何材料认定为争议事项。但是,他的确认为,最后两章中所作的推论,如果不是严格地加以考虑,而是考虑到有关这个问题的重要国际文书,是值得商榷的。换句话说,根据这些文书,最后两章的结论并不来自前八章的前提。

关于前面所说的,他首先提到了他所说的《国际联盟公约》所暗含的两项基本原则:侵略所获权利的无效;以及反对在压迫之下进行谈判的立场。关于后者,他显然指的是关于中国和日本之间直接谈判的建议。其次,颜博士提到了《巴黎非战公约》和《九国公约》所体现的原则。

关于他如何在大会上提出这些论点,颜博士说,他不会把它们作为接受报告书的"保留意见",而是作为讨论的主题。

我冒昧地指出,从严格意义上来说,李顿报告书并不仅仅是大会的一份报告,而是最后报告所依据材料的一部分,且无疑是最重要的一部分。因此,很明显,如果中国采取它如今正在考虑的政策,它将接受报告书第一部分的假设,然后努力争取修改报告书中它认为与他们对我所提到的国际文书的解释不符的结论和建议。这些修改将反映在"大会报告"中。

颜博士以另一种方式表达了中国对于李顿报告书的立场,他解释说,他认为提议所寻求的结果完全是好的,但是他在大会上会就改变为获取这些结果所设的程序而努力,也即,使得报告书第九章和第十章以及前面章节的关系和第九章和第十章本身之间的关系与《国际联盟公约》《巴黎非战公约》和《九国公约》中声明或者暗示的一些原则保持一致。

或许可作为前述的一个例子,颜对建立一个自治的满洲的提议所持的态度就是，中国人对满洲自治没有任何异议，但这种制度必须由中国单方面批准，而不是由国际协议建立。

在这一点上，我想补充一点，颜博士的发言可能不是特别有说服力。中国代表团涉及这些问题的政策，显然还在形成之中。我已经相当客观地说出了他所表达的思想的实质。但是，我认为，国务院有兴趣从总体上了解中国代表团目前的想法。

颜博士还对美国在即将举行的国联会议中对可能出现的事态的立场，特别是美国对中国立场表示关切。正如人们所预料的那样，他表示，如果能了解美国在这些方面的政策，将对他大有帮助。他说，中国迫切希望美国不采取任何立场、不发表任何言论，也不发表任何与已经发表的有关"美国可以"政策的声明相矛盾的声明。他解释说，中国觉得此事万分必要，特别是同意面向两国政府的 1 月 7 日美国照会。他认为，如果对中国采取的立场前后不一，华盛顿最好能解释自己的声明。

他声称知道华盛顿方面对李顿报告书所持看法——是赞同抑或是反对——对中国政府十分有益，他说调查团专员或许自然而然地描述对局面的现实看法，而不是根据各权力机构在现有工作中所接受的原则。当然，最后的观点必须是各国政府的观点。

至于日本在这个问题上的立场，颜博士认为日本最终会接受李顿报告书。实际上，他预计在抗议示威之后，日本会在即将召开的会议上接受这份报告书。他认为，日本这么做显然符合日本的自身利益。他指出，在 1931 年 9 月之前，日本控制了满洲 25％而中国控制了 75％。目前，日本可以说是控制了100％；然而，如此庞大的面积是它所不能驾驭的，它的控制比例可能会稳步下降。他认为李顿报告书中提出的解决方案将确保日本在满洲获得 50％的控制权。当然，这将是侵略者的侵略果实；但从现实来看，日本不可避免地享受其中的某些成果。根据李顿方案的条款，日本当然不能吞并满洲。日本对建立一个大陆帝国的野心，无疑会让日本暂时停手；但他认为日本最终会在李顿方案中找到一个相对容易获取巨大优势的方式。

您恭敬的，

普伦蒂斯·B. 吉尔伯特

（竺丽妮译）

146. 驻日本大使(格鲁)致国务卿(1932年10月21日)

793.94/5606

第 170 号   ［东京］,1932年10月21日

11月5日收到

先生:使馆已经隐约怀疑过去几周,日本军队或政府就中国北部,蒙古甚或满洲议题有新的看法,但由于缺乏明确事实,甚至逻辑假设,使馆在向国务院传达这一消息时感到犹豫。

这些怀疑的原因本身非常含糊,现将原因罗列如下:

1. 日本军队发现,平定满洲是一项比预期更为困难和代价更高昂的任务。使馆从观察人士那里了解到,现在满洲很少有地方处于日本或"满洲国"官员的有效控制之下,中国义勇军和反政府武装几乎控制了整个地区,除了铁路上或铁路附近的铁路专区和城镇。日本人甚至无法充分保护铁路,唯一能够正常运行的线路是原来的南满铁路,从长春到大连直至安东。中东铁路和沈阳—吉林铁路的部分线路完全停止运行,而其他线路的列车只在白天运行。一名日本军官表示,为了有效地控制反政府武装,军队将不得不在满洲增加一倍兵力,代价非常高昂。在这种情况下,日本人无疑会欢迎某些势力的重新集结,以遏制满洲的反日运动,使任何大规模的军事行动都没有必要进行。

2. 把军队集中在锦州,并在被俘虏的石本身上找到了借口,日本人毫无疑问曾一度欲进军热河,甚或河北。在东京的军官公开宣布,张学良元帅即将启程出国。但就目前看来,整个计划毫无缘由地被放弃了。热河事件没有进一步的行动,石本已经被遗忘,张元帅留在北平。日本人很可能已经决定通过另一种方式而不是军事行动来实现他们在华北的目的。

3. "满洲国"驻东京的外交代表鲍观澄①最近对一家外国报纸的记者说,"看到溥仪成为包括满洲在内的华北的皇帝,他不会感到惊讶"。据另一位记者报道,长春的中国人正在公开讨论"满洲国"与华北的合并问题。

4. 据报道,日本外务省指示松冈洋右先生,出席国联大会讨论李顿报告

---

① 原编辑者注:也拼作 Pao Kuan-chen(编译者按:原文中为 Bao Kuen-chen)。

书的代表之一,向大会建议目前国联不要采取任何行动,而是在一两年内观察满洲的事态发展。从目前的迹象来看,满洲的情况届时似乎不太可能有任何较大的改善,很有可能这只是日本试图争取时间,以便在华北、蒙古和满洲重新部署势力。

使馆直到最近才获知明确的事实,并根据这些事实对上述因素的可能结果做出推测。然而,使馆的武官最近又从一个据信消息灵通的来源获得了一些情报,这可能有助于了解这个问题。武官对其情报来源所做陈述的备忘录如下：

"有两项关于有吉先生(日本驻华大使)的行动计划正在进行中。日本军队通过预备役军官的工作,希望建立一个独立的华北地区,并遣送张学良元帅远渡重洋。日本较为保守的人士希望在张学良出国访问期间,支持蒋介石镇压共产党,统一中国,包括华北。有吉先生已经到南京调查过第二个计划的可行性,现在正在北平调查第一个计划的可行性。他返回东京后,日本政府就可以决定其行动方针。当然,他们可能会推迟行动,直到他们清楚地知道国联会怎么做。"

您恭敬的,

约瑟夫·C.格鲁

（竺丽妮译）

147. 驻日本大使（格鲁）致国务卿（1932 年 10 月 28 日）

761.9411/18:电报

［东京］,1932 年 10 月 28 日上午 10 时

10 月 27 日晚上 11:30 收到

262. 使馆从可靠的权威人士那里了解到,日本人现在正在考虑签订去年 12 月苏联提出的互不侵犯条约,而当时由军方领导的日本人拒绝考虑。造成这个变化的原因是日本的金融与政治处境改变,日本希望苏联承认"满洲国",但苏联使馆私下里说,苏联方面不会把承认"满洲国"和签订互不侵犯条约扯上关系,并认为这是两个完全不同的问题。更重要的是,苏联不打算为了达成协议而同意交换条件,比如在西伯利亚的让步。苏联使馆预计,该协议将在今年年底前签署。

抄发至北平。

格鲁

（竺丽妮译）

148. 驻英国大使(梅隆)致国务卿(1932 年 10 月 28 日)

793.94 委员会/474：电报

[伦敦]，1932 年 10 月 28 日上午 10 时

10 月 28 日上午 7∶55 收到

312. 来自戴维斯。关于 10 月 14 日晚上 6 时您的第 269 号电文的进一步说明。我认为英国在与法国和意大利的合作中发挥带头作用是合乎逻辑的，至少就国联在确定处理远东局势和李顿报告书的建设性行动方针方面所采取的任何行动而言是如此。然而，我觉得给予他们太多主动权可能会有一些危险。虽然英国，或者至少是麦克唐纳、西蒙和范西塔特(Vansittart)似乎比以往任何时候都更愿意站在我们这一边，我对鲍德温(Baldwin)还不是很有把握。鲍德温认为，英美合作是首要大事并且他已经意识到，就远东问题，两国的目标没有太大分歧，我认为他会倾向于支持我们可以事先达成一致的任何政策，但我不觉得他有足够的兴趣制定一个明确的政策并带头执行。当然，这是一个棘手而微妙的问题。从道义上讲，我认为我们应该避免采取主动以防责任落到我们身上，而且我们也不应该建议其他 54 个国家去做什么，但如果我们希望英国和法国提倡或支持一种建设性行动的话，我相信我们必须和他们坦诚并机密地谈一谈此事，以便让他们知道他们所支持的行动计划是我们所赞同的。我担心英国人太冷淡了，不能采取有力的行动诱使法国人与他们合作，但我觉得，如果我们不参与此事，我们可以通过与英国和法国人协商的方式，帮助他们决定明智的路线。

梅隆

（竺丽妮译）

149. 驻英国大使（梅隆）致国务卿（1932 年 10 月 28 日）

793.94 委员会/475：电报

[伦敦]，1932 年 10 月 28 日上午 11 时

10 月 28 日上午 8：30 收到

313. 来自戴维斯。西蒙告诉我，他昨天下午邀请李顿爵士来谈一谈，并希望我能出席。我和阿瑟顿一起去的。整个谈话的备忘录已经寄给您，正在路上。① 与此同时，李顿被问及他认为有关国家应该对报告采取什么行动，以及日本可能采取什么行动。他说，他认为各有关大国必须接受报告，特别是关于调查的事实和任何未来解决办法所依据的原则，但对所建议的方法可以有一些偏差，这样也许日本人可以找到一种保全面子的方法。他坚信日本不会退出国联，而且将它驱逐出去也是一个不当的行为。他还认为，如果能在日内瓦进行为期两个月的讨论，而不将其推向危机，那么日本将有时间听取更明智的建议。不过，他认为，如果英国、美国和法国甚或意大利友善地甚至私密地告诉日本，让他们感到有责任维护他们所签订的条约，支持李顿调查团的建议，并且尽可能耐心地给日本时间调整它自己以便适应此事，他认为日本会屈服，并从此不再有麻烦。在谈话过程中，西蒙和在场的约翰·普拉特爵士都说，各大国除了接受李顿报告书，别无他法。

梅隆

（竺丽妮译）

150. 驻日内瓦领事（吉尔伯特）致国务卿
（1932 年 10 月 29 日）

793.94 委员会/517

第 392 号政治

[日内瓦]，1932 年 10 月 29 日

11 月 9 日收到

先生：我很荣幸地提交我认为可以被视为对日内瓦某些官方观点的总体

---

① 原编辑者注：见 1932 年 11 月 3 日第 469 号急件，第 326 页。

分析,从我的观察来看,此次的分析很大程度上尊重了中日局势,并涉及了11月国联召开会议考虑争议时可能出现的状况。

我所引用的意见可以说或多或少在日内瓦各个圈子中盛行,也是官员们所表达的意见的实质内容,通常这些官员的地位或能力使他们的声明具有一定分量。1. 我的印象是,自从国联于过去的2月审议了这一事项以来,中日问题已出现了一些新的因素,鉴于此,主要是美国主导的政策观念,部分外交部部长以及其他欧洲政府官员得出结论是,这一事件起初主要是中国和日本之间的事,它们在其中没有感到至关重要的利益,之后在一定程度上也是美国和日本之间,它们认为它们的利益是最重要的。

根据上述情况,在这些官员看来,这个问题在某种程度上是欧洲国家(在联盟内明确采取协调行动)和美国之间问题的一个方面。此外,整个事件被认为已经到达了所谓的高级政治的层面。在这方面,我听到一些意见,其大意是说,这种局面很容易进入欧洲和美国之间"讨价还价"的境地,裁军问题的某些因素将被纳入讨论范围。另一方面,我从来没有听过这样的讨论涉及国际债务或金融或经济问题。

2. 对麦克阿瑟(MacArthur)将军最近对东欧一些国家的访问也有议论。我了解到,有关他访问的可能目的经常在东欧各国的政治中心被提及。有一种观点认为,麦克阿瑟将军对华沙的访问是为了尽可能了解波兰在苏联与日本交战时可能采取的立场。

没有任何迹象表明美国正在准备与日本开战,而是感觉到美国正在"调查形势",以防可能发生的事件。

我想我可以补充一点,对这一特征的有趣看法是欧洲局势紧张时期的一种大陆心理学的症状,我所观察到的这种心理学经常导致对美国政策的误解。

3. 法国对中日关系态度的转变,以及法国新政策可能产生的结果,在这里受到了广泛的评论。法国的这项新政策被粗略地描述为"对美国立场的支持",而没有给予巴黎媒体的亲日论调太多重视。

法国人态度的转变有两个原因。第一,它符合赫里欧关于政治事务中所谓"世界组织与合作"的一般政策;第二,它是在应和一个更强有力的原因——法国用这一行动使自己更紧密地与美国相连,不仅仅是因为德国的情况,也是为了法国政治和经济利益基本取向更大概念的一个发展。

4. 综上所述,虽然人们并不认为英国被完全孤立了,但在中日问题上,人们还是认为它被视为孤立者。

从英国内部的角度来看英国的情况，麦克唐纳被认为在这件事上更倾向于与美国建立更紧密的友好关系，而托利党在很大程度上被认为是亲日派。约翰·西蒙爵士则被描绘为在两个相互矛盾的政策之间进退两难——他不想冒犯日本，这将危及英国在远东的利益，也可能迫使日本退出国联；他同样强烈地希望不与美国对立。人们倾向于认为约翰爵士会试图走上一条由这一困境所呈现的两种选择之间的艰难道路，并希望事态的发展不会迫使他采取明确的立场。因此，英国的政策很难预测，而且变幻莫测。然而人们坚信，若在美国和日本之间做出选择，英国的基本政策不可避免地会倾向于美国。唯一的问题是在什么时候以及还要多久，它才会明确无误地表达这一点。

5. 人们还自然地认为，德国目前的局势也与这个问题有关。当中日问题在 2 月份摆到国联面前时，德国目前的问题还没有出现，德国虽然没有发挥特别积极的作用，但它的政策大体上是同其他大国一致的。据认为，目前没有人能够预见冬季德国的局势会发生什么变化——德国是会采取独立的政策，还是会支持国联。

一般认为，日本正在密切注视德国的立场。

6. 人们普遍认为，对 11 月日本政策，除非意外情况发生，而且日本立即给国联下了最后通牒，否则它就会竭尽全力来拖延进程，同时巩固它在满洲的地位，并且保留它在理事会的席位。

尽管日内瓦的气氛可能倾向于夸大这一观点，但日本在理事会的席位及其在国际事务中给予它的地位，被日本视为英日联盟的替补。据信，虽然日本威胁可能要退出国联，但这种威胁是针对英国政府，其目的是继续得到英国的支持。然而，人们认为，这种威胁在很大程度上是虚张声势，而且他们认为，日本人害怕被逐出国联。

7. 要预测 11 月份的事态发展趋势似乎极其困难，因为它们似乎在很大程度上受到日本战略的支配。人们认为，事态的发展必须等待日本政策的披露，而现在他们对日本政策知之甚少。

到目前为止，主动权被认为掌握在日本手中。我一直以为，贝内斯和国联其他领导人的希望是国联和美国可以通过在国联的基本政策和美国的"新"立场的基础上发起自己的倡议，从日本手中夺回主动权。据信只有这样才能成功地从国联和美国的角度出发来行动。

8. 从更广的政治层面来看李顿报告书,人们觉得在过去的几周中,它的角色已经彻底改变了。考虑到人们认为美国对日本的立场(也被认为得到了法国的支持),李顿报告书具有了一个新的意义。它仍然被认为是一份重要的,确切地说是绝对紧要的证据。另一方面,它的结论和建议却又被认为是过时的。人们认为,这份决议的起草没有设想大国方面的有力行动。这种行动,也许可以更好地将其描述为维持一种明确的立场,现在似乎美国所采取的被认为是更强有力的政策保证了这一点。

9. 正如我转交给国务院的国联的程序记录中所提到的,颜和以前的施肇基在代表中国参与讨论时,常常对不重要的因素表现出不妥协的姿态。从旁观者的角度来看,中国代表的这一行为是令人恼火的,经常有人表示,这种政策对中国利益造成的伤害大于促进。日本要求对李顿报告书进行为期六周的研究,颜的反对就是一个例子。然而,从那些了解中国情况的人看来,在日内瓦的中国代表被迫采取某些立场(除了那些出于保护其未来司法地位的理由而采取的立场)是为了在国内自救。中国公众舆论非常密切地关注着日内瓦的事态发展,因此,中国代表被要求至少在公开场合采取毫不妥协的态度。理事会在巴黎会议期间观察到的中国学生对施肇基的攻击,被认为是在这些方面中国舆论压力的例证。

10. 我觉得我有责任报告,就我们与国联在这件事上的关系而言,约翰·西蒙爵士在理事会上对美国政策的表述情况已得到广泛讨论。大家普遍认为,以这种方式提出美国政策,比起以直接传达的形式提出,失去了较大的影响力。除此之外,此事还有可能引起误解,它使得另一大国的代表因他的表达方式或方法而认为其政府的政策和美国之间有所关联,或者两个相关政府达成了某种共识,这一共识的程度超过了真实情况。

11. 这里不少官员都提出了这样一种理论,即可以设计出一种方式,既不与日本作对,或至少不向日本摆出法律立场,又可以为中国政府提供帮助。有人认为,为实现这一点,人们可以采取反对共产主义的政策,这至少会在道义上支持中国国民政府,从而间接影响到满洲的局势。然而另一方面,苏联对这一举动可能做出的反应或许会使局势进一步复杂化。

支持中国政府的另一个动机是在经济领域。国民政府是唯一一个能够让中国更有秩序的政府,对这一政府的支持将有利于世界贸易和国际福祉。

12. 对维持国联的地位特别感兴趣的国联官员经常指出,仔细考虑《国际

联盟公约》或国联文书中的某些法律因素，以便利用这些法律因素为实际目的
服务，可能会产生一些好处。这些官员还时不时地提到最近伊拉克局势的变
化、叙利亚和伊拉克边境的局势，以及关于日本委任统治的局势。正如我在
1932 年 9 月 3 日发出的第 336 号政治急件①中所详细指出的那样，我们认为
重要的是，对于委任统治地区，应考虑国联和美国的先例将来某天与日本委任
统治的立场之间的联系。

13. 持上述观点的国联官员也讨论了中日局势与玻利维亚—巴拉圭之
间争端的关系。他们指出这两者之间的相似之处，并且几乎完全从国联的
角度来看这个问题，认为如果玻利维亚—巴拉圭事件也摆在国联面前，将极
大地增强国联对于日本的支持。在这方面，人们经常回忆起日本去年 10 月
在日内瓦所持立场。这一立场的大意是，除非日本能够确定美国在国联程
序中对中日事件的参与不是一个特例也非特意针对它而为，而是美国会对
一个相同性质的事件采取同样的立场，才能减少日本对此的反感。

我希望国务院明白，我并不认为我所概述的观点是结论性的；我也无法估
计他们在多大程度上被负责各自政府政策的官员所认可，尽管在某些情况下，
这些观点无疑反映了后者。此外，我倾向于认为，这种意见主要是由较小国家
的代表提出的，由于日内瓦特有的气氛，这些意见有些夸大其词，因此不一定
符合现实的政治。我还认为，通过所有这一切，我们可以看到一种有意识的，
或者毫无疑问有时是无意识的，试图对美国的立场进行界定，这一企图的方式
显然也不一定符合现实。然而，我认为，这些在表明某些思想趋势上是有
用的。

您恭敬的，普伦蒂斯·B. 吉尔伯特

（竺丽妮译）

---

① 原编辑者注：未印。

151. 驻日内瓦领事(吉尔伯特)致国务卿
(1932年10月31日)

793.94 委员会/518

第 395 号政治　　　　　　　　　　　　　　［日内瓦］,1932 年 10 月 31 日

11 月 9 日收到

先生:我谨指出,去年 11 月,在同埃里克·德拉蒙德爵士的会谈中,他再次讨论了国联机构审议中日争端时可能的事态发展。然而,他所说的能表明,在我 1932 年 9 月 13 日发出的第 341 号政治急件①中所概述的计划中,不可能有任何重大变化。除了那些在我之前的电报和最近的 1932 年 10 月 28 日下午 4 时第 309 号电报 68②中提到的,其大意是,召开理事会审议李顿报告书的工作可能要延期到 11 月 21 日。我在 1932 年 10 月 20 日的第 379 号政治急件中预测了这一变化的原因。

在我们的谈话中,埃里克爵士就中日问题的两个方面发表了他的意见,我希望提请国务院注意这两个方面。埃里克爵士所说的内容如下。

1. 他首先提出了《九国公约》的问题,并提出召集各方审议中日局势的可能性。他说,他认为《九国公约》有许多可取之处,可以指导政府按照远东特有的情况来行动。他也觉得各协约国(尽管一些较小的国家坚持)从他们的世界地位和远东利益来看比国联机构包括十九国委员会更适合于处理此事,其成员中有许多国家对中日关系知之甚少,且在太平洋地区没有利益并对此问题的处理方式更加偏向于理论而非实际情况。他说,他今年早些时候在日内瓦与国务卿讨论了可能适用《九国公约》的情况。

埃里克爵士说,他反复考虑这件事有一段时间了,对执行这项政策的可行步骤已有一些想法,但还没有制订出明确的计划。他认为,改变处理目前局势的方式很可能会大大拖延对中日关系的审议;但他不确定这样的推迟是否有利。他设想,日本在为它的满洲行动提供财政支持方面正面临越来越大的困

---

① 原编辑者注:未印。

② 原编辑者注:11 月 3 日上午 9 时第 312 号电报。领事报告说:"理事会肯定会在 11 月 21 日召开。"(793.94 委员会/495)

难。他认为，这将给日本的侵略政策带来必要的调整。他把日本军队描绘成
"不太乐意"在满洲，接着东京军事圈也对此失去了热情。对一个时常提及的
论点，即延迟的做法将给日本机会进一步巩固其在满洲的地位，他认为日本已
经尽一切可能巩固自己的地位了，而且从日本已经做了的看来，进一步延迟不
会引起什么特别的不利。

我冒昧向埃里克提起，1931 年 10 月理事会讨论《巴黎非战公约》的适用
性问题，这一问题以《九国公约》的可应用性是否在讨论之中以非正式的形式
提出，当时德国（理事会中唯一未签署该条约的大国）曾拒绝理事会考虑一个
它未参与其中的协约。埃里克爵士说我的回忆是正确的；但在访问柏林期间
（他刚从那里返回），他趁机试探了德国外交部对《九国公约》的看法，负责的外
交部官员似乎十分乐意提起此事，也倾向于支持为了所讨论的问题召开一个
大国会议。埃里克爵士进一步告诉我，德国官员曾向他透露，德国已经在考虑
支持《九国公约》，但目前局势似乎还不利于将这一考虑付诸行动，因为这样做
无异于显得是在正式考虑李顿报告书之前预先对这一事件进行了判决，因而
容易被视为是特意针对日本而为。

埃里克爵士说，如果能将华盛顿对这件事的意见或政策告诉他，这些自然
会对他很有帮助。回到推迟问题（不论是否与提及《九国公约》有关），埃里克
爵士说，他想知道华盛顿的意见是否与他的意见相同，即为实现一个"最终解
决"方案所做的推迟并非下策。然而，他没有看到如何以令人满意的方式执行
《九国公约》，而不拖延至少几个月。埃里克爵士还说，他当然不会支持将问题
完全由国联转到公约之下来考虑，因为若是将国联丢在一旁，或是呈现出一幅
国联工作失败的画面，那么得出令人满意的成果将是完全不可能的。联盟如
何适应这样一个计划，这一点上他的想法还没有明确。

埃里克爵士随后谈到了加强中国国民政府地位带来的好处，我在 1932 年
10 月 29 日的第 392 号政治急件中也讨论了这个问题。他说，在他看来，加强
中国国民政府是解决这个问题的最重要因素之一。然而，他认为，支持当前的
中国政府也是一种反对共产主义的举措，这一想法是非常不审慎的，尽管人们
可以暗中记住，这个想法可以达到这一间接的目的。他说，他认为对中国政府
的支持意味着财政上的支持；他更愿意相信，只要有了足够的资金任其使用，
中国政府就可以在很大程度上加强自己在中国的地位，并恢复国内秩序。然
而，他想知道，这些目标是否可以在不需要对该国政府提供额外资金的情况下

实现。他说,一个更加有序的中国所带来的商业优势显然将惠及多个国家,尽管他对如何将这些商业利益纳入资金供应问题没有明确的想法。

顺便说一句,埃里克爵士还暗示,他对我在 1932 年 9 月 13 日第 341 号政治急件中所报道过的日本或将脱离国联的看法有所改变。虽然没有人能预测会发生什么,但他认为日本在这方面的态度正在发生变化。他补充说,尽管在一些国联圈子里日本被"驱逐"出国联的想法肯定受到了欢迎,但是并没有经过非常严肃的考虑。总而言之,他觉得日本不会把自己置于被迫退出这样一种境地。

从他所说的来看,我认为埃里克爵士无疑有缓解国联正在承受的某些尴尬之意。与此同时,这当然并不一定意味着他不完全真诚地认为他的建议能更好地解决问题。国务院也不妨考虑埃里克爵士在多大程度上反映了英国的态度。

您恭敬的,

普伦蒂斯·B. 吉尔伯特

(竺丽妮译)

152. 国务卿致驻日大使(格鲁)(1932 年 11 月 3 日)

894.00/444⅓

[华盛顿],1932 年 11 月 3 日

我亲爱的格鲁先生:

我抱着一如既往的兴趣阅读了您 10 月 8 日的私人信件。

您对我根据目前局势所制定的政策做出了正确的判断。我们极力克制不对李顿报告书或是承认"满洲国"一事加以评论。日本人对其期望落空显然感到失望,这件事看起来有点意思。有件事我是有点不同意的,就是日本和平主义者就美国军舰的建议。当然,军舰停放何处纯粹是美国的国内政策问题,这支舰队驻扎在太平洋地区是最合适的。美国人民对关于任何建议他们应该将自己的舰队停放在哪里都会非常反感,但从另一方面来看,为了保全面子,日本人也许希望把舰队驻扎到大西洋去。我认为总体来说,让日本人意识到它在太平洋,而且比他们的大,这对日本军队和日本人民的情绪都有非常有益的影响。无论如何,我将很高兴得知你们在这个或其他问

题上的任何疑问。

您诚挚的，

亨利·L. 史汀生

（竺丽妮译）

153. 驻英国大使(梅隆)致国务卿(1932 年 11 月 3 日)

793.94 委员会/521

第 469 号

［伦敦］,1932 年 11 月 3 日

11 月 11 日收到

先生：鉴于国务院方面的利益考量，我很荣幸地在此呈上两份备忘录。这两份备忘录是在 1932 年 10 月 26 日下议院约翰·西蒙爵士办公室中与李顿爵士讨论之后准备的，同时在场的还有诺曼·戴维斯先生和雷·阿瑟顿先生。

您恭敬的，(致大使)

雷·阿瑟顿

使馆领事

附件 1：

英国外交部备忘录

10 月 26 日星期三下午 3 时 45 分至 5 时 15 分，在下议院外交大臣会议室举行的会议纪要。

出席者：外交大臣、艾登(Eden)上尉、奥德(Orde)先生和约翰·普拉特爵士、诺曼·戴维斯先生、阿瑟顿先生、李顿爵士。

外交大臣解释说，鉴于我们是国际联盟成员，我们在某种程度上保持谨慎。我们的目标是设法使国联上下采纳我们所赞成的行动方针。正确的做法似乎应该是使国联接受该报告书，特别是关于其调查结果的事实部分。报告书中提议中国和日本应该做某些事情，而没有指明国联应该做什么。

李顿爵士说他想澄清一个误解。许多人批评这份报告书，理由是它把整个争端抛还给了各方。事实并非如此。该报告暗示，国联应规定谈判应在何种条件下进行。国联要么接受报告书第 130 页阐述的 10 项原则，要么制定可能适用的其他原则，然后对各方说："你们准备好在这些原则的框架内进行谈

判吗?"

诺曼·戴维斯先生说,报告书可分为三部分,即事实的调查结果、原则的陈述和对应用原则时应遵循的程序的建议。

在程序上可能有一些回旋余地,但国联除了接受事实和原则外别无选择。

对报告书中提出的十项原则进行了讨论,有人指出,日本不太可能接受第7条原则,而中国可能反对第4条原则。关于将在日内瓦采取的程序也进行了讨论,即理事会是否处理这些问题或是将此直接交给十九国委员会。关于这一点,我们一致决定写信请教德拉蒙德爵士。大家普遍认为,理事会是处理这一问题的较好机构。

李顿爵士说,一些人认为,让报告书被接受的最佳方法是放宽对日本的要求,而另一些人则说,除非对日本施压,否则日本永远不会屈服。他自己的观点是,放宽对日本的要求——尽可能走和解的道路,除非和解失败,否则不考虑施压。

外交大臣说,当时支持"放宽"政策的一个强有力的论点是时间会改变一切。日本财政负担以及仍未和解的中国情绪的沉重负担,会导致日本的情绪发生变化。

李顿爵士说,这取决于能让时间发生作用的条件。如果所有国家都对日本说,"我们永远无法认可您在满洲所做的一切",那么他同意,剩下的事情可以留给时间解决。中国将受到鼓励,并将加大抵制力度。日本无法承受军事占领的财政压力和贸易损失的双重负担。但他认为,如果全世界对当前政权的是非对错还存有疑问时,时间就不能起作用。

诺曼·戴维斯先生认为,最好的办法是让日本冷静下来,感受世界公众舆论以及其外交上的孤立所带来的压力。但如果时间与您作对,也就是说,如果日本人在满洲的地位越来越牢固,那就很难做到这一点。各大国作为国联的成员,必须决定什么是国联的义务,还需考虑其他问题,即《九国公约》和假设没有国际联盟以及人们不用担心国联的义务和威望的情况下,怎么才能最切实可行地解决问题。

李顿爵士表示,《九国公约》的任何签署国都可以召集其他签署国进行讨论。他告诉日本人,即使满洲独立是自发的行为,他们仍然没有权力在不召集其他国家讨论的情况下单方面承认。

外交大臣问诺曼·戴维斯先生建不建议召开一次会议。

诺曼·戴维先生说没有什么可提议的。他一直想表达的是，从某种意义上说，国联情况复杂，因为有必要考虑国联有义务做些什么。国联有可能为冷却期留出时间吗？李顿爵士认为不可能。许多代表提议明确行动并根据第16条讨论制裁问题。等走到了这一步，应设法就国联准备走多远达成一致意见。如果一些国家根本不准备采取任何行动，其他国家就会想制定激进的决议，这种缺乏一致意见的情况会使国联无能为力，这是非常糟糕的。问题是，大国在抗议的道路上能够一起走多远。

诺曼·戴维斯先生说，即使是和平主义者也在很大程度上放弃根据第16条实施的制裁。他们目前主要讨论了这两件事：

（1）如果日本拒绝进行直接谈判，各大国应将日本驱逐出国联，或召回大使——

李顿爵士插了一句，他说，如果各大国能在这一问题上达成一致，剩下的可以由时间来解决，但如果大国们不准备走到这一步，那么就只有僵局。

诺曼·戴维斯先生认为，将日本驱逐出国联是一个错误。

李顿爵士问戴维斯先生，是否还能提出什么其他建议来满足那些想要在这一条路上走更远的人。

诺曼·戴维斯先生停顿了一下，说他不知道。美国无权干涉国联程序问题。他们已经准备好与国联合作，如果国联决定采取行动，他们会让国联知道他们是否会参与。

李顿爵士说，如果美国不同意将日本驱逐出国联，这将极大地影响国联的行动。

诺曼·戴维斯先生说，这只是他个人的看法。

李顿爵士说日本可能会退出国联。如果国联接受了这份报告书，并宣布日本违反了《国际联盟公约》和《九国公约》，那么日本可能会退出。

诺曼·戴维斯先生不同意。日本现在已经超越了那个阶段。它已经意识到，就算它退出国联，仍然会受到《九国公约》和世界舆论的制约。

李顿爵士询问他考不考虑根据《九国公约》采取行动。

诺曼·戴维斯先生说，美国还没有根据《九国公约》制订任何行动计划。

他们希望国联来处理这件事而不是让九个大国插手。① 美国不是国联的成员,却说任何国家是否应该开除出国联未免不合适,但美国不认为驱除日本是一项好方案。正确的做法是让日本留在国联,并努力寻求一个建设性的解决方案,但国联程序有可能为冷却期留出时间吗?

李顿爵士认为,作为《国际联盟公约》的一个破坏者,他认为这是不可能的。

外交大臣表示,他相信这份报告书强烈批评了中国。这些建议都是对日本提出的纠正措施吗? 还是也提出了对中国的建议?

李顿爵士说有,但他认为中国政府不会为此费心。

外交大臣问理事会应该建议中国做些什么。

李顿爵士表示,某些建议可能中国方面不大能接受,譬如批准一次大赦、予以满洲自治权以及外国控制警力。

外交大臣提到了报告书第 130 和 131 页所列的十项原则的最后一项,其中规定其他九项原则都以在中国建立一个强有力的中央政府为前提。日本方面不会以此据理力争吗?

李顿爵士说他将在报告书中解释这段文字的起源。他从一开始就坚持他们的建议应具有这样一种性质,即日本和中国都为国联已经着手解决这一争端而感到高兴。他希望双方在多年后能够回顾这份报告书,并表示从那一天起,两国关系开始有了可喜的改善。因此,他认为该报告书不能仅仅限于满洲,因为就满洲问题上,中国不会从中得到多少好处。不过,就中国自身的情况而言,它或许能从中获益。他认为这份报告书应该设法帮助中国解决国内问题,那将是各大国所能给予它的最大帮助。他在这些方面起草了几段,他的同事们以这样或那样的理由拒绝了这些段落,但最终他们同意提请外交大臣注意的这一段。

外交大臣说,这使他们又回到了《九国公约》。

诺曼·戴维斯先生说,国联对强弱政府一视同仁,而且正是因为中国处于混乱状态,才由谈判达成了《九国公约》。中国驻伦敦大使告诉他,中方认为需

---

① 在 11 月 30 日的一封信中,阿瑟顿先生通知英国外交部的奥德先生,戴维斯先生要求将这句话纠正如下:"鉴于国联正在处理此事,因此在戴维斯先生看来,它应该继续处理此事,并且美国方面不会以任何方式试图希望插手国联对此事的处理。戴维斯说,就他目前所知,美国政府现下对于根据《九国公约》采取行动一事还没有想法。"(793.94 调查团/733)

要得到报告书中所提出建议的帮助，并对此表示欢迎。

会议到此结束。

附件2：

美国驻英国使馆备忘录

[伦敦]，1932 年 10 月 27 日

1932 年 10 月 26 日外交部谈话纪要

出席者：诺曼·戴维斯先生、雷·阿瑟顿先生、约翰·西蒙爵士、李顿爵士、安东尼·艾登先生、约翰·普拉特爵士、奥德先生。

（值得注意的是，这次谈话的很大一部分采取了提问的形式，虽然讨论了很长时间，但没有得出任何结论，显然是为了激发人们关于某些方面的思考，以便今后加以考虑。）

会谈开始时，大家都不确定国联理事会是准备在 11 月 14 日收到报告，还是可能要求推迟到 11 月 21 日。大家同意这个问题应提交埃里克·德拉蒙德爵士。李顿爵士指出，他知道松冈先生将于 11 月 14 日出席，但紧跟其后的书面报告要晚些时候才能送达日内瓦。约翰·西蒙爵士说，他认为，尽管后来应中国的要求将该报告书提交大会，但该报告应首先得到理事会的接受和审议，李顿调查团便是在其指示之下设立的。这一观点是经过反复讨论后得出的。李顿爵士说，在他看来，国联应立刻审议该报告书，但也应记住，不承担责任的国联小国在日内瓦公开谴责日本，其暴力程度将远远超过在这一问题上负有更大责任的大国。李顿爵士认为应该尽可能地减少这种情况，但艾登先生指出，他认为日本会认识到这些小国像小狗一样的吵闹不足挂齿。然后有人提出了一个问题，即大会对该报告的态度如何。戴维斯先生觉得不应该试图立刻做出判断，约翰·西蒙先生也持这一观点，他也指出，该报告书还提供了观察中国的资料，而且该报告书不仅要由日本方面接受，也应该由中国方面接受。李顿爵士随后指出，他认为，在李顿报告书的结论中，第 4 条可能会引起中方的一些不安情绪，而第 7 条肯定会让日方犹豫很长时间。他说，在报告书的准备过程中，麦考益将军给予了他最大的援助。他还补充说，在他咨询他的意大利同事——他身为一个拉丁人显然有着悲天悯人的心怀，而且他作为大使的地位又使他受到尊重——之前，不会因为法国成员而改变他见见英美代表团的想法。李顿爵士表示，他在北平期间讨论了很大一部分报告书中有关

中国的部分。他觉得,为了最终解决问题,中国没有什么是不愿考虑的。约翰·西蒙爵士提到了第九章第十条第一款,有关国际合作在中国重新建设,并表示,这表明,中央政府的发展是满洲局势中一个不会被日本方面忽视的因素,而且鉴于报告书中的提议,这也是国际联盟无法忽视的一个因素。

李顿爵士接着说,他认为在国联程序的问题上,报告书必须首先被国联所接受;接着,他和约翰·西蒙爵士概述了下列可供在日内瓦审议的可行方案。

国联接受了报告书之后,应通过一项决议,说明满洲问题仍在审理之中,并且在该决议最终解决问题之前,任何国家的立场若是侵犯了条约,权利都不会得到国联成员的承认。然后,李顿爵士认为,国联应在李顿报告书的领导之下邀请日本和中国来执行其中所载的建议,并为解决满洲问题直接谈判。据推测,李顿爵士相信,这很可能在日内瓦举行,而且谈判的条件可能来源于李顿报告书的材料。在他看来,这是中国愿意接受的,而且他认为,如果日本一再拒绝这样的邀请,那么日本将会使自己陷入困局。

在这次谈话中,李顿爵士问诺曼·戴维斯先生美国的态度如何。戴维斯先生解释说,美国很想就此事协助国联,但它不是国联的一员,因此对美国来说,给依据国联法律的李顿报告书的 54 个国联成员提建议显然不是明智之举。戴维斯先生重申说,他自己的观点是不采取任何迫使日本表态的行动,因为满洲问题包含因满洲中国居民对日本控制的暗中反抗而存在的经济及社会问题;一旦日本从压力中解脱出来,它就会发现,内部压力将变得越来越清晰可见,并会迫使它解决问题。李顿爵士说,就他看来,他对国联采取的任何迫使日本退出国联的行为表示遗憾。在约翰·西蒙爵士询问约翰·普拉特爵士意见时,约翰·普拉特爵士说,他认为日本根本不想从国联中退出,戴维斯先生也持同样的看法。然后有人指出,如果日本意识到自己将面对签署了《九国公约》的九个大国的一致意见,那么日本显然更不愿意退出国联。李顿爵士接着问美国准备在《九国公约》的条件下如何行动,戴维斯先生回答说,目前还没有考虑过该问题,他希望美国能够与国联保持较长时间的合作,而另一个问题在做出这一决定之前暂时搁置。约翰·西蒙爵士接着指出,《九国公约》所设想的,实际上在很大程度上是由中国中央政府的软弱所导致的,这种软弱状况今天仍然存在,在考虑中国解决满洲问题上该政府所承诺的能走多远的时候,必须将这一点牢记于心。

(竺丽妮译)

154. 驻日本大使(格鲁)致国务卿(1932 年 11 月 5 日)

793.94/5616

第 187 号

［东京］,1932 年的 11 月 5 日

11 月 21 日收到

先生:我相信,客观考察华北局势后留下的印象对国务院来说是有价值的。兹随函附上使馆顾问内维尔先生给我的报告一份,他刚从北平回来。

您恭敬的,约瑟夫·C.格鲁

附件:

驻日本大使馆的顾问(内维尔)致驻日本大使(格鲁)

先生:根据国务院 9 月 30 日下午 6 时发出的第 166 号电报①指示,我于 10 月 2 日晚上离开东京,出发去北平,并于 10 月 8 日晚上抵达北平。我于 10 月 28 日离开北平,11 月 2 日返回东京。在往返北平的途中,我在天津逗留了一夜,并有机会在那里同总领事和美国第十五步兵团的军官们交谈——他们根据《辛丑条约》的规定驻扎在那里。在北平期间,我有机会同大使及其工作人员以及我国在中国的一些领事官员包括最近从南京调到大连的文森特(Vincent)先生进行磋商。

我很担心日本人正在计划在北平地区进行具有军事性质的重大行动。这显然有两个原因。一个是日本人决心要除掉张学良,自从他大部分军队被逐出满洲以来,张学良一直是华北地区的主导人物。据说,日本人认为他是大多数义勇军和反"满洲国"组织的幕后主使,这些组织最近给日本人平定东北诸省造成了很大的困难。这就要求日本人必须把他从他在北平所占的有利地位上完全消灭。另一个理由是,日本人打算把热河地区纳入"满洲国"。这会需要一支庞大的军事力量,前提是该省的人民由于张的军事而不愿或无法将自己的政治命运投给"新国家"。我被告知征服热河地区的最好方法是从南方进军,因为北方地区多山,地形崎岖,任何庞大的军事力量都无法在那里行动。而从南方入侵则可以遇到较小的阻碍便抵达北平北边。

---

① 原编辑者注:未印。

正是出于这种信念,北平各使馆才极力主张或建议采取一些措施,以确保北平地区在日本人入侵时保持中立。大使请我就此事发表意见。我说,根据我的判断,在不久的将来,日本在那个地区(北平地区)几乎不会有或根本不会有重大的军事活动。与此同时,我说,我认为总参谋部不会被说服就这个问题发表任何声明,因为任何有关战争计划的事情总是被认为是高度机密的。大使向国务院报告了这件事。① 我想,使馆已经给您发了一份电报的副本。

与大使和其他人的谈话给我留下的印象是,与今年早些时候相比,对日本人的紧张情绪和敌意要轻得多。这并不是说它已经消失殆尽了,仍然存在,而且肯定是一个需要考虑在内的因素。与此同时,就像几个月前人们担心天津爆发冲突,其实爆发危险冲突的可能性似乎不大。我总觉得,日本人所引起(人们对他们)的许多不信任和敌意并不完全是由于他们的政治活动,甚至也不是因为满洲的局势。其中很大一部分似乎只是礼仪问题。例如,无论是天津的日本军队,还是北平的大使馆警卫部队,都习惯于不分昼夜地进行演习和行军,很少考虑到他国公民的方便和感情。北平的卫兵是由天津的指挥官指挥的,不是由大使指挥的,而天津的司令部是由东京指挥的。虽然从日本人的立场来看这种安排是完全自然的,却不同于其他大国的安排,并且使得日本大使与其同僚及中国公职人员处于一种特殊的关系中。在过去的一年里,外国人和中国人都觉得,日军在华北地区(满洲以外)的兵力明显不足。他们在一些地方进行了各种各样的演习和夜行,而按照条约所规定的权利,我们至少可以说,他们是否有权这么做是有待商榷的,并且这种做法还激怒了当地的舆论。这种行为,似乎是总命令的结果,以改善或建立军队中某种类型的指挥。他们不体谅在中国的军队,而在改善国际关系的愿望会使大多数人更加谨慎的时候,日本军队却是全副武装。据我所知,最近在这方面有了明显的改进。

这种行为,再加上在满洲的活动,使许多人相信,日本可能会发动任何形式的侵略,这无疑解释了为什么驻中国的大使们极力要求他们的政府采取行动。他们认为在整个中国被日本占领之前,有必要让各大国做点什么。这一想法已经不如以往那样强烈了。我发现许多人的意见是,目前不可能采取真正有用的国际行动。李顿调查团至少有这个优点:它阻止了行动,并给了世界

---

① 原编辑者注:10月18日下午1点第1199号电文,第579页。(编译者按:本册未译录该电文。)

一些可以谈论的话题。这本身就是一个好处，由于报告书中陈述了大量事实，任何阅读报告书的人都可能对这个问题有所了解。目前的局势看来不可能采取匆忙或考虑不周的行动。

我发现我们的急件得到了使馆的高度赞赏。大使告诉我，这些报告对他非常有用，他希望同使馆在各方面进行合作，将向我们提供使馆报告的副本。当然，其中许多都没有什么政治意义。那里的工作在很大程度上可以称为保护性工作。我们对此不感兴趣。目前中国的政治形势不适于分析。我告诉大使，使馆会乐意接收他认为可能感兴趣的任何东西，但他自然是要对此做出判断的。我想，寄往使馆的公文可以不时地以非正式的函件加以补充。

我这次北平之行肯定是有价值的。我感谢您和国务院给我这次机会。

您恭敬的，

埃德温·L. 内维尔

（竺丽妮译）

155. 驻瑞士大使（威尔逊）致国务卿（1932 年 11 月 6 日）

793.04 调查团/502：电报

［日内瓦］，1932 年 11 月 6 日中午

11 月 6 日上午 11 时收到

35. 来自戴维斯。我于 11 月 1 日晚上 9 时的第 31 号电报。[①]

今天在跟德拉蒙德谈话时，我和威尔逊对他说，我们不知道我们的政府在这个问题上的观点，但我们都很怀疑，将李顿报告书纳入大会决议是不是明智的，因为李顿报告书将专门针对中日争议这一极为困难的问题，如中国的重建问题，提出如下理由：第一，这可能被理解为，日本默认中国缺乏一个稳定和负责任的政府，这就是他们采取行动的原因和理由。第二，像这样一个由一些利益相关的大国组成的调查团很有可能无法在适当的时间内制订一项重建中国的计划，因为这会需要大量的财政援助，而目前无法得到这种援助。把希望寄托在中国人身上是不明智的，尤其是如果这样做是为了巩固日本的论点，那么寄托在中国人身上的希望可能不会实现。关于成立中国重建调查团，德拉蒙

---

① 原编辑者注：未印。

德的想法包括两个方面。其一,加强中国政府建设,鼓励中国人民维护自己的权利。其二,日本人自然希望加入这样一个调查团,但会被告知,他们只有在与中国就满洲问题解决了争议之后,参与其中才是有效的。不过,他现在觉得更好的做法是说服中国代表团,要求大会让国联增加该机构对中国的技术援助,而不是像原来打算的那样成立一个调查团;并让中国代表团建议世界金融大会①将这个问题作为刺激世界经济萧条的复苏来加以讨论的更好场合。

德拉蒙德将于今晚启程前往伦敦,他将在返回日内瓦后,与西蒙讨论后者提议召集世界经济会议组织调查团的可取之处,以便提出专家调查团中应有中国成员的建议。这将使白银问题能够由最大的白银消费国的代表参加讨论。

威尔逊

(竺丽妮译)

156. 驻意大利代办(柯克)致国务卿(1932 年 11 月 8 日)

793.94 委员会/515:电报

[罗马],1932 年 11 月 8 日下午 5 时

11 月 9 日上午 8:50 收到

103. 来自戴维斯。

"参考我 11 月 8 日下午 4 时第 102 号电文,②关于与墨索里尼的谈话。

我找机会和他讨论了东北问题,并指出虽然我们不建议国际联盟提出一系列行动方针,但是我们认为,国联所采取的政策应该是赞扬美国,以便我们能够共同努力解决这个问题,这一点很重要。我补充说,像意大利人、英国人、法国人和我们之间正在进行的非正式对话对这种政策是有益的。我个人认为,国际联盟所要采取的第一步很可能是接受李顿报告书,我也知道,国联官员也在考虑一项不承认'满洲国'并且不与'满洲国'进行合作的决议。

意大利负责外交事务的副部长苏维奇(Suvich)告诉我,他认为应该接受

---

① 原编辑者注:关于本次会议初稿的函件,见第一卷第 808 页。(编译者按:本册未译录该函件。)

② 原编辑者注:未印。

李顿报告书,除了他,意大利对于满洲问题的态度是模棱两可的。他们在世界这一地区的利益相对于他们在欧洲的利益来说微不足道,因此他们最不可能采取任何与英国政策相冲突的新政策。如果英法两国保持一致,我不会对墨索里尼的态度感到真正的担忧,尤其是他愿意在这件事上与我们合作。然而,如果英国和美国在满洲问题上的立场不同,意大利可能会效仿英国。上述观点是基于从对话中获得的印象,而不是基于向我做出的任何陈述。”

柯克

(竺丽妮译)

157. 驻沈阳总领事(麦迩思)致驻华大使(詹森)①
   (1932 年 11 月 8 日)

893.01 满洲/671

第 683 号   [沈阳],1932 年 11 月 8 日

先生:出于可能的兴趣,我将报告日本人在打击所谓“土匪”的行动中所表现出的某些冷酷无情的情况。我们有充足的理由相信,这些案件的一般细节大体上是正确的。在这一点上,可以提到的是,沈阳附近与当地人有密切接触的一些外国人在答复我的询问时曾说,他们很少注意极端残暴的案件。如果可以从这方面有限的资料中做出推论,就会发现,从飞机上不分青红皂白地投放炸弹似乎是过去最常见的冷血手段之一。然而,最近在该省东部地区打击叛乱分子的行动中,日本似乎只把轰炸范围局限在村庄和城镇的郊区,村子和城镇几乎没有造成任何破坏。

9 月初,一支正在沈阳南部浑河附近寻找土匪的日本小分队,问几位在田里干活的农民有没有看到“土匪”,其中一个回答说没有后立即被刺杀,其他试图逃跑的人也被击毙。村长亲自向沈阳的日本当局报告了此事,日本方面派了两名官员前往该村调查。在调查期间,有一支日本大队的士兵抵达,有人表示,调查人员的在场使得这个村庄免遭报复。这位村长的鲁莽行为可能被认为是不可取的。

---

① 原编辑者注:1932 年 11 月 8 日,驻沈阳总领事在未编号的急件中转交国务院的副本;12 月 5 日收到。

9 月的第一个星期,二十个村庄的代表来到沈阳,向省政府报告说,他们的村庄遭到了"土匪"的袭击,然后日本士兵组成的小分队分别跟随他们前往各自的村庄,这些小分队的行为往往比"土匪"更恶劣。他们还抱怨飞机不论是否有强盗在场就不分青红皂白地轰炸,并要求提请日本军事当局注意此事。据了解,省政府当局并没有采取任何行动。

1932 年 9 月 15 日晚,"大刀会"突然袭击了抚顺,其成功远远超过了媒体的报道。大约 30 名日本人被杀,其中包括四名重要人物——他们的身份尚不清楚,但据推测他们是抚顺煤矿的工程师或官员——并有价值超过 35 万日元的财产被毁。几天后,可能是在日本人调查之后,抚顺附近三个村庄的所有人,包括男人、女人和儿童,都被日本士兵或宪兵赶到附近山上的一个峡谷,在那里被机枪扫射。最近的一份报道大意是他们被邀请到那里去听一个关于"满洲国"的讲座。省政府一名中国官员曾因此事传言诸多而被派去调查,根据其对这一大屠杀的报告,只有一个九岁女孩奇迹般地逃生,被允许搬走尸体的亲戚在死人堆里发现了她。死亡人数接近 4 000。关于这个案件和前两个案件的资料是从严格保密的官方来源处获得的,相信是可靠的。

一名观察人员在查明这次屠杀原因的过程中了解到,袭击者抢劫了一间仓库,仓库里存放着一种特殊牌子的粉状物质,而村子里发现这些袋子的村民遭到了屠杀。这名中国官员显然没有报告这一事件,即使报告属实,也不确定这是否与这起事件有关。最近据一个可靠消息来源得知,日军有意屠杀其他几个附近村庄的居民,但被日本民众劝服放弃这一做法(可能是南满洲铁路官员),他们指出,如果有更多的这类事件发生,抚顺所有煤矿的所有中国员工都会罢工。事实上,1932 年 10 月 2 日大连《满洲日报》报道称,抚顺三分之一的中国工人已经回到了他们在山东和邻近省份的家,在迫切需要工人的时候,日本的工厂和企业受到这种情况的极大阻碍。来自中国官方的消息称,抚顺近2 万名工人已返回山东。这两份报道实际上是一致的,似乎有理由认为,大批人员外逃是由上述事件造成的。这就可以解释,抚顺周边一直是"土匪"活动的温床,抚顺煤矿多年来一直为土匪所侵吞。也许军方的目的是利用现有条件消灭主要的犯罪村庄,在这种情况下,这似乎是唯一有效的措施。

已经能听到关于 8 月下旬沈阳突袭后对这一地区村庄进行轰炸的若干报告。有一份报告称,在"土匪"离开后,浑河堡遭飞机轰炸,大约 50 名村民被炸死。另一个(未经证实的)说法大意是,在沈阳突袭中,一名被抓获的土匪或非正规人员告诉逮捕他的日本人说，他是某一村庄的村民，那个村子的六名首领立即遭到逮捕和枪杀。后来才知道，他是另一个村子的人，(这样做)显然为了保护自己的家乡，所以提供了一个错的村名。在 6 月 19 日至 9 月 1 日之间，"叛乱"领袖唐聚五(Tang Chu-wu)的总部所在地通化遭到六次空中轰炸。值得注意的是，第一次空袭造成大约 40 人死亡，其中大部分是妇女和儿童，而在其他空袭中有一人丧生。

日本人最近在东部地区镇压"叛乱分子"时，所使用的恫吓性宣传中的一个非常有趣的例子是一张大海报，副领事霍尔(Hall)最近从南杂木到马连屯的旅途中，在每个村庄都能看到这张海报的副本。海报的一半是浅色的，另一半是深色的，中间是一个巨大的日本士兵的形象。在亮色的一面，士兵向一个手持"满洲国"国旗的小人伸出一只巨大的手；在暗色的一面，他正在用一把滴血的剑指向躺着的小人们。海报上还用汉字写着一个简短的传说，其大意不难想象。

下面的细节显示了日本军队有时采取的方法，值得注意。9 月上旬，在抚顺东北不远的沈阳—海龙线上，一小支日本守备部队控制了营盘火车站。那时候周围的地区非正规部队和土匪泛滥，这一小支日本守备部队也显然时常受到袭击。一名美国传教士在几名韩国基督徒的陪同下，于下午晚些时候抵达那里，前往沈阳的途中，在过夜的旅馆里，负责人粗暴地询问他的身份。当他对此感到满意时，就开始恐吓陪同他的韩国人和中国人。他们很快被命令离开旅馆，被安置在士兵营房周围的战壕里。然后，士兵们将来复枪对准他们，用固定的刺刀向他们逼近。过了一两个钟头，他们获准回到旅馆，第二天和那个美国人一起坐车去抚顺。据推测，造成这种恐吓的主要原因是这名军官不高兴看到这些韩国人依附于一名美国人寻求保护。

虽然日本军队在没有受到挑衅的情况下很有可能不会采取极端措施，但似乎有理由相信他们打算以他们看来最为有效的方式来处理"土匪"局势，而且若是严厉的措施显得更为可行，他们就会开始执行。根据现有资料，没有证据能够表明在东边地区最近的行动中采取了过分严厉的措施。

您恭敬的，

M. S. 麦迩思

(竺丽妮译)

158. 驻瑞士大使(威尔逊)致国务卿(1932 年 11 月 9 日)

793.94 委员会/516：电报

[日内瓦]，1932 年 11 月 9 日下午 4 时

11 月 9 日上午 11：30 收到

36. 以下消息来自麦考益将军：

"将军本人请求，鉴于他在国际联盟考虑满洲报告的时候还保留李顿调查团成员的身份，国务院可以向日内瓦的美国代表团提供对麦考益将军有用的信息，以便让他知道所有的情况，特别是与他出发前往远东之后可能发生的问题有关的情况。美国驻东京使馆的一些报告将军已经看到。麦考益将军高度肯定了他拥有和以前一样行动自由的重要性，并意识到他在任何意义上都不代表美国政府。"

我明白麦考益将军希望我能奉命接受与审议李顿报告书有关的消息，并向他提供这些信息。换句话说，即继续保持他和我们在远东的代表团之间曾保持着的关系。

威尔逊

(竺丽妮译)

159. 国务卿致出席裁军会议美国代表团
代理主席(吉布森)(1932 年 11 月 11 日)

793.94 委员会/516：电报

[华盛顿]，1932 年 11 月 11 日下午 2 时

30. 11 月 9 日，下午 4 时，您的第 36 号电文。致威尔逊和诺曼·戴维斯。

1. 我同意您所要求的安排以及您对此的理解。

2. 我希望您能酌情将您所掌握和可能收到的与远东问题、麦考益的问题和对李顿报告书的看法有关的消息慎重地告知麦考益将军。

3. 请将如上通知麦考益将军。

史汀生

(竺丽妮译)

160. 国务卿致出席裁军会议美国代表团
代理主席(吉布森)(1932 年 11 月 14 日)

793.94 委员会/518:电报

[华盛顿],1932 年 11 月 14 日下午 1 时

31. 关于 10 月 31 日吉尔伯特的 395 号政治急件。如果埃里克先生或其他负责任的国联官员在谈话中提议召开的会议,将满洲问题整个地或者部分地置于《九国公约》之下,那么至少在现在看来,对于我们而言,这种想法应该慎重地打消。从这方面来看,可以说美国政府对整个问题的立场主要是基于其对和平条约的兴趣,以及基于这些条约所遵循的原则的关切,该政府从一开始就认为所造成的局势和提出的问题是一般性的。我们认为在此时讨论转移或缩小原本属于国联的管辖权,可能会使注意力从真正的议题上分散,也会削弱国联和本国对和平条约的支持,动摇追求和平这一共同目标上的立场。此外,应当记住,《九国公约》没有为召开一次会议做出规定;各签署国没有接受会议邀请的义务。如已发出会议邀请,参加会议的各方没有接受邀请的义务;而且如果召开这样的会议,日本会拒绝参加。因此,国联无论在权利上还是在事实上,都对该争端拥有和正在掌握管辖权,至少现在看来,甚至不应该试图把管辖权从十四个缔约国组成的机构转移到由《九国公约》组成的另一个机构。这些观点,如果需要得到表述,应该斟酌表达。

史汀生

(竺丽妮译)

161. 驻瑞士大使(威尔逊)致国务卿(1932 年 11 月 14 日)

793.94 委员会/527:电报

[日内瓦],1932 年 11 月 14 日晚上 10 时

11 月 14 日晚上 7:29 收到

454. 来自诺曼·戴维斯。德拉蒙德上周在伦敦,他昨晚告诉我,我的伦敦访问取得了良好的效果。他相信我们可以指望英国比以往任何时候都更加全心全意地合作,特别是在满洲问题上。他说,他已经向西蒙概述了处理李顿

报告书所需过程的意见——这一点在我们的 31 号①和 35② 号电报中已经提及——西蒙对此完全同意。最后他说,他相信我们现在完全可以指望英国支持满洲政策,我们绝不能因听到任何相反的言论而感到不安。

德拉蒙德还告诉我,他一直在想,也许对解决悬而未决的海军问题的一个重要贡献是使地中海实际上保持中立,并将类似在《洛桑条约》③下对黑海及海峡所建立的制度应用于地中海。在他看来,这种安排将消除法国和意大利之间关于海军的主要争端根源,并有助于使英国接受我们裁军方面的意见。他说他不知道这一方案是否实用,但今天打算建议英国人对此进行研究。

威尔逊
(竺丽妮译)

162. 驻日本大使(格鲁)致国务卿(1932 年 11 月 15 日)

894.51/385:电报

[东京],1932 年 11 月 15 日中午
11 月 15 日凌晨 2:27 收到

268. 关于我 1932 年 10 月 21 日发出的第 165 号急件④,我现在可以报告,各政党、报纸和知名经济学家们正在形成强大的反对力量,反对提议下一财政年度发行近 10 亿日元的债券以便支付满洲战役的费用、国家债务增长和预算赤字。一些有影响力的日本本土报纸直接批评军方,称其对资金的需求危及了日本的经济稳定,因为这些资金只能通过贷款来提供;另一些报纸则不赞成因这些需求而发放债券,从而间接批评了军方。为首的金融和经济当局对提议中的借贷可能带来的金融和社会风险表示担忧。

现在似乎可以确信该军事拨款在下一届国会上会遭到强烈反对,但目前还不能预测这一讨论的结果,或是这一讨论对目前军事计划或者对日本政治

---

① 原编辑者注:未印。
② 原编辑者注:11 月 6 日中午,第 336 页。
③ 原编辑者注:签订于 1923 年 7 月 24 日,《国际联盟条约汇编》,第 28 卷,第 115 页。
④ 原编辑者注:未印。

控制的影响。

　　抄发至北平。

格鲁

（竺丽妮译）

163. 副国务卿(卡斯尔)与日本代办(斋藤)
　　谈话备忘录(1932 年 11 月 15 日)

（1932 年 11 月 14 日）

711.94/746

[华盛顿],1932 年 11 月 15 日

　　斋藤先生说他没有什么特别要说的,但是他想告诉我他收到了一封来自日本政府高层的信,此人是我的朋友牧野伯爵、币原喜重郎男爵和其他人的好朋友。(很抱歉,我怀疑信存在的真实性。)

　　斋藤一开始就说所有日本人民有多么喜欢格鲁先生。我说,对我来说,自然如此,因为格鲁先生不仅非常能干,而且非常友好,他喜欢那些人,而且能很快看到那些人的优点。斋藤先生说,他觉得格鲁在日本的工作做得很好,平息了那里对美国的不满情绪;他的记者告诉他,政府已经命令报纸停止煽动反美情绪,结果,民众对美国的感情迅速好转;他说,日本人很感谢,自从李顿报告书发表以来,美国国务院没有发表任何批评日本的公开声明。我向斋藤先生指出,李顿报告书毕竟是递交给国联的,尽管我们对其非常感兴趣,我们觉得还是应该由国联来审议,在国联采取行动之前,我们无权过问;当然,我们保持沉默,避免产生任何我们试图影响国联的暗示。斋藤先生说,他很高兴知道这一点,他的政府也很高兴知道,我们并没有指导国联去做什么。我告诉他,认为我们有这种想法是无稽之谈,因为我们没有作为某个非组织成员对其内部工作进行干涉的习惯。

　　斋藤先生接着谈到了他这次拜访的目的,他本来打算把这个目的藏在谈论其他事情的背后。他想说的当然就是太平洋上的舰队对日本人的不断挑衅。他说,他的记者未能理解为什么像美国这样的大国会认为有必要把舰队留在太平洋上作为对日本的威胁。我告诉他,他的记者没有权利使用声明中的后半句话,也没有任何理由认为舰队正在威胁日本,日本若是对此无端猜测

未免幼稚。斋藤急忙说他的记者也说日本采取这种态度是幼稚之举，但无论如何，他觉得如果大西洋舰队返回大西洋，日本脆弱的心灵将会得到抚慰，即使是只送走两三艘，日本的局势也会立即得到改善。我告诉他，舰队的部署是由本政府决定的，如果海军愿意把它驻扎在太平洋地区（那就驻扎在太平洋地区），顺便说一句，这是一笔很大的节省，我看不出日本有什么权利抱怨。他说，他完全意识到这一点，他只是提到这个事实，因为他的记者曾提到，如果一些船只驶进大西洋，将会改善那里的局势。

W. R. 卡斯尔，Jr.

（竺丽妮译）

164. 驻瑞士大使（威尔逊）致国务卿（1932 年 11 月 15 日）

793.94 委员会/529：电报

［日内瓦］，1932 年 11 月 15 日晚上 11 时

11 月 15 晚上 8:45 收到

41. 您 11 月 14 日下午 1 时第 31 号机密电文。从我 11 月 6 日中午第 35 号电文和以前的来信中，您会注意到，自从德拉蒙德和吉尔伯特谈话以后，他的这种想法已经从他的脑海里消失了。戴维斯和我与您感觉一致，将这个问题提交给《九国公约》签署国是一个错误，并且也已经向德拉蒙德声明过，任何这样的做法无异于将国联推上看似逃避责任的地位，这会造成一个不好的印象。

鉴于理事会已于 21 日开始审议李顿报告书，就我的第 35 号和以前的信息所涉及的内容，您提出任何意见都将是大有裨益的。

威尔逊

（竺丽妮译）

165. 国务卿与爱尔兰大使(麦克怀特)谈话的备忘录(1932年11月17日)

893.01 满洲/628

[华盛顿],1932年11月17日

麦克怀特(MacWhite)先生显然是代表现在主持国际联盟的德·瓦勒拉总统,前来询问我对满洲的政策有没有什么改变。我已经向他保证没有改变,并在他询问之际向他指出,我们对此事的主要兴趣在于确保和平条约的权威——在这一问题上大概欧洲各国也与我们一样有兴趣——而不仅仅是推动我们在满洲经济利益的增长。我指出,虽然我们在远东有一定的利益,但远不及大英帝国在那里的利益大,我们在满洲的利益也不如在中国其他地方的利益大,而且除了日本人的政策,我们在中国的利益还受到许多其他因素的威胁。我指出,事情这般经过让我非常满足,也给了我极大鼓励,而不是使我灰心丧气。我说,我去年冬天1月7日所采取的单独行动已于3月11日得到大会的赞同,而且我对事实的看法现已得到李顿报告书的证实;至于我的方案,我的立场如同将牌面摊开朝上的人一样坦诚,已经没有什么话好说的了。我指出,如何处置李顿报告书完全是国联的事,我没有愚蠢到使我们这个不是国联成员的国家插手管闲事。他说他完全理解这一切,并将如实报告。

亨利·L·史汀生
(竺丽妮译)

166. 国务卿致出席裁军会议美国代表团代理主席(吉布森)(1932年11月19日)

793.94 委员会/529:电报

[华盛顿],1932年11月19日下午6时

36.[致威尔逊。]11月15日晚上11时,您的41号电报最后一段。

我建议您重读国务院发给您的下列电报:

9月23日中午第2号;10月17日下午2时第24号;11月1日下午4时

第 27 号①；11 月 14 日下午 1 时第 31 号。让戴维斯给您看 10 月 14 日下午 6 时的 269 号致伦敦的电文，并同时参看美国政府 1 月 7 日的照会；我 2 月 23 日致博拉参议员的信；3 月 11 日国联决议；以及 8 月 8 日我在美国外交关系协会的演讲。

我认为，您不应被卷入对国联内部问题的讨论中，这些问题涉及国联成员在其《国际联盟公约》下所享有的宪法权利和义务，例如日本可能退出或被逐出国联的问题。我希望避免以下事实或现象：(a)煽动国联对其成员之一采取行动，或(b)侵犯国联的权利、违反其义务，并逃避其责任。我希望打消国联使我们在这些方面负起主要责任的任何愿望或倾向。美国政府就这一问题总体上的态度和立场是众所周知的，任何持相反意见的建议应该先考虑美国政府的多次声明，通过外交手段解决以及保留独立判断，对国联的决定和努力提供支持。您可以不断地强调并重申这一立场。

应该明白，美国的态度和努力并不是由于对日本的敌意，而是由于对为维护和平和伸张正义才在各国之间商定的原则和做法的信念和坚持。美国在这方面的义务同其他国家一样重大，但并不比它们更大。事实上，《九国公约》《巴黎非战公约》和《国际联盟公约》的缔约国的义务比美国的义务大，美国只是前两个协定的缔约国，而不隶属于第三个。《国际联盟公约》是和平机制的一个组成部分，57 个国家承诺遵守其规定。他们至少应该尝试拟定他们的计划，然后再寻求我们的支持。他们不应该期望我们预先告诉他们，我们认为他们应该走什么道路。

当国联或国联的主要政府成员认为他们有可能就行动达成一致意见而提出建议时，如果国联或这些政府愿意就他们认为切实可行的行动或是一系列行动与美国政府协商，我将立即诚挚地考虑他们的意见，并指示政府对此的反应。

如果您被问及我们的态度或政策是否发生了变化，您应该回答说，对我们 3 月 11 日决议和李顿调查团报告书的政策一般不会发生什么变化；相反，我们认为我们的政策是完全正确的，我们正期待国联在其独立和自主的领域内采取相应的态度。如果他们问您，我们认为未来的直接行动是什么，您可以在不指涉国务院的情况下以您自己的身份回答说，鉴于越来越多的证据表明，

---

① 原编辑者注：第 27 号电文未印。

"满洲国"行动增加了日本的经济压力，譬如日元贬值、预算翻倍、超出债务上限及军事行动的内在结果，因此，在很短的一段时间内，它应该就满洲的未来问题做出回应；但要它听命于理智，需要指望日内瓦各国毫不动摇地站在和平条约一边，并且没有一个国家牺牲这些伟大和平条约的共同利益而屈服于一己私欲。对于这样的会议，李顿调查团的报告书为讨论提供了宝贵的基础。

当然，我正在仔细考虑您最近的电报中提出的具体问题，包括您关于德拉蒙德的推测，但在现阶段，我不愿评论后者。我认为，上述内容，特别是在头一段中所建议的回顾，应足以作为您的指导，直到已经开始审议李顿报告书的各国联成员至少表明他们在认真考虑着程序和措施。

史汀生

（竺丽妮译）

167. 驻瑞士大使（威尔逊）致国务卿（1932 年 11 月 19 日）

793.94 委员会/536：电报

［日内瓦］，1932 年 11 月 19 日晚上 8 时

晚上 10:40 收到[①]

45. 戴维斯和威尔逊报告。松冈今天上午来访。他毕业于俄勒冈大学，曾任南满铁路经理，国会议员，并曾在外务省工作。他的英语很流利，我相信他会比任何在日内瓦捍卫日本利益的代表更有效力。

他一开始讨论就说，他将以最坦率的态度发言，因为他认识到局势严重，不能用外交辞令来敷衍了事。

松冈接着有力地指出，虽然在许多问题上，一个国家的政策可能会因政府的改换而改变，但在日本与满洲的关系中，每一个男人、妇女和儿童都决心执行目前的政策。任何事情都不能使日本偏离这一目标。日本的血液曾在这一地区流淌过这一事实；中国没有尊重日本在该地区无可争辩的条约权利这一事实；日俄战争以来的这些年他们的耐心已经消磨殆尽，以至于他们现在相信他们必须对此事做个了断，而且已经走上的道路是唯一一条能走向了断的道路。

松冈首先讨论了苏联问题。他刚从苏联过来，和那里的政府官员谈过话，

---

① 原编辑者注：电报分为四部分。

包括加拉罕和拉德克。他对苏联人毫不隐瞒,日本在满洲活动的主要动力之一是对苏联的恐惧。对他来说,苏联政府的更迭并不意味着人民的更迭,1904 年以前统治俄国的那种天性无疑仍存在于苏联人的心灵中。他告诉他们,日本渴望和平,但日本必须保证这一地区的安全。他向苏方指出,五年计划之下发展重工业正是发展了以军事为目的的工业,而苏联宁愿让它的人民遭受痛苦也要促进这样的发展,这本身就是一个让日本要求在满洲地区拥有防卫的主要原因。

至于美国方面的问题,他的言论惊人地证实了麦考益的观点(我在 10 月 5 日晚 8 点的第 401 号电文中报道过)。日本的公众舆论相信,美国已经做出了一系列努力,以便干涉满洲的铁路状况,并遏制日本在这一地区的发展。他们熟悉哈里曼的企图、诺克斯的政策、史蒂文斯①在中东铁路局的活动,最后,国务卿亲自阐述了美国对目前这个问题的态度。曾经对美国友好并尽一切努力促进良好关系的有影响力的大量意见正在迅速减少,各种出版物每天都在谈论与美国的战争,进行关于美国的辩论,并指出美国在巴拿马和加勒比地区所犯的严重的"轻率行为"。公众舆论对美国非常反感。松冈和日本较清醒的舆论一样意识到,美国的舆论没有战争的思想,并且认识到了战争的荒谬。尽管如此,他担心一些类似于哈瓦那港"缅因号"爆炸的事件会引发一阵愤怒的风暴,政府将不得不表示赞同。

关于松冈在国联会议做出的预测:任何不考虑"满洲国"政府的存在及因日本承认一事而提出解决办法的企图都将被拒绝。松冈说,他是一名国会议员,已经习惯了别人对他的国家的许多攻击,但是,如果有人一致企图做任何有损日本尊严的事情,日本将别无选择,只能离开国联。他们不愿意这样做,并将尽一切努力使国际联盟各国了解他们的立场,并同他们友好地合作。然而,他认为达成任何解决办法都有巨大困难,但他重申,日本必须按照自己提出的方针继续下去。

戴维斯告诉他,他不太确定自己是否清楚地理解日本的态度,但是,如果日本的态度是不可调和的,那么想要得出一个建设性的解决办法恐怕不太可能。他还说,美国舆论根本没有任何想要开战的想法,反而认识到日本在满洲有着极其重要的利益,并了解其历史背景;他们在当地遭到了许多挑衅。国务

---

① 原编辑者注:约翰·F. 史蒂文斯上校,1918 年任美国驻俄国铁路专家咨询委员会主席,1919 年任经营中东铁路和西伯利亚铁路的盟国间技术委员会主席。

卿的动机不是对日本怀有敌意，相反，这是因为他深信某些条约的规定符合日本以及美国权利和义务的最佳利益，并符合世界和平的最佳利益。他认为至关重要的是，世界各国为建立一个更好的秩序所取得的进展不应受到危害。事实上，他坦率地表示，美国的态度是防止可能导致真正麻烦的美国敌对情绪增长的最佳手段之一，并且美国的态度在很大程度上阻止了在日内瓦根据第十六条采取有力的行动。戴维斯接着说，有一个极好的机会摆在日本面前，可以在世界各国协商一致的情况下解决问题，并且能够得到道义的支持，但他们进入讨论时不能以防卫的姿态而应以建设性的态度找出解决办法。他指出，如果李顿报告书在两年前提交给日本，它将提供一个基础，使日本高兴得手舞足蹈。与其说反对各大国以条约权利和义务来平息这场争议，不如说日本会拥抱这个邀请其他大国官员一起寻找建设性解决方案的机会，这一方案将会解除日本所惧怕的苏联方面的威胁并且赢得中国方面的好感，这一好感是万一它与苏联有了纠葛时的最好庇护。

松冈对于实现这一目标的可能性仍持怀疑态度，但他同意他必须做出努力。他又谈到日本人对美国的敌意所带来的危险。他说，日本人是一个已经长期忍受了他们不喜欢和讨厌的东西的民族。他们微笑着接受了这些事情，但已经到了一定程度，被压抑的愤怒突然爆发，以极大的暴力打破了克制，而压抑的事实很可能使这种愤怒在发泄的时候更加失控。

实际上，日本的战略似乎是对任何"不当"干涉都采取一种好斗的态度，并声称保护其国家存在比任何条约义务都更为重要，即使当假定它可能违反了某些它不承认的国际条约之时，它这样做纯粹是迫不得已。因此，它的努力首先是使大国相信它的行动是正当的。接着无视对法律方面的考虑，譬如条约规定等，然后不惜一切代价防止有损日本尊严的任何事情以及他们认为对它的行动方针的不当干涉。我们目前还不能下定论的是，此举是否意味着无论何种代价也要维护这一立场的决心，还是说采纳这一政策是出于战略上的原因并认为通过重申他们的立场和所宣称的权利，可以吓住其他国家。但是，我们可以补充说，在以前同其代表的辩论中，同样的观点已经以不那么有力的形式得到了一贯的陈述。我们在与松冈和随后与松平的谈话中让他们感觉到，他们有必要为找到积极的解决问题方法发挥最大的才智，并拿出善意，同时也让他们认识到，纯粹处于防卫的姿态，并且拒绝承认其他国家在这个问题上的利益是有危害的。①

威尔逊
（竺丽妮译）

168. 驻华大使（詹森）与驻沈阳总领事（麦迩思）谈话的备忘录（1932 年 11 月 19 日）②

493.11/1656

［北平］，1932 年 11 月 19 日

麦迩思先生和我讨论了他在 1932 年 11 月 16 日第 690 号③急件中提出的问题，这一问题是关于驻沈阳总领事协助美方原告获得日本占领满洲期间对所遭受损失的索偿程序。

麦迩思先生指出，国务院 1932 年 3 月 18 日的指令④阻止了总领事和即将成立的新"满洲国"政权之间的交流，阻止了他采取任何行动直接向"新政权"为解决索赔所设机构提交索赔。他指出，所有的索赔都是根据日本承担主要责任这一看法提交给日本领事馆的，日本领事馆已将其转交给"满洲国"创建的机构。他说，有迹象显示，新成立的"满洲国"理赔调查团可能无法立即通知领事馆任何审查、调整和理赔的程序，因为领事馆还没有认可它。

我们同意，总领事馆应该通知美国所有索赔人员其所直接或间接得知的有关"满洲国"理赔调查团在理赔过程中所采取过程的任何消息，并建议索赔人员自己或通过其委托律师直接与理赔调查团联系以达成理赔的目的。

我们还同意，总领事馆应与最初被提交索赔的日本驻沈阳总领事馆保持联系，以便了解日本或"满洲国"当局为解决这些问题可能采取的任何举措。

纳尔逊·特鲁斯勒·詹森
（竺丽妮译）

---

① 原编辑者注：对国务院的答复，见 11 月 21 日下午 6 时 37 号电报。《美国对外关系文件 日本：1931—1941》，第一卷，第 105 页。

② 原编辑者注：1932 年 11 月 23 日驻华大使在其第 1824 号急件中转交给国务院的副本；12 月 19 日收到。

③ 原编辑者注：未印。

④ 原编辑者注：3 月 18 日下午 6 时致驻华大使第 88 号电报。

169. 驻华大使(詹森)致国务卿(1932 年 11 月 20 日)

793.04/5614:电报

[北平],1932 年 11 月 20 日午夜

11 月 29 日上午 6:58 收到

1262. 11 月 16 日下午 5 时使馆第 1253 号。以下来自美国驻哈尔滨总领事。

11 月 17 日上午 11 时。

1. 据苏联方面的消息称,苏将军拒绝与正在马齐耶夫斯卡亚(Matsievskaya)的日本—"满洲国"代表团谈判,我认为这一报道是准确的。

2. 当足够的军队到嫩江时,日本军队无疑会采取行动。有媒体报道称,苏将军的反"满洲国"部队正撤退回兴安岭,那里有中东铁路隧道,但这一消息没有得到当地日本军方的证实。

3. 苏联官员声称,他们的作用只是提供便利,以便与日本"满洲国"和反"满洲国"方面谈判,除此之外,他们对谈判不感兴趣,他们不想在西伯利亚边境附近发生战斗。

4. 日本伪满洲国军队 13 日和 15 日在富锦附近击退了叛乱分子的进攻。损失较小。

詹森

(竺丽妮译)

170. 驻日内瓦领事(吉尔伯特)致国务卿
(1932 年 11 月 21 日)

793.94 委员会/542:电报

[日内瓦],1932 年 11 月 21 日下午 3 时

11 月 21 日下午 1:30 收到

328. 今天上午的理事会会议审议了李顿报告书。主席简短地介绍了这个问题的现状,唯一的发言者是日本代表,他基本上重申了日本政府印发的意见中所载的论点,该文件由 39 页大裁纸组成,秘书处已于昨日分发。副本正

在邮寄途中①。国务院很可能已经从一个日本来源收到了日本意见的文本。如果没有,需要一份,而且需要一份总结,请指示。

吉尔伯特

(竺丽妮译)

171. 驻南京总领事(佩克)致国务卿(1932 年 11 月 21 日)

793.94/5643

第 D-383 号　　　　　　　　　　　　　　[南京],1932 年 11 月 21 日

12 月 19 日收到

先生:我很荣幸地报告,1932 年 11 月 18 日上午,我接到日本使馆秘书须磨弥吉郎先生的电话。同日,我拜会了中国外交部部长罗文干博士。美国国务院可能有兴趣比较他们各自对中日争议的意见。

在我们谈话的过程中,须磨弥吉郎先生问了我一些问题,并非正式地表达了一些观点。以下是与须磨弥吉郎先生谈话的简短摘要:

须磨弥吉郎先生问我对这篇报道了解多少,这篇报道最近在报纸上反复出现,大意是说国际联盟计划任命一个国际委员会来解决中日争议。我说除了在报纸上读到的,对它一无所知。从媒体的声明来看,这一计划似乎遭到了日本和中国的反对。须磨弥吉郎先生说,媒体报道称,如果苏联和美国在委员会中有代表,如果最终的解决方案不侵犯中国主权,中国政府将同意按照这些原则来解决中日争端。我说,我看到媒体表示,中国不同意"满洲国"派代表参与委员会。我问须磨弥吉郎先生,他认为日本政府是否会同意这样一个委员会的任命。他回答说,他认为如果委员会的责任只是调停以及促使中日之间的直接谈判,那么日本政府是会同意的,但如果委员会过于强势,被授予了直接下达解决方案的权力,那么日本政府怕是不能接受。他评论说,日本政府已多次声明,不允许任何第三方"插手"中日争端。我说,在这一点上,我看到过日本外务大臣内田子爵发表过的声明。须磨弥吉郎说,据他所知,日本政府和中国政府都没有从任何官方渠道收到关于拟议的委员会的消息,他问我这篇报道的来源。我说,我在报纸上看到说,这篇报道来自国联秘书处,也许是秘书处的一个

---

① 原编辑者注:《国联公报》,特别增刊第 111 期,第 88 页。

试探之举，目的是为国联理事会在其即将到来的 11 月 21 日会议准备一些具体的建议以供讨论。须磨弥吉郎先生说，他认为这是一个可能的解释。

须磨弥吉郎先生说，在中国政府官员中，有些人主张中国通过武力收复满洲。他认为这个派别里有一个人是蒋介石将军本人的直接随从。须磨弥吉郎先生说，蒋介石将军当然知道中日之间不可能有敌对行动。从中国的角度来看，在这方面蒋将军正努力想出一个其他方法解决中日争议，（而且是）一个没有战争的方法，一个他可以向中国人民展示，在这个计划之下，有可能团结整个国家的方法。我说，我很有兴趣知道这个计划是什么，但须磨弥吉郎先生说他对此也不知情。

须磨弥吉郎先生问我，既然民主党已经取代共和党成为政府的执政党，我是否认为美国政府对中日争议的政策会有所改变。我说我对此一无所知，但我想应该会有一点变化。我说，在任何涉及条约，或可能以缔结新条约为结果的公共政策上，美国总统和国务卿通常和参议院保持着紧密联系，该院在条约方面权力广泛。我注意到，参议院的人事变动非常缓慢，每两年更换三分之一，因此，参议院并不会迅速或突然改变其政策。因此，美国政府对中日争议的政策似乎不太可能会突然改变。

须磨弥吉郎先生说，蒋介石将军和其他一些中国代表知道，拒绝同日本直接谈判的政策对中国来说是灾难性的。这种拒绝谈判的态度已经导致了"两个事变"，即"上海事变"和"满洲国"的建立，并可能导致"类似的事变"，蒋将军和其他一些中国领导人已经意识到了这一点。

就在我与须磨弥吉郎先生谈话后不久，我马上就有机会就商业问题拜访了中国外交部部长罗文干博士。我趁机问了罗博士他是否会见过须磨弥吉郎先生。据我所知，他和须磨弥吉郎先生交情深厚，初识于广东。罗博士说他已经见过须磨弥吉郎先生，后者问他难道就没有友好解决中日争议的办法。罗博士回答说他的回复是，当然有办法，即日本停止压迫中国。罗博士说，他告诉须磨弥吉郎，日本要做的第一件事就是从满洲撤军。对此，须磨弥吉郎先生回答说，"满洲国"政府的建立是自发行动的满洲人民和民族解放阵线所建立的，中国应该接受满洲局势已经是既成事实。罗博士说，他告诉须磨弥吉郎先生不要拿这样的胡话来搪塞他。罗博士对须磨弥吉郎先生表示可以负全责，哪天早晨日本军队撤出满洲，溥仪先生、谢介石先生和"满洲国"政府其他官员将于同日乘飞机离开满洲，因为火车太慢了，他们要逃离满洲人民。罗博士说,他已向须磨弥吉郎先生承认,中国目前无法成功地对日本发动战争。他说,他曾问过须磨弥吉郎先生,为什么日本政府不继续派出军舰和飞机轰炸中国人民,因为这样可以轻易地杀死数千人,而且有很多中国人愿意在与日本人作战时战死沙场。与此同时,罗博士对我说,他已经警告过须磨弥吉郎先生,日本不能妄图无限期地屠杀中国人,这种妄图挑起和维持日本毗邻的中国的敌意的政策,对日本来说是致命的。我问罗博士,须磨弥吉郎先生是否提出任何能带给中日两国友好关系计划的建议,罗博士回答说,须磨弥吉郎先生没有提出任何计划,但他声称,目前的日本军国主义精神是问题的真正原因,而且这一精神不能遭到反对也不能被改变。罗博士告诉我,有几位日本人在与他交谈时,将日本目前对华政策和两国关系的疏远归咎于日本军国主义,并对这种政策和疏远表示遗憾。

罗博士说,须磨弥吉郎先生已经就报纸上提出的由国际联盟任命一个国际委员会来解决中日争端的计划征求了他的意见。罗博士说他回复说,他没有关于这项计划的官方消息,对此也无可论说。

日本在媒体上广泛宣称,中国不是一个有组织的国家,只是一个"地理区域"。在这方面,须磨弥吉郎先生对中国近期政治发展的言论可能会引起人们的兴趣。

须磨弥吉郎先生说,他在前一两天的中国媒体上看到,政府将于12月1日从洛阳迁回南京。我说,有人告诉我,中央政治会议已于11月17日就此问题通过了一项类似的决议。须磨弥吉郎先生问我的看法。我说,我认为这是走形式,但也有可能是为国民党中央执行委员会第三次全体会议作准备,这次会议定于1932年12月15日在南京举行。须磨弥吉郎先生说,在上海的中国圈子里有一篇报道说,蒋介石将军打算在全体会议上实现各派系的统一,特别是广州和南京的派系统一,以便向世界呈现一个统一的中国。我问须磨弥吉郎先生,他是否认为行政院院长汪精卫先生在访问欧洲之后会重回其官职。须磨弥吉郎先生说,在他的印象中,汪精卫先生肯定已经同张学良元帅和蒋介石将军决裂了,他不可能再回到政府就职了。他说,他知道,在去欧洲之前,汪先生曾威胁要揭露许多政治秘密,这对一些中国领导人来说是不利的,但他已被说服不这么做。我注意到,有一篇时下的中国报道指出,有一种观点认为,在全体会议召开期间的政府改组中,"左翼",即汪精卫一派将被消灭。须磨弥吉郎先生说,他听说了这件事,这大概意味着铁道部部长顾孟余先生和实业部部长陈公博先生将被辞退。另一方面,须磨弥吉郎先生说,他知道,除了刚才提到的两名部长,汪精卫先生的近旁还有 100 名追随者,他们现在在政府中任职,因为汪精卫前往欧洲而丧失了汪先生的直接保护。汪先生原本安排他们保留职位,以此显得国家统一,也因为政府中有两名部长和其他官员作为其代表对汪先生及其政党十分有利。

您恭敬的,

维利斯·R.佩克

（竺丽妮译）

172. 驻日内瓦领事(吉尔伯特)致国务卿
（1932 年 11 月 22 日）

793.94 委员会/544:电报

［日内瓦］,1932 年 11 月 22 日上午 9 时

11 月 22 日上午 7:30 收到

330. 在昨日晚些时候的理事会会议上,中国代表顾维钧是唯一的发言人。

1. 他首先对日本的"意见"(领事馆的 328 号,11 月 21 日,下午 3 时)做出了初步的"答复",他认为李顿报告书本身就是一个回答,并进一步宣称,日本人在尊重中国的情况方面的申诉前后不一致,因为日本在一定程度上对中国的情况负有责任,如果要接受日本对《白里安-凯洛格公约》的定义,最好放弃该协定。

2. 他接着列举了许多例子,说明日本满洲当局的监视妨碍了中国顾问执行任务,而中国向日本顾问提供的方便则恰恰相反。

3. 最后,他提出了中国对李顿报告书的"意见",这些意见主要是根据该报告书的引文和补充的其他数据、介绍和推论提出的,其要点如下:

（a）日本的历史和最近更明确的政策使中国在统一和重建的道路上陷入困窘,其目的是控制满洲和中国大陆。

（b）承认中国政府与抵制活动的关系,这是一种正当的和平和自我克制的防御手段。

（c）中国国内除了反对日本,基本上没有排外情绪,而其对日本的反对是日本政策的自然结果。

（d）日本入侵满洲不是自卫行为,也不是基于悬而未决的要求的合法行

为,其真实性质在报告书中有所揭露。

(e)尽管日本对国联做出了承诺,但它仍继续"使局势恶化"。

(f)日本声称满洲与中国的分离是自愿的,这种观点完全是站不住脚的。

顾维钧接着按照1932年10月20日领事馆第379号一文中概述的思路,对报告书中的结论发表了评论。

中方声明文本已通过邮件传递。①

吉尔伯特
(竺丽妮译)

173. 副国务卿(卡斯尔)备忘录(1932年11月22日)

894.51/390

[华盛顿],1932年11月22日

法国大使来访并给我看了一封其政府发来的电报,电报中引用了《芝加哥论坛报》上的一篇报道,说是法国和日本正在协商(结成)一个秘密联盟,而且法国正打算资助日本5亿法郎。他说,他甚至认为用电报来打扰我是不值得的,因为我们会意识到,报道里没有任何类型的真相,但正如他的政府要求他要断然否认的那样,他必须这样做。

大使说,据他所知,唯一的财务谈判是马斯内(Massenet)先生所进行的谈判。马斯内先生到日本和满洲去找一家不值一提的银行,想看看能做些什么来挽救法国在中东铁路的利益。我告诉大使,国务卿在他讨论马斯内的访问时误解了他的意思,说马斯内代表法国政府;他说,他希望我能立即纠正这一点,因为马斯内与法国政府没有任何关系;他说他和马斯内的谈话让他十分气馁,因为马斯内一针见血地指出了日本发生一场非常严重的社会危机的危险,这场危机可能采取共产主义的立场,也可能采取法西斯主义的立场,掺杂着社会主义的性质。无论如何,马斯内认为,日本不久的将来处于非常危险的状态;他还报告说,日本在满洲的麻烦只会愈演愈烈,因为满洲只有不到超过百分之一的人会为日本所用,甚至可能连那百分之一的人都有可能在暗中反对日本人的统治。据马斯内说,这是因为中国人受日本官员的鄙视和嘲笑。马

---

① 原编辑者注:《国联公报》,1932年12月,第1877—1890页。

斯内举了一个例子,他在采访"满洲国"一位主要的中国官员时,与他在一起的年轻日本军官在这位官员的面前说:"与这些人交谈没有多大用处,他们都是傻瓜。"大使指出,日本——超过世界上任何一个国家——是真正意义上由两派人组成的,其中一派具有真正的智慧,却不掌握权力,而军队虽然也有一些优秀的首领,但主要是由一群要多腐朽就有多腐朽的乌合之众操纵的。他说,在任何一个国家,有点权力的下属都容易盛气凌人,日本的情况却不同寻常。

大使提起了李顿报告书,他说他刚刚通读了报告书全文;他认为报告书中的建议是站不住脚的,因为它们永远行不通;他说,他担心的是,这个由小国主导的国联只会指责日本所做的一切,而不会提出任何建设性意见。这将会危及大国的地位,因为进行谴责的小国没有责任,只会加速日本的衰落。尽管对日本所做的一切,克劳德先生和我们大家一样不赞成,他认为日本仍然是西方各国和东方之间的唯一联系,如果日本对此无能为力,它也许会发展成为一个共产主义国家,从而为传播开辟了道路,那将是一场世界灾难;他说,他真诚地珍惜日本的一切美好,不希望看到世界其他国家帮助破坏这种美好,尽管他承认自己没有任何建设性的建议。他认为唯一的办法就是拒绝与"满洲国"打交道,然后耐心等待事情发展的结果。

W. R. 卡斯尔,Jr.

(竺丽妮译)

174. 远东事务局局长(亨培克)与施肇基博士谈话的备忘录(1932年11月22日)

793.94 委员会/585

[华盛顿],1932 年 11 月 22 日

234. 施博士来访,[①]并读了一封他刚从中国政府那里收到的电报。电报中说,南京政府了解到国联理事会倾向于将李顿报告书提交给十九国委员会,该委员会要到 12 月的某天才会采取行动;他们也许会提议不承认,并提出建立一个和解委员会;如果于 1 月份成立这样一个委员会,就将至少需要 60 天的时间提出报告。南京政府希望加快行动,并要求施博士敦促美国政府采取

---

① 原编辑者注:原中国驻英国大使,1932 年 7 月由郭泰祺先生接任。

强硬态度以防拖延。

施博士希望我们能提前做些什么。亨培克先生提醒施博士注意国务卿上星期①接待施博士时，在非正式会议上所作的发言。随后他们谈及南京发来的电报中所报道的问题和国联发起行动的可能性；然后施博士问，他应该怎样回复这封电报。亨培克说，他建议施博士回复说，他已经把这条信息传达给了国务院，国务院拒绝置评。施博士表示，这样回答"还不够"。亨培克先生说，他认为在现阶段，说得"不够"比说得"太多"要好；但施博士可以根据他自己的立场指出，程序问题是国联内部的宪法规定，任何人都不应指望美国政府会主动向国联提出有关国联事务的建议和意见。对这个建议的意义进行了一些讨论之后，施博士离开时声明他将仔细考虑该问题。

斯坦利·K. 亨培克

（竺丽妮译）

175. 驻瑞士大使（威尔逊）致国务卿（1932 年 11 月 22 日）

793.94 委员会/545：电报

［日内瓦］，1932 年 11 月 22 日晚上 9 时

晚上 10:10 收到

48. 来自戴维斯。昨晚我和纽赖特谈话时，他提到了满洲的话题。他告诉我，松冈来看过他，他在理事会上花了大半天时间来处理中日争端，他还表示他对日本的辩护没有好感。他说，令他满意的是，日本的战略是推迟问题的解决，他相信，随着时间的推移，他们可以巩固现状，使其更难改变。此外，虽然他认为实施经济制裁并不明智，但他认为重要的是迅速做出决定并根据李顿报告书采取行动。他说，国联不能否定他们自己的调查团，并明确表示，他认为有必要和适当按照调查团的建议拟订解决办法，帮助恢复远东的和平。事实上，他说，这个问题必须通过包括苏联和美国在内的所有有关大国的合作来解决。我现在对德国的态度感到满意。

威尔逊

（竺丽妮译）

---

① 原编辑者注：1932 年 11 月 15 日；谈话备忘录未印。

176. 驻日内瓦领事(吉尔伯特)致国务卿
(1932 年 11 月 23 日)

793.94 委员会/547:电报

[日内瓦],1932 年 11 月 23 日晚上 11 时

11 月 24 日中午 12:02 收到

334. 以下是在今天举行的理事会会议上关于中日问题的实质进展。

1. 日本代表回答了中国"意见"中提出的某些问题(领事馆第 330 号,11 月 22 日晚[早]9 时),主要如下:

(a) 断言日本军事计划不仅针对沈阳地区还包括整个满洲地区是毫无根据的。

(b) 日本占领上海是出于自卫,并严格遵守《巴黎非战公约》的规定。

(c) 日本没有制订大陆或世界范围内扩张的计划。中国的历史引证虽然大体上是准确的,但大多数都是个别日本人的特殊声明,与日本政府的政策毫无关系。

(d) 中国人的抵制使"局势恶化",与中国人对国联的承诺相反。

(e) 中国代表所说的中国政府可能会通过一项可行的程序使抵制活动合法化,无异于承认了中方是承认抵制活动是合法的。在中国抵制美国商品一案中,美国的立场是,中国政府有责任制止这种异常的、非法的,特别是违反条约权利的运动。为了强调其立场,美国政府命令其太平洋舰队做好前往中国的准备。从 1905 年出版的《美国对外关系文件》一书中,我们可以读到一些文本来证明。

(f) 中国普遍的排外情绪体现在学校的反外教育之上。1900 年的义和团运动的精神延续至今。中国声称,鲜有对传教士和其他外国人造成伤害的事件发生,而事实上这种罪证可以从公开记录中找到。

(g) 日本从未违反《国际联盟公约》《巴黎非战公约》或其他条约。

(h) 日本按照其在东方维护和平和维持秩序的既定政策,对中国的混乱绝对没有任何责任,相反,它尽了最大的努力帮助中国。

(i) 1896 年中俄秘密条约是一个对日本的侵略同盟(参见麦克默里的条

约集①),体现了中国对日本的政策。如果日本在俄日战争时期就知道这个条约的存在,那么今天就不会有满洲的问题了,因为日本会保留满洲。

(j)中国所表示的从日本外交政策来看,日本是一个无组织的国家这一点可能要由世界来判断。

(k)中国呼吁国联迅速采取行动,因为拖延将导致进一步的流血冲突,对此,满洲居民正在享受中国本土所不能提供的保护和幸福本身就已经做出了回答。

2. 在中日双方代表就《田中奏折》②的真实性所做的讨论中,日方代表要求顾维钧提供能证明其真实性的证据。

3. 顾维钧在反驳时主要重申了先前的声明,没有提出任何看起来具有重要意义的新内容。

4. 李顿爵士在会议桌旁就座。主席建议,在听取了中国和日本代表的发言后,调查团成员应在方便的时候尽快通知理事会,"这些意见和发言是否会使调查团认为应该修改或以任何方式来补充其报告书中表达的意见"。松冈对此表示赞同,但他认为任何观点都要代表整个调查团的观点而不是任何特定成员的观点。他补充说,根据他的理解,"调查团的任务在向国联提交报告书的那一刻就结束了",因此,"调查团无权就我国政府或我本人提出的意见或揭露情况进行协商和提出新的阶段"。

主席回答说:"关于所提出的第一点,据了解,这些意见是调查团全体成员的意见。关于第二点,我的意见是,调查团将一直存在,直到理事会正式解散调查团以前,理事会可能希望从调查团得到所有它想知道的东西。"

松冈坚持他的论点,即调查团关于编写报告的工作已经完成,它"无权对编写报告书后发生的情况做出任何评价或给出任何意见"。他说,如果理事会有不同意见,他希望提出异议,并持保留意见。主席重申了他的观点,并提醒大家注意这是符合国联惯例的。

中国代表支持主席的建议。

在松冈和主席按照同样的思路进一步交流之后,李顿说:

---

① 原编辑者注:约翰·V. A. 麦克默里编:《与中国的条约和协定》,第一卷,第81页。

② 原编辑者注:一份据称是1927年7月由当时的日本首相男爵田中将军拟定的文件。

"我要感谢你们给我们机会说明日本和中国代表所提的意见是否会使我们以任何方式修改我们报告书中所载的意见。由于我可能就这一点发表的任何意见显然都必须是调查团全体成员的意见,因此,在我有机会与我的同事见面之前,我不能回答你们的提议。我们明天见面,讨论一下你们给我们的提议。关于日本代表提出的问题,自调查团成员各自返回自己的国家以来,一直没有举行过会议,也没有作为一个调查团发表过任何意见或采取过任何行动。我对你们的提议的理解并不是要我们对所提出的意见做出评论;我的理解是,我们应该告诉理事会成员,对我们的报告书提出的意见是否会使我们用任何方式去解释、修改或改换我们的建议。如果我正确地理解了这一问题,那么这就是我要向我的同事们提出的唯一一点,并且在时机允许的情况下,我会对此做出声明。"

该提议经理事会批准,日本持保留意见。

吉尔伯特

(竺丽妮译)

177. 驻日内瓦领事(吉尔伯特)致国务卿
(1932 年 11 月 25 日)

793.94 委员会/549:电报

[日内瓦],1932 年 11 月 25 日上午 10 时

上午 10 时收到

336. 以下是昨天下午理事会的会议纪要:

1. 双方就先前提出的问题交换意见后,中方代表指责日方将注意力转移到次要问题上,并就他所指出的以下主要问题阐述了中方立场:

(a) 日本 1931 年 9 月 18 日的行动是自卫行为吗?

(b) 所谓"满洲国"真的是中国独立运动和满洲人民自由意志所表现的结果吗?

(c) 日本是否如它一再向理事会承诺的那样撤出了其部队?

(d) 日本是否停止了军事行动并避免局势进一步恶化?

(e) 争端能以和平方式解决吗?

这些问题的答案是昭然若揭的,因为事实上,李顿报告书对这些问题进行了

全面的报道。至于法律问题,日本人已由他们的行为和他们在理事会上的发言表明,他们无意遵守他们的国际交往原则,这是对国联以及全世界发起的挑战。

2. 随后就调查团的权限进行了热烈的讨论(领事馆第 334 号,11 月 23 日晚上 11 时)。意见的分歧似乎是由于措辞的不同,而不是实质内容上的差异。日本将以书面形式提交其观点,如有必要,将进一步讨论此事。

吉尔伯特

(竺丽妮译)

178. 驻华大使(詹森)致国务卿(1932 年 11 月 25 日)

793.94 委员会/562:电报

[南京],1932 年 11 月 25 日晚上 6 时

11 月 26 日上午 6:05 收到

宋亲自致电法方、英方、意方大使以及我本人,邀请我们今天上午 11 时 30 分去他家中。他还表示,日本在日内瓦的消息称,中日两国正在就解决满洲问题进行直接谈判,这令政府感到尴尬。他请我们通知我们的政府,中国人已经把这个问题提交给了国际联盟,并希望把它留给国联来解决;中国向国联寻求解决方案;国联派了一个调查团去调查;这个问题完全取决于国联,中国希望能在那里找到解决办法。他说,如果这一切都失败了,前景将是黑暗的,因为不宣而战将很快在中国各地造成混乱。他不知道,如果日本不向世界舆论屈服,直接谈判取得成功的机会有多大。

詹森

(竺丽妮译)

179. 驻瑞士大使(威尔逊)致国务卿(1932 年 11 月 25 日)

793.94 委员会/560:电报

[日内瓦],1932 年 11 月 25 日晚上 9 时

11 月 25 日晚上 6:14 收到

50. 戴维斯和威尔逊报道。我们一直在努力预测国联对满洲采取行动的情况。据我们所知,全体大会将于 12 月 5 日举行,在花了几天时间讨论报告

之后,它将要求十九国委员会起草一份报告和决议。如前所述,该决议可能规定接受李顿报告书的前八章,并建议:(a)十九国委员会或(b)其他小型机构按照第九和第十章的规定,通过谈判找出解决办法。预计上述决议将于 12 月 15 日通过。

我们认为,将这一事项明确地保留在国际联盟的范围内是大有好处的,设立一个小范围的委员会,也许由九个大国加上苏联组成,这个委员会将接受国际联盟授予的责任,并把责任更为明确地落到其成员身上。

另一个问题是,在一个有苏联代表参与的机构中,您认为接受美国的合作会不会有一些困难? 根据李顿调查团的报告,我们自己的意见是,在达成解决方案时必须有苏联代表在场。

我们马上会被要求明确指出,一旦该报告书通过,并做出一项完全由国联决定的裁决,我们是否将准备加入十九国委员会或上述的小型机构,专门处理如何达成解决办法这一问题。如果您在国内没有发现这种程序会有政治上的困难,我们认为选择参加十九国委员会是有利的,从而会使国联更加明确地承担责任。出于实际目的,十九国委员会可以任命一个小型的小组委员会来协商解决办法。

如果我们参加这样的委员会,我们必须尽快选出一个代表。我们冒昧地说,我们认为没有人比麦考益将军更有资格,(因为)他似乎完全赢得了双方的信任。唯一的问题是,让调查团的一名前任成员在他提出报告的案件中担任政府代表是否适当。

威尔逊

(竺丽妮译)

180. 南京中国外交部致中国驻美使馆①
(1932 年 11 月 25 日)

893.01 满洲/654

[南京],1932 年 11 月 25 日

今天上午,代理行政院院长宋子文先生和外交部部长罗文干先生在宋子

---

①　原编辑者注:1932 年 11 月 26 日中国大使馆转交国务院的电报副本。

文先生的官邸会见了美国、英国、法国、德国和意大利的外交代表。据了解,在谈话过程中,宋子文先生否认了日本间谍所传播的谣言,称中国政府更愿意与日方进行直接谈判。宋先生冷冷地说,每当满洲问题在日内瓦得到认真关注时,同样的谣言就会再次出现。他补充说,这个问题现在完全取决于国联,国联不仅必须根据东三省的未来做出决定,而且必须根据条约的神圣性原则以及国联本身的存在来决定。

(竺丽妮译)

181. 驻日内瓦总领事(吉尔伯特)致国务卿
(1932 年 11 月 26 日)

793.94 委员会/563:电报

[日内瓦],1932 年 11 月 26 日上午 10 时
上午 10 时收到

339. 在昨天下午的会议上,理事会主要讨论了中日问题的两个程序问题:(1) 李顿调查团相对于理事会程序的地位;(2) 将争端提交全体大会。

1. 松冈递交了一份备忘录,其中载有他在以前的会议上所作的四项具体保留意见(11 月 25 日上午 10 时,领事馆电报第 336 号,第二段)。

(a) 调查团的工作在向理事会递交报告书后即告终止。

(b) 日本不反对调查团应理事会要求提供关于报告书的解释或增减,但这种解释应适用于"报告书中不清楚和不明白的段落",任何增减应根据"对报告书本身或调查团在调查过程中当场获得的材料重新审查或重建"。

(c) 日本不能承认调查团有能力对日本政府向理事会提出的意见或日本代表在理事会当前会议上所作的发言发表评论。

(d) 如果要求调查团考虑他们所听到的意见和发言,是否会促使他们改写报告,日本代表也许会被迫反诘调查团成员;因此,为了避免拖延,日本反对这一程序。

主席要求李顿说明"调查团自身是否希望在报告书中增加任何内容"。李顿的回答是否定的。(注:目前的意见是,鉴于调查团拥有最终决定权,这些事态发展不是最后结局。)

2. 主席回顾了迄今进行的论辩。然而,在提到理事会拥有自由处理该

报告书的固有权利时，他认为"实际考虑"，特别是日本和中国代表的发言中没有任何表示同意的说明，表明尽快将争端提交全体大会只是一种权宜之计。

日本代表宣布，他需要请求日本政府就主席的建议做出指示。然后他说："我相信，如果全体大会根据第十五条处理这个问题，大会的首要义务将是用尽一切手段，通过和解达成解决办法。如果当真寻求和解，我认为根据第十一条或第十五条第三款审议这个问题都没有什么差别。"他强调，除非双方都同意，否则任何解决办法都不能被认为是令人满意的方法，日本认为，"基于现实"的永久和平只能通过推行使它承认"满洲国"的政策来实现。他感到遗憾的是，理事会去年未能接受日本政府关于就其提出的五项基本原则同中国进行直接谈判的建议，他认为调查团的报告书"在精神上"证实了这一解决办法。

中国代表赞同主席的建议，并解释说，目前在理事会的会议上，他有意将他对该报告的看法限于第九章的第三项原则，希望日本作为其中提到的各项文书的签署国，将这一原则作为和解的基础。日本人的态度已经摧毁了这一希望，他认为只有等待全体大会的召开，才能充分展示中国的情况。

吉尔伯特
（竺丽妮译）

182. 驻日内瓦领事（吉尔伯特）致国务卿
（1932 年 11 月 28 日）

793.94 委员会/567：电报

［日内瓦］，1932 年 11 月 28 日下午 2 时
11 月 28 日中午 12:45 收到

340. 领事馆 11 月 26 日上午 10 时的第 339 号电报。理事会今天早晨一致通过（日本弃权）将中日争议提交全体大会审议。日本代表在给理事会主席的信中说，根据从东京收到的指示，日本政府保留了它在以前各场合对《国际联盟公约》第十五条的适用情况所持的不同意见。他补充说，他的政府已证实他在理事会上次会议上就这个问题所表示的意见。

然后，主席向调查团的成员表示感谢他们的协助，并补充说，如果大会想从调查团获得进一步的消息或解释，大会可以随时通过特殊决议召回调查团。日

本代表坚持在理事会的上次会议上就调查团的存在问题所做出的保留意见。秘书处的主管官员将这一行为视为相当于终结李顿调查团的存在。大家一致认为主席的措辞不太清楚,据了解,他本应使用"重建"一词而不是"召回"。关于调查团可能集会的行动显然存在法律上的困难,但作为一种折中办法可以满足理事会某些成员国的要求,这些成员国希望在需要时可以再召集调查团。

协商一致的意见似乎是,解散调查团是合适的,因为它使报告的地位比它是否对修改保持开放的态度更为明确。

吉尔伯特

（竺丽妮译）

183. 驻华大使（詹森）致国务卿（1932 年 11 月 29 日）

793.94 委员会/569：电报

［北平］,1932 年 11 月 29 日中午

11 月 29 日凌晨 1:25 收到

1277. 以下为美国驻哈尔滨总领事的来信：

"11 月 27 日下午 1 时。我得到可靠的消息,'满洲国'的日本和中国代表正在强迫当地的中国和苏联商人、出版商、教师、学生和其他人签署在'新京'撰写的请愿书,请愿书是写给国际联盟以反对李顿报告书并赞扬'满洲国'的人的。我仍然认为,北满头脑清楚的中国人反对由日本人控制的独立的'满洲政府'。虽然许多当地苏联人起初对日本控制一事热情高涨,但因为日本人没有实现和平与秩序,没有按照日本人的承诺给予他们与这里的日本人和当地居民平等的权利,他们现在希望破灭了。"

致大使：

珀金斯

（竺丽妮译）

184. 驻日内瓦领事(吉尔伯特)致国务卿
(1932 年 11 月 29 日)

793.94 委员会/572：电报

[日内瓦]，1932 年 11 月 29 日下午 2 时

11 月 29 日上午 9：20 收到

344. 麦考益将军通知我，李顿已要求他留在日内瓦，以便随时待命，等待即将举行的大会。他将遵守调查团主席的这一要求。

吉尔伯特

(竺丽妮译)

185. 远东事务局局长(亨培克)与中国使馆一等秘书
(龚)谈话的备忘录(1932 年 11 月 29 日)

893.01 满洲/691

[华盛顿]，1932 年 11 月 29 日

龚先生说，中国使馆刚刚收到南京发来的两份重要机密电报。

在第一份声明中，外交部表示，有大量证据表明，日本人正试图在华北地区挑起"事端"。(注：这与我们从其他来源获得的有关日本驻北平使馆警卫再次进行挑衅活动的最新消息相符。)外交部收到了张学良将军的电报，他在电报中说，他正在采取一切可能采取的预防措施防止事件的发生，以同这种努力作斗争。

在第二封电报中，外交部说，日本驻华大使有吉先生已由日本返回中国(但尚未访问南京)。有吉先生在日本召集了大量有影响力的领导人并提交了一份备忘录，阐述了他对中国的看法。(注：龚先生说，南京政府推断，有吉的建议是中立的。)不幸的是，有吉的观点收效甚微，他对此似乎非常失望。南京政府推断，军方在日本仍保持着强大的控制地位。

斯坦利·K.亨培克

(竺丽妮译)

186. 国务卿与德国大使(冯·普利特维茨) 谈话的备忘录(1932年11月29日)

500. A4D/273

[华盛顿],1932年11月29日

今天下午,我同德国大使就其他问题进行讨论之后,提出了德国批准了《九国公约》的问题。我提醒他,我以前和他谈过这件事,我还和布吕宁(Bruening)博士谈过,当时他正担任总理,他们都让我以为,他们会努力让国会在今年冬天批准这项条约。我说,我认为如果他们能够这样做,那么这将对日内瓦的总体局势产生非常有益的影响。他说他会向他的政府提出这个问题。他告诉我,在没有建立议会内阁的情况下,很难在他们的议会里做一些事情,但当他们在其他问题上不能达成一致时,他们可能会在这个问题上达成一致。他说无论如何他要试一试。我告诉他,我很高兴听到他这么说,因为我认为非常重要的是,现在李顿报告书已经为在日内瓦采取行动奠定了一个坚实的基础,在这一问题上应该做出一项温和而坚定的决定,而德国的这种行动将有助于实现这一决定。

亨利·L. 史汀生

(竺丽妮译)

187. 驻瑞士大使(威尔逊)致国务卿(1932年11月30日)

793.94 委员会/580:电报

[日内瓦],1932年11月30日上午11时

11月30日上午7:17收到

52. 国务院11月28日下午5时第39号电报。我一直在和戴维斯通电话。

德拉蒙德没有进一步提起最近几天通过的一项不承认声明,但这一点经常在与其他人的谈话中被提起,这些人都认为这是一个必要和紧急的步骤。因此,我有充分的理由认为,虽然这一想法没有机会在理事会各届会议上进行公开讨论,甚至是个人声明,但仍旧没有被放弃。

大会特别会议刚刚定于12月6日召开。我也了解到十九国委员会将于

12月1日召开内部会议。我将立即报告我在上述方面可能听到的所有权威意见,同时继续遵照您的指示,避免表现出任何敦促国联成员就中日问题各方面采取行动的姿态。中日问题必须由国联自身来处理。戴维斯和我都认为,发表这项宣言是重要的也是有利的,我们认为,在没有美国代表的任何压力的情况下发表宣言,效果将会更佳。

威尔逊

(竺丽妮译)

188. 驻瑞士大使(威尔逊)致国务卿(1932年12月2日)

793.94 委员会/601:电报

[日内瓦],1932年12月2日晚上6时

12月2日下午4:05收到

53. 您的11月28日下午5时的第39号电报,以及我11月30日上午11时的第52号电报。

在今天上午的一次谈话中,德拉蒙德告诉我,日本一直在努力与中国达成协议,开启直接谈判。中国人拒绝了这些提议。日本人现在正在考虑在大会上提议,在中立观察员出席的情况下进行直接会谈,类似于华盛顿会议期间的山东讨论。他们还在谈话期间提出了不可能的情况。尽管如此,德拉蒙德认为这是一个小小的进步,他们至少考虑了邀请中立观察员直接参与讨论。根据德拉蒙德的说法,十九国委员会的成员目前正在考虑以下问题。(请记住,这都是猜测,没有人能真正预言未来会发生什么。)

1. 12月6日的大会将听取全体成员国的意见。

2. 在这些讨论结束时,将把这个问题提交十九国委员会,以便向大会提出具体建议。

大会将在12月中旬之后的某个时候另举行一次会议,其想法是通过一项分三个部分的决议或是三项决议,内容如下:

(a) 通过李顿报告书的前八章;

(b) 要么:(1) 采纳报告书和3月11日的决议的结论,从而表明国联的成员不应该承认"满洲国",要么(2)重申3月11日的决议;

(c) 请十九国委员会审查李顿报告书第九和第十章的结论,并努力达成

一项解决办法。同时将授权十九国委员会邀请美国和苏联以及日本和中国的代表参加该委员会。

您会注意到,不承认"满洲国"的决议略有减弱,而且在昨天与国际联盟成员的谈话中,我注意到了这一趋势。德拉蒙德解释说,委员会中一些最激进的成员,特别是马达里亚加,正在考虑用"(b)(2)"代替"(b)(1)",以此赢得日本对这一计划的默许。德拉蒙德本人认为,为了启动真正的谈判,这样做可能是正确的。

麦考益认为,日本人对不承认的声明不以为然,因此,这样的声明不会产生进一步激怒日本公众舆论的效果。您可能认为,根据"(b)(2)"概述的程序将足以证明该原则的正确性,特别是如果加上大会对建设性解决办法的希望。如果您认为这样的程序不够,必须按照(b)(1)项所预定的程序,国联应通过一项不承认"满洲国"的明确声明,那么戴维斯和我认为我们应该遵循的程序必须经过仔细斟酌。我们认为,如果我们不冒着我们的干预失败的严重危险,我们就不能同秘书处成员或小国的代表进行会谈。然而,我们或许可以与法国和英国的主要代表进行秘密会谈,明确表示我们不是以国联成员的身份,而是作为在远东具有重大利益的大国的代表同他们进行会谈。

如果能在 12 月 6 日全体大会召开之前得到您的意见,我们将十分感谢。

威尔逊
(竺丽妮译)

189. 驻瑞士大使(威尔逊)致国务卿(1932 年 12 月 4 日)

793.94 委员会/603:电报

[日内瓦],1932 年 12 月 4 日晚上 9 时
12 月 4 日下午 5:35 收到

55. 来自戴维斯和威尔逊。请参阅 11 月 25 日晚上 9 时第 50 号电报的最后一段。我们已经同麦考益讨论了这一建议,我们认为最好让您知道他的想法。他强烈地感觉到,在他成为委员会的成员并对该案件做出判决之前,让他寻求解决办法,并在一个委员会中采取行动是不妥当的。

威尔逊
(竺丽妮译)

190. 驻瑞士大使(威尔逊)致国务卿(1932 年 12 月 4 日)

793.94 委员会/604：电报

[日内瓦]，1932 年 12 月 4 日晚上 10 时

12 月 4 日晚上 8：10 收到

56. 戴维斯和威尔逊报道。自 12 月 2 日下午 6 时 53 分第 53 号电报发出以来，我们已多次根据第 3 点(b)(1)及(b)(2)所概述的两项行动纲领讨论其相对优势。我们也与麦考益讨论过此事，并希望向您提交若干意见，供您考虑。

正如我们在第 53 号电报中所指出的，麦考益认为，日本人对不承认宣言不以为意，因此，我们不必担心这一宣言的问世将导致他们更加强硬的态度，从而引起进一步的愤怒。此外，似乎很自然的是，如果日本人期望这样的声明，却没有得到实现，他们将感到国联各大国之间的分裂和地位的削弱，因而不会像面对协调一致的行动时那样感到有必要做出妥协。如决议不予承认，公众的普遍反对不可能不给该国的温和派留下深刻印象。

在这种情况下，似乎也应该采取一些积极的措施令中国满意，尽管他们一再敦促加快这一问题的解决，但一年多已经过去了。

据推测，伦敦《泰晤士报》12 月 1 日发表了一篇由休·拜厄斯(Hugh Byas)撰写的措辞谨慎的社论，暗示日本外务省的政策将发生变化，倾向于采取一种和解政策，并恳请给出时间让这种情绪的变化继续发展。麦考益指出，这与松平和日本其他平民对他所表现的态度是一样的。他把这解释为外务省试图赢得外界的同情，同时他们向军方保证，他们是在为巩固满洲的局势争取时间。

宣布不承认将使国联与美国站在同一立场上，使我们能够在同一平台上与他们合作，寻求建设性的解决办法。此外，日本承认"满洲国"的存在，使得人们对此案形成了偏见。通过宣布不承认来平衡局势似乎是必要的。我们没有无视另一方的论点而是承认了它们的价值，但我们相信出于我们对在此所掌握的一切事实来看，国联应该通过一项明确的决议，反对成员国承认"满洲国"。

如果您同意并希望我们采取第 53 号电报倒数第二段最后一句话所述的

行动,请尽快告知我们,以便在赫里欧和麦克唐纳还在此地时能够采取行动。

威尔逊

(竺丽妮译)

191. 国务卿致出席裁军会议美国代表团代理主席 (吉布森)(1932 年 12 月 4 日)

793.94 委员会/580:电报

[华盛顿],1932 年 12 月 4 日晚上 11 时

43.[致威尔逊]您 11 月 30 日上午 11 时的第 52 号电报,进一步引用您 11 月 25 日 9 时的第 50 号电报。

1. 本政府原则上不会反对在一个可能有苏联代表参加的组织中合作审议这个问题。

2. 我觉得责任不应该转移。转移责任就是一个谎言,它也应该继续留待国联得到解决。国联正在接受考验,其主要成员对和平运动与和平机制的诚意正在受到审查。任何将管辖权移交一个小型机构的企图都将表明无法或不愿意履行《国际联盟公约》中明确或暗含的义务。

如果向苏维埃俄国和美国发出邀请,邀请它们参加十九国委员会的审议,应该被理解为,管辖权和责任仍然归国联承担,美国代表将在合作的基础上发挥作用,但他本人或美国都不承诺根据《国际联盟公约》的章程规定行事。这个组织将是一个由国联调查团和美苏代表组成的小组。

我的想法是,这样组成的一个小组将发挥调解委员会的作用,并且我们在指示吉尔伯特参加理事会会议时对他施加了限制,也就是说,他参加讨论的范围应限于讨论《巴黎非战公约》的适用性问题,不需要强迫该国的代表参加这样一个调解委员会的审议工作,因为该调查团同所有其他调解委员会一样,只能在两名对手同意的情况下才能采取行动。当然,我们的代表将需要向其政府报告,征求政府对其所得出的结论是否赞同,正如十九国委员会本身必须向大会汇报,而且其成员很有可能也需要向他们各自的政府汇报。

在我看来,在这些看似被讨论的各种观点中,设立这样一个调查团是最可行的。

3. 以上就是我目前的想法。我认为,对这一想法我们不应该主动,而应

等待国联向我们提出。如果他们带着这样一个项目或类似的替代方案来找您，您应该与他们自由地讨论这个问题，不需要向我报告。

史汀生

（竺丽妮译）

192. 国务卿致出席裁军会议美国代表团代理主席（吉布森）（1932 年 12 月 4 日）

793.94 委员会/601:电报

［华盛顿］,1932 年 12 月 4 日午夜

44.［致威尔逊］您 12 月 2 日晚上 6 时的第 53 号电报。如前几封电报所示,我认为国联按照您电报"(b)(1)"所述的建议通过一项决议是非常可取也是非常重要的。现在李顿报告书已经有了调查结果,事实上,似乎仅仅重申 3 月 11 日的国联决议就是一种倒退,这一局势的整体逻辑要求向前更进一步,明确地承认不将原则应用于"满洲国"。

但是,我不希望您采取任何主动行动,使得国联各国政府成员的代表注意到这一观点,但是,如果有任何这类代表［们］同您接触,您应该支持这一观点。

史汀生

（竺丽妮译）

193. 驻华大使（詹森）致国务卿（1932 年 12 月 5 日）

893.01 满洲/665:电报

［北平］,1932 年 12 月 5 日晚上 9 时

12 月 5 凌晨 2:33 收到

1293. 以下来自美国驻沈阳总领事。

12 月 3 日上午 11 时。一位可靠的线人说,他从一个相当可靠的来源得知,来自张景惠的秘书的一个秘密消息称,东京方面已经指示张景惠执行一项计划,如果可能的话,将在 1 月 1 日左右在沈阳宫立溥仪为"满族蒙古帝国"的宣统皇帝。新成立的"满蒙帝国"将协助执行这项计划。据报道,这一计划背后的动机是获得包括华北地区在内的所有蒙古人和君主主义者的大力支持,

并通过唤起复辟帝制运动的感召,为未来可能的领土扩张提供便利。我们将继续努力核实这一资料。

使馆很熟悉这些谣言,并在10月份的月度政治报告中对其进行了简短的讨论。(见11月15日第1814号电报①的第21至25页。)

致大使:

恩格特

(竺丽妮译)

194. 国务卿致出席裁军会议美国代表团代理主席(吉布森)(1932年12月5日)

793.94 委员会/604:电报

[华盛顿],1932年12月5日中午

45. 致戴维斯和威尔逊。您12月4日晚上10时的第56号电报以及国务院12月4日午夜的第44号电报。我赞同您在倒数第二段中所做出的预测和结论。

我同意您在最后一段中所建议的,同英国和法国的主要代表谨慎地进行严格保密的会谈。

史汀生

(竺丽妮译)

195. 驻华大使(詹森)致国务卿(1932年12月6日)

893.01 满洲/673:电报

1932年12月6日上午9时

12月6日上午6:55收到

1296. 以下来自美国驻哈尔滨总领事:

"12月5日,下午4时。

1. 据日本军方证实,日本军队于12月3日攻占博克图站,并通过侧翼行

---

① 原编辑者注:未印。

动占领隧道两端的毕集良站（Petlia）和兴安站，随后又占领伊列克得站（Irakte），并向遭飞机轰炸的海拉尔推进。

2. 很明显，中国人没有太多抵抗，结果有利于日本人前进。

3. 12月3日，日本人在乌吉密河北部的东坪打败了4 000名'叛乱分子'，其中包括1 000名红枪会，并向东挺进。

4. 在兴凯湖附近的密山北部发生了针对'叛乱分子'的积极战斗，在此期间，日本人11月30日在新河镇一名中校丧生。

5. 军事使团宣布，满洲里的所有日本国民警卫队，总共120人，今天安全抵达马齐耶夫斯卡亚。"

致大使：
恩格特
（竺丽妮译）

196. 国务卿与加拿大大使（赫里奇）谈话的备忘录（1932年12月6日）

（1932年12月6日中午）

793.94委员会/638

[华盛顿]，1932年12月6日

大使说，他奉总理的指示来此，向我密告加拿大期望在日内瓦举行的国际联盟大会上就满洲问题通过的政策。他告诉我，他们要派外交部部长卡汉去日内瓦，大使向我宣读了卡汉先生在日内瓦行动的指示。

这些指示回顾了国际联盟从一开始就在满洲问题上采取的行动，特别是李顿报告书，以及在大会召开前该报告书的现状；他们指出，李顿调查团所发现的事实显然没有受到迄今为止在日内瓦进行的讨论的重大影响，也没有受到对其建议可能采取的任何行动的重大影响。他们列举了调查团提出的各项原则，作为其建议的基础，显然得到了批准；他们指出，有可能将这一事项提交至十九国委员会，还可能成立一个新的调解机构，邀请其他国家加入，以便进行调解。

当他读完这些指示时，我告诉大使，我听了这些指示后觉得，它们大体上符合我自己的看法，当然，我是站在联盟之外的政府的立场对待这个问题的，对联盟的行动不负有责任。大使说他很高兴听到我赞同他们(的消息)。然后我把我的态度告诉了他。我首先说,我国政府绝对丝毫没有改变立场;相反,我们认为李顿调查团的报告书证明了我们的立场是正确的,该报告与我们自己独立确定的事实一致。我告诉他,我之所以这样说,是因为有很多人试图把我的沉默理解为政府政策的改变。我接下来说,我保持沉默,是因为现在的情况是国际联盟正对提交给它的一份报告书按程序审议,任何外来国家的干涉肯定会引起日本的怨恨,这是必然的;另外,我之所以不发表评论,是为了避免给因这种干涉所引起的愤怒言论提供任何借口。他说他完全理解我们的立场。

然后我和他讨论了我所认为的太平洋局势的总体情况,首先指出整个世界对维持和平条约的兴趣,正如我在 8 月 7[8]日的讲话中所指出的那样。大使说他读过那篇演说,完全同意我的态度。我指出,这种利益全世界都有份。其次,我指出几个国家由于其特殊的处境和领土对东方的特殊利益,我特别提到了英国、加拿大、澳大利亚和新西兰,以及法国和其他在该地区拥有殖民地的国家。我说,这种利益主要体现在《九国公约》中,我特别高兴收到加拿大的这封来信,因为我认为加拿大也和我们一样,与此利益休戚相关,而且我们可以这样说,在太平洋发生任何真正的麻烦时,我们占据了竞技场中的前排座位。

我提请他注意,加拿大也签署了《九国公约》。我指出迄今为止在维持签署国的结盟方面所取得的成功,特别是其中最重要的利益,即与世界和平机制有关的利益。我说,我认为尽管众所周知,没有一个国家打算诉诸任何暴力或武力措施,但是只要维持这种结盟状态,日本在满洲的行动就显然注定是要失败的。他说他同意我的看法。我指出了大英帝国在这种情况下的特殊利益,他说他们得到了加拿大的赞同;他的总理想在这个问题上与我们团结一致,因为他以同样的方式感到加拿大和美国两国的利益是不冲突的。

我还指出,我自始至终坚持在这些利益上采取的立场,日本方面爆发的愤怒并没有也不会使我却步;我不认为那些爆发,也不认为日本人民如此歇斯底里是他们可能会诉诸暴力的原因,因为我知道使用暴力威胁是日本作为其外交一部分的一种常见的政策,以此来左右和它打交道的国家,我认为这一次它只是在故伎重施而已。大使说他认为我的想法可能是对的。

亨利·刘易斯·史汀生

(竺丽妮译)

197. 驻日内瓦领事(吉尔伯特)致国务卿
(1932 年 12 月 6 日)

793.94 委员会/611:电报

[日内瓦],1932 年 12 月 6 日下午 4 时

12 月 6 日下午 3:10 收到

351. 领事馆 11 月 29 日中午第 342 号电报。[①]

大会今天上午召开了全体会议。在海曼斯作了总结性发言后,中日两国代表接着发言。

1. 颜在讨论开始时引用了李顿报告书的部分内容,他宣称李顿报告书毫无疑问确立了日本作为侵略者的身份。日方之前断言称,承认"满洲国"使调查团的结论过时,他在答复时引用了李顿的一段话,大意是说,日本外务大臣已通知调查团即将采取的承认行动,而该报告是在充分考虑到这种局势的情况下撰写的。颜批评该报告未能为立即恢复东三省的主权制定具体措施,但他表示,中国政府明白,这一点将由大会决定。然后他向大会提出了四项具体要求。

(a) 根据李顿调查团调查结果,宣布日本违反了《国际联盟公约》《白里安-凯洛格公约》和《九国公约》。

(b) 呼吁日本立即执行 1931 年 9 月 30 日和 12 月 10 日的理事会决议,以期撤出日本军队和解散"满洲国"政府。

(c) 回顾其 3 月 11 日的决议,宣布不承认"满洲国"政府。

(d) 它应按照《国际联盟公约》第十五条第四款的规定,在尽可能短的时间内以及明确日期之前提出一份最后解决问题的报告。他解释说,中国政府上一次请求并不是要排除大会根据上文(a)所述的指示进行调解的可能性,而是准备在日本愿意在同一基础上接受调解的情况下讨论报告书中所建议的解决办法。

2. 松冈对颜的回答持保留态度,然后对日本的立场进行了详细的辩护,其中重申了国务院许多已经熟悉的论点,特别是关于中国的混乱状况和共产主义的发展,日本在满洲的自卫措施,国联无力提供日本在满洲利益充分的保护,日本提出直接谈判,1927 年中国的抵制和列强的干涉对中国的影响。关

---

① 原编辑者注:未印。

于最后一点,他大量引用了 1927 年 2 月 8 日张伯伦①写给理事会的信②。他还详细地讨论了中国排外情绪的发展。

关于"满洲国",他提到李顿报告书中没有任何地方指控日本煽动独立运动,并重申了以前声明否认过的有关日本参与其中一事。至于承认它为满洲的和平与繁荣提供了解决办法这一问题,并在其中保护了日本的利益等这方面,他引用了李顿报告书中关于满洲未来的某些段落,特别是其中认为恢复原状不是解决办法的段落。

他没有对李顿报告书发表评论,只是对日本反对而中国却支持李顿报告书这一印象表示遗憾。他认为,日本人的主要分歧在于他们对中国恢复正常的乐观态度。他指出解决办法应遵循下列原则:

"(a) 条件必须是能够有效地付诸实施,并且能够实现和维护远东的和平。

(b) 必须找到解决中国混乱状况的办法。

(c) 如国联或发现任何解决方法,它必须自行承担执行计划的责任。"

吉尔伯特

(竺丽妮译)

198. 驻日内瓦领事(吉尔伯特)致国务卿
(1932 年 12 月 7 日)

793.94 委员会/612:电报

[日内瓦],1932 年 12 月 7 日上午 11 时
上午 11:05 收到

352. 在昨天下午的大会会议上,爱尔兰自由州(康诺利)、捷克斯洛伐克(贝内斯)、瑞典(温登)和挪威(兰格)③的代表,就中日冲突问题发言。虽然他们以不同的措辞说明,并不同程度地强调了这个问题,但实际上一致坚定地提出了下列考虑:

(1) 解决目前的争端对国际联盟今后的作用发挥甚至是其存在都是至关

---

① 原编辑者注:奥斯丁·张伯伦爵士,英国外交大臣。

② 原编辑者注:《国联公报》,1927 年 3 月,第 292-293 页。

③ 编译者按:康诺利、温登、兰格原文分别写作:Connolly、Undén、Lange。

重要的。

（2）国联成员应在国联的原则上采取勇敢的立场，坚持以符合《国际联盟公约》条款的方式解决问题。

（3）应尽一切努力，通过和解寻求一种对所有利益攸关方都公平的解决办法，结束目前的冲突，并尽可能消灭今后敌对的根源。

（4）大会应明确通过李顿报告书，并根据由此得出的结论寻求解决办法。

（5）日本建立"满洲国"的行动违反了《国际联盟公约》和其他国际义务。

（6）国联成员应拒绝承认"满洲国"。

（7）本案事实表明，日本在满洲和上海的行动不能被视为正当自卫。

（8）无论中国通过宣传和抵制是怎样挑衅了日方，都必须坚持任何国联成员都无权对中国自己的事情做出判断、也无权诉诸武力的原则。日本代表所要求的日本的民族情绪不允许外部干预这一问题应被视为无效，接受这种先例将破坏国联的整个结构。

温登还表示，由于满洲的谈判仍在继续，军事压力更大，大会必须规定明确的限制，否则无法寻求争端的解决。

兰格简要地提出一个问题，即是否不应要求"某些对冲突感兴趣的非会员国"参加大会并为和解做出努力。

吉尔伯特

（竺丽妮译）

199. 驻日内瓦领事（吉尔伯特）致国务卿
（1932 年 12 月 8 日）

793.94 委员会/625：电报

［日内瓦］，1932 年 12 月 8 日下午 2 时

下午 2:50 收到

356. 以下是昨天下午在大会上邦库尔、西蒙、阿洛伊西、冯·纽赖特、布埃罗（乌拉圭）、摩里斯科（荷兰）、伯格比尔（丹麦）①参加的关于中日冲突的一

---

①　编译者按：阿洛伊西、冯·纽赖特、布埃罗、摩里斯科、伯格比尔原文分别为：Aloisi、Von Neurath、Buero、Moresco、Borgbjerg。

般性讨论的总结。

1. 正如邦库尔所说的,法国的立场似乎比任何其他大国的立场都更为明确。邦库尔提请注意这一问题在远东地区的特殊情况和在满洲中日关系的特殊性。他引用了白里安在 1931 年 12 月 10 日大会通过任命调查团的决议后立即发表的声明,并宣布这一声明代表了法国在这场冲突中政策的完整路线(《国联公报》,1931 年 12 月,第 2378 页)。

邦库尔没有具体提到承认"满洲国"的问题,但他的一般性发言暗示法国反对。他说,大会的第一项义务是设法通过和解找到解决办法,如果不能,则第 15 条第 4 款规定的第二项义务将予以移交。无论如何,李顿报告书都应该作为行动的基础。

他特别强调方法,并表示,如果不首先确定某些规则和原则作为可能的公平谈判的基础,为和解所做的努力就白费了。这些规则不应主要以李顿报告书的第一部分为基础,而应以其根据头几章所述事实得出的结论为基础。李顿报告书的结论应该作为起草建议谈判大纲的指南。他认为,报告书的各项建议没有得到充分的讨论,应当根据稍后将确定的一项程序仔细研究这些建议,以便就大会应在多大程度上通过这些建议做出决定。

2. 很难从西蒙所作的非常笼统和谨慎的发言中推断出任何积极的政策路线,他的态度给人留下的印象是试图持保守姿态。他详述了这个问题的复杂性,并在讨论李顿报告书时强调,该报告书并不像许多人认为的那样是"片面的"。为了支持这一点,他详细引用了报告中有关"中国和满洲"局势不稳定以及中国政策具有排外倾向的段落。

他唯一肯定的是,对国联来说,这一问题的严重事实是,当争端达到高潮时,国联没有遵守国联的原则,国联成员有责任捍卫《国际联盟公约》的原则。

在谈到和解的时候,他特别强调了调解的必要性,同时考虑到实际情况,帮助各方通过直接谈判达成协议。他认为李顿报告书,特别是前八章,应该成为审议这一问题的基础。

最后,他建议邀请苏联和美国参加调解工作。

3. 阿洛伊西强调解决办法,这种办法虽然遵守《国际联盟公约》的灵活规定,但应该是实际可行的。他认为,自李顿报告书提出以来,没有任何事情发生,这表明报告书中提出的解决办法是不切实际的,他认为这些建议为中日两国在大会的帮助下通过直接谈判解决问题提供了有用的、但不一定坚实的基础。他认为，只有在中日协议达成后才能考虑"满洲国"未来的国际局势。

他反对任何中国不能接受的解决方案，不赞成任何部分地解决中国问题的方案，因此他认为应该认真考虑李顿报告书中关于大国与中国全面合作的建议。

4. 德国代表作了总结性发言，并利用这一机会把中日问题同德国在国际事务中的特殊地位，特别是在裁军方面的特殊地位联系起来，提出了国际军事平等是国联的权威所必需的这一论点。

5. 布埃罗将中日冲突与查科争端进行了比较，特别是将大会 3 月 11 日①的决议与 8 月 3 日宣布不承认②的中立立场进行比较。

6. 摩里斯科的立场，特别是在不承认"满洲国"的问题上，大体上与其他小国的相同，但他明确表示，在根据第 15 条第 3 款努力达成和解之前，不应最终决定当事各方的罪行或过失问题。

伯格比尔的发言非常简短，除了支持国联的基本原则，在任何问题上都没有表明明确的立场。

吉尔伯特
（竺丽妮译）

200. 驻日内瓦领事（吉尔伯特）致国务卿
（1932 年 12 月 8 日）

793.94 委员会/624：电报

［日内瓦］,1932 年 12 月 8 日下午 3 时
12 月 8 日下午 1:50 收到

357. 八个国家的代表今天上午在特别大会上继续就中日问题进行总体讨论时发言，八国分别为土耳其、墨西哥、加拿大、巴拿马、智利、罗马尼亚、匈牙利和澳大利亚。

虽然发言大部分是根据《国际联盟公约》所作的一般性发言，但可以看出，有一种明显的趋势就是在昨天的会议上，各大国都在敦促通过和解来解决问

---

① 原编辑者注：《美国对外关系文件 日本：1931—1941》，第一卷，第 210 页。
② 原编辑者注：卷五，第 159 页。

题。澳大利亚的布鲁斯和加拿大的卡汉特别要求在适用《国际联盟公约》的机制时保持谨慎,并在这方面提到中国的分裂状况所引起的异常情况。在提到李顿报告书关于调整解决未来分歧的程序建议时,后一位发言者建议设立一个常设国际联合调查团,类似管辖加拿大和美国之间争端的调查团。

对于美国和苏联,土耳其、加拿大、智利和澳大利亚的代表提到,邀请非会员国同大会可能指定的任何调查团合作研究解决办法的可能性是有益的。

吉尔伯特

(竺丽妮译)

201. 驻日内瓦领事(吉尔伯特)致国务卿
(1932 年 12 月 8 日)

793.94 委员会/623:电报

[日内瓦],1932 年 12 月 8 日下午 4 时

12 月 8 日下午 1:55 收到

358. 今天上午日本代表在参加大会的一般性辩论时,基于以下前提,对 12 月 7 日四国起草的决议案质疑了程序问题:该决议草案基于毫无根据的指责精神之上;它单方面谴责日本,与和解精神背道而驰;其条款既不符合李顿报告书中所载的事实,也不符合国联的原则。

他要求起草者撤回该决议草案,否则,请主席将其付诸表决,以决定大会的意见。

主席答复说,将在全体讨论结束时审议程序问题。

吉尔伯特

(竺丽妮译)

202. 驻瑞士大使(威尔逊)致国务卿(1932 年 12 月 8 日)

793.94 委员会/626:电报

[日内瓦],1932 年 12 月 8 日晚上 8 时

晚上 9 时收到

59. 来自戴维斯。昨天下午,西蒙刚刚发表了精彩的演讲后①,我才赶到了会场。我一进门就遇到松冈,他拦住我说,约翰爵士刚刚做了一场精彩的演讲,他成功地把他自己过去三个星期在这里一直想说的话用出色的英语表达了出来。从这个及其随后的演讲报告中,我认为,西蒙赞成要求十九国委员会,加上美国和苏联,按照李顿调查团的建议,在通过一项关于接受该报告书和不承认的决议之前,以和解的方式同中国和日本一起制定一项能解决满洲局势的方案。因此,我找机会和西蒙坦率地交谈,告诉他松冈刚才对我说了些什么,以及他的报告给我留下的印象。

他说,他可以向我保证,他还没有决定放弃前一段时间讨论过的计划,我对他的观点印象颇深,他说:"我认为如果国联首先将和解的可能性降到零,那么做任何会使调解更加困难的事情都是不明智的。"我告诉他,这些观点在短时间内给我留下了深刻印象,但我越想越觉得,如果国联在不承认的原则上表现出任何削弱的迹象,就会产生相反的效果,因为在调查团的报告书之前国联就已经赞同这一原则。他坦率地说,他在这个问题上有两种想法,但我很可能是对的,无论如何,他希望我向您保证,英国政府决定与我们站在一起的立场丝毫没有改变,他们在任何情况下都不会承认"满洲国"。他说,他会给松冈写信,并告诉他,他的发言是为了让日本更容易合作来妥善解决争议,他不能被他的讲话所误导,日本必须知道,英国政府根本没有承认"满洲国"的意图。

他又说,虽然他完全同意对非法行为后果的不承认原则,但他认为这一原则并不是要走向不合逻辑的极端,例如,承诺不承认原则将在不断变化的情况下具有无限期的约束力,从而证明在这种情况下改变态度是有道理的。我告诉他,因为他在发言中建议邀请美国参加十九国委员会,并寻求争议的解决办法,因此他最好在发出邀请之前查明,日本和中国是否会提出反对意见来避免

---

① 原编辑者注:《国联公报》,特别增刊,第 111 期,第 49 页。

尴尬。他说那是个好建议,他会照做的。

然后他说明天早上麦克唐纳就会回来,他希望我们三个人讨论一下这个问题,因为我们必须对今后的发展方向保持完全一致。

威尔逊

(竺丽妮译)

203. 国务卿致出席裁军会议美国代表团代理主席 (吉布森)(1932 年 12 月 9 日)

793.94 委员会/626:电报

[华盛顿],1932 年 12 月 9 日晚上 6 时

48. 致戴维斯。您的 12 月 8 日晚上 8 时电报。关于西蒙的演讲在这里的报刊上发表的报道令人不安。我衷心赞成您立即会见他的举动,并完全赞同您所表达的意见。

据报道,西蒙在这次讲话中所采取的立场与我在 12 月 9 日下午 1 时给您的第 48[49]号电报中提到的加拿大总理的立场形成了鲜明的对比。

在同麦克唐纳和西蒙的谈话中,您可以说,我认为国联,特别是英国政府,如果在现阶段表现出一种过分宽容和过于和解的态度,将给日本人一种印象,即他们迄今为止的整个行动进程是被谅解的,他们在坚持他们所遵循的路线和他们所宣布的态度的过程中既不存在也不会遇到外界的任何真正阻碍。如果不重申不承认原则,将使大国之间的局势不明确,会给人一种缺乏团结的印象,使日本有可能同某些大国进行特别谈判,这就等于忽略了一个积极的步骤,国联很容易在解决和解这一困难问题之前采取这一积极步骤,而解决这一困难问题可能需要长期和耐心的努力。如果国联现在不能利用李顿报告书非常明确的调查结果,并继续假定必须允许日本决定国联的行动或不行动的进程,就像它决定远东事件的进程一样,我坦率地说,对调解机构在调节局势方面取得的任何成功将不抱希望。

事实上,如果英国政府表现出既不愿意作为一个政府、也不愿意作为国联的一个成员的代表原则采取立场,而国联因此回避这些问题,并假装相信一个调查团或调解调查团在没有得到大国对于这一问题的原则和决心支持下能够取得任何成果,我不得不怀疑,如果要求我们任命一位代表同这样一个调查团

合作,是否会达到任何有益的目的。

　　总之,在我看来,按照已经提出的路线所作的一系列决议,使我有理由表示,我的看法是,如果国联在这个时候不采取这样的一些立场,就等于承认日本的论点,即《国际联盟公约》和各项条约对日本所选择的进程不构成任何真正的障碍。

　　我很高兴您能按照上面的全部内容向麦克唐纳表达这些观点。这样做的时候,您应该说,我希望他知道我的观点,但同时我认为如果他在这个关头引用我的观点或把这些观点归罪于美国政府,这在外交上是不合时宜的。

史汀生

（竺丽妮译）

204. 驻日内瓦领事(吉尔伯特)致国务卿
(1932 年 12 月 9 日)

793.94 委员会/634:电报

[日内瓦],1932 年 12 月 9 日下午 3 时

晚上 8:44 收到

　　359. 昨天下午的大会上,在哥伦比亚只强调了适用国联原则的简短发言之后,一般性讨论在中国和日本的反驳下结束。

　　1. 中国代表发言的开头部分主要是重申以前攻击日本在满洲的立场的论点,并解释其他大国在大会上为支持这些论点所作的发言;敦促国联保持统一战线和展示在上海取得成功的决心。在作了这些介绍性发言之后,中国代表将其发言的其余部分分为两个主要标题:

　　(1)试图驳斥松冈先前提出的某些论点,内容如下:

　　(a) 1927 年英国在上海的行动与日本在满洲的行动毫无共同之处。

　　(b) 必须面对史汀生和调查团所承认的情况的"现实局势"。"局势"有三种:

　　第一,每个国家都必须按照其在"新和平体系"下的义务防止侵略战争,这种体系是目前控制日本的军事阶层所深恶痛绝的。

　　第二,有"中国人民的顽强抵抗";中国永远不会接受"满洲国",抵制和武装抵抗不会减少。

第三,中国的后劲比日本大;日本的金融和经济结构已经显示出明显的弱点;中国正在变得更加强大,它的汇率已经上升,中央政府的权威已经增加。

(c) 抵制是作为一种自卫措施,没有战争那么残酷。中国一直愿意在常设法院或国联面前对抵制问题和反外国宣传问题进行仲裁。日本拒绝了这些提议,从而拒绝了西蒙所提到的"国联的方法"。

(2) 中方对解决争议的态度如下:

(a) 中国最终拒绝直接谈判的想法。

(b) 但是,中国完全赞成通过国联进行集体谈判,并认可由十九国委员会在增加美国和苏联代表的情况下进行这项谈判的建议。

(c) 大会必须规定谈判遵循的基础和框架。

(d) 中国政府愿在 3 月 11 日国联决议和李顿报告书第九章确定的十项原则基础上进行谈判。中国对报告书中"不能恢复现状"的说法的解释是,"不能恢复现状"是指事实上的现状,而不是法律上的现状。换句话说,必须维护中国的领土和主权完整的原则,必须撤出所有日本军队,并拒绝承认目前的政权。

中国愿意接受报告书第九章的原则,但前提是 1931 年 9 月 30 日和 12 月 10 日的决议得到执行,将报告书的原则作为一个整体,并根据第三项原则加以解释。

2. 日本的答复是,对辩论各个阶段的连续评论,显然是为了争取对日本的同情,并被认为可能是受到英国前一天声明的鼓励。尽管他措辞强硬,语气却很和缓。该声明被认为是迄今为止日本代表发出的最强烈呼吁。然而,大多数论据都是那些通常提及的,但措辞更为生动。因此,很难确定日本最终政策的确切趋势。以下是这篇长篇声明的简介。

(a) 争取公正地解释书面证据,反对不顾上下文引用报告书段落的做法。

(b) 日本在财政和金融上遭受了很大的打击,但这并不能归咎于大萧条。

(c) 他否认日本由军人阶层统治的指控,并做出民主呼吁,声称日本一些最伟大的将军来自较穷的阶层。

(d) 他重申日本在这一冲突中的行动同 1927 年英国在中国的行动类似,同时提到美国向尼加拉瓜派遣的部队数目相对较多。

(e) 关于李顿报告书的一致性,他认为报告书中有矛盾之处,并将报告书描述为"'一致意见'不一致",他认为这种情况是自然的,因为问题的性质以及委员的人数和国籍有不同。

（f）将日本描述为国际联盟的忠实支持者。在美国和苏联缺席的情况下,在中国这样一个组织混乱的大国面前,日本入盟意味着日本面临着巨大的风险,这证明了它的态度是极其忠诚的。

（g）鉴于这种情况,不应在不灵活解释《国际联盟公约》条款的情况下对日本做出判断。

（h）某些国家认为国联是它们存在的"生命线",这是承认它们主要关心的是国联作为一个机构来促进个体成员的利益。满洲是日本的生命线,它的自身利益也必须得到考虑。

（i）满洲的情况正在改善,"满洲国"的健康发展最终将为国联目标做出贡献,成为远东和平的基石。

（j）认为在满洲和上海的行动是军国主义的行动是毫无根据的。全日本人民支持这一政策,因为日本认为满洲对其生存至关重要。他声称,日本人民过去和现在都毫无例外地准备遭受最严厉的制裁,即使是《国际联盟公约》规定的制裁,而不是放弃他们的权利。

（k）他的发言没有详细说明日本对李顿报告书各项建议的态度,但他确实提请注意这些建议的适用困难,例如,他认为关于设立一个警察队来管理满洲广大领土的建议是"荒谬的"。

（l）他说,调查团认为对执行政府建议至关重要的一个强大的中国中央政府在今后许多年都不可能实现,同时必须保护其他强国的利益。

（m）他举例说明日本对同情和谅解的反应,指出现在有可能同苏联缔结一项互不侵犯条约。他在几个月前肯定地说这是不可能的。日本的这种内在的变化是由于苏联对在苏联和满洲边境上处于困境的日本人的友好行为。在这一点上,他当然试图暗示苏联和日本之间存在着一种谅解。

（n）他接着呼吁国际联盟加强日本在远东的地位,因为日本的政策是同其他大国和同国际联盟本身一样的和平与秩序的政策。国联在这场冲突中发挥了重要作用,阻止了列强偏袒任何一方,但表现出支持中国反对日本的姿态,从而鼓励中国拒绝直接谈判。只要中国抱有别人会来帮助它的错误希望,远东就不可能拥有真正的和平。

吉尔伯特

（竺丽妮译）

205. 驻华大使（詹森）致国务卿（1932 年 12 月 11 日）

793.94 委员会/637：电报

［南京］，1932 年 12 月 11 日晚上 7 时

12 月 12 日凌晨 4 时收到

罗文干 10 日晚上来见我。他对西蒙在大会上的演讲很不满。他说，他意识到国联没有能力执行判决，但中国要求的只是做出判决；在国联道德判决的支持下，中国将尽其微薄之力，通过自己的努力获得执行力。只要他在位，只要他的声音还能影响政府政策，他就不会同意任何将日本在满洲的所作所为合法化的解决方案，也不会同意将满洲从中国分离出去；中国将继续抵制；中国在不断壮大；时势站在中国一边，日本失去了与世界的友谊，失去了力量；时势对日本不利。他说，就中国而言，在涉及满洲沦陷或日本行为合法化的问题上，不会有任何妥协。他说，满洲的情况与上海的情况没有可比性。在后一种情况下，中国同意所提出的条款，以保护公共租界，并维持那些在上海的利益受到损害的大国的好感。

詹森

（竺丽妮译）

206. 驻瑞士大使（威尔逊）致国务卿（1932 年 12 月 12 日）

793.94 委员会/640：电报

［日内瓦］，1932 年 12 月 12 日晚上 6 时

12 月 12 日下午 1:35 收到

61. 来自麦考益。

"我在与戴维斯和威尔逊商量之后，决定于 15 日与戴维斯一起乘'曼哈顿号'船回国，除非他们让我不要这样做。德拉蒙德告诉我，大会不可能召回李顿调查团，我们大家都和埃里克爵士一样认为这样做更明智。德拉蒙德正在采取行动，尽快正式解散调查团。"

威尔逊

（竺丽妮译）

207. 驻瑞士大使(威尔逊)致国务卿(1932 年 12 月 12 日)

793.94 委员会/641:电报

[日内瓦],1932 年 12 月 12 日晚上 6 时

12 月 12 日下午 2:40 收到

62. 来自戴维斯和威尔逊。德拉蒙德今天上午非常机密地通知威尔逊,秘书处副秘书长日本人杉村通知德拉蒙德,日本驻华盛顿代办刚刚发来一份电报,报告说他们与卡斯尔进行了谈话。据代办报告,卡斯尔说,即使美国受到邀请,美国是否会接受邀请参加十九国委员会的工作,还是令人怀疑的;如果日本人同意我们参加,我们也许会认为这件事是有利的,但我们是否会接受一个委员会的成员资格仍然值得怀疑。鉴于您方在 12 月 9 日晚上 6 时第 48 号电报中所表达的意见,我们认为在此报告此事时一定有误会。

局势正朝着与您过去几天的观点相一致的方向发展,但似乎没有必要对十九国委员会的行动进行推测,因为我们可以在几天内报告事实。

威尔逊

(竺丽妮译)

208. 国务卿致出席裁军会议美国代表团代理主席 (吉布森)(1932 年 12 月 12 日)

793.94 委员会/641:电报

[华盛顿],1932 年 12 月 12 日晚上 6 时

50. 您 12 月 12 日的第 62 号电报。致戴维斯和威尔逊。关于斋藤和卡斯尔谈话的报道完全是一种误导。以下是卡斯尔在谈话结束后立即写下的备忘录:

"斋藤先生问我,我们是否收到过参加国联十九国委员会工作的邀请。我说,我们还没有收到邀请,当然,我们接到报告说,有可能会收到。我告诉他,我们在这个问题上没有做出任何决定,因为我们自然应该看看可能的职权范围是什么,这样一个委员会是否只根据《国际联盟公约》工作。我说,如果委员会像报道的那样是一个调解委员会,我看不出我们有什么理由不派代表出席,

但我们尚未做出任何决定。"

史汀生

（竺丽妮译）

209. 驻瑞士大使（威尔逊）致国务卿（1932 年 12 月 12 日）

793.94 委员会/642：电报

［日内瓦］,1932 年 12 月 12 日晚上 8 时

晚上 8:25 收到

64. 十九国委员会今天下午举行了秘密会议。斯威瑟告诉我,辩论的分界线如我们预期那样划定,即大国的代表强调和解,而小国的代表则主要强调为符合《国际联盟公约》条款的和解找到一个基础。西蒙特别强调和解,并指出这种思想和职权范围上限制太窄的不兼容性。

由西蒙、苏卢埃塔（Zulueta）、胡贝尔（Huber）、贝内斯、卡尔东·德·维亚尔（Carton de Wiart）代表海曼斯和马西格里（Massigli）组成的委员会被任命起草建议。在紧接十九国委员会会议之后的小组委员会的会议上,德拉蒙德提出了小组委员会将在明天上午的会议上审议和讨论某些案文。

案文由三部分组成：

1. 揭示了包括李顿报告书的要点在内的事实情况。

2. 除争端当事方外的其他国家的一项声明,即它们接受李顿报告书的前八章,解决办法必须符合现有条约,并且"它们认为,既不能恢复 1931 年 9 月之前的状况,也不能通过维持满洲的现有政权而得到适当解决,满洲的现有政权就不能以一个独立国家而被考虑,也不能得到它们的承认或支持。"

3. 一项需要由国联所有成员国投票通过的大会决议,授权十九国委员会邀请美国和苏联在委员会以及争端各方的工作中进行合作。此外,该决议还建议继续进行调解工作。

威尔逊

（竺丽妮译）

210. 国务卿致出席裁军会议美国代表团代理主席 (吉布森)(1932 年 12 月 12 日)

793.94 委员会/647a：电报

[华盛顿]，1932 年 12 月 12 日晚上 9 时

51. 致戴维斯和威尔逊。十九国委员会将审议满洲问题，包括李顿报告书，(a)大会未事先采取任何实质性行动，和(b)大会未就提交委员会的各种问题，包括邀请美国政府参加的问题的先后次序向委员会做出任何指示，因此，我必须在十九国委员会采取行动之前，并在向我们发出加入该委员会的邀请之前，向你们阐明我们的观点。

让我提醒这些从日内瓦向我们提出的问题所根据的一系列事件的顺序，以供参考和评论：

第一，在委员会会议召开之前，德拉蒙德非正式地通知您，国联会议上所采取的最低限度行动很可能是通过李顿报告书，并通过一项决议，其中指出国联成员有责任对"满洲国"的局势实行不承认的原则。参考您 11 月 1 日的 31 号电报①。我们的印象是，继这一行动之后，还将收到来自日内瓦的许多其他文件，例如您的 11 月 25 日第 50 号、11 月 30 日第 52 号电报。

第二，当您向我们提出是否考虑接受加入任何调解中日争端的机构的邀请这一问题时，我们认为国联首先会通过李顿报告书和不承认决议。我们始终认为，基于我们在 12 月 9 日第 48 号文件中提出的理由，这些步骤对任何有效的和解都是必不可少的。

它目前的行动是把所有这些问题都提交给十九国委员会，而没有事先采取行动，或者至少没有指示十九国委员会首先报告它对李顿报告书的建议和不予承认，因此，这件事已处于这样一种情况，即如果向我们发出参与十九国委员会的任何邀请，可能会使我们陷入严重的尴尬境地。第一，如果不采取这种行动，就不会预先提供任何基础、背景或由各大国商定的原则，调解委员会可以根据这些原则采取明智的行动。我认为，我们参加一个调解委员会的工作不太可能是有益的，除非该委员会事先肯定了各项原则作为基础。第二，我

---

① 原编辑者注：未印。

们同国联所组成的任何一个国家集团采取行动的困难将不可估量地增加,因为还有一些纯粹属于国联管辖范围的悬而未决的事项,例如关于李顿报告书的这两个行动事项和关于不承认的建议。如果我们在接受邀请参与十九国委员会之后,这些议题再次被提起,我们就会受到双重批评,即我们正在干涉严格属于国联行动的事务,而且今后可能采取的任何积极行动都受到我们对日本的敌意的影响。这两种反对意见都将使我们几乎不可能与国联组织的任何这类团体联系起来。在我看来,在这些问题得到解决之前,任何调解委员会都无法有效地采取行动。这两个问题的处理需要国际联盟做出决定,而不论争端双方是否同意。正如我在 12 月 4 日晚上 11 时第 43 号文件中所指出的那样,一个调解委员会的工作是在两个争端者同意的情况下进行调解,这两项职能是完全不相容的,在第一项职能单独处理之前将它们合并为一个机构的企图只会导致混乱和今后的麻烦。

我亲自口述这一事件摘要,是因为日内瓦的事态发展给我们留下了这样的印象,事态发展情况部分是通过您的电报,部分是通过新闻界向我们报告的,即各大国之间普遍存在的软弱和优柔寡断使得理事会[议案]面临危险。西蒙和卡汉的演讲让我特别不安。

在对您说了这些之后,我把一切交给您酌情处理。您知道,我无须重复,我认为日内瓦正在发生的事件对世界和平运动的未来具有极其重要的意义,我渴望并准备在我的权力和本政府的权力范围内为解决这些问题提供一切援助。

史汀生
(竺丽妮译)

211. 驻日本大使(格鲁)致国务卿(1932 年 12 月 13 日)

793.94 委员会/643:电报

[东京],1932 年 12 月 13 日下午 5 时
12 月 13 上午 6:40 收到

279. 英国大使在其政府的指示下,昨天敦促内田子爵同意为解决中日之间关于满洲的问题而设立一个和解委员会,并补充说,如果不这样做,国际联盟将必须按照《国际联盟公约》第 15 条第 4 款的规定行事。林德利告诉我,他

的陈述没有任何如新闻报道所说的那种威胁的迹象,他们只是根据正常国联程序传达事实陈述。内田子爵说,在进一步研究此事之前,他无法做出决定。他认为,如果拟议的调解委员会与国联完全分离并成为一个独立的机构,那么这个机构将更容易获得批准。

格鲁

(竺丽妮译)

212. 驻法国大使(埃奇)致国务卿(1932 年 12 月 14 日)

793.94 委员会/656:电报

[巴黎],1932 年 12 月 14 日晚上 8 时

12 月 15 日上午 9 时收到①]

720. 来自戴维斯。我收到来自西蒙的一封长信,信的目的是向我们充分和秘密地解释他的观点,以及他认为中日争议应该遵循的政策和程序。实际上,他坚持认为我们之间在原则上没有差别,如果有任何差别,那也只是程序上的一点差别,最重要的是,我们必须站在一起,奉行同样的政策。因此,为了避免任何误解,并取得完全一致的意见,他在巨大的压力下仓促地努力给我写了一封详细的信,他建议在他返回伦敦时把这封信交给内阁。

信的第一部分专门解释和引用他在大会上的发言,以证明他的立场遭到了误解和歪曲。信的大致内容如下文:

"3. 现在,关于未来,我个人的观点是,有必要区分国联通过调解达成和解的义务和如果调解未能做出判决的国联义务。这两项职责分别在《国际联盟公约》第 15 条的各款中规定。如果在谴责的气氛中和解,只会产生混乱。这是日内瓦的每一个冷静判断的观点,小国不亚于大国,例如非常杰出的瑞士代表。因此,我希望在远东地区调解和平的每一个机会都要靠它来解决。但这并不意味着,如果有一个公正和恰当的和解机会,但和解失败,那我就不能预期产生一个判决。我所反对的是在开始努力之前破坏和解的气氛。

4. 但是,对此我毫不犹豫地表示,有两个主要问题应该作为和解的基础。首先,我们必须在李顿报告书的基础上继续前进(我在我的讲话中说得非常清

---

① 原编辑者注:电报分为五个部分。

楚,正如上面引用的那样),我们必须自始至终表明,我们坚持国联的原则,坚持国联过去做出的每一项声明。这包括 3 月 11 日的宣言,当时我重复并采纳了我们一起讨论的关于不承认的方案。

5. 现在我想谈谈这个方案。正如我已经告诉您的,我认为'满洲国'外交意义上的任何承认问题都完全是学术性的,英国政府不考虑这类问题。我知道您向史汀生先生做了这样的报告。我们希望在这一问题上尽可能同美国一起采取行动,我们希望确保遵守他们的意图。在满洲的各个城镇都有美国领事馆,就像我们有英国领事馆一样。我认为,美国的这些代表在与实际当局的关系中履行了保护美国利益的职责。我们的领事也这么做。我认为这种情况没有理由不继续下去。当然,史汀生先生和我都赞同,认为 100 年后我们两国的行政当局与法国和德国加起来那么大的地区没有外交关系是一种愚蠢的误解。这个方案原意和所打算的让人理解的与我所理解的一致,即我们都不打算赞同或支持,或者是赞同和承认局面改变的有效性。这一局面是通过违反我们和其他国家所坚守的条约中规定的权利和义务而实现的。我没有斟字酌句,因为您知道,我是在时间紧迫的情况下写这封信的,这种私人交流请见谅。

6. 最后,请允许我表达我收到您的消息的喜悦之情,我也很高兴有可能在适当的情况下得到一个美国代表,即麦考益将军的支持。就我个人而言,我相信,唯一适合这项工作的机构,将是一个规模较小的机构,由像他那样了解事件的人组成。这就是我们两国人民在上海解决问题的方式,尽管毫无疑问,让中国和日本在满洲问题上走到一起的努力必须在日内瓦进行,但一切都将取决于对人员的明智选择。

允许我再说一回,在这几个月里与您并肩工作是多么愉快的事,我期待着今后更多有效的合作。"

上述信函是昨天两个小时的谈话后写成的,目的是概述他的立场,但措辞比他与我的谈话要谨慎一些。我的判断是,他在某种程度上受到了内阁的阻碍,尽管内阁几乎一致希望与我们保持完全一致,但包括麦克唐纳在内的一些有影响力的成员希望以各种方式避免将第 16 条款卷入这一问题之中。他们还没有认识到其实没有和解的基础,事实上,如果事先不接受报告的至少前八章,不接受不承认"满洲国"的决议,不接受任何违反《国际联盟公约》与《白里安-凯洛格公约》,甚至可能违反《九国公约》的解决办法,和解就不可能实现。

我不打算详细答复他的信,而是打算今天写信给他,提请他注意这样一个事实,即自从 3 月 11 日的决议赞同不承认因违反一项《国际联盟公约》或《白里安-凯洛格公约》所采取的行动而引起的地位变化的原则以来,现在有必要根据李顿报告书和"满洲国"政权的建立将这一原则翻译成具体的条款。我可以进一步指出,这一点以及他提出的关于不承认的时间问题是一个措辞问题。

［戴维斯］

埃奇

（竺丽妮译）

213. 驻瑞士大使(威尔逊)致国务卿(1932 年 12 月 14 日)

793.94 委员会/654：电报

［日内瓦］,1932 年 12 月 14 日晚上 11 时

12 月 14 日晚上 9:17 收到

68. 德拉蒙德要我今晚给他打电话,并告知我十九国委员会的小组委员会(我 12 月 12 日晚上 8 时的第 64 号电报)今天下午开了 4 个小时的会议。他们起草了一份提案,提交大会。草案绝非最终稿,但他们希望在明天下午(星期四)晚些时候的会议上达成最终协议。这样的协议将使他们能够在周五与申诉各方讨论此事,并在周六召集大会,通过决议。

德拉蒙德没有给我该决议的案文,因为他只有一份。该决议除其他事项外,宣布在诉讼的现阶段不宜通过一份报告。(他解释说,第 15 条第 4 款规定了一份报告,他们可在以后的诉讼中被迫采用这种程序。)决议接着指出,如果他们有必要提出一份报告,报告将以他们认为是"公正和完整的事实陈述"的李顿报告书的前八章为基础。

该决议还指出,"考虑到大会在 3 月 11 日的决议中制定了原则,确定了国际联盟对这一争端达成的任何解决办法的态度"。

决议还指出,所达成的任何解决办法都必须符合《国际联盟公约》《白里安-凯洛格公约》和《九国公约》。该决议草案还规定设立一个仅解决谈判办法的调查团,该调查团的工作将以李顿报告书第九章的原则为基础,并将适当审议该报告书第十章。

前一段所述调查团将由十九国委员会成员国组成,并将邀请美国和苏联参加。调查团的工作将在争端各方的合作下进行。该报告还规定,委员会应

在 1933 年 3 月 1 日前提交一份报告,不一定是最终版的。

德拉蒙德要我说明,我是否认为按照上述方针大致做出的一项决议是令人满意的。他说,如果不令人满意的话就有可能删除提及 3 月 11 日的决议的内容并将其内容替换成如下:

"十九国委员会认为,简单地恢复原状不是解决困难的持久办法,维持和承认满洲目前存在的政权不能被认为是一种解决办法。"

您在第 51 号电报中明确表明了您的立场后,我要回复说,我认为,在您看来,这一段的插入是最好的选择。当德拉蒙德向我展示决议草案时,我不能确定您的态度是什么,尽管我怀疑中国人是否会接受。我们说好的,我请您尽早向我提供资料来说明:

(1)德拉蒙德向我展示的决议草案的形式是否可以被我们认为是参加调解工作一个可以接受的基础?

(2)上面引述的另一段是否会使您的立场更容易被接受?

小组委员会希望明天星期四下午之前完成谈判,您不妨在星期四上午早些时候打电话到我办公室,我会空出时间。

德拉蒙德向我保证,您为他的指导所作的任何意见表达都可以要求小组委员会成员严格保密。然而,我认为,您必须考虑小组委员会某些成员可能透露您表达的意见。

威尔逊

(竺丽妮译)

214. 跨大西洋电话交谈备忘录①(1932 年 12 月 15 日)

793.94 委员会/682

国务卿:您好,威尔逊,是您吗?

威尔逊先生:是的,我是威尔逊,国务卿先生。

国务卿:我今天早上七点半才收到您的电报,从那以后我就一直在工作。可是我目前很难回答您提出的问题。

———————————

① 原编辑者注:1932 年 12 月 15 日上午 10 时 30 分,在华盛顿的史汀生先生和在日内瓦的威尔逊先生之间的通话。

威尔逊：我知道。

国务卿：我想说的是，当决议通过，并在我收到案文后，我会非常认真地对待。在您提出的关于不承认的备选办法中，我认为第二个办法是唯一一个相对接近满意的办法。

威尔逊：第二个？

国务卿：是的，正如我以前说过的，我认为您必须把它应用到"满洲国"。否则，这种情况是毫无意义的，它将真正削弱我们提供帮助的能力，因为它将被整个世界视为在这一点上的让步。我说这话是经过深思熟虑的。如果这是一个对"满洲国"适用的明确主张，那么它就是唯一一个使我能让美国加入的机会，但即便如此，我也必须在看到整个情况之前保留决定。

威尔逊：今天发生的事情开始变得有些眉目了。今天下午将向十九国委员会提出两份案文。其中一份将被命名为"理由声明"。另一份将题为"决议草案1和决议草案2"。根据"理由声明"（除非在十九国委员会中作了修改），最后一段将为："在这方面，十九国委员会认为，仅仅恢复到1931年9月以前的局势并不足以确保冲突的持久解决，维持和承认目前在'满洲国'存在的政权不能被视为一种解决办法。"您知道，这将由十九国委员会投票，而不是由争端各方投票。决议本身必须由争端各方进行表决，目前形式的决议在序言中有关于承认的一句话："考虑其在3月11日的决议中制定了一些原则，这些原则确定了国际联盟对这一争端达成的任何解决方案的态度。"

国务卿：但是它没有特别提到不承认的原则？

威尔逊：不，不是在决议本身，而是在决议所附的十九国委员会的行动中。

国务卿：我不太明白您的意思。您刚才读到的关于"满洲政权"的声明是关于大会的决议吗？

威尔逊：没有。这是在取代十九国委员会报告的"理由声明"中说的。

国务卿：大会是否会通过这项"理由声明"？

威尔逊：我不知道，国务卿先生。

国务卿：我的意思是有人提议把它提交大会以供采纳吗？

威尔逊：是否有人提议把它提交大会以供采纳我还不知道。

国务卿：我感兴趣的是，在调解委员会被任命之后，他们将得到什么指示。您看，我认为重要的是，应该在适用于该和平调查团或该和平委员会工作的世界现代和平条约的基础上进行。否则，如果他们只是在空中晃来晃去，没有任何指示,他们就有可能提出一种把整件事弄得一团糟的解决办法。在您发给我的电报中,德拉蒙德提到的决议草案似乎采纳了某些原则,这使我颇受鼓舞。首先,草案称,他们认为李顿报告书的前八章是对事实的公正和完整的陈述。然后他们说,任何解决办法都必须与《国际联盟公约》《白里安-凯洛格公约》和《九国公约》相一致。这似乎为和解委员会的工作中的各项条约奠定了基础。

威尔逊:这是本决议的最后一部分。

国务卿:您是说《国际联盟公约》、《白里安-凯洛格公约》和《九国公约》?

威尔逊:是的。必须尊重《国际联盟公约》《巴黎非战公约》和《九国公约》的立场。

国务卿:最后,您的电报说,决议草案还说,调查团的工作将以李顿报告书第九章的原则为基础,并将适当考虑第十章。他们在决议之中没提及不承认政策?

威尔逊:除了我向您提到过的那一款,"考虑其在 3 月 11 日的决议中制定了一些原则,这些原则确定了国际联盟对这一争端达成的任何解决方案的态度"。

国务卿:这将是非常薄弱的一个环节。

威尔逊:是的,我想是的。

国务卿:这可能是心理上的一个决定性因素。

威尔逊:国务卿先生,有一件事需要考虑,如果他们要开始进行调解,他们必须有一些他们认为双方都能接受的东西;否则,和解本身就会付之东流。

国务卿:我刚收到戴维斯的一封电报,上面叙述了他和一位您可能认识的先生的谈话。我想,您可能同其他政府的代表也参加了这次谈话。

威尔逊:那位先生已经离开这个城市了,国务卿先生。

国务卿:我是说我刚刚看了那封电报。这就是我推迟这次电话谈话的原因。因为它刚刚出现,我刚刚读过,了解到了那位先生的观点,关于和解与盟约后期程序的关系。现在我必须考虑的是:一方面,我一点也不想打消与国联合作的念头,我认为与国联合作很重要,他们无疑正在尽最大努力为我们提供便利。另一方面,这有点困难,正如我在前几天亲自口述的长电报中所解释的那样,对我们来说,参加国际联盟的调解程序是有点危险的,因为国联还有许多行动未完成,也有许多行动在向后推。您明白吗?

威尔逊：我完全明白您的意思。

国务卿：那我就得非常仔细地考虑一下，在这个阶段我们进去是否合适。这显然是根据我从戴维斯那里收到的另一位代表的信来看的。这显然是他的想法，我不想讨论这是否明智。他认为现在必须进行和解。

威尔逊：是的，国务卿先生，这似乎是整件事的关键所在。

国务卿：另一方面，必须记住，从 1931 年 9 月开始，整个国联在我们的努力下，一直致力于和解，直到我们这样做了四五个月，结果证明是完全无用的时候，我们才采取这些更激烈的原则方法，我不建议放弃这些方法，重新开始和解。我不打算放弃由于去年日本的行为而已经采取的方案，我认为国联这样做不会得到任何好处。这仅仅是怯懦的表现，是放弃世界自战争以来所接受的方案。这个国家的舆论肯定会这样认为。换句话说，我们必须巩固已经取得的成果，然后提前采取下一步行动。否则，您放弃了这些收获，就不会再得到它们。它会给人以失败的印象。这就是我在这项建议中感到困扰的问题。它无视从去年 9 月 30 日开始的所有工作的事实。

威尔逊：只能这么说，日本代表团和东京都有一些迹象表明僵局正在被打破，他们比以前更倾向于和解。这可能是事实，也可能不是。我不是很确定。

国务卿：我们正在非常仔细地观察这一情况，从远东局和我本人的观点来看，您任何示弱的表现都不会有助于打破僵局。一点也不，而是恰恰相反。在我们看来，日本政府所做的大量努力是通过一种可能被称为外交恐怖主义的表现来主导其他国家的外交。

威尔逊：还有一件事似乎很明显。也就是说，虽然在这里的代表团愿意让我们参加，但外务省在舆论的影响下仍然相当坚决地不同意我们参加。

国务卿：我们完全不知道我们竟然给人留下了在主动寻找这样一个位置的印象。其实一点也不。我不希望任何人冒着风险留下这样一个印象。我们坐在侧边的位置之上，而且坐得很好。除此之外，我还认为我们在这个位置上所能施加的影响比在任何其他位置上都更大。我考虑和解这个问题，只不过因为国联把它提到了我的面前。可是我并不急着要去接手管理它。现在您明白我的立场了吧？

威尔逊：是的，我认为很清楚，国务卿先生。

国务卿：好的。您尽快把那个决议的副本寄给我。

威尔逊：会议将在五点钟结束，我将了解会议的结果。

国务卿：我认为，正如您所报告的，他们目前的行动是走向软弱。我是说在您之前发给我的报告里。

威尔逊：这是毫无疑问的。

国务卿：那就太严重了。等一下，亨培克有话要跟我说，先别挂断。

威尔逊：是的。

国务卿：我再说一遍，就像我一开始说的那样，我必须在看到决议的文本之前，保留我的最终判断。对于此事我无可奉告。目前说的只是为了给您作为指导以及您认为可以安全、慎重地帮助到的人予以指导。

（竺丽妮译）

215. 国务卿致出席裁军会议美国代表团代理主席 （吉布森）（1932 年 12 月 15 日）

793.94 委员会/654：电报

［华盛顿］，1932 年 12 月 15 日中午

53. 您 12 月 14 日晚上 11 时的第 68 号电报。

1. 在收到上述材料之前，我已经准备并签署了以下内容，但尚未发送：

"您 12 月 13 日晚上 10 时的第 66 号电报。正如我一再指出的那样，国联采取行动以肯定调查结果的原则是可取的，事实上我认为是必要的先决条件，以便为建立和指导一个调查团或调解委员会做出努力。因此，我认为，在国联就这方面采取行动之前，对美国应国联邀请参加为调解目的而设立的一个机构工作的讨论是错误的和徒劳的。

此外，我认为，在国联为这种程序奠定基础之前，我们对日本或对国联的任何做法，譬如鼓励他们邀请我们参加调解程序，将不可避免地使他们对我们的观点产生完全的误解，并可能对我们的动机产生怀疑。

因此，在仔细观察日内瓦以及日本和中国的事态发展的同时，我不采取任

何行动,也不希望您超越我在 42、①48、49 和 51,②特别是 51 号电报中所作的指示中的限度。您可以尽最大努力阐明我的观点,即国联对李顿报告书采取的行动是和解努力的必要前提,它不是美国政府的一项适当职能,且美国政府也无意参与制定国联关于处理李顿报告书的决定。当国联根据其本身的宪章充分处理原则和程序问题时,才到了讨论美国政府是否参与国联所建议的调解机制和程序的时候。在这之前,我们不应表现出任何急切的态度。史汀生。"

2. 以上仍然是我对它所涉及问题的看法。

3. 谨此明确答复您第 68 号电报中的问题,并确认我今天上午在电话中对您所说的话。我认为,我已多次明确地表明我国政府的立场和政策,并假定您和国联中有影响的各个成员都充分了解我的观点,您和他们都领会到,在拟定的决议全文未到手之前,且在我对它各个部分的程序还不够了解之前,我不能代表政府表达观点。因此,您可以说,我必须保留所有决定,直到看到文本,并清楚了所有拟定的程序。

史汀生

（竺丽妮译）

216. 驻瑞士大使(威尔逊)致国务卿(1932 年 12 月 16 日)

793.94 委员会/678:电报

[日内瓦],1932 年 12 月 16 日晚上 6 时

12 月 16 日下午 4:44 收到③

75. 我的 71 和 72 号电文④。日本代表团的泽田(Sawada)先生今天上午来看我。他说他想告诉我日本代表团对"理由声明"和十九国委员会决议草案的第一印象。这些已电告东京请求指示,但泽田认为他现在可以说,日本代表

---

①　原编辑者注:日期 12 月 1 日中午,未印;它报告了驻华大使于 11 月 29 日中午发出的第 1277 号电报(第 374 页)的内容,供埃里克·德拉蒙德爵士参考。

②　原编辑者注:12 月 9 日晚上 6 时,第 48 号电报,第 405 页;12 月 9 日下午 1 时第 49 号电报,第 404 页;12 月 12 日晚上 9 时第 51 号电报,第 415 页。

③　原编辑者注:电报分三部分。

④　原编辑者注:12 月 15 日晚上 8 时和 9 时,第 430 和 432 页。（编译者按:本册未译录这两封电报。）

团目前既不能接受"理由声明"，也不能接受决议草案。该国代表团持下列反对意见：

1. 十九国委员会对于一个和解的机构来说太大了。日本代表团设想了一个由在远东有利益的国家组成的机构。这只是一个切合实际的反对意见。

2. 日本代表团反对非国联成员参加。泽田先生以前曾向我解释，日本反对我们参加这个和解机构。他再次向我保证，虽然他的代表团很高兴我们参加，但他担心他的政府不会接受这些观点。他说，日本代表团已三次发电报给东京，敦促其提出意见。

泽田问我们对参与有什么看法。我借此机会向他重申，我们根本不希望参加委员会；没有什么比争取成为其中的成员更远离我们思想的了；无论如何，我们都极不愿意接受；我们只有在我们认为我们能够提供帮助的情况下才会这样做，而且只有在仔细审议了商定的任何职权范围之后才会这样做。在后来的谈话中，我注意到邀请我们参加不是一个直接的问题。按照我的理解，这项决议只有在日本的批准下才能获得通过；如果有人邀请我们参加，我们可以决定我们参加是否能达到任何有益的目的。

泽田建议我们暂时把对该决议的审议放在一边，并问如果该决议失败，我们是否会参与这一事项。对此，我回答说，自从特别大会开始以来，在其过程中，大会的思维方式似乎是沿着和解的路线；如果因日本人的一票而未能达成和解，想必十九国委员会将根据这一事件再次讨论整个问题。十九国委员会在当时可能提出的建议是不为人所知，且不可预见的，因此我无法以任何方式回答他的问题。

3. 泽田先生说，他注意到将根据李顿报告书第九章所规定的规则和第十章所阐明的原则进行调解。日本代表团认为，也应该根据争端双方在大会前的声明来审议这个问题。

4. 泽田先生接着说，日本代表团最重要的反对意见在于"理由声明"的最后一段。尽管日本没有被要求对此投赞成票，大会也没有被要求通过该决议草案，但这是一项宣言，它预先判断了将要采取的行动，并在某种程度上预先判断了调解人员的想法。

我说，我不能对这些文件发表意见，但是，在泽田先生同我谈话时，我想起了在同一些较小国家的代表谈话时产生的某些想法。一个是，他们似乎做出了非常认真的努力来考虑周全，而日本人可能已经预料到——事实上，我知道他们当中的一些人已经预料到——一份比十九国委员会起草的宣言更加具有定局性和明确的宣言。我的另一个想法是，就我所了解的列强代表的立场而言，这里的列强代表认为，日本在李顿调查团还在工作的时候，就其对"满洲国"的承认来看，肯定对本案有偏见。换句话说，这些国家正在努力不让局势受到预判，而不是试图自己预判局势。

泽田随后提出了日本人经常发表的声明，意思是如果日本被迫投票反对由十九国委员会提交的一项这种性质的决议，他们可能不得不退出国联，因为他们国家的公众舆论将会非常愤怒。泽田也说，日本国内温和、冷静的民众关心的毕竟是美日关系，而不是日本与国际联盟的关系。美国没有加入国际联盟。如果日本不得不退出，它在国际联盟问题上的立场将仅仅与美国相同。

但是泽田想知道国联成员是否意识到日本退出可能给国联带来的后果。我说，虽然本国不作为非成员国的代表来为国联发言，但也许是由于我们的共同使命，国联的一些成员同我的谈话比同他的谈话更为自由。从这些对话和一般资料看来，似乎可以公平地得出这样的结论：在小国看来，国联是它们安全与和平的保障。对于它们中的许多国家来说，《国际联盟公约》是保卫它们的边疆以及它们的国民存在的同一条约中的一部分，也是核心的一部分。虽然小国家会对日本的退出感到遗憾，但是，如果要摊牌，它们宁愿看到《国际联盟公约》的完整含义保持不变，而不愿看到日本保持国联的成员资格，尽管这种成员资格曾是有用的。最后，我要重申，这些只是从我过去几个月得到的信息来源中所得出的个人印象。我私下提供给他，如果可以派上用场。

威尔逊

（竺丽妮译）

217. 国务卿致驻华大使(詹森)(1932 年 11 月 4 日)

493.11 亨利·埃克瓦尔/48：电报

[华盛顿]，1932 年 11 月 4 日下午 5 时

361. 您 11 月 3 日下午 1 时的 1229 号电报，① 及之前有关埃克瓦尔(Ekvall)案件的电报。

---

① 原编辑者注：未印。

国务院认为,最重要的是应要求立即进行彻底调查,逮捕和惩罚凶手,并追回受害者的尸体,但除此之外,还应同时通知中国当局其他要求如下:(1)对可能遭受的美国财产损失给予全额赔偿;(2)不少于 2.5 万美元的惩戒性赔偿;(3)对妨碍司法公正的工作人员纪律处分;(4)道歉;(5)保证今后保护美国公民和财产。如果中国当局提出立即赔偿美国遭受的财产损失,国务院建议接受,但前提是美国政府坚持所有要求得到遵守。

如果您还没有这样做,您应该向中国当局表明,本政府对这一显然由负责保护生命和财产的当局的代表犯下的野蛮罪行感到恐怖,并表示本政府相信,中国政府充分认识到这一案件的严重性,并将尽一切力量惩罚一切与这一罪行或保护罪犯有关的人,以制止类似的案件再次发生,并保证未来美国在华公民的生命和财产安全。

史汀生

(竺丽妮译)

218. 驻南京总领事(佩克)致驻华大使 (詹森)①(1932 年 11 月 4 日)

493.11 亨利·埃克瓦尔/77

[南京],1932 年 11 月 4 日

亲爱的大使先生:今天我与外交部部长就烟台局势的谈话中,罗文干先生请求我告诉您,前几天他派欧美司司长刘博士(S. S. Liu),去汉口就埃克瓦尔案件拜见了蒋介石将军。他说,报纸报道刘博士去汉口是为李顿报告书见蒋介石将军,这是错误的,他去汉口的主要目的是转达罗博士的一项紧急请求,即蒋将军要求立即彻底解决西安的埃克瓦尔案,而不考虑可能因此而被披露的任何官方责任。

罗博士表示,他对埃克瓦尔失踪等事件深感遗憾,因为这可能会影响美国政府和人民所感受到的中国的诚意。罗文干博士十分坦率地承认,他特别痛惜在这个特殊的时刻发生的这些事件,因为它们使日本人有机会把批评的矛

---

① 原编辑者注:由驻华大使于 11 月 22 日发出的第 1827 号急件转交国务院的副本;12 月 19 日收。

头指向中国,并加强了他们在美国和中国之间制造困难的企图。按照同样的思路,罗说,他从媒体报道的欧洲政治家的演讲中观察到,国际联盟成员国有一种强烈的倾向,即向美国寻求指导,尤其是在中日争议问题上。罗博士指出,一个重大责任被放置在了美国的肩上。

接着,罗博士像往常一样,猛烈抨击了各省的"所谓军阀",他们的内斗给中国带来了耻辱。他说,有人告诉他,在上海,日本使馆的一名叫须磨的官员,经常召集尽可能多的外国记者,劝说他们聚集起来,并向他们指出中国的一些动乱地区,比如四川、山东和其他地区。我在日本使馆人员名单中找不到须磨的名字,也不知道上面给罗博士的报告是否准确。

我告诉罗博士,我将向美国使馆报告他对国际联盟的决定落在美国头上、成为美国责任一事的看法,他没有表示反对。

您十分恭敬的,

维利斯·R.佩克

（竺丽妮译）

219. 驻日大使(格鲁)致国务卿(1932 年 10 月 8 日)

［节选］

711.94/737

第 149 号　　　　　　　　　　　　　　　　［东京],1932 年 10 月 8 日

10 月 22 日收到

先生:国务院无疑从新闻报道中注意到,近几个月来,在日本出现了反美宣传的再度兴起。这种骚动表现为对美国在远东和其他地方政策的攻击,对国务卿言论的正式批评,对居住在日本或途经日本的美国公民进行间谍活动的指控,以及对美国海军活动的批评。

沙文主义分子特别是军方的这些策略,其目的有二:一是维持目前的战争狂热,以便为军队争取尽可能多的金钱;二是在满洲危机持续的时候,使人民保持一种挑衅的、好战的心态。

军方努力恢复其在国家原先的权力和权威地位时,希望扩大装备并使其现代化,目前的危机正被最大限度地用来为此目的获得资金。为了激发必要的热情,它必须有一个强大的、潜在的敌人。中国是一个潜在但非常弱小的敌

人,而苏联拒绝卷入类似战争的讨论。因此,军队被迫利用美国作为潜在的敌人来达到其目的。外务省的某些人据说是听命于军队的,因此有些宣传是由外务省承担的。

军方和外务省预计,当李顿报告书提交审议时,在满洲问题上将遭到国际联盟和美国的强烈反对。当局一直在向世界大声宣布,日本的政策是稳定的,日本在满洲的立场不会却步,日本将蔑视世界,必要时退出国际联盟。然而,日本国内有相当多人不同意这一强硬的政策,故以富于挑衅的好战精神压制这种观念是必要的。因此,沙文主义分子利用一切机会煽动人们反对整个西方世界,特别是美国。

预期这些以攻击美国来刺激人们的企图将持续下去,直到满洲问题得到解决。

您恭敬的,

约瑟夫·C.格鲁

(竺丽妮译)

220. 驻日大使(格鲁)致国务卿(1932年10月8日)

894.00/444½

[东京],1932年10月8日

10月22日收到

尊敬的国务卿先生:自从上次9月10日[①]我给您写信以来,日本发生两件大事:一是对"满洲国"的承认,另一件是李顿报告书的发表。政府迅速承认"满洲国"的举动有两个目的:一是在李顿报告书被执行之前,向国际联盟和美国提出一个既成事实;二是向军队提供一种安抚,以防止军方破坏斋藤现政府,或许建立一个军事独裁政权。最终的结果是,这个国家的国内局势开始平静,比采取这一行动之前平静了许多。

令日本人感到惊讶的是,在承认之时,美国没有采取任何行动,而且这一举动在全世界引起的反响相对较小。这种感觉或许是一种解脱,但我倾向于认为,这种解脱中夹杂着一丝失望,因为在日本目前的情绪下,日本人最不希

---

① 原编辑者注:《先锋》(*Ante*),第240页。

望看到的就是被其他民族忽视。他们更喜欢激烈的日子。

　　这里对李顿报告书的反应正如人们所预料的那样——对调查结果的普遍谴责和自以为是的愤怒爆发，但除了直接否认调查结果的准确性，没有任何严肃的尝试来反驳调查结果。然而，更理智、更温和的思想家们并不认同这种公开的咆哮。日本皇室的教师、直言不讳的林男爵最近对一群朋友说，他认为这份报告书是一份令人钦佩的、平衡良好的文件，尤其是第六章，它表明"满洲国"政权是由日本军方建立的。在日本，有很多人对这个满洲行动将引领日本走向何方怀有严重的疑虑，但媒体不敢发表他们的观点。军方仍然完全控制着局面。

　　在解释日本人目前的心理状态时，最近的两次谈话意义重大。最近，秩父宫雍仁（Chichibu）亲王邀请刚刚从美国来的弗莱得利克·穆尔（Fredericuoore）共进晚餐，他将在即将召开的国际联盟大会上担任日本代表团的顾问。亲王就美国的公众舆论向他提问了一个多小时，最后直截了当地问他，美国是否在积极准备对日作战。天皇的兄弟提出的这个问题，对于这个国家目前的紧张局势意义重大。另一次谈话是与美日协会秘书武田（Takeda）先生，在我看来，他的评论就像我所听到的任何话一样，对局势做出了估计，因此我附上了他们的简短总结。① 武田谈话的核心内容是，军方之所以在满洲冒险，是因为它觉得，如果不"为国家"做点什么，就会失去一切影响力。因此，无论将来有什么发展，在这个问题上都将有"保全面子"的重要因素，这在东方国家是十分重要的。我认为，这是整个局势中最危险的因素。如果狂热的军事集团发现它的计划受到阻碍，并且可能失败，无论是内部的还是外部的影响，它完全有能力使这个国家陷入任何一种灾难，而不是向该国较为理智和温和的分子屈服，承认他们的计划失败。

　　日本花旗银行事件已经结束，日本至少两家知名报社刊登了日本外务省的声明，认为该银行无可指责，其动机不应受到怀疑。银行总经理柯蒂斯（Curtis）先生对使馆的协助结果表示十分满意，并告诉我，公布的声明效果非常好，尤其是在安抚日本员工方面。间谍恐慌仍在继续，无辜的美国游客拍照或"清点军队"的例子频频见报，但我的印象是，这场运动已经做过头了，它的荒谬正成为所有人的专利。至少有一家日本知名报纸这么说过。

----

　　①　原编辑者注：未印。

反美新闻运动正在消退，尽管军方可能不会允许它完全停止。最近出现了几篇相当友好的文章，总统对失去"霍奇"号飞行人员①表示同情，这将产生极好的效果。前几天，一位著名的美国记者告诉我，他曾和白鸟谈及日本人害怕美国准备与日本开战的荒谬之处，白鸟回答说："这当然是荒谬的；如果我们认为真的有战争的危险，您认为我们还敢像过去那样攻击史汀生先生吗？"

新任"满洲国"特使鲍对所有人蛮横地断言，"满洲国"打算尽早摆脱日本的监督，长春的"中国部长"大部分都是日本人的人，他本人"相当独立"，等等，但我倾向于怀疑他的诚意。他也表达了他的观点，亨利·溥仪很快就会成为"北中国的皇帝"，坐拥满洲，定都北平。我的一些外交同事和外国记者似乎很重视他的讲话，但林德利和我都不以为然。身材矮小、看上去像个孩子的鲍，可能会继续"吹牛"。

至于我们自己的未来政策，在我看来比以往任何时候都更明智，同时坚定地维护我们在《白里安-凯洛格公约》《九国公约》和"门户开放"政策方面的立场，避免采取任何可能会重新激起公众舆论和进一步加强军事力量的不必要行为。在您最近的费城演讲中，对日本评论的友好性质终于被承认了，甚至连白鸟也承认了，总统表达了对"霍奇"号飞行人员的同情，这一点对国内的温和派人士有利。我想，这是您自己的感觉。在我看来，国联对李顿报告书采取的行动越能以友好和建设性的建议加以调和，从长远来看，我们越获得而不是失去更多。我们最终在远东执行和平条约的唯一希望在于鼓励日本的温和派。

在这方面，一名日本总参谋部成员对武官说的话很重要。这位官员说："我们现在从 8 点到 6 点加班，因为我们必须管理两个独立的部门，陆军省和外务省。"

昨晚，出渊来和我谈了一个小时。他几乎每天都非常积极地向各种各样的人发表演讲，包括军队，但他也注意不让媒体报道这些演讲。我想他已经清楚而公正地阐明了我们政府的立场。前天他在牧野伯爵和其他人面前和天皇谈了两个多小时。他说，天皇完全理解我们的立场，并急于阻止反美媒体运动和沙文主义战争言论。出渊对我说，只要张学良不作声，日本军队到北平去的问题就没有了，一切都取决于张学良的行动。他希望我国大西洋舰队在太平

----

① 原编辑者注：1932 年 10 月 5 日致日本天皇的电报，国务院，《新闻稿》，1932 年 10 月 8 日，第 204 页。（编译者按："霍奇"号飞行人员，原文作 Hochi flyers。）

洋进行演习之后,将于明年冬天返回大西洋,因为它在西岸的存在为许多沙文主义的战争言论以及这里的军事和海军准备工作提供了借口。我从各种途径都听到了这种想法。我想出渊是想引起您的注意,因为他是在见过天皇之后直接来找我的。他不断地向我重申,国内的政治局势现在已得到很好地控制,倾向于沙文主义军事的人民正被迫缓和他们的观点。关于后一种说法的真实性,我仍持怀疑态度。我敢说,在描述真实的美国和我们的政府态度方面,出渊肯定会有所帮助——我们没有带刺。他能做我做不到的事。在这个时刻,美国大使的公开演讲中在政治问题上沉默是金。

您恭敬的,
约瑟夫·C.格鲁
（竺丽妮译）

221. 驻日大使(格鲁)致国务卿(1932年10月24日)

711.94/736:电报

［东京］,1932年10月24日中午
10月24日凌晨3:08收到

261. 据当地报纸报道,日本首相斋藤22日在一次公开采访中表示,他认为美国所谓的反日情绪很大程度上是由于日本媒体发表的反美文章,其中一些似乎是有意激怒美国。他建议日本报纸仔细考虑这一点。

我相信斋藤的声明会在很大程度上削弱日本的反美宣传。他的发言与各方面显然正在做出的努力是一致的,这些努力是为了抵消军人使公众对美国处于持续愤怒状态的政策。

抄发邮寄至北平。

格鲁
（竺丽妮译）

222. 驻日大使(格鲁)致国务卿(1932 年 12 月 3 日)

894.00/456

[东京],1932 年 12 月 3 日

12 月 20 日收到

尊敬的国务卿先生:这里的政治局势非常平静,除了一个重要的因素,那就是,包括荒木将军本人在内的各要人似乎认为日本的政治暗杀已经走得够远了,并决心通过打击整个运动的灵魂——老头山满(Mitsure Toyama)本人——来制止这种暗杀。他的房子最近遭到了警方的搜查,他的儿子被捕了。迄今为止,头山满还安然无恙,但在日本四名最优秀的人(浜口、犬养、井上和丹①)被政治谋杀后,最近又有传言称,计划杀死斋藤、牧野、一揆和高桥,此举将迫使政府认为现在应该采取严厉措施结束暗杀了。政府敢于采取这些步骤——头山被包括军方在内的广大公众视为超级爱国者——这一事实对其日益增长的信心和权威意义重大。这并不意味着斋藤内阁一定能撑到下一届国会之后,因为很可能不会。但是,这确实意味着直接或间接地对前政治恐怖主义负有责任的沙文主义军事狂热分子和所谓爱国主义社会的地位不再那么牢固,人们正在希望它们让位于一种更具建设性的政治家风度。

反美新闻运动目前实际上已经停止。我倾向于认为,这与出渊有关,我敢说,这样的命令可能来自天皇本人。最近,陆军省新闻局的工作人员发生了重大变化。外务省一名新官员是从日本驻墨西哥使馆调来的,当我们的武官微笑着表示希望他能制止反美新闻运动时,他回答说,这正是他要做的。荒木将军最近同我们的武官会晤时出乎意料地热情,就像他以前同我会晤时一样。白鸟已经失去了他的大部分影响力:他在军队里的亲密关系已经转移,他的政治盟友、政友会计划者森恪生病了,暂时离开了人们的视线。在他的新闻发布会上,白鸟已经放低了姿态。在我 11 月 28 日晚上 8 时发出的 275 号电报中,②我进一步解释了目前国内反美情绪平静的原因。当然,这种情绪总是存在的,一旦发生不如意的事情,它就会被迅速煽成火焰。

---

① 编译者按:丹,原文作 Dan。
② 原编辑者注:《先锋》(*Ante*),第 372 页。

关于即将在日内瓦召开的大会①，在与许多外交同事、外国记者和美国居民的谈话之后，我发现没有人相信日本会做出实质性的让步，特别是在改变或修改日本对"满洲国"的认可这一方面。另一方面，我认为日本有可能在最后一刻有所准备。我的假设基于三个原因：首先，日本不可能如此轻率地试图面对全世界的道义谴责，尽管目前正在进行各种勇敢的谈话。他们似乎可能有某种计划，希望借此阻止一场谴责投票。其次，日本正在日内瓦为自己的主张辩护。如果这个国家像它宣称的那样确信自己的立场，为什么还要争论呢？最后，越来越明显的是，最近日元汇率急剧下跌，由此造成日本海外信贷的进一步减损，主要是由于人们对日本与世界的政治关系缺乏信心。在这种感觉消除之前，货币崩溃导致金融和社会混乱的危险一直存在，但不能指望外国资本市场来帮助它。在我看来，日本人似乎是在试图缓和李顿报告书所引起的对他们行动的反感，而且，在给他们的行为戴上了假面之后，他们可能会在最后一刻、在对他们采取行动之前站出来，提出一些建议，以期在几年后最终解决问题。然而，我一点也不认为他们可能提出的任何建议会考虑放弃承认"满洲国"是一个"独立国家"。过去一个星期，我和我的工作人员一直在努力，以便能对这些建议（如果有的话）的内容有所了解，但是我们没有成功。国联大会的讨论很可能将继续一段时间，如果我对日本的意图有任何了解，我将立即以电报的形式通知您。

在我11月28日晚上8时的电报中，我建议在处理中日争端时要保持克制，因为强制措施无疑会使日本民族更加坚定地团结起来，反对国联和美国。我相信，任何武力的暗示，无论是军事上的还是经济上的，都将导致国家团结在军队的背后，并将完全压倒表面之下正在发挥作用的更为温和的影响，以使日本恢复其昔日在国际理事会上的高位。然而，我认为可以施加道德压力而不造成这种危险，而且可能会扩大现在已注意到的军方和温和派之间的裂痕。最终，世界各地的舆论力量，加上平定满洲的困难和负担过重的费用，可能会促使日本改变对这个问题的态度。总之，在我看来，这是我们唯一的机会，因为物质压力的威胁几乎肯定会产生与预期相反的效果。因此时间因素是很重要的，而且是一个渐进和间接的解决问题的方法。

我在大阪的演讲似乎起到了作用。它的主要目的是纠正认为美国人民不

---

① 原编辑者注：隶属于国际联盟，审议李顿调查团的报告书。

支持您积极支持和平条约的普遍看法。这句话清楚地表明了相反的情况：

"至于美国人民,他们全心全意地支持这一(和平)运动,支持那些努力促使文明国家之间的战争如同人类奴役一般不复存在的局面的人。这次和平运动代表了全体美国人民的根本、统一和一致的愿望。美国在这个问题上的立场是明确具体的。这一点已多次澄清。"

另一方面,演讲在语气和内容上都非常友好,所以这一粒定心丸吃得没有副作用。外务大臣昨晚亲自向我表达了他对这一讲话的赞赏。

我是否可以借此机会说,我认为您就满洲问题向诺曼·戴维斯和休·威尔逊①发出的指示完全符合情况?

约瑟夫·C.格鲁姆

(竺丽妮译)

---

① 原编辑者注:见 1932 年 11 月 21 日晚上 6 时 37 号电报。《美国对外关系文件 日本:1931—1941》,第一卷,第 105 页。

三、远东危机：日本对山海关、热河的 侵占及其退出国联

1. 远东事务局局长（亨培克）与比利时大使 （梅①）谈话的备忘录（1933 年 1 月 6 日）

793.94/5770

[华盛顿]，1933 年 1 月 6 日

在昨天下午的一次聚会上，我遇到了比利时大使。大使立即提到了最近从远东传来的消息，他说，世界似乎对此无能为力。在我们见面的每一次会议上，大使都提到了满洲的情况，这次我觉得有必要表达某些观点。我说，对于像山海关敌对行动这样特定事件的事态发展，世界人民大概无能为力，但对于整个局势，世界人民可以做很多事情。我说，人们可以把态度和原则记录在案；美国在整个问题上的立场已经明确；现在，国际联盟面临的问题是，它将采取什么样的态度，它可能选择发表什么样的原则声明。大使询问我的看法，我说过，很明显，世界人民不可能采取武力措施来胁迫争端各方和管制远东的争端，但是，世界人民可以将关于局势的意见记录在案：和平运动的成败必须取决于公众舆论；要想发挥作用，舆论必须广泛传播和表达；如果国联成员国愿意，他们可以发表意见；国联派出了一个调查团，该调查团忠实地做好工作，并提交了一份观点一致的报告，如果国联成员愿意，可以利用该报告表达他们对事实调查结果的信心，并表明他们对成员们在第九章中规定的原则的赞同；如果他们如此行动，他们就会增加世界舆论的力量；否则，他们就会减少这种力量，并且会破坏他们自己的《国际联盟公约》和其他和平条约的潜在效力。我

---

① 原编辑者注：原文作 May。

说我当然只是表达个人观点,但我觉得这是这个国家有思考的人们广泛认可的观点,不管政治考虑会不会阻碍这种行动,我看不出任何看待这一问题的人不设想这些可能性和后果。大使说他认为这种观点很合理。

斯坦利·亨培克

(戴瑶瑶译)

2. 驻比利时大使(吉布森)致国务卿(1933 年 1 月 10 日)

793.94 委员会/732:电报

〔布鲁塞尔〕,1933 年 1 月 10 日晚 11 时

1 月 10 日晚 10 时收到

2. 今天晚上,海曼斯①告诉我,他很担心十九国委员会和大会即将召开的第四次会议。他说,他从伦敦和巴黎得到的机密报告使他相信,两国政府都不打算采取任何可能激怒日本的强硬行动;对日本人来说众所周知的是,他们似乎也相信我们的本届政府②在最后阶段不会采取强硬态度。

他说日内瓦会议的主要动力现在来自几个较小国家的代表,尤其是瑞典的温登、贝内斯③和马达里亚加④,都在敦促国联采取行动,这将不可避免地把日本赶出国联。

他认为现在有两个方案:

第一,发表一项原则声明,并且清晰地将其记录在案,但也将结束与日本人立即达成解决方案的任何希望。

第二,避免强行解决问题,寻求绕过现有障碍的办法。

他认为,十九国委员会为大会起草的决议如果获得通过,会把日本人赶出去,而日本修正案的通过将破坏其全部价值。

他正在考虑是否有必要根据李顿报告书第十章的开头几段起草一项决议,其中载有关于日本承认"满洲国"的情况下采取何种行动的建议,特别是:

---

① 原编辑者注:比利时外交部部长保罗·海曼斯,国际联盟大会主席和远东问题十九国委员会主席。

② 原编辑者注:指美国胡佛政府。

③ 原编辑者注:爱德华·贝内斯,国联捷克斯洛伐克代表。

④ 原编辑者注:萨尔瓦多·德·马达里亚加·罗霍,国际联盟西班牙代表。

　　1. 理事会邀请中国和日本按照第九章所述的方案讨论其争端的解决办法，并根据后续事态发展情况进行调整；

　　2. 咨询会议的组成，如果无法达成协议，理事会仍作为上诉法院。

　　他已经在信中私下向德拉蒙德提出了这个问题，以便海曼斯在 13 日或 14 日到达日内瓦之前有时间考虑一下。

　　海曼斯说，他非常希望即将召开的会议能达成一些实际的结果以促成解决方案，但如果英国和法国的代表保持沉默，而且讲话的只有在远东没有利益的极端主义者，事情将变得困难。他十分坦率地谈及他的困难，并说他非常重视我们的态度。

　　他给我的印象是，上述谈话将被视为高级机密。我建议您把您需要经由威尔逊转交给他的东西一起交流一下。

　　抄发给威尔逊。

吉布森

（戴瑶瑶译）

3. 跨大西洋电话交谈备忘录①（1933 年 1 月 18 日）

793.94 委员会/737

　　国务卿：您好，雷。

　　阿瑟顿先生：您好，先生。

　　国务卿：我给您打电话是想请您和约翰·西蒙先生谈谈。

　　阿瑟顿：好的，先生。

　　国务卿：我建议的依据是您前几天与范西塔特②的会议，我在会议前提出了合作的必要性。另外，在诺曼·戴维斯③和西蒙最近的通信中，您可能已经看到了——您看到那些信了吗?④

---

　　① 原编辑者注：在华盛顿的史汀生先生和伦敦的雷·阿瑟顿先生之间的电话，1933 年 1 月 18 日，上午 9:30。

　　② 原编辑者注：英国外交部常务副外交大臣罗伯特·范西塔特爵士。

　　③ 原编辑者注：诺曼·戴维斯，日内瓦裁军会议美国代表。

　　④ 原编辑者注：见驻法大使 1932 年 12 月 14 日晚上 8 时第 720 号电报，《美国对外关系文件 远东：1932》，第四卷，第 420 页。

阿瑟顿：是的，我有副本。

国务卿：在那些信中，约翰爵士强调了在这一问题上保持一致的重要性。您看到了吗？

阿瑟顿：是的，先生，没错。

国务卿：在此基础上，我已打电话给您，建议您同他举行这次会议，我希望您把这些要点说明清楚。

第一点，关于十九国委员会的会议。首先，我们的观点完全没有改变。我这样说是因为显然有人企图把我们的沉默解释为我们已经改变了。事实并非如此。我们认为没有必要一直重复自己的话，因为我们从一开始就把我们的立场讲得很清楚。这都是基于我们去年1月7日的照会①、致博拉的信②、我8月的讲话③和李顿报告书。在我们看来，其中的每一个都证明了我们所采取的立场。没有理由预期今后的变化。我说清楚了吗？

阿瑟顿：很清楚，先生。

国务卿：其次，我没有在公开场合谈论这件事，我现在告诉您是为了向您提供信息，并且我被授予做这件事的权利，您可以私底下将其告知重要的人。我认为，在这一点上，两届政府的观点将完全一致。明确向西蒙表示，我很欣赏他在给戴维斯的信中提出的调解理由，但我认为他可能会同意我的意见，即这种努力已经失败，现在是时候讨论下一个情况了。如果他对自己的观点有任何改变，我当然会很高兴，请他通知我。我自己的立场没有改变，我希望他能够完全赞同戴维斯在给西蒙的信中所作的声明。您明白我的意思吗？

阿瑟顿：是的，先生，没错。

国务卿：我完全同意您所说的立场。现在告诉您我自己的感受，这样您就可以告诉他，不要影响他，只是让他知道。他应该还记得，一年前的12月，我和他一致赞同国联向满洲派出一个调查团的行动。在国联的要求下，我帮助

---

① 原编辑者注：致日本和中国的照会，见1932年1月7日中午致驻日大使第7号电报，《美国对外关系文件 日本：1931—1941》，第一卷，第76页；1月7日中午致驻南京总领事第2号电报，《美国对外关系文件 远东：1932》，第三卷，第7页。

② 原编辑者注：日期为1932年2月23日，见2月24日下午2时致驻上海总领事第50号电报，《美国对外关系文件 日本：1931—1941》，第一卷，第83页。

③ 原编辑者注：1932年8月8日的致辞，《美国对外关系文件 一般情况：1932》，第一卷，第575页。

他们挑选了一名美国成员。现在，调查结果已经出来了，我认为这是很重要的，因为它们涉及五个最重要国家代表的一致报告。请您告诉约翰爵士，在解释我的观点时，我认为作为一名律师，应该把专家对事实的发现当作事实。当调查团向专家提出事实问题时，他对调查结果做了一份报告，然后是调查团批准调查结果，在整个过程中我一直认为这将是国联所遵循的主要方针。他们像专家一样将这个事实问题提交给了理事会，理事会核实了事实，并向法院（或国联）报告了这些事实。下一个恰当的行动是批复这些调查结果。然后，我完全赞同戴维斯的立场，即按逻辑顺序的下一步是在这些调查结果的基础上不承认"满洲国"。您明白了吗？

阿瑟顿：是的，先生。

国务卿：这是合乎逻辑的正常程序。代表法院和发出这项调查的各方从这些事实中得出的结论是，他们根据所发现的事实做出判决。我只是重复了一遍，因为我是一名律师，西蒙也是一名律师，我认为我们的思维方式是一样的。现在，关于十九国委员会会议的情况，我已经经历过。我可以补充说，我不会被各种各样的威胁所扰乱，日本处于一个非常歇斯底里的状态并且任何事情都可能发生，因为我记得，日本多年来一直奉行这种外交政策，我现在更赞同它，而且它似乎对某些类型的国家来说是一个相当有效的政策。但它主要是为外交目的设立的。

现在我想说第二点。我希望咨询约翰爵士，关于发生在山海关和热河的各种行动，我想说的就是我很乐意与他保持联系了解他对这些的看法。我之所以没有采取任何行动，主要是因为我觉得我们的立场已经非常明确。但是，我的思想是开放的，我愿意就这个问题交换意见，我很愿意听取他的意见。这是我今天早上给您的信息，如果您和他会面并告诉我，我会很高兴的。他要去日内瓦吗？

阿瑟顿：今天早上我给他打了电话，他还没有做好计划。他打算下周某一天去。我今天上午与外交部远东司联系过，林德利最近除了指出英国的利益已被日本军队破坏，没有做出任何表示——

国务卿：您是说英国驻日本大使林德利吗？听起来像林赛。

阿瑟顿：我说的是林德利。他们在外交部获得的唯一最新消息。《泰晤士报》发表了一篇关于山海关形势的长篇社论，实质上它说列强应该尽力使其成为地方性问题，但如果在北平和天津附近的长城以南发生战斗，这就会是一个非常令人关注的问题,列强目前的行动必须在国联内部进行协调。

国务卿:我知道,这就是我打电话给您的原因之一,我想让约翰爵士知道。

阿瑟顿:这是《泰晤士报》自山海关事件以来首次在社论中发表声明。

国务卿:英国人不是采取了一些行动吗?这里的媒体报道了他们在山海关的行动。

阿瑟顿:英国海军军官将消息非正式地提供给了英国办事处,除此之外我们一无所知。

国务卿:这项提议遭到了拒绝。

阿瑟顿:是的,但据报道今天早上他们再次提出申请。

国务卿:我知道他们已经提出两个。您自己是否有来自日内瓦的消息?

阿瑟顿:没有,先生,这里的亲国联人士给人的印象是,他们将向日本施压,并绝对执行第 15 条第 4 款规定的所有最终行动。他们将在下周继续。这是亲国联人士的计划。

国务卿:明白了。但是您没有听到任何来自外交部的消息?

阿瑟顿:除了刚才提到的,没有别的了。

国务卿:您说的国联成员,是指在外交部所有的国联成员吗?

阿瑟顿:不,我是说和国联有关的英国人以及这里与国联保持联系的强烈同情者。

国务卿:但您没有听到外交部本身的任何消息。

阿瑟顿:仅仅来自英国国籍的国联官员。

国务卿:好的,就是这样。

阿瑟顿:非常好,先生。我会尽快与您沟通。

(戴瑶瑶译)

4. 国务卿致驻法大使(埃奇)(1933 年 1 月 13 日)

793.94/5749 b:电报

[华盛顿],1933 年 1 月 13 日晚上 6 时

10. 我希望您能和外交部部长谈一谈,大致如下:

有许多人问我,希望了解美国政府目前对中日关系的态度。此外,来自日内瓦的新闻报道说,有一种美国政府已经对这个问题失去了兴趣的印象存在。

尽管我对存在这些疑虑感到惊讶，但如果疑虑存在，那么就应该消除它。

为了消除这种疑虑，我首先要说的是：1931 年 10 月的第一个星期，美国政府宣布了它对联盟的国联管辖权的看法，以及美国政府应该而且确实应该给予的支持；我们在 1932 年 1 月 7 日给中国和日本相同的照会中，明确地表明了我们对远东事态发展的立场、我们关于各项条约的地位和适用性以及和平问题的意见，我在给博拉参议员的信中以及我和总统所作的各种公开发言中都作了阐述。本政府的立场没有改变，我有理由相信下届政府也不会改变。

李顿调查团的报告证实了我们对各国应考虑的事实和原则的预判。这份报告在我国国内被认为是在发展和平机制方面取得进展的证据。美国政府和人民一直在关注国联将如何处理此事。

据我估计，在不久的将来，为和解所做的努力可能有机会获得成功。日本人声明，他们不打算对他们在物质上和政治上所采取的立场做出任何让步。他们甚至要求世界人民无限期地闭上眼睛，背过身去，让他们以自己的方式解决远东的局势。因此，他们在自己和世界人民之间提出了一个明确的问题。如果世界无视这一问题，就会使自第一次世界大战以来为确立世界利益原则和为以和平方式解决国际争端提供机制所作的一切努力化为乌有。目前的问题是，是否应允许日本不仅以武力将其意愿强加于远东，并且在这样做的同时，从整个世界，特别是对国际联盟，取得外交胜利。世界不可能结束中日之间的敌对状态；它也不能使他们立即开始为和平解决进行谈判；但是，如果国联愿意，它可以根据李顿调查团的报告，并根据自己的盟约，根据事实和原则确定立场。

当然，国联的决定在很大程度上取决于法国和英国政府的立场。因此，这些政府有很大的责任。

美国政府的态度是众所周知的。我们准备重新通过我们的外交代表独立行动，支持我们认为由国联明智地做出的决定和行动。

了解法国政府的看法对我很有帮助。我希望您如上述一样坦率地表达我的意见，并且对这些意见保密，同时请法国政府将意见告知我，我当然会对法国的意见保密。在伦敦，我也想听听英国政府的意见。

您对外交部说的话，实际上应该包括上述所有内容，请您强调我不是要向法国政府施加我的观点，我认为法国政府对我的观点已经十分熟悉，但我要确保不存在任何疑问或误解，并澄清观点。为了使这一问题显得不正式，您可能更愿意让马里纳与外交部的一名低级成员一起讨论。在任何情况下,您都不应留下任何书面记录。

史汀生
(戴瑶瑶译)

5. 国务卿致驻英代办(阿瑟顿)(1933 年 1 月 13 日)

793.94/5734:电报

[华盛顿],1933 年 1 月 13 日晚上 7 时

13. 您 1 月 10 日晚上 7 时的第 6 号电报。

1. 一收到您方所提电报后,国务院就将英国政府的态度简要通知了驻北平的外交大使,并表示,外交大使的英国同事可以将此事详细地告知于他。

2. 关于驻北平外交代表提出的行动方针,国务院于 1 月 9 日向驻北平大使通报说,它将等待英国政府采取行动,大使应该通知他的英国同事说明我们准备在讨论中进行合作,并设身处地考虑英国政府提出的任何明确的建议,采取行动,使政府可以建立信任,并使其或国际联盟愿意承担责任。

3. 由于国务院认为英国驻北平的负责人已将国务院的态度通知了他的政府,因此,您似乎没有必要对外交部备忘录做出答复,尽管您可能会根据上文第 2 段口头发表声明。

史汀生
(戴瑶瑶译)

6. 国务卿致驻瑞士大使(威尔逊)(1933 年 1 月 13 日)

793.94 委员会/732:电报

[华盛顿],1933 年 1 月 13 日晚上 7 时

1. 吉布森 1 月 10 日晚上 11 时从布鲁塞尔发来的第 2 号电报,抄送给您。

您从之前的电报中可了解到,国务院深信,在目前情况下,调解措施实际上几乎没有成功的机会。最近的局势发展证实了这一观点,英国为调解山海关问题与日本大使的对话失败以及其他证据都可以证实这一观点。

　　日本人明确强调，他们坚持"满洲国"作为一个"独立国家"存在的立场必须得到接受，必须在不受任何外来干涉的情况下同中国进行谈判。他们仍然坚持认为，整个问题是他们和中国之间的问题，不用世界其他国家关注。这等于拒绝履行日本根据包括《国际联盟公约》在内的多边条约所承担的义务，并拒绝接受国联方面的任何管辖权。他们宣称，他们绝不会从他们已经取得的现实地位和政治立场上"退出"。他们甚至要求世界无限期地"闭上眼睛"和"转过身去"，让他们以自己的方式处理远东的局势。这等于他们拒绝做出任何让步，同时要求世界做出每一项让步。而他们要求，不仅要保全日本的脸面，还要让它的行动完全自由，强烈要求得到的利益被承认，这是以牺牲原则的耻辱使条约规定与和平机制无效为代价，并且，国联将完全失去面子。

　　因此，这是一个显而易见的问题。日本的做法使得国家政策和自身利益在国际关系中处于重要的地位。它往往使自欧洲战争以来为确立世界利益原则和为以和平方式解决国际争端制定机制所做的一切努力化为乌有。这些想法是不可调和的。世界现在不能强迫日本。但这并不意味着允许日本胁迫世界。

　　目前的真正问题是，日本是否不仅可以通过武力将自己的意志强加给远东，而且还应允许日本通过巧妙设计以及在外交上恫吓，来达到对整个世界，特别是对被《国际联盟公约》联系在一起的整个国家集团的外交胜利。国联无法结束日中之间的敌对行动；它不能左右远东的事态发展；但是如果它愿意，它可以根据《国际联盟公约》清晰地表达其对于那里发生的事情的看法，并可以予以反对。

　　这里还要特别提到海曼斯的声明，他非常重视我们的态度。我不知道我怎么才能够比通过外交渠道、我的公开发言以及新闻媒介中所多次重复的更清楚地阐明本届政府的观点。然而，通过努力，我授权您对海曼斯说：（1）本届政府不能承担指导国联的责任。这样的努力，如果沉溺其中，就不会达到自己的目的：这无异于无端干涉国联的事务；它将激怒日本，加强日本的军事力量；它会给我们带来不必要的批评。总的来说，这样做弊大于利。然而，在日内瓦，美国政府和人民的态度现在肯定被了解并得到理解。本届政府明确宣布了不承认原则。我在给博拉参议员的信和 8 月 8 日的讲话中进一步表明了我们的观点。我们的意见和态度丝毫没有改变。李顿调查团的报告证实了我们对应予以考虑的事实和原则的估计。李顿报告书在美国被视为在发展和平机制方面取得进展的证据。如果国联不批准这一报告,将被视为最严重的倒退。我们认为,目前没有任何理由相信,为和解所做的努力在不久的将来有成功的机会。本届政府确信,世界诉诸制裁在原则上是不明智的,也不会得到我们的支持;但除此之外,正如我们在 1931 年 10 月 5 日给德拉蒙德的电报①中所表明的那样,我们的立场完全符合我们此后一再提到并一再重申的准则和内容。我们曾经说过,现在仍然要说明:国联对这个问题有管辖权,它应该行使这一权力;对于国联可能做出的决定和可能采取的行动,美国政府将努力维护保留独立判断的权力,并通过外交渠道发挥作用,提供支持。这是本届政府的态度,我们完全有理由相信,这也将是新一届政府的态度。过去 16 个月的历史应该清楚地表明,我们不仅愿意走国联愿意走的路,而且一般来说我们也愿意走得更远。我无法理解,国联怎么能对我们的态度继续持怀疑态度。这种误解可能与美国媒体报道国联本身不断放弃原则有相同的原因。我不能相信这一点,因为国联的一个伟大目标是保持世界和平赖以建立的原则的完整。对各项原则的坚持并不意味着没有和解的可能,但如果只注重和解,就可能放弃赋予国联力量的各项原则。国联必须根据自己的判断做出自己的决定。美国不能替它思考,不能做它的顾问,也不能对它发号施令。只要它做出明智的决定,我们随时准备合作。

关于您的机密信息,我怀疑英国和法国在即将举行的会议上可能采取的态度是否如海曼斯所认为的那样毫无希望。有一些证据表明,法国可能是有帮助的。有一些新的理由可以解释,为什么约翰·西蒙爵士可能不会像上次会议上那样完全接受只进行调解的想法。

史汀生

(戴瑶瑶译)

---

① 原编辑者注:见 1931 年 10 月 9 日晚上 6 时致驻日内瓦领事第 73 号电报,《美国对外关系文件 日本:1931—1941》,第一卷,第 17 页。

7. 驻英大使（梅隆）致国务卿（1933 年 1 月 13 日）

793.94 委员会/738：电报　　　　　　［伦敦］，1933 年 1 月 13 日晚上 9 时

　　　　　　　　　　　　　　　　　　　　1 月 13 日上午 8：05 收到

　　8. 今天晚上，读了您与阿瑟顿的电话会谈备忘录之后，西蒙说他很高兴收到您的这一消息，并且您保证没有理由预测美国政策会有任何改变。他让我告诉您，他觉得两国政府的政策会并肩而行。他补充说，他并不后悔尝试调解，但他同意您认为这些方法显然已经失败了。他认为，很明显下周国联会按照第 15 条第 4 款的规定采取另一行动。他认为，大会应着手采纳李顿报告书的前八章，并以第九和第十章所指出的条件作为国联解决问题的原则。西蒙又说，这是他作为外交大臣向本国政府提出的观点。

　　然后西蒙给我们读了他 12 月 7 日演讲的部分内容，而且表示他在演讲后立即派人去请日本和中国驻日内瓦的代表，并告知他们他已发表演讲，希望他所说的话能促成调解政策的实施，但如果调解政策失败，他不希望他们误认为英国政府的立场无论如何都会改变。约翰爵士也说他当时给林德利打电话向内田解释此事。

　　关于山海关问题，约翰爵士认为，在没有得到日本和中国的完全同意之前，不应该进行任何调解。他说，他在考虑外国部队在这个中立地区巡逻的理由，因为完全不确定他们什么时候可能撤离。作为外交部的意见，西蒙补充说，日本的这次行动与其说是推进到天津和北平，不如说是为了控制热河围绕着山海关的地方行动，这将使日本与所有条约国家及其权利发生直接冲突。

　　西蒙说他最近和松平的谈话让他认为日本的态度没那么激进。

　　西蒙说我今天晚上发的电报不应被视为他对备忘录的最后深思熟虑的答复。周日①晚上之前他将把这份备忘录给本使馆转交华盛顿。

　　西蒙现在打算周日去日内瓦。

梅隆

（戴瑶瑶译）

---

　　①　原编辑者注：指 1 月 15 日。

8. 驻法大使(埃奇)致国务卿(1933年1月15日)

793.94/5754:电报

[巴黎],1933年1月15日晚上8时

1月15日晚上6:44收到

20. 您1月13日晚上6时的第10号电报。为了避免在这个时候访问总理的目的被误解,而且主要是为了在法国代表今晚前往日内瓦之前推进局势的发展,马里纳今天下午会见了外交部副部长考特(Cot)。考特打算本周末前往日内瓦,代表法国参加十九国委员会。与此同时,考特将立即把您的想法告诉今晚动身的马西格里。

考特表示,他非常高兴地再次确认美国的立场,他说,这完全符合保罗·邦库尔所说的法国的立场。他认为国联绝对有必要像李顿报告书那样将其记录在案,尽管他认为不可能对满洲实施军事制裁。他唯一担心的是英国人的态度,他说英国人知道您的观点会对他们产生很大的影响。

考特答应立即把这次秘密谈话的内容告诉保罗·邦库尔,并让他知道,如果他有什么问题要问,或者有什么补充的话,我随时都可以和他交谈。

今天中午,约翰·西蒙爵士离开伦敦,前往巴黎,今晚启程前往日内瓦。我把您电报的内容和法国人对您的观点表示理解告诉了泰瑞尔①,他将向西蒙提出建议。

埃奇

(戴瑶瑶译)

---

① 原编辑者注:英国驻法国大使威廉·乔治·泰瑞尔爵士(William George Tyrrell)。

9. 中国外交部致驻美大使馆^①(1933 年 1 月 15 日)

793.94/5806

［南京］,1933 年 1 月 15 日

中国驻苏联哈巴罗夫斯克总领事，现电告外交部如下：

"日本人占领了虎林。李杜将军和王德林将军率领三千多名官兵撤退到苏联境内。

丁超将军向日本投降的谣言是没有事实根据的。

关于日本和中国的指挥官进入直接谈判解决山海关事件的谣言同样是日本人放出来的，为了给人一个他们愿意将这一事件地区化的印象，以便世界原谅其在山海关的军国主义活动。（经蒋介石元帅和财政部部长宋子文的同意，南京外交部于 1 月 10 日宣布了一项准则，山海关事件只是三重问题的一个方面，与上海事件完全不同，不能在当地解决。）"

(戴瑶瑶译)

10. 驻华大使(詹森)致国务卿(1933 年 1 月 16 日)

793.94/5752:电报

［北平］,1933 年 1 月 16 日上午 9 时

1 月 16 日凌晨 12:53 收到

52. 以下来自美国驻沈阳总领事：

"1 月 15 日上午 10 点，日本军队在热河边境集结的消息昨天在这里被官方发言人否认，但据可靠消息，第四师团正从北满经洮南南下。有迹象表明，热河的备战工作正在加紧进行，可能将在 2 月初开始。"

詹森

(戴瑶瑶译)

---

① 原编辑者注：中国驻美大使馆 1933 年 1 月 16 日转交给国务院的电报译文。

11. 驻英大使（梅隆）致国务卿（1933 年 1 月 16 日）

793.94 委员会/739：电报

［伦敦］，1933 年 1 月 16 日上午 11 时

上午 11 时收到

10. 以下是今天上午收到的备忘录，在我的 1 月 13 日晚上 9 时第 8 号电报的最后一段。

"我亲爱的大使，昨天您把史汀生先生的消息告诉我时，我答应在明天早晨动身前往日内瓦之前给您发一封照会。

我所得到的关于满洲的情况是，国联为寻求和解所做的努力很可能失败。我对所付出的努力一点也不感到遗憾，因为不仅《国际联盟公约》第 15 条要求把这作为第一步行动，而且做出这种努力会使国联今后的声明更具权威性。我相信，作为主席的海曼斯先生和埃里克·德拉蒙德爵士仍然在讨论双方达成和解这一基础的可能性，但就我而言，很遗憾我同意史汀生先生的看法，这些努力可能会被当作没有达成任何协议的原因。因此，我们进入下一个阶段。

我坚决认为应该毫不迟延地采取下一步行动。浪费不必浪费的时间会对周围的人造成伤害。下一步，在我看来，是由形势所决定的。当然，这是国联必须采取的行动，我不希望以个人名义预测国联将采取什么行动。但是，毫无疑问，正如我昨天在我们的会谈中告诉您的那样，我认为，国联除了采纳李顿报告书别无他法。我已经在日内瓦的讲话中提请注意该文件的独特权威。这不仅是一致的，而且是五个国家选出的代表的工作成果。这五位杰出人士经过实地考察，在听取了各方的意见之后，获得了无可比拟的丰富资料，从而得出了他们的结论。当我说国联应该采纳李顿报告书的时候，我的意思是他们不仅应该宣布他们接受第一到第八章，而且他们应该推荐采纳第九章和第十章所指出的解决方式。

我很高兴地发现，这完全符合史汀生先生本人所赞成的方针。的确，我看不出我们有任何不同之处。实际上，我认为我们没有任何不同之处。当然，这些及后续事项以何种形式表达是秘书处和国联成员必须讨论和决定的问题，但问题的关键是我所指出的应做的事情作为下一步并迅速行动。

我关注了史汀生先生的声明，就美国政策而言没有理由预期此后会改

变。我想起来阿瑟顿先生昨天向我解释，我能理解这暗示着罗斯福先生的观点，这边也是一样，我们不会偏离我们过去的声明或我上面所说的内容。

关于最近在山海关发生的事件，史汀生先生将了解我们的看法，即大国为使事件局部化而提出的调解建议是不可取的。我国驻东京大使认为，调解将阻碍而不是促进这一目标的实现，事实上，这一事件很有可能因双方的协议而局部化。如果协议不容易达成，那将是由于控制热河和中国军队北上这两个重大问题，我们作为国联外部的调停者很难处理这些问题。如有必要，大会或其调查团无疑将审议调解问题。史汀生先生提到，英国军官在秦皇岛当地的行动，包括提议为中国和日本指挥官的会晤提供便利，将目前停泊在港口的一艘英国单桅帆船作为中立地。这项提议是在当地提出的，没有得到英国政府的指示，英国也不打算进行积极调解。

有关热河的情况是，'满洲国'宣称该省是其原始管辖地，该省省长属于一个派系，尽管他的忠诚后来受到怀疑。似乎可以肯定的是，日本人现在打算把它纳入'满洲国'，但我不知道国联是否会把为此目的采取的行动看作把满洲变成一个新的'国家'的行动的一部分。入侵中国长城以南显然是一个不同的立足点，但是目前似乎没有真正的理由认为日本考虑这样一个方案：他们在山海关和九门（Chiumen）的行动似乎更倾向于阻止最近中国军队从热河北上。我发现很难预测日本人进入热河或长城以南，国联应该采取什么行动的问题。

最后，我要感谢史汀生先生告诉我他在这些问题上的看法和态度。对于前面的事情我已经尽力告诉他了，并且随着事态的发展，我也将随时准备同他保持联系。

您真诚的约翰·西蒙。"

梅隆

（戴瑶瑶译）

12. 驻华大使(威尔逊)致国务卿(1933年1月16日)

793.94 委员会/741:电报

[日内瓦],1933年1月16日晚上9时

1月16日上午8:06收到

78. 自从收到您发至伯尔尼的1号电报①以来,我已按照上述电报和您方其他指示同海曼斯和德拉蒙德进行了交谈。

目前的情况似乎是在松冈②不在场的时候,杉村③准备了一份决议草案和理由说明,他认为十九国委员会、日本和中国都可以接受。德拉蒙德提出了一些修改建议,松冈也向他的政府提交了案文。一般认为,现在正在东京审议这一草案并且将把它提交给天皇。审议结果将在周三④或周四告知十九国委员会。

我没见过原文。根据德拉蒙德的说法,尽管改变了十九国委员会原始提案的形式,但保留了实质内容,并作为处理李顿报告书第九章九个要点的基础。德拉蒙德还说,该决议规定由十九国委员会组成一个小型和解委员会,可邀请非会员国参加(没有特别提到美国和苏联)。

德拉蒙德认为,日本政府接受的希望非常渺茫,但他和海曼斯都深信,必须尽一切努力进行和解,以便在可能的情况下避免在远东发生一场真正战争的威胁。在许多天之前,他非常担心,十九国委员会必须按照第15条第4款的规定行事,这可能意味着日本退出国联。

德拉蒙德还认为,法国和英国的态度都不会软化。这两个国家决定,除非能够建立令人满意的和解基础,否则它们必须按照第4款行事,并不惜一切代价保持《国际联盟公约》的完整性。德拉蒙德强烈肯定这是他的观点;国联无意背离有关的原则。

———————————

① 原编辑者注:日期为1月13日晚上7时,第61页。
② 原编辑者注:松冈洋右,国际联盟日本首席代表。
③ 原编辑者注:国际联盟秘书处日本副秘书长杉村阳太郎。
④ 原编辑者注:即1月18日。

我明天和松冈共进午餐，如果有进一步的消息，我将向您报告。

威尔逊

（戴瑶瑶译）

13. 驻华大使（威尔逊）致国务卿（1933 年 1 月 16 日）

793.94 委员会/744：电报

［日内瓦］，1933 年 1 月 16 日晚上 10 时

晚上 11：30 收到

79. 十九国委员会今天在海曼斯的主持下恢复了其非公开会议。

以下是斯威瑟①向我们提供的严格保密的会议情况记录：

"海曼斯回忆说，委员会在 12 月份批准的案文要同当事双方进行谈判，他和国务卿已接到指示，为了当事双方、国联和世界的利益，将尽最大努力进行和解。但是，日本提出的修正案与委员会的草案有很大的不同，因此不可能就这些修正案达成协议。中国也提交了修正案，这些修正案已转交委员会。之后，日本代表团准备了一些新的建议，但是，在得到内阁，也许还有天皇的批准之前，日本代表团不会将这些建议正式递交给国联。内阁将于今天或明天开会，委员会可能在星期三之前做出决定。

德拉蒙德说，日本的反对意见一开始提交时，代表团就被告知委员会不会接受这些建议，甚至不能作为讨论的基础。从那时起，日本代表团完全是在自己的主动和责任下，提出了进一步的建议，不幸的是，据称，这是他自己和杉村之间达成的一项协议。鉴于这些报告，他想说明的是，情况根本不像所描述的那样，因为他没有提出任何建议，或许也没有得到任何同意，而只是像国联任何其他成员国那样征求了日本人的意见。

德拉蒙德还想起来曾在秘书处得到秘密指示，即在必要时根据第 4 款编写一份报告。幸运的是，这个消息一直是保密的，他认为连日本人都不知道。然而，这些报告现在已进入后期阶段，将在委员会需要时提供。

莱斯特②非常感谢关于谈判的资料，因为新闻报道对国务卿和调查团的

---

① 原编辑者注：亚瑟·斯威瑟（Arthur Sweetser），国际联盟信息部美国成员。

② 原编辑者注：肖恩·莱斯特（Sean Lester），国际联盟爱尔兰代表。

立场引起了很大的误解。他认为最好通过公开声明来消除这种误解。他还提请注意,委员会自 12 月 20 日以来一直休会,现在又被要求休会,以便等待一份本应在一段时间之前收到的声明。他非常希望新的推迟不要太久。

西蒙敦促消除公众的疑虑,如果调解不能按照第 4 款进行,委员会应履行其应尽的职责。显然,委员会别无选择,只能采取这一行动,并应尽快行动。他建议在发表的声明之外增加一项内容,即十九国委员会虽然同意日本所提议的延迟要求,但如果调解失败,将立即根据第 4 款采取行动。这根本不是一种威胁,而只是一种对公众舆论的安慰。

马西格里①支持这个建议。他认为委员会必须接受延期的请求,尽管这令人不安。他想知道,现在是否能保证在规定的时间内得到答复,担心进一步拖延会对公众舆论产生影响。因此,他认为表现出深切关注是明智之举。德拉蒙德说,造成拖延的原因是松冈迟迟不返回日内瓦,而海曼斯说,日本方面已保证在规定的时间内给予答复。

西蒙接着进一步阐述了他的发言,表示如果调解失败,委员会将根据第 4 款迅速采取行动,不允许拖延太久。在他看来,最重要的问题是通过了李顿报告书,其中既包括事实,也包括建议。他建议,在秘书长提到的报告之外,可以编写一份非常简短的备选案文,说明委员会完全接受了这份报告。他想知道世界舆论是否支持这份报告。对他自己来说,他确实是这样做的。他认为,如果能够通过一项简短的声明,而不是一份冗长而深奥的文件,从而导致公众对该报告是否被接受产生怀疑,那么将产生最好的效果。德拉蒙德同意这一观点,但认为这一陈述不可能像西蒙想得那么简单。

莫塔②随后就委员会公布草案提出申诉,该草案本应是非常机密的,德拉蒙德解释说,这可能是当事各方自己的责任。莫塔认为,这份文案使和解更加困难,最近在山海关发生的事件使和解几乎无望。他相信,如果调解失败,将立即准备好该报告并公开进行最后的讨论。兰格③虽然同意有必要接受休会,但他回顾说,委员会以前最迟休会到 1 月 16 日,因此日本人已经利用委员会的巨大努力,以各种方式同他们会晤。

---

① 原编辑者注:热内·马西格里(René Massigli),国际联盟法国代表。
② 原编辑者注:朱塞佩·莫塔(Giuseppe Motta),国际联盟瑞士代表。
③ 原编辑者注:克里斯蒂安·兰格(Christian L. Lange),国际联盟挪威代表。

委员会决定委托主席团起草一份体现上述意见的公报。"

公报如下：

"十九国委员会的主席在 12 月 20 日的声明中宣布，委员会认为，如果它不尽一切努力进行和解，并以最大的耐心努力达成和解，它就不能履行其职责。

十九国委员会今天证实了这一观点，但认为如果第 15 条第 3 款不幸不被接受，他们将按照大会 1932 年 3 月 11 日准备的决议①尽可能迅速执行他们的任务，即按照《国际联盟公约》第 15 条第 4 款准备报告的草案。

委员会在 12 月 20 日的会议上声明，委员会主席和秘书长同当事各方进行的会谈需要一段时间。

自那时起，这些会谈一直在继续。除了中国政府的提案，没有收到任何新的提案。会谈中，日本代表团在与委员会主席和秘书长的会谈中宣布正在就其可能提交委员会的新提案与政府进行沟通并且宣布它将在 48 小时内告知委员会其看法。

委员会认为有必要尽快审议大会是否有可能履行《国际联盟公约》第 15 条第 3 款所规定的任务，委员会认为有必要接受这一短暂的休会。"

威尔逊
（戴瑶瑶译）

14. 副国务卿（卡斯尔）备忘录（1933 年 1 月 18 日）

793.94/5819

［华盛顿］，1933 年 1 月 18 日

比利时大使打电话来了解远东地区的实际情况②。他提到了报纸的各种报道，我告诉他，他们都似乎存在误解，就欧洲国家的态度而言，在回答调查时，我们不得不明确表示我们的态度没有改变，下届政府也不太可能改变。大使说他理所当然地认为国务卿已经得到了罗斯福的同意。我告诉他，我觉得罗斯福先生的公开声明已经明确表明他打算继续实行这项政策。我向大使指

---

① 原编辑者注：《美国对外关系文件 日本：1931—1941》，第一卷，第 210 页。
② 原编辑者注：德国大使在同一天进行了类似的调查（793.94/5882）。

出,我们当然没有按照某些报纸所暗示的那样告诉国联该做什么,因为李顿报告书是提交给国联的,显然我们没有权力建议国联如何按照自己的报告行事。

大使说,大约两个星期前与国务卿会谈之后,他已经写完了关于会谈的全部记录,并把它发给了海曼斯。他非常清楚地表明,美国的立场几个月来没有改变。他似乎感到非常不安,因为担心海曼斯在去日内瓦之前没有收到这份报告。我告诉他,当然,我对此一无所知,但无论如何,海曼斯先生曾告诉吉布森先生①,有许多关于我们政策改变的谣言,休·威尔逊先生已经告知他事实。大使说,他对情况完全了解了。

W. R. 卡斯尔,JR.

(戴瑶瑶译)

15. 驻瑞士大使(威尔逊)致国务卿(1933年1月18日)

793.94 委员会/751:电报

[日内瓦],1933年1月18日晚上11时

1月18日晚上9:58收到

82. 我1月16日晚上10时的第79号电报。以下是今天下午十九国委员会会议的讨论摘要,由斯威瑟秘密提供。

海曼斯报道了日本政府对提案的答复(见我的1月18日晚上7时80号电报)。海曼斯解释说,日本人曾经非常坚决地坚持不邀请美国参与调解。日方授权他告知调查团,对此,日本人提出了两个原因:(1) 法律上的原因是《国际联盟公约》没有授权加入非会员国;(2) 政治上的原因是日本担心中国会利用美国为其谋取利益。日本也不希望苏联参与,但认为如果美国接受,苏联可能会来。日本人认为,鉴于日本公众舆论的强烈情绪,不发出邀请将是一种政治上的明智之举。

然后海曼斯提出了日本对决议的修正案并说明了理由(见我的1月18日晚上7时第80号电报)。他解释说,总的来说,日本的建议是把和解委员会从目前包括美国和苏联的十九国委员会改为十九国委员会选出的一个没有美国

---

① 原编辑者注:休·西蒙斯·吉布森(Hugh S. Gibson),日内瓦国际裁军会议美国代表。

和苏联参加的小委员会。委员会的责任不是"与当事各方一起在委员会的报告第九章所载的原则以及第十章的建议的基础上进行谈判"，而是"帮助双方达成最终的和基本的解决方案"。同样，日本人提出的决议是省略关于尊重《国际联盟公约》《巴黎非战公约》和《九国公约》的段落。此外修订"原因声明"①(1)李顿报告书的描述作为一个"对事实公平、公正和完整的陈述"；(2)第15条第4款中关于在调解失败的情况下必须发表声明的措辞；(3)最后一段的结论"不能把维持满洲目前的制度视为一种解决办法"。

随后就邀请美国和苏联对所涉及的程序问题以及关于"决议"的条款和"理由说明"的实质问题进行了长时间的辩论。

委员会最后同意，虽然它不能在不符合争端一方意愿的情况下向非成员国发出调解邀请，并且在起草中委员会也可能接受某些细微改动，但如果日本要求全方位改动，委员会就不能接受。然而，为了使形势明晰并表明如果日本人拒绝和解，是基于立场而不是程序，委员会决定要求海曼斯向日本人提出是否应取消对非成员国的邀请，日本人愿意接受委员会12月15日提案的实质内容(见我的71和72号电报②)。

根据斯威瑟的明确表态，我明白了调查团的所有成员都认为没有和解的希望，现在需要考虑的重要问题是采取行动，这样最终分歧会在于问题的实质而不是形式。海曼斯今晚正与日本人讨论此事，尽管斯威瑟表示，他对委员会的授权并不完全清楚。斯威瑟认为委员会的意思是向日本强烈表示，虽然委员会可能愿意在邀请非会员国时做出让步，但它坚定地认为，日本有必要尊重原来决议草案其余部分的完整。

威尔逊
（戴瑶瑶译）

---

① 原编辑者注：正文见瑞士外交部部长1932年12月15日晚上8时第71号电报。《美国对外关系文件 远东：1932》，第四卷，第480页。

② 原编辑者注：1932年12月15日晚上8时和9时，《美国对外关系文件 远东：1932》，第四卷，第430和432页。

16. 中国外交部致驻美大使馆①(1933年1月22日)

793.94/5809

[南京],1933年1月22日

罗文干外长今天发表声明如下:

"内田子爵②关于日本在满洲行径的讲话再次有力地证明,日本还远远没有从军事征服和领土扩张的梦想中醒来。

自去年8月内田子爵就远东局势发表第一次重要讲话③以来,几个月已经过去了,但日本外务大臣对国际联盟的权威、国际协议的神圣性以及所有这些协议和国际法原则的有效性的蔑视显然没有减弱。内田子爵再次以'满洲国'为主题,不仅试图证明'满洲国'的存在,而且试图证明'满洲国'进一步扩张的可能性。他甚至公开宣告了日本入侵热河的决心。

没有必要再对日本的论点浪费更多的文字,因为它们不仅得到了中国政府,而且得到了李顿调查团的确认。

中国的立场非常明确。由日本创建和维护的'满洲国'必须消失,中国必须重申对东三省的主权。除非日本的傀儡政权被宣布为非法并终止,否则不可能达成和解或重新和解或有其他的解决办法。"

(戴瑶瑶译)

17. 驻瑞士大使(威尔逊)致国务卿(1933年1月23日)

793.94委员会/762:电报

[日内瓦],1933年1月23日晚上6时

1月23日下午5:15收到

85. 我的1月21日晚上9时第84号电报。以下是斯威瑟的严格保密备

---

① 原编辑者注:中国驻美大使馆于1月23日转交给美国国务院的电报副本。

② 原编辑者注:1933年1月21日,在日本国会发表演讲,由东京媒体报道。

③ 原编辑者注:1932年8月25日在日本国会发表演讲,见《副国务卿备忘录》(1932年8月24日),《美国对外关系文件 远东:1932》,第四卷,第206页。

忘录的摘要，涵盖了今天上午十九国委员会的讨论内容。

在会议开幕时，海曼斯报告了周六①他在委员会的决定后与松冈和颜的对话。颜曾表示，对不邀请非成员国不应被视为对日本的让步，而只是作为委员会自身出于司法原因的行动。他接着问委员会对海曼斯完全接受第九章和维持不承认［政策］两者有什么不同意见。

松冈回答说，日本已经表明，它永远不愿意在得到承认后改变自己的立场。当有人指出这一观点不符合对第九章所有原则的接受时，松冈解释说，这就是为什么日本只把这些原则描述为适当的基础，而不是和解的基础。正如他所解释的那样，结果可能是日本将不得不撤军，他个人会对此感到遗憾。海曼斯也表达了他的遗憾，但他解释说，和解仍在进行中。

在这一解释之后，对大会根据第 15 条第 4 款提出的报告应采取的形式进行了深入的讨论。大家普遍同意，必须包括三个广泛的主题：

1. 调解失败；
2. 日内瓦和远东争端的事态发展；
3. 建议。

关于提交方式的主要分歧似乎是，就争端的事实而言，英国代表团敦促完全接受李顿报告书，但不重申该案的历史。委员会的大多数成员显然认为，仅仅采用另一份文件对于这样一份重要的报告来说是不够的。大会受《国际联盟公约》条款和世界舆论的约束，必须发表一份详细的声明。

撰写报告所涉及的困难非常大，调查团决定将其委托给一个小型委员会，该委员会应由海曼斯和法国、德国、意大利、西班牙、瑞典、瑞士、英国和捷克斯洛伐克的代表组成。

起草委员会将努力在本星期尽可能多开会，但由于理事会、裁军会议主席团和其他重要委员会的会议，扩大其会议范围方面会遇到很大的困难。

威尔逊

（戴瑶瑶译）

---

① 　原编辑者注：即 1 月 21 日。

18. 中国驻美大使馆致国务院(1933 年 1 月 25 日)

793.94/5823

[华盛顿],1933 年 1 月 25 日

今天上午,中国驻美大使馆收到中国外交部发自南京的如下电报:

中国外交部部长罗文干博士严正否认了有关中国政府正在与日本进行直接谈判的新闻报道。有人指出,中日之间的整个争端"现在已在日内瓦得到调解,显然不可能进行直接谈判"。中国当局认为目前的谣言来自日本。

(戴瑶瑶译)

19. 中国外交部致驻美大使馆①(1933 年 1 月 25 日)

793.94/5824

[南京],1933 年 1 月 25 日

段祺瑞先生抵达南京时宣布,他积极支持北平政府对日政策。关于南京政府利用段先生同日本和平谈判的谣言实际上是毫无根据的,显然是日本方面的消息。现在北平和天津流传的中国人愿意和日本人直接谈判的谣言,也是日本人的宣传。

(戴瑶瑶译)

20. 国务卿致驻日本大使(格鲁)(1933 年 1 月 26 日)

893.114N16 满洲/5

第 186 号   [华盛顿],1933 年 1 月 26 日

先生:兹已收到您 1932 年 12 月 2 日的第 212 号急件②,关于目前"满洲政权"与一个日本银行财团谈判的贷款,其担保是对盐的附加税和满洲鸦片垄断的预期利润。

---

① 原编辑者注:1 月 26 日中国驻美大使馆转交给国务院的电报翻译件。

② 原编辑者注:缺印。

在这方面,本署参阅 1932 年 12 月 14 日发出的第 157 号指示①。该指示附有一份日期为 1932 年 12 月 6 日的备忘录②,其中概述本署对所述贷款的若干意见。如 1932 年 12 月 2 日第 212 号电文的附件所示,似乎 1932 年 11 月 19 日实际签署了一份涵盖所讨论贷款的协议。据国务院所了解的,日本银行的相关利益集团未向 1920 年 10 月 15 日签署的财团协议③的签署国美国、英国和法国要求此类贷款,除非英国或法国政府或参与集团协议的美国集团提请其注意这个问题,否则国务院不会对此事采取任何行动,在这种情况下,国务院将进一步研究整个问题。

为指导使馆工作,现就在中国政府依法禁止鸦片贩运的领土上设立鸦片专卖所引起的问题提出如下规定。

1912 年《海牙鸦片公约》④缔约国有义务采取措施,根据有关各国的不同情况,逐步有效地抑制包装鸦片的生产、国内贸易和使用。

根据 1925 年在远东地区⑤拥有领土的国家(中国和美国均不是其中一方)之间签订的《日内瓦协定》,这些国家正式采用政府垄断制度,作为履行这一义务的权宜之计。

根据 1912 年《海牙鸦片公约》规定的义务,美国政府所采取的政策是通过执行法律完全禁止进口、制造、销售、拥有和使用制备的鸦片,并彻底执行法律。

早在 1904 年,就有人提出在菲律宾群岛建立为期三年的鸦片专卖权,然后加以禁止,但由于涉及政府专卖权,这一建议遭到抵制,并采取了绝对禁止贩运的原则。人们普遍承认吸鸦片的习惯是有害的,无论瘾君子住在哪里都是如此。因此,美国政府认为,在这个问题上没有理由采用双重标准,而且这种标准完全是前后矛盾的,允许在菲律宾群岛使用鸦片,通过配给制度或其他方式,同时认识到这种习惯的根本罪恶,在美国绝对禁止预制鸦片。最后,在菲律宾群岛完全禁止将鸦片用于非药用目的的执行结果被认为是令人满

---

① 原编辑者注:缺印。
② 原编辑者注:见《法国大使馆备忘录》,《美国对外关系文件 远东:1932》,第四卷,第 390 页。
③ 原编辑者注:《美国对外关系文件:1920》,第一卷,第 576 页。
④ 原编辑者注:1912 年 1 月 23 日签署,《美国对外关系文件:1912》,第 196 页。
⑤ 原编辑者注:1925 年 2 月 11 日签署,《国际联盟条约汇编》,第二卷,第 337 页。

意的。

此外,美国政府认为,如果在所有远东地区认真执行鸦片禁运,那么在远东各司法管辖区的执法人员所面临的实际问题中,目前帮助走私者的自然因素将是次要的。

本政府应邀派遣了一名观察员参加 1931 年 11 月在曼谷举行的远东鸦片吸食问题会议①。根据 1925 年 2 月 11 日在日内瓦签署的《鸦片协定》,这次会议讨论 1912 年海牙会议第二章的适用情况和《日内瓦协定》的适用情况。其讨论的基础是国际联盟远东管制鸦片吸食问题调查委员会的报告。美国政府在该会议上的立场基于以下事实:虽然美国不是缔约国,但实际上这些国家与美国都是 1912 年《海牙鸦片公约》的缔约国。鉴于讨论的主题是在《海牙公约》中与美国承担共同义务的国家提议以何种方式履行所承担的义务,美国政府接受了派代表出席的邀请。

远东控制鸦片吸食调查委员会报告说,他们得出的主要结论是,逐步有效地抑制吸食鸦片,需要相关的各国政府在类似和同时进行的情况下采取协调一致的行动。关于这一结论,曼谷会议上的美国观察员在国务院的指示下说,美国政府"同意这样一种看法,即禁止吸食鸦片需要远东各国政府采取协调一致的行动"。他还认为,现在已经到了立即行动从而达到绝对禁止的时候。美国准备提供一切切实可行的援助来制止这种恶习,但只要其他政府选择保留专卖制度,并且不愿意禁止,美国政府就不准备采取与其他政府一致的路线。他还说:"毫无疑问,我国政府正在采取鸦片专卖制度,采取措施禁止加强或继续实行贩运鸦片合法化的制度。"

美国政府认为,与保护垄断收入的措施相比,绝对禁止吸食鸦片这一措施更容易实现。美国政府一再并强烈敦促要坦率地承认,在远东和其他地方只有一个方式来抑制吸食鸦片这一恶习,就是禁止进口、生产、销售、持有或使用制备鸦片,而且还要积极执行这样的禁令。

中国政府在鸦片临时委员会与国际联盟理事会的代表在鸦片垄断问题上的立场是一致的。

当 1931 年再次提出这样的提案,中国政府应该建立鸦片专卖制度,美国政府在建立鸦片专卖这个问题上的观点闻名遐迩,而国务院认为,这个问题毕

---

① 原编辑者注:参见《美国对外关系文件:1931》,第一卷,第 699 页之后。

竟主要是中国国内问题，并且国务院认识到这个问题与中国内部政治的密切联系，所以当时没有与中国政府做任何交涉。

根据美国驻东京使馆和美国驻沈阳总领事馆的报告，现在看来，目前的政权考虑为贩卖鸦片在满洲建立专卖机构，并与一个日本银行财团谈判一笔贷款，以专卖机构的预期利润作为一部分的担保。在这方面，重要的是，国务院没有收到任何关于考虑实行配给、登记或采取其他限制措施来最终制止吸食鸦片的通知。相反，采取以鸦片专卖的收入作为贷款担保这一不寻常举动的事实似乎预示着努力利用而不是在抑制鸦片的贩运。

考虑到使馆的兴趣，现随函附上以下来自《基督教科学箴言报》《巴尔的摩太阳报》和《查尔斯顿（西弗吉尼亚）每日邮报》的文章①，其中讨论了满洲的鸦片贩运问题，并提出了对日本的批评。

谷②先生在 1932 年 11 月 29 日给内维尔先生③的信里指出，1912 年《海牙鸦片公约》的一个目的是禁止贩卖吸食用的鸦片。因此，只有当这些垄断实体采取措施，最终抑制运输并逐步减少运输量时，政府垄断制度才能符合该公约所要求履行的义务。应当指出的是，1925 年《日内瓦协定》第 1 条规定了一些抑制贩运的措施。

目前，国务院不希望就满洲的鸦片垄断问题向日本政府或中国政府提出交涉。然而，如果这个问题被非正式地提交给任何使馆工作人员，他们可能会非正式地指出，美国政府认为任何企图在满洲建立合法销售鸦片吸烟的行为都是令人遗憾的。

> 您真诚的，
>
> 致国务卿
>
> W. R. 卡斯尔，JR.
>
> （戴瑶瑶译）

---

① 原编辑者注：缺印。

② 原编辑者注：日本外务省亚洲局局长谷正之。

③ 原编辑者注：埃德温·L. 内维尔，驻日本大使馆参赞。

21. 驻南京总领事(佩克)致国务卿(1933年2月2日)

893.01 满洲/808:电报

[南京],1933年2月2日下午4时

2月2日凌晨4:30收到

8. 以下为中国外交部于2月1日晚上7时发出的新闻:

"国际联盟现在已经到了这个阶段,它必须勇敢无畏地实施国联理事会和大会在各种场合所阐述的伟大原则,以及13年前国联成立时保卫和维护的原则。那些在日内瓦的代表不愿明确声明不承认日本在满洲的傀儡政府,似乎在试图逃避他们签署1932年3月11日大会决议应承担的责任。1932年,国际联盟成员不应承认任何可能以违反《国际联盟公约》或《巴黎非战公约》而提出的条约[或]协定。毫无疑问,李顿调查团认为'满洲国'的存在完全是由于日本军队的存在,违背了《国际联盟公约》和《巴黎非战公约》。

宣布这样一个傀儡组织不应被任何必然尊重中国主权的国家重新承认,这是遵守已经被阐明和接受的不承认总原则所做出的必要和合乎逻辑的行动。

如果任何一个国家希望在未来为非法承认'满洲国'敞开大门,那么就不可避免地得出这样的结论:日本不仅试图破坏3月11日决议的有效性,而且还试图破坏《国际联盟公约》和《巴黎非战公约》的有效性。中国不相信会出现这种情况,但相信所有有关国家都会对作为日本领土侵略工具的非法组织做出强烈谴责。"

佩克

(戴瑶瑶译)

22. 驻瑞士大使(威尔逊)致国务卿(1933 年 2 月 3 日)

793.94 委员会/776：电报

[日内瓦]，1933 年 2 月 3 日晚上 6 时

2 月 3 日下午 3 时收到

92. 在今天的私人谈话中，松冈表示，他曾向德拉蒙德提议，十九国委员会授权海曼斯根据 12 月编写的关于取消非成员国参与调解委员会，以及修改关于不承认"满洲国"的"事实陈述"最后一段的案文与松冈协商，继续讨论调解问题。

十九国委员会将于明天上午举行会议，讨论这个问题。

松冈说，在他看来，日本政府应该确保和解继续进行。他们之间的分歧还不足以成为谈判破裂的理由，但他的政府在不承认问题上态度非常强硬，尽管他们已经同意并接受李顿报告书第九章的观点，其中包括关于自治的观点，作为和解的基础。不过，他很坦率地表示，对在这一点上能否达成一致意见还保持怀疑。

从他的谈话、新闻报道和其他代表的态度来看，日本人似乎正在为避免按照第 15 条第 4 款提出的报告和建议做最后的努力。委员会将采取什么态度还很难说，只能指出这样一个事实，一连串不容否认的关于进入热河的报道，使成员们几乎不相信日本人将进行真正的和解。过去几周，调查团成员一直在某种悲观论和日本政府只是在拖延时间、和解无望的信念下工作。松冈的这一新行动是否会让人们重新燃起和解的希望还很难说。

媒体报道，英国政府正在努力说服双方进行谈判，这种谈判类似于迈尔斯·蓝浦森先生①在上海主持圆桌讨论那样的，松冈说，他的政府永远不会接受这种和解方式。就"满洲国"而言，他们必须直接"与中国谈判"，尽管他们不反对外来者的存在，甚至对外来者的友好建议也没有异议。

威尔逊

(戴瑶瑶译)

---

① 原编辑者注：英国驻华大使。

23. 驻瑞士大使(威尔逊)致国务卿(1933年2月4日)

793.94 委员会/777:电报

[日内瓦],1933年2月4日晚上9时

2月4日晚上8:25收到

92. 十九国委员会今天上午进行了长时间的秘密会议,结果发表了以下公报:

"十九国委员会今天举行了会议,由布尔坎(比利时)主持。

从起草委员会收到了报告第一部分的案文,最终将根据第15条第4款向大会提出建议;中国政府请求加快程序进程以及根据第12条规定的时限;日本代表团提出的一些新的调解建议。

委员会仔细考虑了这些建议之后,在欣赏他们精神的同时,遗憾地得出的结论是,这些建议与12月16日提出的建议有很大不同,即使为了满足日本政府的愿望进行了修改,他们也没有为第15条第3款规定的调解程序提供令人满意的依据,特别是考虑调查团的建议。

委员会请秘书长将这些意见通知日本代表团,并表示它认为有机会取得成功的唯一基础是日本政府接受12月16日的提案,在已经指出的两项变更的情况下,不邀请非成员国参加调解委员会,并接受当事方对主席代表十九国委员会做出声明的权利。

委员会还指示秘书长向日本代表团解释,第15条第3款所述的调解程序在大会本身通过该条第4款所述的报告之前都持续有效,但鉴于长期的谈判和协议的努力已使它感觉一定会同时起草报告,预计将在一个相对短的时间内做好准备之后,大会可以立刻召开。

委员会开始就该报告和建议交换意见。"

鉴于公报内容完整,关于讨论的结果,我将只向国务院报告斯威瑟给我的关于讨论的要点。

第一部分,关于日本新提案的讨论(见我2月3日晚上6时发的第92号电报)。

伊登①认为委员会有两个任务：第一，当务之急是准备报告；第二，同时在大会开会之前保持调解机会。但是，调解不应妨碍报告的编写。毫无疑问，日本人的提案说明了一个变化；虽然迄今为止他们坚持承认"满洲国"是谈判的基础，但他们现在想把这个问题留到以后解决。起初，他觉得这个主意很有吸引力，但现在他发现，如果不放弃李顿报告书，就不能采纳这个主意。他根本没打算这么做。此外，如果这项建议获得通过，就会将中国置于破坏和解的境地，而和解在他看来是完全不公平的。伊登认为，委员会应该坦率地声明，这项建议是不能接受的。委员会不妨请主席和秘书长向日本人解释情况，并说明委员会之前的提案仍然有效。

马西格里强调了他们所提出的程序的重要性。日本显然是在寻找一个突破口。日本希望表明，它一直是愿意和解的，委员会在最后一刻中断了谈判。因此，马西格里认为，委员会只有确定一个结束和解的绝对日期才是正确的。

英法两国代表的这些发言很好地反映了较小国家在会议中表达的意见。

第二部分，关于其他相关问题的讨论。

有人提出了关于邀请美国和苏联参加该报告的问题，虽然这一问题显然没有进行充分讨论。

也有人提出了《国际联盟公约》第 15 条和第 16 条之间的关系这个问题。如果中国接受该报告，而日本拒绝该报告，并且战争状态持续或发展，第 16 条是否会自动生效？秘书长说，这个问题显然是根本性的。他本人并不认为第 15 条会自动导致第 16 条。每一个都是独立的。他说，显然这个问题必须进行非常仔细的研究。

秘书长决定今天下午会见松冈。

会议的结论似乎是，十九国委员会应在下周每天早上定期开会，想法是在下周末之前完成这份报告，届时大会可在下星期初召开会议。当然，这纯粹是猜测。国务卿似乎怀疑是否能遵守这样的时间表。

除非另有指示，否则我将自行决定在下周发送每日报告。②

威尔逊

（戴瑶瑶译）

---

① 原编辑者注：安东尼·伊登，英国议会负责外交事务的副秘书长。

② 原编辑者注：国务院要求提供进一步的报告，因为"非常有帮助"。

24. 驻瑞士大使（威尔逊）致国务卿（1933 年 2 月 6 日）

793.94 委员会/778：电报

[日内瓦]，1933 年 2 月 6 日晚上 9 时

晚上 9：53 收到

95. 我 2 月 4 日晚上 9 时的 93 号电报，以下是斯威瑟给我的十九国委员会今天的会议记录。

十九国委员会完成了报告所附建议的初步讨论。起草委员会被要求根据三项条约和李顿报告书的第九章，特别是对"满洲国"的不承认和不合作，编写一份书面的案文。在十九国委员会审议了已商定的要点后，将决定是否对非冲突直接当事国的政策增加进一步的建议。

以下是斯威瑟秘密给我的上午会议的讨论情况：

德拉蒙德星期六①下午报告了他与松冈的会谈情况，当时松冈收到了委员会的公报。松冈说，委员会实际上是在发出最后通牒。德拉蒙德认为情况并非如此，因为委员会为符合日本的意见已经做出两项修改。当然，它不能再往前走了，除非有微小的变化。松冈问上次会议上日本的提议是否已经清楚了，也就是说，"满洲国"的问题应该继续讨论，日本和其他国家都不应被迫撤回它们的立场。可是，德拉蒙德肯定地回答说，委员不接受这一提议。另一方面，有人认为它与李顿报告书相反；另一方面，如果这一提议被接受了，将立即导致和解的混乱，而和解将在第一个星期内失败。松冈仍对和解表示了一些希望，但德拉蒙德不这么认为。他指出，在基本问题上仍存在最大的原则分歧，即不承认。松冈随后表示，他听说有观点认为日本是在拖延时间。他想否认这项指控。德拉蒙德说，不幸的是，每一次拖延只会让局势变得更加严重。松冈说，这不是日本的错，而是由于东方发生的事件。松冈在结束发言时指出，如果调查团坚持认为调解失败，日本将被迫退出国联，他本人对此感到非常遗憾。德拉蒙德说，杉村在星期六晚上代表日本代表团发言时称，他已要求获得新的指示，并正在努力了解它是否与委员会原来的建议非常接近。意大利的比安切利（Biancheri）说，松冈的答复根本没有改变局势。因此，委员会不

---

① 原编辑者注：即 2 月 4 日。

应改变其方案，而应以未收到来文的方式进行。

然后，德拉蒙德总结了委员会面前的形势，见如下所述：

周六关于建议的讨论似乎表明，这些建议实际上应该包括李顿报告书的10 项原则、3 项条约和 3 月 11 日的决议。重点将放在两点上，即中国的主权和日本军队撤退到允许的地点。然而，问题出现了，建议提出后，将如何执行？如果一方遵守而另一方拒绝，第 15 条的立场是什么？德拉蒙德知道莫塔相信，届时可能涉及第 16 条所规定的制裁。现在德拉蒙德明白了，莫塔的意思是，它们只适用于诉诸战争的情况。奇怪的是，由于外交关系仍在继续，战争尚未发生。德国的凯勒（Keller）在一份事先准备好的声明中说，委员会接受了李顿调查团的建议，即承认"满洲国"和恢复原状都不是一个可以接受的解决办法。委员会已将第九章中的 10 项原则作为其建议的核心。他怀疑尝试另外一种详细的程序是否可行或明智。李顿调查团在其报告第十章中这样做了，但双方都拒绝了这一建议。凯勒认为，国联的主要职责是制定解决问题的基本原则，并要求有关各方在此基础上重建满洲的秩序。谈判是否成功是非常值得怀疑的，因此委员会最终可能会回到谈判的起点。这导致为防止这种情况发生而提供保障的想法，但《国际联盟公约》并不需要这种保障，它只需要事实和建议。国联应该指出解决方案的方向，不应该对如果他们失败了应该怎么办而过于焦虑。这种行动会给人一种印象，即国联不相信其本身的效力。同样，如果提到强制措施，争端各方的态度也会受到影响。

伊登同意应该把注意力集中在对缔约方的建议上，当然，这些建议会涉及其他国家的政策。建议应以《国际联盟公约》《巴黎非战公约》和《九国公约》为基础，并在李顿报告书第九章的基础上提出切实可行的解决方案。由于后者包括不承认政策，国联必须明确指出，各成员国不应因违反这一政策的任何行动而使自己陷入困境。不承认应成为所有成员国的一项基本政策，他希望非成员国也能这样做。应该清楚的是，现组织无法提供任何永久解决的基础，但是，如果这些建议不付诸实施，将会出现什么情况，这仍然是一个问题。确实可以说国联没有通过第 4 款。他同意凯勒的观点，没有双方的参与，任何解决方案都是不可能的，除了提出一个能给东方带来和平的解决方案，别无选择。不利用这一解决办法的责任将落在各当事方而不是委员会身上。在他看来，最好的办法是立刻着手起草草案。

马西格里说，在对星期六的会议进行了非常认真的思考之后，调查团显然必须以呼吁公正和平等建议的第 4 款为指导。如果决议敦促不承认"满洲国",所有承认"满洲国"的国家肯定会违反决议。然而,事实上,承认的话情况几乎同样糟糕。各国不应承认"满洲国",也不应与"满洲国"合作。他想知道,调查团是否应该继续这样,即使违背当事一方的意愿,也设法使其决议有效。如果公约如此规定,他认为调查团将会继续如此。但他怀疑《国际联盟公约》是否真的有这样的效力,尤其考虑到战争实际上也并不像西方人认为的那样奇怪。美国的合作是不可或缺的。因此,马西格里也想知道在不与美国接触的情况下,能采取哪些积极行动。假设委员会通过了向其他国家提出的一系列建议,但由于种种原因美国未能达成一致意见,是否可能坚持要求国联成员国实施这些建议? 在向委员会保证这一点之前,他认为进一步的建议是不明智的。因此,他提出以下方案:

1. 解决争端本身的建议。

2. 不承认和不合作的建议。

3. 试探美国和苏联,看看它们愿意走什么样的路线。

马西格里进一步解释说,他的建议是,国联应根据第 15 条提出报告,然后才应就包括苏联在内的进一步行动与非成员国交涉。尽管正如马西格里所观察到的那样,苏联否定的答复没有美国的答复那么重要。

贝内斯认为,英国、法国和德国代表的声明大大促进了讨论的进行。首先,各方一致认为,《国际联盟公约》《巴黎非战公约》《九国公约》和 3 月 11 日的决议应该是最好的解决方案。其次,该决议将包括不承认和邀请非会员国加入。马西格里提出了不合作的新建议。伊登提出的建议是,个别国家不应该在这之后采取与建议相反的行动。然而,问题仍然存在,委员会是否应该更进一步,并建议大会通过武器禁运和其他措施强制实行该决议。马西格里似乎原则上同意这一点,但他建议推迟行动,以便观察美国的态度。贝内斯自己认为意见已经相当一致了。他在不放弃对仍有争议问题看法的同时,建议就已经商定的问题编写一份案文。

文书人员将于明天星期二开会。

威尔逊

(戴瑶瑶译)

25. 驻瑞士大使(威尔逊)致国务卿(1933 年 2 月 9 日)

793.94 委员会/785：电报

[日内瓦]，1933 年 2 月 9 日晚上 8 时

2 月 9 日晚上 7：11 收到

101. 今天上午十九国委员会开会之后发表了以下公报：

"十九国委员会今天上午审议了日本代表团就去年 12 月 15 日提交给双方作为可能调解基础的决议草案和宣言提出的新建议。由于他们对这些建议的确切范围提出了一些问题，委员会为了消除任何可能的误解，决定致函日本代表团，要求它提供更准确的资料，说明其对第九章第七项原则的立场。委员会的报告内容如下(引文略)。

与此同时，请秘书长口头提请日本代表团注意关于继续进行军事准备的报告，委员会认为这些军事行动和军事准备将使形势恶化，并且即使不是阻碍，也会危及为调解做出的努力。

文书人员将于今天下午裁军谈判主席团会议结束后开会，继续讨论将被提交给十九国委员会的报告。"

以下是斯威瑟今天上午提交给我的关于十九国委员会讨论日本的新提议的机密报告的大致内容。

其中做出了两项重要决定。

1. 向日本发出正式照会，以消除任何可能的疑虑，即和解应基于李顿报告书中涉及中国在满洲主权的第九章第 7 点。

2. 请秘书长将委员会的意见通知松冈，所报告的热河军事行动将使和解成为不可能。

上述信件已经立即寄给松冈，并安排今天下午与他面谈。

德拉蒙德在会议开始时说明了他和松冈的会谈情况，松冈提出了日本新的提案。松冈强调，新的提议很大程度上是基于李顿报告中的引文。随后他概述了日本做出的六项非常重要的让步，他认为委员会应对这些让步做出充分理解(肯定)：

1. 虽然日本最初对将第 15 条应用于当前争端持强烈保留意见，但日本现在同意该条所规定的程序。

2. 虽然日本迄今也反对提及《九国公约》,但在拟议的决议草案中同意将其包括在内。

3. 虽然日本在 3 月 11 日大会决议时同样持强烈的保留意见,但现在同意提及该决议。

4. 虽然日本完全不能接受李顿报告书第九章的第 7 和第 8 点,但同意在拟议的决议中将第九章包括在内。

5. 迄今为止,日本一直认为只有那些在远东有可观利益的国家才能参与调解,现在同意可以由十九国委员会进行。

6. 虽然日本曾要求删去主席关于满洲目前局势声明的最后一段,但现在同意这一段可以保留,并且希望予以修正。

因此,松冈认为,日本已经接受了 12 月 15 日草案的所有基本原则,现在只剩下如何适用这些原则的问题。在日本看来,满洲的和平与秩序问题是最重要的。在这一点上,日本不能做出让步。日本真诚地认为,考虑到中国本身的混乱,一旦中国主权回归,满洲将出现混乱局面。中国人无疑会滥用赋予他们的权利,局势会倒退到 1931 年 9 月,同样的困难会不可避免地再次出现。最后,松冈表示,日本接受第 4 款提议的希望非常渺茫,因此,无论是对国联还是日本这一提议都不会构成任何解决办法。

马达里亚加立即插话问道,如果委员会接受这些建议而中国拒绝,委员会会采取什么立场。

贝内斯也有同感。他还同日本人进行了会谈,不得不承认日本人在满足调查团的意见方面取得了相当大的进展。然而,有两件事让他感到非常担忧:

1. 新提议会产生削弱作用,特别是关于不承认

2. 把李顿调查团的建议同已经发生的事件联系起来,因此每当有任何实际问题出现时,例如撤军,这些措辞就会导致极端的困难。

凯勒虽然看到日本人取得的进步,却认为仍有非常大的潜在危险。首先,这些新提案使人想起日本最初的愿望,只在国联的间接参与下直接同中国进行谈判。其次,关于协调的措辞似乎让他感到困惑,并引起了各种误解。

伊登同意,新的提议表明日本方面努力满足委员会的意见。然而,他对它们的重要性并不满意。在他看来,有些建议的目的似乎是相同的,即避免李顿报告书第九章第七点的全部后果。在他看来,关键的问题是满洲的主权问题。他认为这个问题应该首先由主席和秘书长来解决。同样,伊登想知道,在委员

会不太可能接受日本人的其他提案的情况下，日本是否仍然有保留意见的权利。最后，委员会不应忘记争端的另一方。顾昨日对他表示，如果任何一方对第九章做出保留，就会清楚地表明，第 7 点在谈判中无法达成。

马西格里提出了热河的问题。是否存在避免大规模军事行动的可能性？他对此表示怀疑，但是他对日本新的措辞感兴趣，即一个令人满意的政权可以在没有发生任何暴力的情况下从目前的制度中发展而来（见《李顿报告书》第 130 页第 1 段第 3 句）。

马达里亚加随后提请注意提案中的三个缺陷：

1. 如果委员会达成了一份被日本接受、而被中国拒绝的文本，该怎么办？

2. 众所周知现在有一场大规模的军事行动正在进行的情况下，还能继续谈论和解吗？

3. 和解不能以含糊不清的方式开始，也不能是一个无人理解的条款。关于中国在满洲的主权问题，应该有一个明确的答复。

莫塔认为，新的提案表明日本非常认真地努力接近委员会，这是令人鼓舞的。然而，真正的问题是日本是否接受承认中国的主权。关于放弃进一步的军事行动，善意的证明是必不可少的。

德拉蒙德在回答各种问题时说，他认为，如果委员会接受日本人的其他建议，日本人将准备放弃任何保留意见。

他认为没有必要与日本代表讨论热河问题，因为事先可以肯定的是，他们准备放弃进一步的参与或行动，如果中国停止向热河派遣新的军队，并撤回最近派往热河的军队。很明显，这对委员会来说是非常困难的，因为中国有充分的权力在自己的领土内随时随地调遣军队。关于满洲的主权问题，他准备向日本人提出这个问题，但他希望有一封正式的信，以免引起混乱，并要求有正式的答复。

莫塔提议有关热河的问题应该口头提出。秘书长强烈赞同，委员会也这样决定。随后阅读并批准了德拉蒙德先前准备的关于第 7 点的草案，并做了一些修改。

威尔逊

（戴瑶瑶译）

26. 驻日内瓦领事(吉尔伯特)致国务卿
(1933 年 2 月 9 日)

793.94 委员会/829

第 507 号政治

[日内瓦],1933 年 2 月 9 日

2 月 21 日收到

我谨此随函附上国务院可能感兴趣的内容,特别是因为这无疑会在报刊上注明,这是一份于 1933 年 2 月 7 日由李承晚博士发出的一封信的副本,这封信中他自称"大韩民国临时政府主席"致"国际联盟秘书长",其中附了李顿报告书中关于朝鲜问题的摘录①。

李博士在日内瓦已经有一段时间了,致力于以某种方式向国际联盟表达他对朝鲜问题的看法。他试图以国联一个成员国的代表身份正式提出这个问题。我有理由相信,在这一点上,他是不成功的,因此他决定在我直接给国务卿的信中附函。他还向日内瓦所有代表团以及新闻界代表发送了副本。我想国务院的人都认识李博士,因为他通常住在华盛顿。

普伦蒂斯・B. 吉尔伯特

(戴瑶瑶译)

27. 驻天津总领事(洛克哈特)致国务卿
(1933 年 2 月 11 日)

793.94/5869:电报

[天津],1933 年 2 月 11 日下午 1 时

2 月 11 日凌晨 4:55 收到

以下电报已发往使馆:

"2 月 11 日中午。在过去 10 天里,平均每天有两趟运送部队和补给的列车经由天津向东行驶。昨天访问过山海关的美国军官报告说,铃木将军已经

---

① 原编辑者注:附件缺印;参见李承晚博士 2 月 8 日的来信。

离开山海关，并在锦州设立了总部。现在停留在山海关的只有一个日本团、一辆坦克和两辆装甲列车。山海关秦皇岛地区总体情况基本没有变化。英国巡洋舰'福克斯通号'离开了中国。

将此抄发至国务院。"

洛克哈特

（戴瑶瑶译）

28. 驻瑞士大使（威尔逊）致国务卿（1933 年 2 月 11 日）

793.94 委员会/787：电报

［日内瓦］，1933 年 2 月 11 日下午 2 时

2 月 11 日上午 10：35

102. 我 2 月 9 日下午 2 时的第 100 号电报。据可靠消息，在昨天晚上的会议上九人起草委员会主要关注的是一个亟待授权的待执行委员会的法律和权力问题：

（1）一旦中日两国接受建议，立即进行谈判；

（2）如果一方拒绝接受建议，或在采纳建议后未适当遵守建议，则应做出必要的声明，并且

（3）在拒绝建议或发生违反行为时，开始采取某种形式的制裁措施。

起草委员会似乎一致认为，是否应该把国联理事会设为执行委员会，因为理事会是李顿报告书中主要提到的机构。非会员国参加执行调查团的问题也是一个正在讨论的重要问题，而且其中特别提到了美国。

我得到可靠的消息说，起草委员会中较小的国家正在讨论根据第 11 条实施制裁，例如外交压力、武器禁运等。

起草委员会今天将继续举行会议。

威尔逊

（戴瑶瑶译）

29. 驻瑞士大使（威尔逊）致国务卿（1933 年 2 月 12 日）

793.94 委员会/788：电报

［日内瓦］，1933 年 2 月 12 日下午 1 时

下午 5：55 收到

103. 我 2 月 11 日下午 2 时的第 102 号电报，起草委员会昨晚召开会议。像往常一样，会议是秘密进行的，所以关于十九国委员会我们没有像斯威瑟那样有直接的、权威的信息来源。以下是我对最知情的报纸记者和昨晚采取行动的秘书处来源信息的综合。我认为这非常接近事实。

十九国委员会明天上午开会，接受起草委员会的报告。希望大会可以在 2 月 20 日左右召开会议。

提案草案：

第一部分

1.《国际联盟公约》第 10 条。《白里安-凯洛格公约》的第 1 款。《九国公约》。

2. 3 月 11 日的决议。

3. 李顿报告书第九章关于中国重建国际合作的第 10 点，到第 1 段结束。

（第一部分中的文件没有引用《国际联盟公约》和各种条约等，但可以说，这是为阐明某些基本原则而重新制定的。）

第二部分

本部分以序言开头，大意是本节中的所有建议都是根据《国际联盟公约》第 15 条第 4 款提出的。我认为这是为了避免延长第 16 条。

1. 成立谈判委员会。这个谈判委员会包括美国和苏联。由十九国委员会来决定国联成员的名单。他们的选择将取决于各国承担责任的意愿和他们这样做的实际可行性，同时考虑到该委员会可能将在远东地区发挥的作用。谈判委员会的首要职责是赋予满洲一个与中国主权相适应的新组织，以确保维持秩序和保护日本的合法权益。

2. 日本军队撤往铁路区是当务之急。这应该是谈判委员会直接的和首

要的目标。

　　3. 委员会负责执行李顿报告书中所载的所有其他原则。

　　4. 所有关于这些建议的中日谈判都应在谈判委员会的在场和监督下进行。如出现僵局，委员会应向大会报告，大会应以多数票做出权威决定。

第三部分

　　1. 国联成员同意在法律上或事实上不承认"满洲国"。他们保证不会采取任何影响这些建议的行动。

　　2. 在结束语中做出了一项声明，该声明涉及以某种方式通知非会员国并邀请它们加入这一行动。我有三个不同的版本如下：

　　（a）应将上述保证告知非会员国，并请它们参加。

　　（b）应向《白里安-凯洛格公约》和《九国公约》的签署国发送报告文本和提案，并应要求它们在必要时加入。

　　（c）应要求《白里安-凯洛格公约》和《九国公约》的签署国不承认以及不采取与建议案有抵触或有偏见的行动，大会一旦就报告达成协议，应要求这些签署国与之保持联系。

威尔逊

（戴瑶瑶译）

30. 驻瑞士大使（威尔逊）致国务卿（1933 年 2 月 25 日）

793.94 顾问委员会/4：电报

［日内瓦］，1933 年 2 月 25 日下午 5 时

2 月 25 日中午 12：50 收到

　　129. 根据大会 2 月 24 日决议新设立的委员会今天上午举行了会议。斯威瑟通知我们，随函附上的公报对讨论做了充分的说明。

　　"大会昨天成立顾问委员会，目的是跟踪中日争端的形势，协助大会履行《国际联盟公约》第 3 条第 3 款规定的职责，今天上午在海曼斯主席主持下举行了会议。

　　委员会根据大会决议，决定邀请美国和苏联进行合作。

　　委员会还获悉，英国政府已向其他有关政府询问向远东运送武器的问题。

委员会要求随时向它通报与它工作密切相关的事态发展。

主持会议的海曼斯先生说，他是作为大会主席主持会议。委员会根据他所表示的某些意见，决定将主席的问题留到下次会议再讨论。"

威尔逊

（戴瑶瑶译）

31. 驻瑞士大使（威尔逊）致国务卿（1933 年 2 月 26 日）

793.94 顾问委员会/5：电报

[日内瓦]，1933 年 2 月 26 日晚上 11 时

2 月 26 日晚上 8：25 收到

131. 我已经把您 2 月 25 日晚上 6 时的第 78 号电报①中所载的信交给了德拉蒙德。他立即公开了此事。

在我阅读您给德拉蒙德的答复时，我们既没有"将美国的政府"与大会报告中所表达的观点联系起来（尽管我们声明了我们与大会报告中所表达的观点基本一致），也没有说我们会"在必要时协调我们的行动和态度"。我认为，可能是因为大会报告中的某个部分才使我关心。虽然您一定已经进行了考虑，我还是冒昧地再提一次。从李顿报告书第九章中可以看出，前 9 点或如报告所描述的"令人满意的解决方案的条件"是基于第 10 点的实施。第 10 点似乎是其他各点的先决条件，也是这 10 项原则为解决中日问题所确立的整体结构的基石。

我的担心是，那些投票赞成该报告或可能"赞同"该报告或可能同意"与顾问委员会合作"的各国政府，都有义务参与中国的内部重建。

与顾问委员会"合作"的邀请（我 2 月 25 日下午 4 时的第 128 号电报②中转交）现在摆在您面前，我冒昧地在回复您的邀请时将上述想法提请您考虑。

威尔逊

（戴瑶瑶译）

---

① 原编辑者注：《美国对外关系文件　日本：1931—1941》，第一卷，第 115 页。
② 原编辑者注：《美国对外关系文件　日本：1931—1941》，第一卷，第 114 页。

32. 驻华大使(詹森)致国务卿(1933 年 2 月 27 日)

793.94/5928:电报

[北平],1933 年 2 月 27 日上午 11 时

2 月 27 日凌晨 4:45 收到

186. 以下是美国驻沈阳总领事发来的三封电报:

"2 月 25 日下午 5 时,军方发言人今天宣布,锦州驻军于 2 月 24 日占领了北票,今天中午占领了朝阳,几乎没有遇到抵抗。铁路几乎没有损坏,有迹象表明,所有非正规军正在撤退回一号干线防御区,这一防线大致从赤峰延伸到建平和吴公堡①直至边界。所有的日本纵队预计将在 1 周时间内到达这条线,除非遭到意料的反对。

日'满'联军昨天占领了开滦,并在所有道路上向南和向西推进。

武藤将军今天上午发表声明,表示如果张学良在热河重新武装他的正规军,并袭击华北的日军,华北可能会卷入其中。"

"2 月 26 日上午 11 时,参见我 2 月 25 日下午 5 时的电报的最后一段。根据'满洲国'通讯社的译文,武藤将军概述了热河的情况和采取和平措施的必要性等,这些措施被描述为'满洲国'的国内事务,内容如下:

但是,日本军队坚决反对在'满洲国'境外进行军事行动。然而,每个人都必须同意,如果华北当局对我们的部队采取积极的军事行动,不可避免地,敌对行动会蔓延到华北。

这一声明似乎是一种警告,即如果热河遭遇严重抵抗,军事行动将扩大到华北地区,这也是一场消灭张的行动。

'满洲国'外交总长给南京和张学良发了类似的警告。"

"2 月 26 日下午 5 时,军方发言人报告说,来自 Sunlingchung② 的日本纵队今天上午开始前进,其他纵队继续前进,没有遇到大的抵抗。据一份未经证

---

① 译者按:吴公堡,原文作 Wukungpu,此处为音译。

② 译者按:Sunlingchung,地点不详。

实的报道,一支来自山海关的日本特遣队正沿着长城行动,以切断撤退的非正规部队。"

詹森

(戴瑶瑶译)

33. 驻墨西哥代办(莱恩)致国务卿(1933 年 2 月 27 日)

793.94 委员会/850:电报

[墨西哥城],1933 年 2 月 27 日中午

下午 3:25 收到

36. 国务院上午 11 时的第 21 号电报。① 以下是 2 月 24 日外交部部长普伊格发表声明的译文,刊登在 2 月 25 日的报纸上。

"1 月 9 日,我们在日内瓦的代表在国际联盟理事会上收到最新一份电报指示,要求他在认为适当的时候发表声明,根据下列各点对墨西哥的态度进行界定:

1. 墨西哥不能同意日本削弱国际正义,违背《国际联盟公约》《白里安-凯洛格公约》以及《九国公约》的文字条款和精神,应诉诸和平手段解决与中国的冲突。

2. 墨西哥赞同日本和中国的物质利益的重要性及其获得保护这些利益的权利。因此,一般认为,墨西哥似乎可以接受李顿报告书的建议。但是,人们认为,这些建议也许表明中国政府没有能力适当保障外国的居民和资本。

3. 墨西哥不赞成日本保护和过早承认'满洲国'所隐含的侵犯中国主权的行为。

4. 墨西哥认为,就中国而言,国际合作应只在两国同意的基础上进行。

5. 墨西哥虽然没有在中国的物质利益,但对未来有着清晰的愿景,由于其位于太平洋沿岸,所以不能忽视远东的发展。

6. 因为对国际和平与正义的渴望,墨西哥才会采取此态度,这种态度绝不应被解释为对日本的不友好行为,墨西哥政府和人民与日本保持着不变的

---

① 原编辑者注:缺印。

友谊。

我方代表收到了补充指示，只要国际联盟准备的调解计划有希望取得成功，我方就保留这些观点，以避免墨西哥可能被认为过于激进从而阻碍了和解；但是，由于调解失败，委托给墨西哥代表帕尼先生的来文于 9 日即交给了国际联盟秘书长。普伊格（签署）。"

莱恩

（戴瑶瑶译）

34. 驻华大使（詹森）致国务卿（1933 年 2 月 27 日）

793.94/5930：电报

［北平］，1933 年 2 月 27 日下午 3 时

2 月 27 日早上 7：36 收到

188. 张学良元帅的外联部长官今天打电话给我，私下通知我的一名工作人员，中国人正在秦皇岛附近的避暑胜地北戴河准备防御工程，这将需要使用两块属于美国卫理会使团的土地。他补充说，在军事行动结束后，中国会将财产悉数奉还。

已通知驻天津总领事。

詹森

（戴瑶瑶译）

35. 驻日大使（格鲁）致国务卿（1933 年 3 月 24 日）

793.94/6144

第 341 号

［东京］，1933 年 3 月 24 日

4 月 7 日收到

先生：先前普遍认为，日本人占领满洲是由日本军队（或驻扎在满洲的军队）在日本政府文官部门事先不知情也没有同意的情况下发起并实施的。虽然没有什么能改变这种看法，但现在看来，组织和实施占领的可能不是军队，也不是关东军，而是军队背后的一个重要推动力量，可能是南满铁路。使馆没有任何确切和明确的依据来作为这一说法的基础，但许多事实细节表明，南满

铁路参与这一事件的程度比人们所普遍认为的要高。

毫无疑问,南满铁路有理由希望日本控制满洲。这条铁路是中国东北当局抵制日本政治和经济侵略所采取的刺激政策的主要"受害者"。尽管日本声称所谓的"平行铁路"违反了协议,中国人还是不时地修建铁路,以转移南满铁路的交通,南满铁路收入因此逐步下降。随着与中国铁路网相连的中国葫芦岛港即将建成,可以预见满洲铁路南线将从满洲的经济首位上跌落,(据认为)反对"入侵"南满铁路领土的外交抗议没有任何效果,铁路支持以武力手段来维持其地位也就不足为奇了。

1931 年 6 月 12 日,内田子爵被民主党内阁任命为南满铁路总裁,尽管他以前倾向于政友会。据说内田子爵总体上是一个谨慎精明的外交家,有着强烈的民族主义倾向,但当他成为一个头脑发热的狂热者时,就会固执地、狂热地献身于一项事业。长期以来,他一直是日本在满洲扩张的热心支持者。根据马场恒吾(Tsunego Baba)1932 年 5 月在《中央公论》上发表的一篇文章,正是由于他在 1903 年担任驻华大使期间的努力,中俄联盟的秘密协议才未能达成。据说,当时的内田子爵意识到,这项协议"剥夺了日本可以向俄国开战,以维护它在满洲利益的一切借口"。因此他"不遗余力地用金钱收买中国高级官员和其他知名人士取消秘密条约,随后由慈禧太后批准"。据报道,内田花费200 万日元(其中一部分给了慈禧太后本人)以确保该协议不被批准。任命内田子爵为南满洲铁路总裁的表面原因是:(1) 把铁路从日本政治中剥离出来;(2) 让一个有足够实力和威望的人任总裁,可以就许多悬而未决的问题与中国进行必要的谈判。然而,当时满洲的中日关系正迅速走向危机,东京政界势力可能希望有一个具有强烈民族主义倾向和道德勇气的人担任南满铁路总裁,以实现一项肯定会引起全世界强烈反对的计划。

使馆没有直接证据表明内田子爵参与了满洲入侵的计划,但值得注意的是,这次爆发发生在他上任后的 3 个月内,而在爆发后的 10 月,他来到东京,主张军方在满洲采取的政策。当时日本军事当局和民政当局的主要观点之间存在公开的冲突,而由民政当局任命的文职官员内田子爵竟然为军事事业辩护,这似乎有点奇怪。对这种反常现象的一种可能解释是,即使不是整个计划背后的主谋,内田子爵也参与了军方的计划。

根据马场恒吾的说法,在若槻礼次郎内阁倒台后,即将上任的政友会内阁的犬养首相,由于个人对内田的宿怨,曾试图将他从南满铁路总裁位置上撤下来，但是由于军方的影响，他没有这么做。后来，斋藤内阁在军方的同意下成立，内田子爵被选为外务大臣，尽管他直到李顿调查团完成对满洲情况的调查后才上任。记得，内田子爵曾被留在大连任职，以便他可以在调查团面前宣传日本军事占领满洲的原因和在满洲进行分离主义运动的必要性。诸多情况表明，内田子爵从事件一开始，就同军方密切接触，并完全同意他们的意见。可以推测他所领导的组织——南满铁路，同样与军方的行动密切相关。

　　满洲事件本身的发展，至少在早期阶段，表明它可能是在南满洲铁路的煽动下组织的。在 1931 年 10 月 24 日使馆的第 374 号电报①中，索尔兹伯里②先生发表了关于他在满洲调查的报告，指出 1931 年 9 月日本在满洲的军事行动的目的，表面上是要保护日本国民，(实际上)似乎是要获得战略要塞(即铁路枢纽)的控制权。9 月 18 日和 19 日，日军占领了沈阳、长春、安东和营口(牛庄)，21 日占领了吉林。后来的行动扩展到敦化、通辽、洮南府、新民和齐齐哈尔，所有这些不是铁路枢纽就是重要的铁路城镇。因此，军事行动的目的无疑是取得对中国铁路的控制，或者是出于战略原因，或者是使中国铁路的运作由南满铁路接管和控制。

　　占领之后，后一目标便立即实现了，尽管"叛乱"阻止铁路的广泛使用直至 1932 年秋季。从满洲事变初期(1931 年 11 月 13 日)起，人们就清楚地认识到，满洲境内所有铁路(中东铁路除外，中东铁路由苏联人拥有一半)的经营均在南满铁路的控制之下。自 1931 年 11 月 13 日起，新闻禁止发表"南满铁路正与新满洲政府就新铁路的建设或铁路线路的延伸做准备"的报道，并于 1931 年 12 月 9 日向各报纸发出通知，大意是："请注意，报告称，黑龙江省政府成立后，如四平—洮南、洮南—昂昂溪铁路等铁路由南满铁路管理，这将违反 11 月 13 日的禁令。"尽管南满洲铁路自占领之日起(在条件允许的范围内)运营着满洲的所有铁路，但直到 1933 年 3 月 2 日，"满洲国"和南满铁路公司之间的合同(没有给出日期)的所谓实质性内容才公开。根据该合同，南满铁路向"满洲国"或上一届政府提供的用于在满洲里修建铁路总额为 13 亿日元的贷款，合并为一笔铁路安全贷款，其管理(显然是无限期的)被委托给南满铁

---

　　①　原编辑者注：《美国对外关系文件：1931》，第三卷，第 314 页。

　　②　原编辑者注：劳伦斯·E. 索尔兹伯里(Laurence E. Salisbury)，时任驻日本大使馆二等秘书。

路。根据这项合同,南满铁路似乎可以在任何时候拖欠其贷款的本息,并在其实际拥有的铁路上主张所有权。因此,可以认为,如果促使日本占领满洲的主要影响因素之一是南满铁路想要占领满洲的中国铁路,那么现在可以认为他这个愿望已经实现了。

作为南满铁路与日本在满洲的军事活动之间联系的一个更明显的迹象,要提到驹井德三先生。驹井先生是"满洲国"建立的主导人物之一,曾任"满洲国"政府总务厅长官,现为"满洲国"参议府参议。在他最近出版的书《大"满洲国"成立记》中,他说,在"满洲国"成立初期,南满铁路公司资助了关东军(日本在满洲的军队)。他再次指出,在满洲事件爆发之后,南满铁路的下层工人与日本军队并肩在一线工作。如果这是真的(没有理由怀疑这一点),那么南满铁路与日本在满洲的军队之间的关系从一开始就一定是密切到了合作的程度。

上述表明,如果南满铁路的利益不是日本军事占领满洲的主要推动因素,也构成了日本军事占领满洲的一个有力的原因,并且很可能是由于内田子爵,这位南满铁路的总裁与满洲的一些日军军官勾结,策划了整个占领该地区和分裂中国的计划。如果是这样,这似乎会推翻一种普遍的理论,即日本在满洲的行动仅是受经济因素些微影响的军事侵略。相反,尽管军事战略考量和日本军队的野心无疑是重要因素,但占领的实际原因和直接原因似乎是经济力量的不可抗拒的增长。

处在民族活动范围边缘的地方经济和社会力量决定内政并不是第一次出现。

约瑟夫·格鲁 敬上

(戴瑶瑶译)

36. 驻日大使(格鲁)致国务卿(1933 年 3 月 25 日)

793.94/6092:电报

[东京],1933 年 3 月 25 日下午 2 时

3 月 25 日凌晨 2:30 收到

67. 关东军主要将领板垣和冈村少将最近来到东京。据报道,他们此行的目的是说服本国政府批准长城以南的军事行动,没有关东军将无法有效地

消除中国对日本占领热河的抵抗。日本人认为自己在长城上处于一个艰难的战术地位。日本驻华大使有吉和使馆第一秘书须磨也在前往东京的途中,大概会参加讨论。预计将决定是否在长城以南进行军事活动。这位军事长官认为,可能会授权在长城南部进行有限的军事活动。

格鲁

（戴瑶瑶译）

37. 驻华大使（詹森）致国务卿（1933 年 3 月 30 日）

893.00/12323:电报

［北平］,1933 年 3 月 30 日中午

3 月 30 日凌晨 5:30 收到

291. 来自美国驻南京总领事:

"3 月 29 日下午 3 时。据可靠报道,汪精卫将于 3 月 30 日复任行政院院长,国民政府军事委员会已采取措施在国民政府的控制下统一全国军政力量。顺便说一句,这意味着,政府承担起了支持张元帅所领导的部队的责任。"

詹森

（戴瑶瑶译）

38. 驻哈尔滨总领事（汉森）致驻华大使（詹森）①
（1933 年 3 月 30 日）

793.94/6224

第 2578 号　　　　　　　　　　　　　　［哈尔滨］,1933 年 3 月 30 日

先生:我很荣幸地报告,"新京"政府似乎感到不安,因为苏联政府帮助了几千名前苏炳文将军指挥的中国士兵返回中国。去年 12 月,当日本军队在中东铁路西线进击时,这些士兵和苏将军一起逃到了西伯利亚。1933 年 3 月 21 日,"新京外交总长"谢介石先生指示当地外交专员施履本先生就此事向当地

---

① 原编辑者注:哈尔滨总领事在 3 月 30 日发给国务院第 5722 号的电报副本;4 月 24 日收到。

苏联总领事提出抗议。抗议的案文内容如下:

"当李顿调查团去年提议与马占山会面时,贵国政府拒绝给他们的护照签证。此外,当我们的政府要求您阻止叛军领袖逃到苏联的领土时,您向我们保证,鉴于边境线很长,难以答应我们的要求,但如果叛军领袖和他的人进入苏联领土,他们将被解除武装,并且限制个人行动。

然而,当苏炳文和其他人逃到贵国领土时,我们要求他们投降的请求被置之不理。令我们深感遗憾的是,这些反对'满洲国'的领导人被安全送回国,只是为了让他们在自己的国家煽动反对'满洲国'的运动。

苏联一方竟然协助他们在流血和动乱现场附近的天津市登陆,并重新加入反'满洲国'的示威活动,这使我们感到吃惊。

您方采取的这种行动被认为是极不友好的姿态,而我们一直渴望进一步发展与贵国的友好关系。在此,我们对您的不友好举动深表遗憾。"

G. C. 汉森敬上

(戴瑶瑶译)

39. 驻华大使(詹森)致国务卿(1933年3月31日)

793.94/6123:电报

[北平],1933年3月31日上午10时

3月31日凌晨12:42收到

295. 来自美国驻沈阳总领事:

"3月30日下午3:30,根据严格保密的资料,日本和'满洲国'之间签订了一项新条约,该条约的存在是保密的。内容不清楚。预期将在不久的将来公开。

据可靠的消息来源,人们也秘密了解到,过去一周时间,长城沿线的局势变得更加严峻,军方有影响力的成员认为,如果中国的态度不彻底改变,华北将陷入被入侵的严重危险。"

詹森

(戴瑶瑶译)

40. 驻华大使(詹森)致国务卿(1933 年 3 月 30 日)

793.94 委员会/907：电报

[北平]，1933 年 3 月 30 日下午 5 时

3 月 30 日上午 8：15 收到

294. 法国大使日前告知英国大使和我本人，法国政府已告知他，宋子文要求国联将拉西曼①派往中国，以研究如李顿报告书所建议的在中国进行国际合作的条件。国联已将该事项提交给法国、英国和美国政府，以期征求其大使的意见。法国大使问我们是否收到征求意见的请求。他说，虽然对这项要求感到尴尬，但他已通知他的政府，没有反对意见。英国大使和我表示，我们对这个要求一无所知。

我希望美国政府不会被要求回答这个特殊的问题。我个人认为，拉西曼并不是这项工作的合适人选，因日本人认为他与 1931 年 9 月在国联提出的中国事业有密切关系。

詹森

（戴瑶瑶译）

41. 国际联盟秘书长(艾冯诺)致国务卿②
(1933 年 7 月 14 日)

备忘录

[巴黎]，1933 年 7 月 14 日

893.50A/46

由国联理事会刚刚设立的中国技术合作特别委员会第一次会议将于下周二③在巴黎举行，目的是正式确定和协调几种对中国的国际援助。过去几年，蒋

---

① 原编辑者注：路德维希·W. 拉西曼，国际联盟卫生部波兰籍主任。

② 原编辑者注：国际联盟新闻组美国成员亚瑟·斯威瑟代表国际联盟秘书长在伦敦交给国务卿，副本已于 7 月 16 日送交国务院。

③ 原编辑者注：即 7 月 18 日。

介石和宋子文在 1931 年 5 月向国联理事会提出援助请求。组成该委员会的国家包括英国、法国、意大利、德国、捷克斯洛伐克、西班牙、挪威和中国。

自中国当初提出请求以来,国联与中国的技术合作已经发生了各种各样的扩展,并形成了有益的和非政治性的合作。理事会认为,明智的做法是不仅采取措施协调不同类型的工作,并且通过与有关各国政府更密切的联系和接触使其正式化。在此期间,中国派出了相当多的技术专家,有的是作为国联的官员,有的是中国政府自己任命的官员。目前,中国卫生、民用工程、农业、蚕丝、公务员、电话、电报、教育等方面的专家和官员有十几人。

周二在巴黎召开的会议是新委员会的第一次商业会议,会议具有双重目的,任命一名技术联络官,并概述未来工作的总体安排。驻南京市的技术官员负责协调现场专家的工作,定期向委员会提交报告,将中国政府的建议提交至委员会,并要求或建议增聘专家。委员会的宗旨之一是为这项工作的进展拟订一般性原则,这些原则将在完全国际和非政治的基础上维持这项工作,并确保这项工作的广泛参与。

理事会被授权在其工作中与其他国家联系,特别是美国,理事会非常高兴有一名美国代表出席星期二的会议,并为此发出任何形式的邀请,前提是美国政府被认为是有利的。如果这种代表的原则可以被接受,理事会可以任何希望的方式安排细则。

同中国的这种技术合作被认为是一个具有国际重要性的问题,李顿报告书强烈建议而且后来得到大会报告①的赞同,美国政府接受了该报告②。由于美国已经是处理中日争端的国联顾问委员会的成员,人们希望,美国也可以以这样或那样的形式同这个技术性更强的委员会联系。

对于美国政府的观点,国务卿意识到由于建议无法事先提出而造成困难,但仍将深表感激之情。

(戴瑶瑶译)

---

① 原编辑者注:1933 年 2 月 24 日通过的大会报告案文见《国联公报》,特别副刊,第 112 号,第 56 页。

② 原编辑者注:见 1933 年 3 月 11 日晚上 8 时发给驻瑞士大使的第 86 号电报,《美国对外关系文件 日本:1931—1941》,第一卷,第 117 页。

四、美国与国际裁军会议

1. 美国代表(威尔逊)致国务卿(1932 年 11 月 16 日)

500. A15A4 指导委员会/152:电报

[日内瓦],1932 年 11 月 16 日晚上 7 时

晚上 8:44 收到

458. 来自戴维斯和威尔逊。包括陆军和海军成员在内的代表团已在考虑法国的计划。我们现提供一些总体考虑思路,并在另一份文件中附上详细的分析。

1. 我们在考虑保罗・邦库尔称为"内部同心圆"或欧洲组织的计划时,提供了一些想法。我们认为,全面裁军谈判可能带来的最大好处就是能在欧洲建立真正的和平。如果这种和平能够建立起来,同时大幅度地裁减军备,那就更好了;但最重要的是找到一个欧洲国家能够达成的共识,在它们的框架内,能够生存和发展,在这样的管辖之下,大部分的痛苦都有机会被遗忘。我们相信您也认为实现这些目的的方法是次要的。你们在讨论满洲问题及其对世界事务,特别是对"和平框架"的影响时,经常考虑到这些问题,这使我们产生了这些想法。我们特别注意到您 10 月 20 日晚上 8 时给戴维斯的第 273 号电报的第 3 款。因此,我们认为,任何对我们来说根本不可接受的、同时可能足以为加强或扩大这一"和平框架"做出贡献的行动,我们都应该支持。按照法国的欧洲计划进行的任何行动是否会被普遍接受,我们现在无法判断。我们明白欧洲国家接受这样一个计划时面临着很大的困难,但如果欧洲的这个计划在国联的部署下建立武装部队来实施,那么这是有益的,即使它违背了我们关于如何组织和平机制的概念。

2. 虽然法国的计划基本上是法国人一直努力实现的目标,但令人失望的

是,它强调的是复杂的问题而不是裁军。在法国人的思想取得某些真正进步之前,必须扫除许多障碍。他们的策略与法国文明一样古老,为了讨价还价,我们必须强调他们的条件,只要我们与他们接触,就必须进行这样的程序。

3. 在我们看来,与法国人谈话时,我们应该表现出一种失望的态度,并表示我们已经准备好对他们的提议给予最友好的考虑。但令人失望的是,法国想要的十分明确,虽然所有简单的解除武装都是以最模糊的形式提出的,在任何情况下都没有被明确地提出来。因此,我们需要知道是否值得我们去研究适用于我们的政治条件。

4. 这项计划相比于我们来说,更让英国政府不快,因为根据它的条款,英国被赋予了更积极的角色,条约的命运很可能取决于英国人的接受程度。无论如何,可以说它比 1924 年的议定书①更合英国政府的心意。

5. 我们相信,这些相当悲观的意见将不会是该计划的最后结论,而且根据其积极的一面,可能还会制定一些其他方案。看来,国防调查团批准的这项计划并没有贯彻赫里欧在谈话和公开声明中表现的精神与宗旨。也许当他们下周来的时候,我们可以说服他们修改一些不可行的想法,但公布计划的所有细节将成为一个困难。

6. 无论如何,我们将牢记不久的将来会对李顿报告书②提出讨论,并特别谨慎地对待法国目前的计划。

7. 与此同时,我们认为,同诸位一起考虑我们应该如何形成我们的观点将是十分有益的,从这个意义上说,我们已经起草了 11 月 16 日晚上 9 时的第459 号电报。

威尔逊

(戴瑶瑶译)

---

① 原编辑者注:1924 年 10 月 2 日《和平解决国际争端日内瓦议定书》;文本打印在 S. Doc. 180,68 丛,第 2 节。

② 原编辑者注:关于 10 月 1 日至 11 月 30 日期间讨论李顿报告书的信件,见第四卷第 12 章第 281 页之后。

2. 美国代表（威尔逊）致国务卿（1932 年 11 月 16 日）

500. A15A4 指导委员会/153：电报

> ［日内瓦］，1932 年 11 月 16 日晚上 9 时
>
> 晚上 11：03 收到①

459. 来自戴维斯和威尔逊。补充说明 11 月 16 日晚上 7 时的第 458 号电报。以下是对"法国计划的提案"的评论（见我 11 月 15 日中午的第 455 号电报）。

"法国计划"第一章规定，各大国应以有效方式确立《巴黎非战公约》中"公认为必要结果"的某些原则。法国大概认为，这些原则应在《裁军公约》中加以规定，尽管措辞"以有效方式"可能导致以其他方式确立这些原则，例如政府的单方面宣告政策。

产生的第一个问题是，能不能重申您在 8 月 8 日的演讲和匹兹堡致辞中与《裁军公约》有关的原则？

如果可以考虑采取某些这样的行动，我们就增加对第一章所规定的四项原则的分析，这四项原则当然不是关于措辞问题，而是处理实质问题。（a）款似乎不会导致什么困难。（b）款可能会被接受，但建议将"应协调一致"改为"应就维持和平的问题共同提出意见"，并删除该句其余部分。（c）款显然超出了我们所能接受的范围，我们提出的问题是，是否可以根据这样一项原则来代替这一款：在违反《巴黎非战公约》的情况下，大国不应有义务承认违约者拥有交战国的权利，也没有义务遵守对这种违约者的中立规则。法国当然也会向我们施压，要求我们在这次事件中不要坚持现在所谓的中立权利。

（d）款关于不承认违反"一项国际承诺"所造成的事实情况，我们认为，鉴于国际承诺具有多样性，想必任何这种承诺都应限于像《巴黎非战公约》或《国际联盟公约》缔约国那样具备特殊性质的多边承诺。

根据（c）和（d），任何方案似乎都必须以一种想法为基础，即只要涉及我们根据条约采取的行动，只有美国才能确定侵略者。

我们完全理解，第一章整个主题提出了最重要的问题。在向各位提出这

---

① 原编辑者注：电报分为两部分。

一问题时，我们要指出，如果我们对第一章的整个主题采取完全否定的立场，首先要面临承担未能在裁军工作中取得进展的责任。鉴于总统和您的声明，以及在党的纲领中就协商问题所采取的立场，似乎没有任何理由把我们逼到这种地步。然而，重要的是，当法国的计划被提出供认真讨论时，我们知道如何着手处理第一章总体的主题问题。如果这个计划失败了，问题大概源于第三章。因此，在我们查明第三章是否会构成不可逾越的障碍之前，我们必须小心，不要影响到第一章的立场。无论如何，我们认为，在我们取得满意的结果之前，我们不应该对根据第一章提出的某些合作给予赞成或反对的明确答复。

第二章，没有评论。

第三章，这一章提出了通过建立常规部队使德国满意的某些可能性。同法国军官的谈话使我们确信，法国关于国土有效性的提议能够被采纳，而且确实将有助于胡佛总统拟定关于这一问题的提案。

本章（a）节下政治上的考虑并不是我们目前关心的问题，但对我们来说，似乎至少有必要对这一节的第 5 点进行修改，因为目前的形势涉及对《国际联盟公约》的修改，并因此造成无限期的延迟。

（b）节"法国计划"第 2 部分（b）段没有证据表明有意销毁任何种类的军用材料，但对机动火炮和固定火炮做出了相当重要的区分。至于材料，虽然法国没有改变其以前关于库存物资的立场，但第三章（b）节第 3 部分所载的建议最终将在数年之后不仅使库存物资统一，而且使其他大国知道库存物资的数量和种类。

我们认为，公平地说，目前根据该计划减少材料很大程度上是不切实际的，尽管根据第三章（b）节第 2（b）部分可能会削减一些。

参考第三章（b）节，第 5 部分，对于我们来说，我们认为递减阶段的概念非常有用，虽然可以维持力量的平衡并产生安全感，但可以设想真正的削减，这种削减本身将积聚动力，在每一阶段达到时，采取更激进的削减手段。

第四章，没有就减少殖民部队做出任何承诺。事实上，第四段似乎没有将胡佛计划适用于海外部队，这是符合现状的。关于裁减海军的问题，马西格里说，关于主要对"公认为最具进攻性"的舰艇类别进行裁减的建议是针对战列舰和潜艇。意大利会认为，根据 1931 年回复国联调查表时所宣布的裁减海军总吨位，这种做法是法国又一次企图通过保留其过时的主力舰和装甲巡洋舰来获利。

关于第四章最后一段和第五段,法国代表团成员向我们保证,关于我们绝不会容忍对美国舰队的任何此类使用,他们没有任何误解。在撰写本段时,考虑到了英国的想法,以及英国根据盟约有义务利用其船队执行理事会根据第16条做出的决定。它并不适用于我们。

第五章主要是关于空军的,对总委员会7月23日的最后决议没有任何促进作用,而且在其准确性方面可能会造成更大的困难。

威尔逊

3. 美国代表(威尔逊)致国务卿(1932年11月16日)

500. A15A4 指导委员会/154:电报

[日内瓦],1932年11月16日晚上10时

11月16日下午5:45收到

460. 关于我的11月16日晚上7时的第458号和11月16日晚上9时的第459号电报。我们正在考虑就处理"法国计划"造成的局势向您提出若干建议,但是我希望在明天西蒙的声明和随后的私人谈话引起您的注意之前先等一等。

威尔逊

(戴瑶瑶译)

4. 美国代表(威尔逊)致国务卿(1932年11月17日)

500. A15A4 指导委员会/155:电报

[日内瓦],1932年11月17日下午2时

11月17日下午1:05收到

461. 在今天上午的主席团会议上,戴维斯先生做了以下发言:

"主席先生,我不会对英国外交大臣约翰·西蒙爵士的重要发言发表评论,也不会借此机会讨论保尔·博克先生(Paul Boncour)在本主席团①最近一次会议上的重要发言。主席先生,我现在只是希望地把美国代表团同您对本

① 原编辑者注:见11月4日晚上8时来自美国代表的434号电报,第360页。(编译者按:本册未译录该电报)

次会议面临的问题所做的分析联系起来。

我们绝不能忽视这样一个事实，召开这次会议的明确目的是裁减和限制军备。会议召开至今已近 10 个月。在这段时间里，许多技术性问题得到了解决，许多意见分歧得到了调和，并就一些最重要的原则问题达成了协议。原则上已经商定，必须大幅度削减和限制所有军种，然而，我们尚未达到起草总条约使公认的各项原则生效的那一步。

人们普遍认为，一个国家维持军备的唯一合法并有用的目的是自卫。人们还认识到，军备可能达到一个不再保障安全的地步，它们可能造成紧张局势，加剧不安全感。因此，显然，真正安全的最重要因素之一是减少军备的负担和威胁。

这次会议恰逢世界大萧条似乎达到了高潮。不幸的是，我们来这里的几个月里，情况没有明显的改善，在某些方面，经济变得更加困难。虽然不能说军备的负担和威胁是这次萧条的主要原因，但越来越明显的是，它们也是引发萧条的因素，而减少和限制军备对摆脱萧条有极大的促进作用。

尽管世界大战后德国、奥地利、匈牙利和保加利亚在很大程度上解除了武装，但今天的军备开支比战前更大。现在不仅要呼吁停止，更要进行大幅削减。

虽然军备可能不是当今世界所有苦难的直接原因，但公共和私人债务的负担无法承受，贸易和商业的停滞以及前所未有的失业率，除非我们减少军备并使本次会议取得真正的成功，否则我们不会摆脱这场萧条。如果每个国家遭受的这种经济危机都没有得到解决，它将给各个国家带来进一步的社会、财政和经济问题，对国家安全和福利的威胁将超过对外部军事侵略的恐惧。

世界和人民都无法承受这次会议的失败。没有一个国家能幸免。

目前正在筹备召开世界经济和货币会议。这次会议很重要，但其成功与否将主要取决于裁军会议的成功与否，世界不能再等了。

虽然美国没有受到任何入侵危险的干扰，也不像其他国家那样直接关心消除军备危险的问题，但我们对世界的和平与繁荣有着真正和至关重要的利益。因此，我们认真地为这次会议的成功努力准备，并期望在有希望成功的情况下，继续耐心和认真地与所有其他国家共同努力合作。

美国总统几个月前提出的计划、我们刚刚收到的法国政府的计划以及约翰·西蒙爵士今天发表的声明,都是对大幅度裁减军备的支持。他们都有助于使会议正视摆在我们面前的实际问题。有了这项工作的主动权,我们就有责任利用这一形势采取必要的行动,尽快实现逐步削减军备的任务。我们在原则上信守诺言,现在我们必须付诸实践。显然,这项任务的成功完成将需要所有国家的密切合作,我们相信并且普遍认为,这有助于使德国重新参与合作,在这项任务中,德国与所有国家共同拥有这样一个合法并重要的利益。"

威尔逊

(戴瑶瑶译)

5. 美国代表(威尔逊)致国务卿(1932 年 11 月 17 日)

500. A15A4 指导调查团/159:电报

［日内瓦］,1932 年 11 月 17 日晚上 7 时

11 月 17 日晚上 6:25 收到

462. 以下是约翰·西蒙爵士今天上午在主席团就德国重返裁军会议问题举行的一次特别会议上所做发言的摘要和关于裁军的一些建议。①

约翰爵士在发言前指出,他的代表团还没有准备对"法国计划"发表评论,也没有自己的详细计划,因为目前它只是一个笼统的问题,经详细计划来进行有效处理,前提是要找到可以处理权利平等要求的基础。他解释说,这个直接问题的客观因素如下:

1. 除非达成一般协议,否则不得修改《凡尔赛条约》。在这方面,他对法国的计划做了唯一的评论,认为其中载有一项关于征募方法的提案,涉及对条约第 5 部分的修改。

2. 普遍认为,1919 年德国的裁军是大规模全面裁军措施的先驱。

3. 世界上的其他国家还没有承担任何限制或减少其军备的义务(除了海军条约),他们仍然被允许向德国运送被禁的战争武器。

4. 对接受德国观点犹豫不决,是由于害怕由此形成的新局势所带来的危险。

---

① 原编辑者注:文本见《主席团会议纪要 C 辑》,第一卷,第 89‐94 页。(编译者按:本册未译录该文件。)

具体的提议可从以下情况得出：

（a）所有欧洲国家应同其他国家一起严正声明，它们在任何情况下都不会企图以武力解决目前或将来的任何分歧。

（b）对德国军备的限制应包含在关于界定限制其他军备的公约中。

（c）关于德国的限制将延长相同的时间，并遵守与所有国家相同的修订方法。

（d）英国政府宣布愿意接受质性平等原则应用于德国，这是指武器的种类而不是数量。

在为裁军会议的实际进程提出第一阶段的建议时，他提出了在第一阶段可能采用的某些方法，并认为几年的睦邻友好将为涉及政治困难的第二阶段做好准备。

这些具体建议涉及(1)裁军的质性、(2)裁军的数量和(3)监督和控制问题。在第一个标题下，关于海军军备，英国提议允许德国建造吨位大的主力舰，各海军大国可以同意减少其吨位。但是，德国所进行的任何建造不应增加海军任何类别的总吨位。英国提议将巡洋舰的吨位限制在 7 000 吨，配备 6 英寸口径大炮，并废除潜艇。在陆地军备方面，应该废除重型坦克，德国原则上有权拥有有限数量的小型坦克。大型机动火炮只能替换为德国许可的口径（105 毫米）。英国有关空中军备的建议是想最终废除陆军和海军轰炸机，并对民用航空实施有效的国际管制。作为实现这一目标的初步措施，建议立即将所有空军减少到英国的水平，它目前规模为第五，作为实现这一目标的初步措施，此后削减空军军力的 33.3％，军用飞机的空载重量尽可能限制在最低。在对影响更深远的提议进行审查之前，约翰爵士认为德国应避免提出关于拥有军用或海军飞机的任何要求。

在裁军数量方面，承认德国主张平等待遇而对其军队进行的任何调整，都应以不增加"德国军事侵略力量"的方式进行。胡佛提出的关于军事效力的建议留下了良好的印象，他重申，英国准备原则上接受这些建议，并作为讨论的基础。

在所有参加日内瓦会议的国家所接受的条件下，英国准备对公约的执行进行有效监督。

然后，亨德森（Henderson）就德国重返大会的必要性做了一个简短的讲话，并强调现在是时候必须解决地位平等的问题。他认为，英国和法国的建议都包含了使会议能够公平解决这一问题的提议。任何关于这一问题的讨论都应清楚地认识到有必要将德国的军备限制纳入施加于所有国家的相同公约中。他最后真诚地表示希望德国政府能尽早决定其代表团重返会议。

他在代表意大利赞同亨德森关于得出德国权利平等主张的必要性的结论时指出，在没有德国的情况下解决重要的军备问题，即使不是危险的，也是不切实际的。德国所主张的平等原则必须通过减少武装最强国家的军备水平而不是通过重新武装其他国家来实施。

马西格里在对代表英国政府的提议表示赞赏时说，以前关于保证德国重返会议这一问题的备忘录已经得到确认了。他也赞同亨德森寄予的希望。

戴维斯先生随后做了声明，载于我的第 461 号电报①。接着波兰、比利时、苏联、瑞士、捷克斯洛伐克和奥地利的代表都表示赞同主席的讲话②。事实上，苏联代表的讲话语气是该代表团参加会议四年以来最温和的。

威尔逊
（戴瑶瑶译）

6. 驻德代办（戈登）致国务卿（1932 年 11 月 18 日）

500. A15A4 指导委员会/161：电报

［柏林］，1932 年 11 月 18 日下午 3 时
11 月 18 日中午 12:05 收到

221. 法国的裁军计划在德国遭到普遍的反对。半官方人士批评它不是裁军计划，而仅仅是欧洲的一个政治组织通过维持现状来维护法国的安全，并没有实现德国的平等主张。唯一可行的办法是使陆军标准化。整个德国媒体自文本公开以来就进行了压倒性的批评，右翼媒体称其为"怪诞的""不可饶恕的"和"不可接受的"，而左翼媒体则表达了强烈的失望，还抱怨该计划含糊不清。

另一方面，中间派和社会民主媒体对西蒙在日内瓦的演讲初步反应是表

---

① 原编辑者注：指文本见《主席团会议纪要 C 辑》，第一卷，第 89—94 页。（编译者按：本册未译录该电报）

② 原编辑者注：发言全文见《主席团会议纪要 C 辑》，第一卷，第 97 页。（编译者按：本册未译录该文件）

达了赞许，后者认为这是对德国平等的一种呼吁。右派认为这是为了安抚德国并让它重返日内瓦，但这是它唯一的"道德"平等。

复印并邮寄至日内瓦。

戈登

（戴瑶瑶译）

7. 美国代表（威尔逊）致国务卿（1932 年 11 月 21 日）

500.A151A4 指导委员会/167：电报

［日内瓦］，1932 年 11 月 21 日下午 3 时

11 月 21 日下午 1：50 收到

465. 来自戴维斯和威尔逊。我们一直在考虑应该采取什么措施，使裁军会议不受无休止拖延的影响而取得具体成果，并在这方面考虑我们未来的政策。

我们必须认识到，经过 8 个月的工作，会议尚未进展到起草具有深远影响的全面并包容各方的条约的程度。然而，已经取得了很多的成果：今天的会议和世界各国最终不会像去年 2 月那样对折中措施感到满意，而且现在在解决这一问题方面更有诚意。

约翰·西蒙爵士的演讲中法国计划和建议已被列入会议工作中以补充胡佛计划。所以我们认为，要实现这些建议所追求的深远目标，需要数月甚至数年的时间，尤其是法国的计划，即使后者原则上是可以接受的，而且我们非常怀疑这是否能得到解决。在进一步审议法国的计划时，我们的意见是，该计划的某些特点在本质上是不健全的，第一，它考虑通过国联建立一个由大陆军事力量支撑的超级国家；第二，它基于这样的假设，即大陆列强应缔结一项互助协定，以维持欧洲的现状，但同时它又不提供和平改变现状的可能性，除非通过严格的法律仲裁；第三，它实际上要求美国和英国至少为这样一个欧洲政治组织提供道义上的支持，努力通过武力改变现状时进行协商并采取其他措施。因此，他们试图在裁军条约中制定和纳入他们所认为的关于您 8 月 8 日演讲的主旨及其涉及的所有道德义务。

欧洲大陆国家为大陆做什么不是我们的事。只有当他们要求我们给予支持时，这才成为我们的工作。因此，对他们来说，按照他们认为合适的方式组

织内部团体是一回事；当他们要求我们为其内部运作承担义务时，这就变成了另一回事。

所谓提出欧洲安全问题的建设性解决方案，可能需要大陆列强为维持和平而协调行动，但把这一方案建立于永久维持欧洲领土和政治现状的理论上是不合理的。法国现在实际上提议建立一支由多数票通过的国际部队，以维持这一现状，但未能提供足够的便利来通过程序改变正义和维持和平都需要的现状。

在总结所见的整个局势时，我们面临着取得德国合作和默许的必要性；否则，我们必须考虑德国对《凡尔赛条约》第 5 部分的谴责，随后是一场重大的欧洲危机。目前的情况是，全世界都迫不及待地想实现会议所制定的雄心勃勃的目标。

我们认为，明智的做法是尽可能迅速地努力采取一项有期限的公约形式。我们在另一份电报中描述迄今为止所取得的进展；设立裁军调查团；并委托该调查团负责制定上述提案的第二步。

实现这些的同时满足德国并非易事。但是，如果德国能够相信，我们在这段时期内将做出努力彻底满足它的要求，那么，有可能在世界事务的这一关键阶段在有限的时间内部分地满足德国。实际上，自从德国在财政方面被取消实际赔款，许多私人债权人得到宽限，如果能在原则上得到满足，它可能会对裁军给予考虑。

我们没有忽视上述计划的巨大困难。另一方面我们认为会议所采用的方法，即大型调查团的公开辩论，将让事情更加棘手，并且让各大国难以说明他们的底线。对这种公开性，不可能做出让步，因为无法确定可能做出的秘密的补偿让步，会议中的每一个问题都是作为孤立的问题而不是作为总计划的一部分进行辩论。

我们认为，确定和制定初步公约的唯一希望，是通过少数成员国之间的私下讨论这一有限但紧急的目标来确定和制定本协定的要点。除非能够拟订一些这样的工作计划，否则，会议的另一种选择似乎是，随着工作的无限期延长而陷入无休止的详细讨论之中，更有可能的是彻底崩溃。第一个办法显然会产生我们是否愿意像过去那样继续参加的问题。

昨晚戴维斯问西蒙，他对上面的思路有什么想法，他对此非常热情。

戴维斯星期五上午在与马西格里的一次谈话中告诉他，除非在未来几周内有一些具体的进展,否则他担心国内会反对继续参加会议,经过这么多个月的努力,并未达成多少目标。他解释说,由于我们不愿意无限期地坐在这里等待法国计划中设想的欧洲军事重组,他想到除了完成《伦敦海军条约》,我们还可以考虑按照上述路线形成初步公约这一可能性。马西格里很赞成这样的想法,他说他将在本周末与政府讨论他们愿意继续走多远。戴维斯解释说,这些建议纯粹是暂时的,因为他还不知道他的政府的意见。

为了确定我们所列出的计划是否可行,有必要像麦克唐纳最初建议的那样开会来探讨。除非能够克服法国的政治困难,否则,如果德国新政府愿意在这方面进行合作,在不久的将来在此举行一次预备会议也许是可行的。由于这样的会议可以在不承诺他们正式重返会议,并且没有正式会议的宣传人员参与的情况下举行,他们似乎不太会反对这个想法。

当然,除非我们认为您方同意我们对局势的一般性分析以及程序,否则我们不希望朝这个方向进一步发展。当然,我们没有必要主动组织任何预备会议,也没有必要承担倡导初步会议的责任,因为我们认为,如果在适当的支持下进行私人谈话,就会自然而然地产生一些这样的想法。

我们希望尽快报告本周完成《伦敦海军条约》取得的一些进展。在随后的电报中会有更详细的建议。在您提出意见之前,这些细节尚未同其他代表团进行讨论。

威尔逊

(戴瑶瑶译)

8. 美国代表团的诺曼·戴维斯先生致国务卿
(1932 年 11 月 8 日)

500. A15A3/1717

[罗马],1932 年 11 月 8 日

我亲爱的国务卿先生:随函附上两份备忘录,内容涉及我同墨索里尼先生及意大利外交部官员的谈话,我已在我的电文中加以概述。我在这里受到最热情的接待,我认为墨索里尼先生和意大利政府官员感谢我来到这里,特别是考虑到我以前曾在伦敦和巴黎待过。

柯克先生和使馆的官员提供了极大的帮助,安排我的访问,让我能迅速同

墨索里尼先生和他的政府各成员联系。

真诚的,诺曼·戴维斯

附件 1：

诺曼·戴维斯先生关于与意大利总理(墨索里尼)会晤的备忘录①

在通常的问候之后,我祝贺他自从我几年前访问这里以来所取得的巨大进步,也告诉他,尽管由于世界萧条,意大利和其他国家一样遇到了各种困难,他应该感到很欣慰的是,通过他的治理,意大利遭受的冲击相对较小,并且比我访问过的任何国家都更好地经受住了大萧条。他听了似乎很高兴。然后他问我裁军会议要做什么,我们是否要实现裁军。我告诉他,我觉得现在确实有机会做点什么,这主要是出于必要性和公众舆论的考虑,但这在一定程度上取决于意大利和法国能否达成一项海军协定;当然,我们对他无条件地赞同胡佛总统的提议感到非常高兴,我们也高兴地感到,他和胡佛总统都坚决主张彻底降低世界军备水平。他问法国怎么样,我告诉他我相信赫里欧先生最近做了一个非常勇敢并且深远的决定,即通过减少军备促进和平,在我看来,在过去的两个星期法国态度有非常明确的改变。虽然法国以前曾表示赞成裁减军备,但他们从来没有真正做出必要的贡献,如果要真正采取任何实质性的措施,这种贡献是必不可少的,但现在,德国威胁要重新武装,除非他们的平等要求得到满足。一场危机至少在很大程度上已经产生,而就德国重新武装的替代方案是,在德国被解除武装时,在这一方向承担道德承诺的大国将裁军。他问我是否确信法国的政策已发生重大变化。我告诉他,我确信有改变,我不能保证它将持续,但确信法国将按照他们的决议行动,只要德国人以正确的精神满足他们的慷慨行动,同时意大利和英国以及美国贡献自己的一份力量并给予道义上的支持。然后他问我是否认为法国真的想和意大利走到一起。我告诉他我认为是这样。事实上,当我告诉赫里欧我要去意大利的时候,赫里欧曾对我说,他认为美国对于促成意大利和法国之间的一项海军协定会非常有帮助,赫里欧也曾说过,他希望我这样做。然后我叙述了从裁军会议一开始到现在所

---

① 原编辑者注:11月7日下午5时在罗马举行。出席会议的还有意大利外交部副部长福尔维奥·苏维奇;被任命为意大利驻美国大使的奥古斯托·罗索;结束时还有艾伦·杜勒斯。

进行的各种对话。他想知道的是,我为什么认为法国已经改变了,并且现在真的愿意和渴望与意大利就海军问题达成协议。我告诉他,我当然不知道他们的心理过程,我个人认为,第一,美国和英国就通过法国和意大利加入完成海军条约的重要性所表达的意见产生了一些影响;第二,德国造成的局势让法国有更多的动机来促进与意大利的友谊;第三,我觉得意大利和法国都有更迫切的理由,因为这有利于掩盖它们的分歧并就海军达成协议。他说,毫无疑问,这符合两国的利益,意大利一直准备并乐于达成协议;两国在法国拒绝的所谓《三月协定》①中达成了初步的和解。

他问我赫里欧有没有给我任何提交给意大利的提议。我告诉他没有,我没有要求过,事实上我也不想,因为我不想在没有得到他事先同意的情况下向他提议,但我怀疑这是不是最好的解决办法。他问我,如果赫里欧先生愿意派一名海军代表到这里来设法与意大利达成协议,我认为最好的办法是什么。我告诉他我不知道,但我认为,如果没有必要,英国参加海军协议的谈判是明智的,而且,如果需要,我们将很高兴并提供帮助;意大利和法国可能各自提交一份提案,或者最好是各自的海军专家先努力达成初步协议,因为他们可以在不承诺各自政府的情况下自由谈判。他说,虽然他希望达成一项协议,但他本人不愿意给出提议,因为自从法国拒绝了3月份的协议以来,他认为这是法国采取行动的时候了;法国必须认识到,它必须尊重意大利的尊严及国家利益。我告诉他,这个过程我们会考虑,但是,由于意大利和法国[现在]都没有向我们表达他们希望达成和解的愿望,我们可以和英国讨论这个问题并让技术代表进行一些初步会谈,看看我们是否能够制定一些折中协议。在没有明确拒绝的情况下,他的立场似乎是只要不让意大利提出一项可能被法国拒绝的提案。

然后我们就裁军会议进行了一些讨论,他在讨论中对没有取得任何进展表现出不耐烦。我告诉他,每个人的耐心都受到了很大的考验,要是我们在会议早期阶段达成协议,现在将有必要走得更远。一开始,公众舆论会对仅仅限制现有军备的协议感到满意。然而,延迟后,即使这样做,如果没有大幅减少和限制,公众舆论不会满足,我认为如果我们能够迅速让法国和意大利加入海军条约,这将为一个全面的协议做好准备,我们应该能够很快达成协议的一般

---

① 原编辑者注:《美国对外关系文件:1931》,第一卷,第 380 页。

基础。他说，他很高兴听到我对这一点的看法，并希望我们能做些什么，而且意大利准备尽它的一份力量。然后他对我的来访表示感谢，并说他觉得这会有很好的结果。

然后他站起来，我们站着聊了一会儿，苏维奇先生和墨索里尼先生谈了谈，我们邀请杜勒斯先生加入进来。然后我们开始讨论满洲问题以及国联对此采取的行动。

我提到，墨索里尼先生在都灵（Tulin）的讲话中指出，总的来说，国联的权力似乎随着它与所处理的问题之间的距离而成正比地减少。我补充说，如果真是这样的话，那将对美国的合作产生非常不利的影响，因为这将大大证明美国对国联的批评是正确的，即它实际上是一个欧洲机构。在这里，满洲问题为国联提供了一个真正的机会，以确保美国在共同关心的世界问题上的合作，并表明它不仅仅是一个欧洲机构。此外，满洲问题还考验了意大利和所有其他国家都极为关心的一个原则，即不应以武力修改条约。目前，世界上有两个真正危险的地区，即德国和日本，军事因素在这两个地区起着主导作用。在德国，由于一种深深的，也许是正当的怨恨，人们变得愤怒。因此必须通过大国真正的努力来处理德国问题，以履行《凡尔赛条约》规定的义务，实现实质性的裁军，从而满足德国正义的要求，并防止德国重新武装。同样，如果大不列颠、意大利、法国和美国能够就一条公正和公平的行动路线达成协议，然后坚定地一致支持它，满洲问题也可以得到解决。墨索里尼先生没有做出具体评论，但表示同意所提到的大国采取共同行动的必要性。

有趣的是，房间里除了国家元首的桌子，还有一件家具，那就是一张桌子，上面放着一张大地图册并被翻到了中国和日本的地图。

我们出去以后，罗索先生建议我们第二天一起坐下来，更详细地讨论海军问题。

我们离开威尼斯宫之前，我还和苏维奇先生就满洲问题做了进一步的讨论，他问我这种情况我们应该怎么做。我指出，我们不希望建议国联过程应遵循的路线，但我们对局势真正感兴趣并希望的是，通过与意大利、法国和英国的非正式会谈制定一项国联和美国支持的政策。很明显，李顿的报告应该被接受，苏维奇也同意了。我补充说，国联也在考虑一项不承认和不与"满洲国"合作的决议。苏维奇说他没有想过这个问题，也没有做出承诺。我告诉他，鉴于列强通过的决议，我看不出任何一个列强能够在不使自己受挫的情况下承认"满洲国"。苏维奇没有发表评论。

诺曼·戴维斯

附件2:

诺曼·戴维斯先生与意大利外交部副部长(苏维奇)的谈话备忘录①

[罗马],1932年11月8日

戴维斯先生提到了他与格兰迪先生在伦敦的谈话。那时,格兰迪大使建议戴维斯先生去罗马旅行。随后通过安巴斯-萨德尔·罗索大使做出了安排。戴维斯先生很高兴他能有机会来到罗马,特别是因为他迫切希望同意大利政府首脑和意大利外交部就裁军问题进行一次非正式会谈,就像他过去几个星期在伦敦和巴黎所做的那样。

戴维斯先生在巴黎时曾向赫里欧先生说过,他打算去罗马旅行,后来,当旅行的安排已经定下来时,他告诉了赫里欧先生。赫里欧先生回答说,他认为这是一个很好的主意,法国驻日内瓦代表马西格里先生明确表示,如果意大利愿意的话,法国非常愿意同意大利讨论海军问题。

戴维斯提到了他在伦敦与英国海军的对话。他说,进行这些对话时,法国和意大利之间即将有一些改变。当涉及巡洋舰、驱逐舰和潜艇吨位的问题时,英国人指出,他们的地位将受到意大利人和法国人对这些最终采取的行动的影响。此外,普遍认为,法国决定着手建造"敦刻尔克"号主力舰,这将使情况更加复杂。如果这一决定得到执行,法国和意大利之间的协议将更加困难。苏维奇先生和罗索先生立即对这个提议做出反应并补充说,如果法国继续建设一个或多个"敦刻尔克"类型的战舰,意大利唯一能做的就是建造一艘比法国建造的战舰更强大的战舰,因为意大利没有钱建造更多的战舰。虽然建造"敦刻尔克"号可能是为了反对德国建造袖珍战舰,但它对意大利海军的影响和意大利人的反应是显而易见的。在罗索先生的补充下,苏维奇先生接着概述了意大利的态度。意大利愿意就海军限制问题同法国交涉,但必须承认,他们已经在这个问题上表现出诚意,接受了法国拒绝的所谓的《三月协定》。从

---

① 原编辑者注:在意大利外交部举行。出席会议的还有意大利外交部内阁部长庞培·阿洛伊西:任命为意大利驻美国大使的奥格斯托·罗索;美国大使馆参赞亚历山大·C.柯克(Alexander C. Kirk);还有艾伦·W.杜勒斯(Allen W. Dulles)。

罗索先生的发言中看出,他显然对这种情况深感痛苦,因为他认为法国人以协定的技术解释为挡箭牌,而法国人或意大利谈判者都没有想到这一点。如果要恢复海军对话,法国必须承认意大利海军的问题和困难。法国将海军的需求建立在结盟反对它的可能性上,同时又没有认识到结盟反对意大利的类似危险同样可能存在,这是不公平的。此外,意大利不能承认法国拥有一支更强大的海军的权利。它为什么要这样做? 现在它有平等的权利,没有理由以协议的方式放弃这一权利。另一方面,意大利认识到法国现在的海军比意大利强大,意大利没有打算立即达到同等的水平。

随后,意大利代表以一种非常非正式和笼统的方式概述了他们认为应该解决问题的方式:关于主要船只和航空母舰,《华盛顿公约》解决了这一问题;至于潜艇,法国和意大利都应接受三大海军强国在伦敦商定的 5.27 万吨的基础(在接受询问时,他们承认很难迫使法国放弃超过这一吨位的潜艇,但认为法国至少可以逐步缩小到其他海军强国接受的相同吨位水平)。至于 8 英寸的火炮巡洋舰,法国和意大利现在都有了相同的型号,有人建议它们就此打住。至于较小的巡洋舰和驱逐舰,法国和意大利的情况是一个全球性的类别,法国现在有相当大的优势,有人建议根据长期的建造方案来处理这些类别,例如 20 年或 25 年,在这些方案结束时,如果执行允许的建造方案,意大利将达到接近的均等水平,与此同时,法国将保留其优势,但平等原则将不会被明确提出,也不会对意大利产生偏见。

诺曼·戴维斯

(戴瑶瑶、曹文博译)

9. 驻意大利代办(柯克)致国务卿(1932 年 11 月 9 日)

500. A15A4 海军武器/161:电报

[罗马],1932 年 11 月 9 日下午 1 时

晚上 6:45 收到

104. 来自戴维斯。关于我 11 月 8 日下午 3 时的 101 号电报,有几个一般性和技术性的问题,我想就您 11 月 4 日晚上 6 时 231 号电报向您澄清。

根据赫伯恩(Hepburn)的分析,我们的理解如下:

第一,关于降低火炮口径。美国公众最感兴趣的是足够的巡航半径所必

需的大位移。我们坚持使用 16 英寸口径的火炮,却没有同样合理的理由支持。当我们知道 12 英寸的大炮具有最大的实际战斗射程并且对 8 英寸炮有足够的战斗力时,只要我们在巡航半径方面的利益得到保障,就不能以此为由向英国人提出合理的反对意见。很明显,降低火炮口径可以减少排水量。即使有 14 英寸和 16 英寸的大炮和完全的设计自由,我们也没有 3.5 万吨的船,也没有 2.8 万吨这么大的舰装载 12 英寸大炮。如果我们需要 2.5 万吨的吨位来建造船舶,如果英国和其他国家愿意满足这一要求——据信很可能——那么就明确地表明,应该公平解决更换主力舰的问题。

此外,我们实际上还争取到另外两项原则,作为任何自愿的限制协定的基本原则,这些原则显然是通过解决上述问题而得到满足的,即首先,军备需要主要是相对的;其次,在任何类别的质性限制范围内,自由设计最能满足个人对数目或大小的需要。假设达成了一项性质相同的协议,可以说英国人已经就这些争论与我们取得了一致意见。在减少的基本船舶吨位内,每个国家将建造适合其需要的船舶类型和数量,也不会放弃其过去作为个人需要而主张的任何基本军事原则。

第二,至于航空母舰和潜艇方面,英国的提议并无多大问题。主要问题将在于对巡洋舰和驱逐舰吨位的调查意见,在英国看来,他们的数字受到法国和意大利需求的影响。

第三,关于在没有非军事化的情况下建造船只而不是报废。在认识到所涉及的问题的同时,我相信还可以进一步考虑这种可能性。与胡佛计划中强调的削减预算相比,它将取得类似的甚至更快的效果。此外,如果在适当减少主战舰炮口径的同时进行适当的铺设,可能会在英国和我国之间架起一座联系的桥梁,因为它将允许在更换期间保持数量并逐渐减少到较低的总吨位。

伦敦备忘录是一项替代提案,未来 3 年内不会有新船下水,也不会在 7 年内完工。如果坚持立即摧毁 5 艘主力舰,英国人会声称,在这 7 年里,他们对数量的需要仍然没有得到满足。正是在这一时期而不是将来,当一项协议的有益影响可以更有信心地被接受时,任何重大的军事考虑都占有最大的分量,该方法还将在过渡时期保持目前的军备对等状态。

我们完全理解海军部门对与船舶停泊有关的人员的关切。在我们看来,我们的大规模建造计划所引起的人员方面的特殊问题将不同程度地存在。突

然停运的船只很难重新投入使用,这是各方的共同之处。我们将努力防止任何有关人员依附或参与铺设船舶计划的问题。[戴维斯]

柯克

（戴瑶瑶译）

10. 国务卿备忘录（1933 年 1 月 5 日）

793.94/5711

[华盛顿],1933 年 1 月 5 日

德国大使①首先询问远东的情况。我告诉他,虽然我有很多信息,但这些信息不完整并存在矛盾,我无法预测在山海关和热河即将会发生什么事情。不过,我说,李顿报告书发表以来,令我感到舒心的是,我感到五个国家的代表能够一致同意这份报告,而这份报告为这届政府的资料和观点提供了支持,它最终很可能对局势产生巨大的影响。

大使然后问我包括裁军在内的一般情况。我对他说,关于细节,我没有什么可说的,但是,就总体情况而言,本届政府的政策是建立在坚实的基础上的,我相信我们最终会取得进展。然后我向他概述了这些基础。首先,在当今世界,文明在工业化国家发展成为一种脆弱的相互依存状态并且战争方法在权力和破坏性方面的发展如此之大,每个人都很清楚,除非我们成功地限制和防止战争,否则未来的战争可能会摧毁我们的整个文明。他告诉我,他由衷地同意。我说,我认识到这种情况对白人种族和工业化社区的影响更为强烈,适用于他们的方法对于文明欠发达的国家来说可能是无效的,也是不合适的。不幸的是,正在发展的世界和平机制并不适用于这些更落后的国家,但它是我们唯一拥有的机制,我的政策是尽力使其有效并防止被破坏。对此,大使也由衷地表示同意。

在回答关于裁军会议细节问题时,我告诉他,德国重返会议使我感到很受鼓舞,我认为那里的精神更有希望,很大程度上是归功于赫里欧先生②和诺拉

---

① 原编辑者注:弗里德里希·W. 冯·普里茨·安德·加夫隆（Friedrich W. von Prittwiz und Gaffron）。

② 原编辑者注:法国部长会议主席,1932 年 6 月至 12 月。

男爵①的出色工作。

亨利·刘易斯·史汀生

（戴瑶瑶译）

11. 美国代表团代理主席（吉布森）致国务卿
（1933 年 2 月 23 日）

500. A15A4/1728：电报

1933 年 2 月 23 日下午 5 时

2 月 23 日下午 3：15 收到

540. 吉布森和威尔逊报道。裁军和远东问题。日本政府已明确决定发出退出国际联盟的声明。

关于退出裁军会议的问题尚未做出决定，代表团内部存在着尖锐的意见分歧，外交和海军成员赞成继续参加，而陆军成员则赞成撤出或最多留下低级军官作为观察员。

我们知道，即使是那些希望留下来的国家也不愿这样做，除非它们得到保证，即尽管大会接受了报告草案，参加裁军会议的国家也不会抵制它们的存在。这些日本人意识到，留下来的决定要求不采取任何积极的行动，但很明显，日本人特有的礼貌使他们感到需要这种暗示。

我们知道，作为海军代表的海军参谋长、海军军令部次长永野，能够在日内瓦自己解决这个问题。他希望留下来，主要是为了强调日本人希望继续在华盛顿、伦敦的条约②的框架内工作，并与条约大国保持联系；他进一步强调他希望在这种情况下尽可能与美国保持良好的关系，并随时准备在 1935 年或更早恢复海军交流。我们认为，东京发来的新闻快件受到了日内瓦的启发，这些快件强调了这样一个事实，即日本确实重视在各海军大国的条约框架内并参加进一步的讨论。

---

① 原编辑者注：德国外交部部长。

② 原编辑者注：《限制海军军备条约》，1922 年 2 月 6 日，华盛顿签署，《美国对外关系文件：1922》，第一卷，第 247 页；《限制和裁减海军军备条约》，1930 年 4 月 22 日，伦敦签署，《美国对外关系文件：1930》，第一卷，第 107 页。

正如我们在这里看到的,问题在于,从我们的角度来看,(1)日本继续参与裁军会议,特别是在海军事务上,是否更有利,或者(2)另一方面,日本退出国联,是否被认为是更有益的明确和彻底的突破。显然只有您自己才能决定这一点。

然而,在考虑这两个问题时,我们应该考虑以下几点。

1. 在这样的危机中一名海军军官的正常想法是赶快回国,而在日本有着重要职务的永野不仅愿意而且急于留在日内瓦。

2. 永野既有影响力,又直言不讳,或许有助于他的政府了解西方的发展。

3. 由于军队激进的态度,这就引发了这样一个问题,是否不应该鼓励海军和民间力量的限制性影响,并阻止松平①和永野这样的人。这些人一贯主张政府采取合理行动,但未能成功,随着时间推移,他们将不可避免地重新获得影响力。

4. 此外,整个裁军会议处于一种极其不稳定的状态,法国一方面同德国和意大利的讨论非常紧张;另一方面,总的来说,几乎没有什么能使谈判完全失败。日本的退出会带来多大程度的失败,我们不得而知,但肯定不会有帮助。

如果您觉得日本人继续参与是可取的,我们相信我们可以在不采取任何正式程序的情况下为此做出有效贡献。与仍然是裁军代表团团长的松平个人对话就足够了。我们只需要向他保证,我们很遗憾地看到日本脱离这次会议可能会使未来的海军讨论更加复杂。

就我们目前对形势的判断,海军和文职代表头脑中仍然存在的唯一疑问是,在决定留下来之前,他们希望确保不会遭到美国人的拒绝。如果您授权我们消除这一疑虑,我们认为这将对形成他们的决定有重大帮助。换句话说,我们认为,日本人是否留下在很大程度上取决于我们。您将能够判断这是否符合您的更广泛的政策概念。

在明天的大会上,历史上第一次,一个不败的大国将受到整个文明世界的谴责。精明的日本人因此被打败。在这种情况下,您可能仍然觉得日本对今后的国际努力是有益的,在目前情况下,我们说什么都将具有双重意义和作用。

---

① 原编辑者注:日本代表团团长,驻英国大使。

时间因素非常重要,因为报告将在明天早上执行。如果您想通过电话与我们交谈,请提前通知时间。在您决定通过电报给我们答复之后,请尽快。

吉布森

(戴瑶瑶译)

12. 国务卿致参议院外交关系委员会①
(1933 年 5 月 17 日)

811. 113/297

备忘录,H. J. REs. 93——禁止在特定条件下从美国出口武器或弹药

I

这项法案最初是胡佛总统在 1933 年 1 月 10 日②的一次特别讲话中向国会提出的。正如 S. J. Res. 的 229 号决议,它得到了参议院外交关系委员会的一致赞同,并在第 72 届国会的最后几周获得了参议院的一致通过。然而,由于一项议案在参议院被重新审议,该法案未能获得通过,众议院也未对此进行表决。胡佛总统在 1933 年 2 月 20 日的一次特别讲话中再次敦促颁布这项法案,内容如下:

"如果行政长官有权与其他国家一道阻止向这些地方运送武器,那么和平将会得到促进,并且当今世界各地的杀戮也将得到遏制。我诚挚地建议为此目的提出的法案应予以执行。"③

然而,第 72 届国会还没有落实这项决议就休会了。

本届行政当局在仔细审议了 1 月至 2 月期间对该决议提出的所有反对意见,并仔细研究了这项拟议法案涉及的所有法律和政策问题之后,继续敦促颁布该决议。

经过一系列听证会后,众议院外交事务委员会对该决议做出了有利的报

---

① 原编辑者注:1933 年 5 月 18 日,外交部批注:"随附备忘录是在国务卿的指导下,由西欧市长司的[Joseph C.] Green 先生在 1933 年 5 月 17 日参议院外交委员会执行会议上宣读。委员会保留了第一部分和第二部分的副本。"

② 原编辑者注:国会记录,第 76 卷,第 2 部分,第 1448 页。

③ 原编辑者注:国会记录,第 76 卷,第 4 部分,第 4553 页。

告,国务院的一位代表明确了国务院的意见,反对该法案的利益代表获得充分发表反对意见的机会。该法案于 4 月 17 日由众议院通过。

这项法案将完成一个经过多年来逐渐建立起来的结构。1898 年 4 月 22 日国会的联合决议(法令 30,第 739①)授予行政当局"在他认为适当的限制和例外情况下酌情禁止出口战争物资"。虽然这项决议是与西班牙战争有关的战争措施,但它仍然在法规书上保留了 14 年,并且 1905 年 10 月 14 日罗斯福总统发布公告(法令 34,第 3183)时使用了它所赋予的权力,在这个公报中"出于我认为好的和充分的理由",他禁止向多米尼加共和国的任何港口出口武器。通过 1912 年 3 月 14 日的联合决议(法令 37,第 630),本决议修改如下:

"美利坚合众国参议院和众议院大会决议,禁止从美国任何海港出口用于战争的煤炭或其他材料的联合决议,4 月 22 日被批准,现将 898 号决议修订如下:

只要总统发现任何美洲国家存在因使用从美国采购的武器或弹药而助长国内暴力的情况,应予以公告,除了总统规定的限制和例外情况,从美国任何地方向该国出口任何武器或军火都是非法的,除非总统或国会另有命令。

第 2 部分。任何在此宣布为非法的材料运输应被处以不超过 1 万美元的罚款,或不超过 2 年的监禁,或两者并罚。"

根据 1922 年 1 月 31 日的联合决议(法令 42,第 361),这一权力扩大到任何美国行使域外管辖权的国家。目前,这些国家是中国、摩洛哥、埃及、埃塞俄比亚和一些较小的阿拉伯国家。根据这两项决议所赋予的权力,该国政府已能够为了和平的利益采取行动,在许多情况下阻止武器的运输,正如总统宣布的禁运表所示:

巴西:宣布于 1930 年 10 月 22 日,法令 46,第 3036,撤销于 1931 年 3 月 2 日,法令 46,第 3050。

中国:宣布于 1922 年 3 月 4 日,法令 42,第 2264,仍然有效。

古巴:宣布于 1924 年 5 月 2 日,法令 43,第 1946,撤销于 1924 年 8 月 29 日。

洪都拉斯:宣布于 1924 年 3 月 22 日,法令 43,第 1924,仍然有效。

墨西哥:宣布于 1912 年 3 月 14 日,法令 37,第 1733,撤销于 1914 年 2 月

---

① 译者按:原文作 30 Stat. 739,下同。

3 日。法令 38，第 1992，宣布于 1915 年 10 月 19 日。法令 39，第 1752，撤销于 1922 年 1 月 31 日。法令 42，第 361，宣布于 1924 年 1 月 7 日。法令 43，第 1934，撤销于 1929 年 7 月 18 日。法令 46，第 3001。

尼加拉瓜：宣布于 1926 年 9 月 15 日。法令 44，第 2625，仍然有效。

1928 年 2 月 20 日在哈瓦那签署的关于发生内乱的国家的权利和义务公约确认了这些决议的基本原则，根据该公约，美国作为公约的缔约国，有义务阻止将武器出口给企图在公约的缔约国制造叛乱的分子。

根据 1898 年 4 月 22 日的联合决议，行政长官对战争武器和弹药出口的权力实际上是无限的。根据 1912 年 3 月 14 日和 1922 年 1 月 31 日的联合决议，它仅限于出口到世界上某些指定地区和有内乱的地区。根据拟议的法案，总统将有权对武器和军火的出口实行禁运，不仅对美国，还有行使域外管辖权的国家，以及世界上任何地方；不仅针对内乱情况，还有出于威胁中或实际发生的国际冲突。然而，本决议赋予总统的权力不同于前三项决议赋予总统的权力，因为只有在总统获得其他政府的合作后，才能行使该权力，而前三项决议赋予总统的权力不受任何此类限制。

世界上大多数重要政府的行政部门，包括比利时、加拿大、丹麦、法国、德国、英国、意大利、瑞典、荷兰、苏联。瑞典政府在这方面的权威甚至更为深远，因为法律禁止武器出口，除非行政长官签发涉及任何个别运输的许可证。西班牙政府在没有等待其他国家政府合作的情况下，已经对玻利维亚、哥伦比亚、巴拉圭和秘鲁这四个目前卷入国际冲突的南美国家实行武器禁运。

II

本决议赋予行政长官的权力将由美国的首席法官行使，其唯一目的是维持世界和平，并适当和审慎地考虑国家政策和国家利益，对特定事件下可能出现的特殊情况决定采取什么样的行动。但是，在出现这种情况时，根据平等原则与其他政府合作采取行动的权力，应根据宪法由负责我国外交关系的政府行政部门酌情决定。为了维护美国人民的坚定信念和自身尊严，当运用外交手段和美国的影响力及威望来阻止或结束冲突时，当世界其他国家政府共同阻止国际冲突而提供武器和军需品时，不应再让政府处于无法加入的境地。颁布这项法案将加强政府在国际关系中的地位，并使我们能够更有效地合作，努力维护世界和平。

从最终行使本决议授予权力的角度来看，"在确保总统认为必要的政府合作之后"这句话是不必要的。显然，如果政府试图仅仅通过将武器和军火贸易从这个国家转移到其他国家来防止或结束国际冲突，这是荒谬的，但是，它有助于强调在这一问题上进行国际合作的必要性，并向我国人民表明，我们无意牺牲美国制造商的利益来换取外国制造商的利益。在国会上一届会议期间对外关系调查团审议该决议时，蒙大拿州参议员沃尔什（现已故）建议在该决议中加入这一措辞。这个用语令人满意，因为它没有企图对授权给予特定的限制，这些限制在某些特定情况下完全不适用。在这种情况下，行政长官必须有广泛的自由裁量权，任何特别指明政府为了行使这种权力而必须确保合作的企图肯定会导致违背该决议的宗旨。在任何特定情况下，行政部门都将确保必要的政府合作，以确保停止从国外向某些特定国家供应武器和弹药。是哪些国家政府将取决于该国或有关国家的地理位置、某些国家现有的武器和弹药供应、已经签订的合同、目前的国际局势和其他不可预见的因素。在某些情况下，所有主要生产国的合作可能是实现预期目的所必需的。在其他情况下，必须通过毗邻国家的合作运送武器或弹药才能抵达其预定目的地，这种合作可能就足够了。在设想的其他情况下，生产国和转运国之间的合作可能是必要的，条件可能有所不同，即在实行禁运期间，某些国家政府的合作将成为必要，而在实行禁运时这些合作是不必要的。

在这种情况下确保其他政府的合作不会采取政府与其他政府之间的条约形式，甚至可能不会采取不正式的行政协议形式。该决议所建议的不是总统应该同其他政府进行接触，而是他应该同他们进行谈判，以便在当时的特殊情况下通过一项共同的政策。这些谈判将通过和其他政府共同采取行动来确保行动的有效性。根据该决议的条款，这些谈判所产生的协议可由国会或总统随时终止。

根据本决议发布公告界定被禁止出口的商品，由国务院与财政部合作管理禁运。将遵循其惯例解释出现在 1912 年 3 月 14 日和 1922 年 1 月 31 日的联合决议中的相同措辞。1912 年 3 月 25 日，司法部长威克舍姆（Wickersham）先生向当时的国务卿递交了一份意见，其中规定：

"总统要求我根据国会当天批准的关于向墨西哥出口武器和军火的联合决议，把关于实际执行此类公告的界定发给您和 1912 年 3 月 14 日总统发布的声明中的相关部门。

在我看来，上述联合决议和总统宣言中使用的'战争武器和弹药'应解释为指战争时主要和通常用于军事目的的那些物品,如杀伤性武器,以及各种弹药、汽车弹道,各种弹药以及与之相关的其他用品,包括用于修理或制造此类武器的部件,以及用于制造弹药的原材料;炸药、硝化甘油或其他爆炸性物质;枪支架、污水箱、污水道、军用马车、野战锻件及其零部件,以及具有明显军事性质的装备、营地装备及其部件,专门用于制造战争工具以及制造或修理武器或战争物资的工具。

食品、普通服装和和平贸易的普通物品不包括在禁令中。"[1]

在执行根据 1912 年 3 月 14 日和 1922 年 1 月 31 日联合决议声明的禁运令时,国务院多次拟定包括在总检察长关于军火定义中的商品清单,这些清单在个别方面有所不同。根据 1922 年 3 月 4 日总统的公告,对运往中国的武器和弹药实施禁运,需要出口许可证的物品清单如下:

1. 装有盔甲、枪支、机枪、炸弹或其他军事装置的飞机,或用于安装此类枪支或装置的物品。

2. 可用于存储或投射气体、火焰酸或能够用于类似战争的操作的其他破坏剂的装置。

3. 武器,除被归类为玩具的各种小型武器,以及此类武器的配件。

4. 专用于军事目的的设备。

5. 炸药类如火药、爆破用炸药、炸药、硝化甘油、TNT 等各种形式的烈性炸药、爆破材料、引信、雷管等引爆剂、无烟炸药。

6. 枪支:机关枪及其零件和枪支润滑脂。

7. 枪架和枪脚;坦克、装甲汽车、装甲卡车和装甲板。

8. 专用于制造武器和弹药的机器,如制弹机。

9. 水雷(潜艇)及其部件。

10. 各种类型的弹丸、炸药、子弹和手榴弹及其部件。

11. 测距仪及其部件。

12. 小型武器的弹丸、弹壳和弹药筒,无论是装好的还是空的,及其零件。

13. 军舰,包括可以在战舰上使用的船只及其部件。

14. 专为军事用途而设计的无线电设备。

关于总统可能行使本决议授予的权力的所有情况是无法预见的。在许多

---

[1]　原编辑者注:《司法部长意见》,第 29 卷,第 375—379 页。

受到威胁或实际国际冲突的情况下,对未参与冲突的其他国家实行出口武器禁运在防止或结束冲突方面几乎没有作用。在这种情况下,总统显然不会采取任何行动。在其他情况下,禁止向冲突双方运送武器和弹药的国际禁运可能是维护或恢复和平的有效手段。可以想象,某些情况下,确定侵略国家的冲突责任时,这个政府的成熟意见可能与世界其他国家的意见一致。在这种情况下,禁止向冲突一方运送武器和弹药的国际禁运可被视为恢复和平的一种公平和客观的方法。然而,如果没有有效的国际合作作为保障,我国政府肯定不会采取这种方法,因为国际合作保障我国免受因这种行动而卷入冲突的危险。在这种情况下,这届政府自然会仔细考虑中立国际法,同时考虑《白里安-凯洛格公约》和其他旨在防止战争对中立概念产生影响的条约的明确影响,尽管这种影响可能尚未确定。

一些人认为总统根据这项决议采取的行动可能导致我国卷入战争。如果总统打算挑起与其他国家的冲突,根据已经赋予他的权力,他将会有比使用武器禁运更简单和更迅速的方法。这是一项和平措施,它将被用来促进和平。

Ⅲ

当然,这项决议最初是为了执行我国政府的和平政策而提出的,并且没有提及具体的情况,但应该参照目前存在的实际国际冲突案件加以审议。

如果这项法案得以通过,政府将与其他政府合作,立即对巴拉圭和玻利维亚实行武器禁运。我们掌握的信息使我们相信,将会有其他大国要求我们进行合作,而且可以在一定程度上取得国际合作,以确保完全停止向这些国家运送武器。由于这两个国家都不是战争武器或弹药的生产国,这种行动往往会导致双方正在进行的敌对行动的停止。

目前正在努力结束哥伦比亚和秘鲁之间的冲突。两国政府都是国际联盟的成员。国联理事会已向这些政府提交了一项解决它们之间分歧的提议。哥伦比亚政府接受了提议。秘鲁政府仍在审议提议。因此,在这种情况下,武器禁运的问题现在还没有出现。政府根据拟议的法案可能采取的任何行动,将取决于今后可能存在的不可预测的情况。

本政府从来没有,现在也没有打算利用本决议将赋予行政当局的权力作为恢复中日和平的一种手段。在这种情况下,对战争武器和弹药实行禁运将不是恢复和平的有效手段。日本是战争武器弹药的重要生产国。它的行业发展足以满足它目前和将来可能的需要,中国依赖从日本进口这些商品。因此,禁止向中国和日本出口武器和弹药将对中国不利,对日本有利。仅针对日本的禁运可能会导致日本对中国港口的封锁,并扣押中国的武器和弹药。因此其最终影响可能是减少中国的武器供应,日本通过缉获增加供应。本届政府总体上同意李顿调查团的调查结果,该调查团认为日本对目前正在中国发生的国际冲突负有主要责任,本届政府不愿采取任何有利于日本军事行动的行动。从我们掌握的资料来看,国际联盟的主要大国成员似乎也同意关于局势的这种看法。因此,我们不认为国联或其主要成员向政府提出的关于禁止向日本运送武器和军火方面与它们合作的建议具有可行性。如果提出这样的建议,我们将不会考虑支持,而且在任何情况下,我们都不会同意参加这种国家间的禁运,除非我们已经从所有大国的政府那里获得了实质性的保证,以确保我们不受日本可能采取的任何报复措施的影响。简而言之,本政府不希望就此案采取任何此类性质的行动;如果采取任何行动,肯定要对美国的利益,特别是对我们的首要利益进行适当和谨慎的考虑,使国家不卷入外国战争。然而,目前通过这项决议最重要的一个原因与远东地区的局势有关。危险的是,如果不颁布这项法案,某些欧洲国家政府因其不能合作,为了它们的利益可能会认为本政府对它们未能实施作为国联成员国所承诺的制裁负有责任。因此,它们会将这个国家置于国民舆论中并承担未能有效利用已建立起来的和平机制的责任。如果决议获得通过,它们就不可能再找借口说,它们未能就行动方针达成一致,是因为我们没有按照要求与它们合作。在这种情况下,它们未能采取行动显然只是因为它们自己无法就要求我们合作的基础达成协议,而事实对全世界都是显而易见的,它们不能把责任归咎于我们。

　　我们的政策不是让本政府在世界面前作为防止或结束战争的领导者,但另一方面,我们的政策也不是在促进和平方面落后于世界其他国家。为了让本政府在这一行动中与世界其他国家政府并驾齐驱,有必要通过这项决议。

(戴瑶瑶译)

索　引

图书在版编目(CIP)数据

第三方的观察与见解. 下 / 屈胜飞,曹文博,沈康悦编译. -- 南京:南京大学出版社,2025. 4. --(李顿调查团档案文献集 / 张生主编). -- ISBN 978 - 7 - 305 - 28559 - 2

Ⅰ. K264.2

中国国家版本馆 CIP 数据核字第 2025WQ1931 号

项目统筹	杨金荣
装帧设计	清　早
印制监督	冯晓哲

出版发行	南京大学出版社	
社　　址	南京市汉口路 22 号	邮　编　210093
丛 书 名	李顿调查团档案文献集	
丛书主编	张　生	
书　　名	**第三方的观察与见解(下)**	
	DISANFANG DE GUANCHA YU JIANJIE XIA	
编　译	屈胜飞　曹文博　沈康悦	
责任编辑	张淑文	编辑热线(025)83592401
照　排	南京南琳图文制作有限公司	
印　刷	南京爱德印刷有限公司	
开　本	718 mm×1000 mm　1/16 开　印张 31.25　字数 528 千	
版　次	2025 年 4 月第 1 版　2025 年 4 月第 1 次印刷	
ISBN	978 - 7 - 305 - 28559 - 2	
定　价	198.00 元	

网址:http://www.njupco.com
官方微博:http://weibo.com/njupco
官方微信号:njupress
销售咨询热线:(025) 83594756

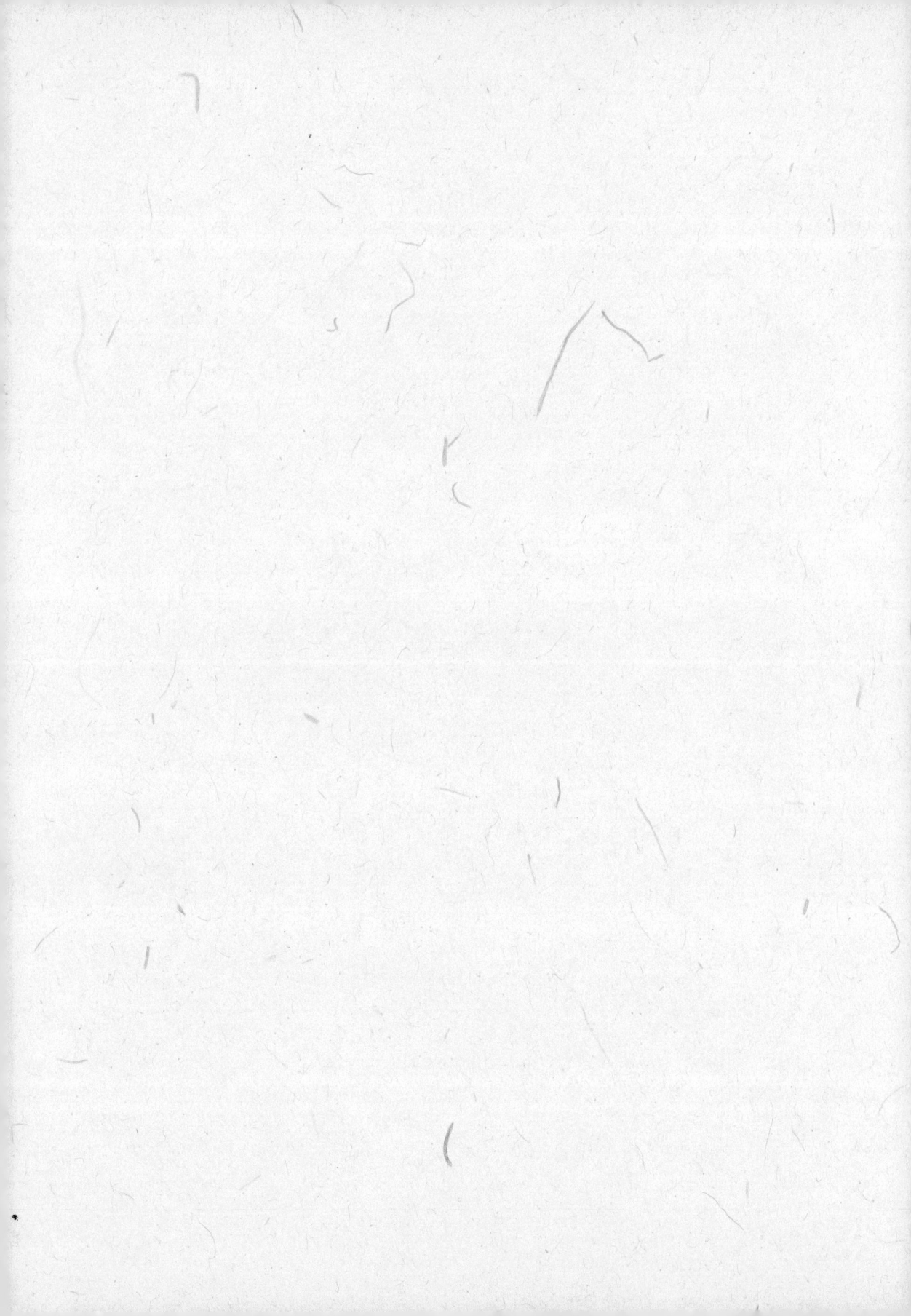

ISBN 978-7-305-28559-2

9 787305 285592 >

定价:198.00元